易經研究8

趙洪鈞說

周易

趙洪鈞 著

蘭臺出版社

目　錄

序　言

正如作者自序所說：「本書是有感而作」。特別是看到有的《易》學著作封面上大書：「醫易同源！中醫是《易》學的一個分支！」作者「激憤莫名」，於是「憤而寫作本書。」可見，寫作本書的最初動機，就是清除《易》學對中醫的污染。

其實，作者的有關努力不是始於本書，而是早就致力於說明中醫與《周易》基本上沒有關係。

一、如何認識中醫與《周易》的關係

早在三十多年前，作者就致力於清除易學對中醫的污染，見其舊作《內經時代》。該書第八節名為：「中醫與《周易》」。其中附有《醫易答問》一文。以下是其核心內容：

問：《周易》與科學無關嗎？

答：討論這個問題，首先要知道，《周易》、特別是其中的《易經》是占筮、即算卦的書。歷史地看問題，算卦和一切乞求鬼神的活動——包括各種宗教和數術，屬於科學的原始形態。即在人類文明早期，科學和宗教、鬼神迷信、數術等分不開。一旦科學獨立——在西方以伽利略向《聖經》奉為上帝創世理論依據的地心說宣戰為標誌——她不但堅決

和宗教分道揚鑣，也和一切鬼神迷信以及術數不相容。如果說此後它們還和科學有關，也只是可以作為科學的研究物件。不過，研究它們主要是社會科學和心理學的事。總之，應該說《周易》與自然科學沒有關係。

其實，中醫和鬼神迷信、宗教、術數等分道揚鑣更早。讀者都知道「拘於鬼神者，不可與言至德」這句話。（《素問·五臟別論》）所以，《內經》是堅決反對鬼神迷信的。其中只有一次提到術數，卻從未提到過占筮，也沒有引用《周易》的一句原話。扁鵲更說：「信巫不信醫者不治」（《史記·扁鵲倉公列傳》）。看看筮字就知道，它屬於巫術。可見，早在《內經》成書之前，醫家和《易》家就是對立的。那時的其他學科，如天文曆算等也和《周易》無關。總之，早在漢代之前，《易經》已經不屬於科學。《易傳》涉及一些哲學問題，但中國古代哲學主要不是源自《周易》，相反，《易傳》講的哲理，倒是來自當時的哲學思想。只是，此後的中國古代哲學家，有的人據《易傳》發揮。

不過，由於自漢代開始，《周易》居於六經之首，今《內經》中也混入一點《易》學的內容。但總地來說，中國古代自然科學中，沒有一種和《周易》關係密切，儘管有些古代科學知識現在看來是不科學的。

問：科學反對宗教和鬼神迷信是人所共知的，為什麼占筮或算卦這種數術也為科學所不容呢？

答：簡單說來，科學和占筮或算卦的區別有五。

一是科學和占筮認識事物的方法和途徑不同。科學認識事物，首先要儘量全面地收集反映事物本質的資料。比如，中醫治病先要望、聞、問、切，而後才能辨證施治。算卦或占筮則不然，它不需要瞭解病史，也不做任何檢查。它得出結論的依據和病史、症狀、切脈、察舌等毫不相干。

二是科學技術和占筮關於問題的答案不同。比如有了病去算卦，占筮只能告訴人們結果是吉是凶。《周易》中還有亨、利、咎、悔、吝等貞兆辭，只是把吉凶分得細一點。即占筮不想、也不能告訴人們有什麼具體的操作和手段治療疾病。科學技術（對治病來說就是醫術）就不同了。醫生也常常要告知後果如何，但是，醫家必須告訴人們得的是什麼

病，為什麼得這種病，有多少種治療方法，最好怎樣治等。

當然，永遠有科學解決不了的問題。比如癌瘤晚期，醫生宣布是死症。病家可能去算卦。這是一種心理需求，也是為什麼占筮等術數永遠會有存在的空間。假如醫生診斷失誤，占筮的結果說不會死，病人真的沒有死。那麼，占筮就會被認為很神奇。而科學是不承認「神奇」的，即一定要弄清是什麼、為什麼、有什麼辦法解決才算科學。

三是科學和占筮對求助者的要求不同。占筮首先要求人們相信它。《周易》就說：「初噬告，再三瀆，瀆則不告」（「蒙」卦辭）。科學則不要求人們首先相信她，而是提倡理性的懷疑和爭論精神。只有經得起懷疑和嚴密檢驗的理論和技術，才屬於科學。比如，現代天文學能夠很準確地預報日月食。只要有比較正常的視力，又在預報所說能夠觀測到的地區，任何人都可以看到。再如麻黃的藥理作用，不管人們相信與否，用在任何人身上都會出現。

所以，可以用最簡單的標準判斷「術」的科學與否。

就是：凡是「信則靈」或「心誠則靈」的「術」都不屬於科學。

科學的「術」是不信也靈，不誠也靈的。

只是，這個標準對解決心理問題的「術」不很適用。醫生在解決這類問題時，也必須取得患者的信任，但他不靠數術等形式取得，而是要靠他的愛心、同情心、責任心、醫學和心理學知識等。

四是科學和占筮對預測結果的態度不同。預測結果不符合實際，科學要立即找出發生錯誤的原因。多次預測錯誤，就要推翻現有的理論和手段。占筮等術數則不然，十次預測九次錯也不足以推翻它，一次正確倒可以被視為了不起。然而，略有生活常識的人，對很多問題都可以做到 50% 左右的預測正確率。比如，早孕時預測生男與生女──求教者一般是想生男，你總是預測生男，不但能滿足求教者的心理需求，也總是有 50% 左右的正確率。

五是科學提出問題或做出的結論，幾乎都是可以實驗的，比如某種療法對某種疾病療效如何，都要求動物實驗和臨床觀察等實驗結果支持。占筮則不然，它不想、也無法設計實驗。據《周禮》所說，古代對

於占筮結果的符合率可能有過統計，但還是不可能把占筮改造為科學。

用上述五個標準來衡量《周易》，占筮之不科學昭然若揭。

問：似乎沒有人如此小看《周易》，你確信上述看法沒有成見或大錯誤嗎？

答：我完全自信上述看法是相當準確而公正的，因而願意和任何持不同看法的人——最好是《周易》專家——平等地論辯。其實，凡是嚴肅的學者，都不認為《周易》屬於科學。

筆者相信，讀過上述文字，對如何看待中醫與《周易》的關係，結論已經很明確了。但是，可能由於《內經時代》流傳不廣，近些年來，中醫界還是有人認為中醫和《周易》關係密切。甚至有人「創造發明了人體生命新科技『八卦象數療法』」。這一療法還被認為是：「祖國易醫文化領域中的一個新的科研成果。」其實不過是現代巫術。此外還有《周易與中醫》、《中醫象數思維》等書出版，在中醫界造成更嚴重的學術污染。《易》學界更是有人與中醫拉近乎。作者對此種現狀很不滿。他在本書序言中說：

有一本關於《周易》的書封面上大書如下：

醫易同源！

中醫為《易》學的一個分支！

中醫現代化最終爆發科學革命！

就是這本書，銷量 10 萬，並且「榮獲 1993 年世界太極科學金獎——人體科學獎」。而這個獎是為「下一個世紀建立一個新的科學方法論。」

問題是，類似上述謬說竟然被許多人追捧，因而大有市場。足見，陽春白雪和者日寡；下里巴人和者日多。

洪鈞是習醫出身，臨證五十多年。近二十多年來，研究中醫為主。見到上述有關中醫的無稽之談或謬說，激憤莫名。

正是這些無稽之談或信口雌黃，給了洪鈞最後一擊，促使洪鈞憤而寫作本書。

總之，本書寫作的最初動機，就是要清除某些著作對中醫學的污

染。

至此，我想補充一點個人看法。因為以上作者的論述，主要是指出中醫與《易經》基本上沒有關係。有人可能認為，《易傳》與中醫關係密切。我的看法是，《易傳》的少數內容與中醫有一定的關係，但是兩家在重大理論方面的矛盾還是很明顯。比如，兩家都汲取了當時的陰陽學說，《周易》的陰陽學說卻很不成熟。特別是，《周易》認為，可以有純陰和純陽，而且認為純陰和純陽都可以生萬物。具體論述請看「乾」、「坤」兩卦的〈彖傳〉。中醫運用的陰陽學說則不是這樣。《內經》說：「陰平陽秘，精神乃治；陰陽離決，精氣乃絕。」（《素問·生氣通天論》）就是說「孤陽不生，獨陰不長。」足見《周易》運用的陰陽學說，有重大缺陷，因而與中醫的陰陽學說不能相容。此外還有其他重要理論兩家不同。比如，《易傳》中基本上不見五行學說，中醫則廣泛運用五行學說。總之，中醫在所有重大理論方面都與《周易》不相容，於是二者不可能屬於一家。

二、古人對醫《易》關係的錯誤看法

那麼，最早是什麼時候、何人提出，中醫與《周易》關係密切呢？

《醫易答問》對此也有論述如下：

問：為什麼有人說「醫易同源」呢？

答：古代著名醫家中，最先提到醫易關係的是孫思邈，但他提到的只是「六壬」和「陰陽祿命」意義上的《周易》，即醫家也要知道點兒當時盛行的此類「術數」。

最先強調醫易關係的人，是明代醫家張景岳。他研究《內經》分三大部分，即《類經》、《類經圖翼》和《類經附翼》。顯然《附翼》是最次要的。「醫易」是《類經附翼》的一卷。即便如此，「醫易」立論也是對孫思邈的歪曲。文中說：「嘗聞之孫真人曰：『不知易，不足以言大醫』。」其實，孫思邈的話不是這樣說的。讀者可以查看《千金方》的第一篇「大醫習業」。張景岳有意歪曲前人之說，是為了闡述他的看法──「醫易同源」。此話也首見於《類經附翼·醫易》。

問：你同意「醫易同源」之說嗎？

答：如果此話指一切科學和術數，在人類文明早期，都以鬼神迷信的形式出現，它的意思是對的。比如我國的甲骨文，都是關於占卜的記錄。不過，「醫易同源」不是說中醫學應該再回到甲骨文時代去，而是為了強調「不知易，不足以言大醫」。

顯然，即便承認中醫和《易》學在思想淵源上有一定的關係，也不能由此得出「不知《易》，不足以言大醫」的結論。何況，說「醫易同源」，也就同時承認了「醫易異流」。

擺脫了鬼神迷信和術數的中醫，不應該再回頭和迷信、術數靠攏，更不可能再借助它們求發展。上文已經很清楚地說明了醫學和術數的區別，不再重複。

總之，這個問題本來很容易說清楚，卻因為不少人受到張景岳的誤導，幾乎成為流行的常識。幾個別有用心的人，更胡說什麼「醫源於易」。

至此，作者對中醫和《周易》的關係說得就更清楚了。

其實，早在漢代，古人就不認為中醫與《周易》是一家。《漢書·藝文志》把中醫（那時分為「醫經」和「經方」）歸類於《方技略》，而《周易》被歸入《六藝略》。兩家沒有關係。可見，中醫和《周易》異源殊途。

三、學中醫有無必要瞭解《周易》

《周易》與中醫基本上沒有關係，那麼學習中醫有無必要瞭解《周易》呢？《醫易答問》對此也有論述如下：

問：既然《周易》與科學基本無關，當代青年完全無必要瞭解它嗎？

答：由於《周易》長時期影響中國人，很多重要名詞和日常用語是源於《周易》的。當代大學生，對本民族的重要傳統文化連常識也沒有似乎不好。

比如，「革命」這個近代以來最重要的名詞，完全源於《周易》。它出自「革」卦的〈彖〉辭。原話是：「湯武革命，順乎天而應乎人，革之時義大矣哉！」

再如，近代國人稱洋人為「鬼子」或「洋鬼子」，源於《周易》「既濟」和「未濟」。原話是：「高宗伐鬼方」。鬼在這裡不是鬼神的鬼，而是指異族敵人。鬼方是殷高宗打了三年仗才打敗的一個國家。

再如，蔣介石，名中正，就是出自「豫」卦的爻辭和〈象〉辭。原文是：「六二：介于石，不終日，貞吉。象曰：不終日，貞吉，以中正也。」

近代醫家有張山雷、陳无咎。現代詩人有臧克家。他們的名字都出自《周易》。

還有些連文盲也可能脫口而出的詞語，如「乾坤」、「陰陽八卦」、「變卦」、「有喜」、「群龍无首」等，都源於《周易》。書面語言、特別是文言文中，還有很多詞語如「克家」、「不速之客」、「夫妻反目」、「突如其來」、「囊括無餘」、「無妄之災」、「嚎啕大哭」、「井井有條」、「無往不復」、「謙謙君子」、「積善之家」、「方以類聚，物以群分」、「纖芥之疾」等也出自《周易》。受過高等教育的人最好有所瞭解。

顯然，近年氾濫的所謂《易》學，完全沒有起到普及有關常識的作用。

學中醫的人，最好能多一些常識，但不要被那些別有用心的人迷惑，認為中醫和《周易》是一家，甚至胡說什麼中醫是《易》學的一個分支。

問：那麼，中醫學院的在校生，應該怎樣學習《周易》呢？

答：我的看法是，有一點必要的常識，對它有正確的認識就可以了。本文就是為了達到這個目的。

問：知識不是越多越好嗎？為什麼不提倡學好《周易》呢？

答：知識自然是越多越好，但學習要有輕重緩急。進入醫學之門，有那麼多中西醫基本知識必須掌握，學《周易》就不是當務之急。在我

看來，單單為了做一個好大夫，沒有必要專門學習《周易》。不但現代中醫教育不設《周易》課，古代中醫教育也沒有這門課。這足以說明，醫學和《易》學沒有密不可分的關係，學中醫完全不必先學《周易》。

再看歷史上的名醫，最早的扁鵲、倉公、華佗等都根本沒有學過《周易》。張仲景可能瞭解一些，但他不說學習《傷寒雜病論》必須先學好《周易》。張元素、劉完素、李時珍、吳又可、葉天士等人的著作中，也很少提到《周易》。《醫林改錯》等則一字不提。

況且，那麼多《周易》專家都鬧不清《易經》的真相，學中醫的人沒有必要去鑽這個無底洞。

四、本書在《易》學方面的成就

以上是述說如何認識中醫學與《易》學的關係。不過，本書的內容遠遠不限於此。這是因為作者對古今《易》學很不滿意，認為有必要對《易》學正本清源。這就是作者為什麼寫作《趙洪鈞說周易》。

本書在《易》學方面有哪些成就呢？

我看至少有以下九點發前人所未發，值得重視。

第一點是，對幾個熟語與《周易》關係的闡述，其中涉及革命、鬼子、蔣介石、咸亨酒店、頤和園和清華校訓等的來歷。正如作者所說，這是相當輕鬆地說《周易》，卻使讀者獲得了真確的知識。足見作者舉重若輕。

第二點見於自序中的「大過」解說。作者的解說理據充分，通俗明白，行文流暢，殊為難得。

第三點是，本書第三節：硬讀《易經》。書中指出：

想真正理解《易經》，最保險辦法就是用最笨的辦法硬讀經文，即拋開一切前人的注疏和解說等，直接從《易經》原文讀起。愚見以為，歷代學者們，之所以大都在牽強附會地解說《易經》，就是因為他們不肯首先直接硬讀經文，而是預先接受了前人的附會，於是自己也只能附會下去。

本節確實使讀者獲得很多確切無疑的《易》學知識。即以《易經》的字數而論，此前幾乎無人指出，不計標點的白文《易經》只有4935字。由此可知，《易經》是篇幅很小的一本書。於是消除了不少讀者的畏難情緒。

第四點是，作者斷然否定了《易傳》。這樣的看法不是只靠勇氣，而是作者確實看清了《易傳》的儒家思想本質，而且基本上是歪解《易經》。特別是部分《易傳》的文字水準也很難令人恭維，更促使作者斷然否定之。

第五點是本書第六節：詳說元亨利貞。讀者須知，「元亨利貞」這四個字，不但是《周易》開卷即見的，而且在《易經》中很多見，更是最重要斷占語。然而，古人和不少當代《易經》注家，對這四個字的解說都是錯誤的。作者對此作了不厭其詳的解說，徹底推翻了流行二千多年的「四德」說。故應視為《易》學史上的重大進展。

第六點是，作者對「乾」卦的解說詳盡而透徹，特別是立論堅實，達到了前所未有的高度，應該看做《易》學史上的重大突破。

第七點是，作者對「乾」、「坤」兩卦的大〈象〉傳提出質疑。作者的見解是空前的，也是顛撲不破的。讀者可以參看本書第五節和第十節的有關論述。

第八點是，作者對「乾」卦所附《易傳》的看法。前人大多認為這些《易傳》屬於〈文言〉。這是沒有道理的。作者指出：

毫無疑問，這是饑不擇食地搜羅眾說。正如歐陽修所言，這是「眾說淆亂，亦非一人之言也。昔之學《易》者，雜取以資其講說，而說非一家，是以或同或異，或是或非。其擇而不精，至使害經而惑世也。然有附托聖經，其傳已久，莫得究其所從來而核其真偽。故雖有明智之士，或貪其雜博之辯，溺其富麗之辭，或以為辯疑是正，君子所慎，是以未始措意於其間。」又說：「若餘者可謂不量力矣。邈然遠出諸儒之後，而學無師授之傳，其勇於敢為而決於不疑者，以聖人之經尚在，可以質也。」

洪鈞更是學無師傳，不自量力，如此勇於看輕《易傳》，大概前無古人。終於不能已於言者，乃欲求其真也！

第九點是，本書對「咸」、「艮」兩卦的解說與絕大多數前人大異，而且確有見地，應該視為《易》學史上的重大突破。讀者可以參看本書對該兩卦的解說。

　　還有，本書對「履」、「井」等卦的解說也有重大突破。比如前人解說「履」卦辭和該卦六三、九四的「履虎尾」，眾說不一。作者的解說如下：

卦辭：履虎尾，不咥人，亨。

　　解說：這裡的「履」字指踐踏、踩。咥（dié）：即咬。全句譯為白話就是：踩住了老虎的尾巴，老虎沒有咬人，亨通。

　　本卦的六三和九四爻辭又兩次出現「履虎尾」。問題是，怎麼會踩到老虎尾巴呢？

　　大概因為此事很難理解，李鏡池先生說卦辭是夢占。即求占者做夢踩住了老虎的尾巴。高亨先生則認為是「比喻險而不凶之象」。愚見以為，此兩說勉強。因為，《易經》時代確有專人餵養老虎。《論語·季氏》：「虎兕出於柙，龜玉毀於櫝中，是誰之過與？」可證。當然，只有天子或諸侯，才有此財力和用途。《史記·五帝本紀》載有黃帝「教熊羆、貔貅、驅虎」與炎帝戰於阪泉之野。

　　可見，那時餵養老虎，不是搞動物園，也不是養寵物，主要是打仗時帶著老虎，長自己的威風，滅敵人的銳氣，也有時作為懲罰手段，故有「投畀豺虎」這個成語。它出自《詩·小雅·巷伯》「取彼譖人，投畀豺虎」，說明和《易經》大體同時的《詩經》時代，有專門餵養老虎的人員、設施且可以作為懲罰手段。專門餵養老虎者，才會偶爾踩住其尾巴。因為經常接觸，一般不致被老虎咬住。假如老虎是從小餵養的，就會像寵物那樣，更不會咬其餵養者。

　　以上解說，有理有據，通俗流暢，給人以醍醐灌頂的感覺。故雖然作者承認在《易》學方面，自己讀書、治學的功夫都不敢說有李鏡池和高亨先生的十分之一，以上見解還是證明了作者的知識淵博及其想像力非常人可比。

　　至於本書對「井」卦的解說，對讀者的啟發更多，限於篇幅不再具

體指出。讀者可以自己參看。

　　本書還有一些值得重視的亮點，讀者不難發現。不再一一指出。

　　總之，本書是繼《趙洪鈞醫書十一種》之後，作者的又一力作。她不但對清除《周易》對中醫的污染大有好處，也必將在《易》學史上佔有一席之地。即便視為劃時代的《易》學力作，也不為過。

2021 年 6 月 12 日聶廣於深圳

自　序
拉直扭曲的《易》學

　　首先說一下，本序言的副標題：「拉直扭曲的《易》學」是什麼意思。意思是，古往今來，解說《易經》的著作，十九以上都走了樣。換言之，絕大多數《易》學著作都是曲解《易經》。這樣的《易》學，必然是扭曲的《易》學。本書是想試試看，能否把扭曲的《易》學拉直，使之回歸真面目。古代《易》著作，至少百分之九十九沒有解出《易經》的真相來。近代的幾個學者，基本上驅散了籠罩《易經》的迷霧。可歎的是，近幾十年來的《易》學研究又在走回頭路。直到近今還是有不少人在歪解《易經》。在這種大氣候中，本書的出現，頗有逆潮流而動的味道，很可能遭到一些人的圍剿。不過，為了求其真，只能置潮流而不顧了。

　　或問：足下如此看輕古今《易》學著作，您的大作就能還《易經》真面目嗎？

　　答曰：不敢說拙作必能解出《易經》的真面目，至少指導思想如此。

　　再問：古今那麼多聰明的頭腦，研究《易經》，沒有解出《易經》的真面目，是因為真正理解《易經》很困難嗎？

答曰：是的。《易經》是公認最難讀懂的古代經典，確實不容易理解深透。

再問：何以如此呢？

答曰：《易經》不容易理解深透，由於以下四個原因。

一是因為她的年代久遠，言辭甚簡而古奧。特別是漢代之前，有至少一千多年的演變和傳承，留下的文獻很少，完全說清起初是怎麼回事，為什麼以及如何變成後來的樣子，已經不可能了。帛書《周易》以及近幾十年其他簡帛《易》類文獻的出土，給我們解決了一些疑問，還是有些問題說不很清楚。

二是因為《易經》幾乎是非邏輯的。就是說，64卦卦形、386個爻題和對應的卦辭、爻辭之間，本來沒有因果或其他邏輯關係。各卦卦辭和爻辭之間也常常沒有內在聯繫。一條卦辭或爻辭中，也常有互不相干的幾種內容。這種先天性的無序，決定了後人不可能再把它變得很有序了。通行本《周易》的卦形，是最有規律可循的部分，卻也有後人不可能想像到的演變過程。

三是因為卦爻辭所述，絕大多數是被歷史完全忘卻的事物，不能考出其具體所指了。

四是因為其中有些錯訛脫漏衍，以及有意無意的竄亂羼入，更增加了理解上的困難。

總之，不得不承認，《周易》、特別是其中的《易經》是塊硬骨頭。洪鈞很想敲骨吸髓，從中發現較多的有營養的精華。可惜，這塊硬骨頭啃起來很費勁又常常令人喪氣。

再問：古今《易》學家解經，絕大多數沒有解出《易經》的真面目，就是因為以上所說四個原因嗎？

答曰：以上四個原因，只是導致《易經》被扭曲的一個方面。

再問：另一個方面的原因是什麼呢？

答曰：另一方面的原因是，古代學者，無不在當時的統治思想指導下解說《易經》。由於我國，自戰國時期開始進入封建社會，而後持續了兩千多年，故古代學者無不企圖用封建思想、亦即儒家思想解說《易

經》。《易經》是奴隸社會的產物，用封建思想解說她，必然扞格不入而扭曲。這是導致《易》學被扭曲的最重要的原因。

再問：足下是在什麼思想指導下解說《周易》呢？您的指導思想就能保證解出《周易》的真相來嗎？

答曰：在下是在唯物史觀指導下解說《周易》。唯物史觀在認識社會方面比此前的一切史觀都更深入、更全面。加之，可以實事求是地認識歷史遺產，也不會受到個人利害關係的影響，故最可能解出《周易》的真相來。比如，按照唯物史觀，《易經》是奴隸社會的產物，必然帶有奴隸社會的階級烙印。為說明這一看法，洪鈞有短文「《易經》的大人、小人、君子解」。讀者可以參看本書第九節附三。

再如，《易傳》是封建社會的產物，其中必然充斥著封建、亦即儒家思想。讀者可以參看本書第五節，以便瞭解這一拙見。其實，這一拙見幾乎貫穿本書的始終。

再問：足下可以就此舉個例子說明嗎？

答曰：最典型例子是「家人」卦。由於本書正文，還要兩次解說此卦。這裡就不詳說了。

再問：請您再舉個例子好嗎？

答曰：其實，今《周易》的全部《易傳》，幾乎都是用儒家思想解說《易經》的結果。於是，從《易傳》開始，幾乎全部《易》學著作都是扭曲的《易》學。因此，儘管不能說，古代有關著作毫無可取，就其總體而言是不可取的。

再問：最好再舉個例子。可以嗎？

答曰：可以。這個例子見於《論語》。孔子的原話如下：

子曰：「南人有言曰：『人而無恒，不可以作巫醫。』善夫！『不恒其德，或承之羞。』」子曰：「不占而已矣。」

這三句話中的「不恒其德，或承之羞。」見於《易·恒》九三。本義是：不是總能獲得獵物，有時卻得到了美味的食物。其中「德」是「得」義；「羞」是「饈」義，所謂「珍饈」是也。到了孔子那裡，就完全走了樣。孔子的理解是：不能堅守道德，就可能蒙受羞辱。

以上所引孔子原話以及洪鈞的解說，足以證明，孔子熟悉《易經》，很可能也會占筮。但他對該爻辭的理解，與其本義完全不同。孔子主張：「守死善道」（《論語·泰伯》），是儒家思想的重點內容之一。

總之，用儒家思想解說《易經》，偶爾可以解得很通順，儘管必然遠離《易經》的原意，還是有可取之處。可惜，《易傳》的作者們，沒有孔子那麼高的水準。於是，《易傳》可取之處很少，甚至其文字水準也常常令人喪氣。

讀者可能問：如上所說，閣下研究《易經》感到困難是可以理解的。何以又非常喪氣呢？

答曰：這是因為在研究《周易》的過程中，總要讀一些古今有關著作。尤其是，必須認真讀讀《易傳》。讀過之後，洪鈞發現，這些著作，幾乎沒有一種是求其真的。特別是《易傳》開了個壞頭兒，後人的《易》學著作更是愈走愈遠，歧途日多，愈說愈玄，愈說愈繁，於是，有關著作不但篇幅冗長，莫名其妙，還出現了很多不該出現的嚴重錯誤。所以，洪鈞覺得，古代的《易》學非常令人喪氣。

這樣的拙見，肯定會引起不少《周易》學者、甚至從未研究過《周易》者的反感。他們會說：《周易》是中國古代文化經典，博大精深，曾經居於「六藝」之首，研究《周易》的著作，怎麼會令人喪氣呢？你這不是缺乏文化自信嗎？對此種問難，洪鈞的回答如下：

說《周易》、特別是其中的《易經》，是中國古代文化經典是不錯的，說她博大精深就不對了。本書將舉出足夠的證據，說明《易經》不過是，脫離蒙昧時期不久的我國先民，整理的占筮記錄。所謂占筮，就是算卦。處在那個時期的先民，不可能有什麼博大精深的知識。

為了進一步說明這一點，以下引用李鏡池先生的有關論述：

老實說，《周易》的材料來源，出於思想簡單，文化粗淺的時代。他們還在那裡惴惴危懼，刻刻提防，為自然所壓迫，乞靈於神祇的默示以避免於災害；他們還談不到高深的哲理，還沒有功夫去作系統的有組織的思考。一部《周易》，只反映出文化粗淺的社會情況，卻沒有高深的道理存乎其中。就是有，也是一些經驗的積累，

自發的，素樸的，不成組織體系。（李鏡池《周易探源》中華書局1978年版32頁）

如果讀者還是不信以上所說，下面舉兩個例子。

一個例子見於「明夷」上六：

上六：不明，晦。初登于天，後入于地。

意思是：看不到太陽了，天黑了。太陽先是由地下上升於天，最後入於地下。

另一個例子見於「小畜」九三：

九三：輿說輻，夫妻反目。

意思是：車輪的輻條脫落了，導致兩口子吵架。

莫非這兩個例子中，有什麼博大精深的知識嗎！其實，這是文盲都知道的，也不用別人教給他。

當然，不是全部經文都這麼淺顯、簡單，但洪鈞確認，沒有一處算得上博大精深。只不過，《易經》時代的社會生活和書面用語，今人不熟悉而已。其實，隨著文字演變，今本《周易》、特別是《易經》中的文字早已經過古人的整理，否則今人更加讀不懂。不過，這不等於《周易》博大精深。如果退一步說，《易經》是有點「博大」的，因為其內容涉及面很廣，卻說不上精深。為說明這一看法，上面已經舉了兩個例子，還可以舉出很多例子。限於篇幅，只好請讀者參看本書正文、特別是如何解說六十四卦了。

總之，《周易》之所以被看得高深莫測，完全是後來的「學者」們任意拔高的結果。可惜，直到近今她還在被某些當代人牽強附會。或曰不然，請看下面這首詩：

借屍還魂有奇方，郢書燕說豈荒唐。

君看易部三千種，可有一種不牽強。

此詩出自章秋農先生著《周易占筮學——讀筮占技術研究》（浙江古籍出版社，1990年第1版。）洪鈞認為，這是一本研究《周易》相當

好的著作。

洪鈞基本上贊同章先生的看法。說基本上贊同，是因為，在洪鈞看來，近代以來，有幾位先生的著作是不怎麼牽強的。具體是哪幾位先生以及什麼著作，這裡先不說，先說一下《周易》是一本什麼書。

一、《周易》是本什麼書？

若問：《周易》是一本什麼書呢？不是很好回答，因為《周易》有狹義和廣義之別。狹義的《周易》就指《易經》，漢代之前即稱《易》。廣義的《周易》既包括《易經》也包括《易傳》。不過，在交代《易經》和《易傳》分別是什麼書之前，請讀者牢記，無論就其內容看還是就其社會功用看，《易經》和《易傳》基本上都是兩回事兒。

那麼，《易經》到底是一本什麼書呢？

對這個問題，早已有兩個大權威做出了回答。

一個權威是秦始皇。他下令焚書時赦免了《易經》，因為她是占筮、即算卦的書，不屬於任何政治思想流派。所以，那時的儒、墨、道、名、法、陰陽諸家都倒了楣。最倒楣的是儒家。儒家不但被焚了書，還有四百六十多個想鬧事的儒生被活埋。《易經》則完整無損地保存了很多手抄本。

另一個權威是《漢書‧藝文志》。其中說：「及秦燔書而《易》為筮卜之事，傳者不絕。」

洪鈞認為，秦始皇和《漢書‧藝文志》，在這個問題上，比後人乃至當代學者更權威。秦始皇的幫手李斯是儒家出身，假如那時已有《易傳》，不會看不出其中的儒家思想。秦始皇本人也應該涉獵過《易經》。故那時《易傳》很可能還遠遠沒有完成。換言之，《易傳》大多是秦代和漢初寫成的。

可見，漢代之前，《易經》的地位不高。這一點從《論語》很少言《易》即可看出。孟軻自認為是孔子的遙從弟子，很推崇孔聖人，但《孟子》一書根本不言《易》。其餘諸子百家，言《易》者也很少。至於漢代及以後，很多人說「十翼」（即《易傳》）出自聖人之手，此說

已經被近代以來嚴肅的學者推翻了。

　　為了說明，古代人遠遠不像某些當代人崇拜或迷信《周易》，下面再看宋代著名學者朱熹怎麼說：

> 《易》乃卜筮之書，古者則藏于太史、太卜以占吉凶，亦未有許多說話。及孔子，始取而敷衍為〈文言〉、〈雜卦〉、〈彖〉、〈象〉之類，乃說出道理來。
>
> 《易》只是卜筮之書，今人說來太精了，更入粗不得。
>
> 《易》所以難讀者，蓋《易》本是卜筮之書，今卻要就卜筮中推出講學之道，故成兩截功夫。（俱見《朱子語類》）

　　清代學者對《周易》看法，可以拿《四庫全書》的說法為代表。其中說：

> 聖人覺世牖民，大抵因事以寓教。《詩》寓於風謠；《禮》寓於節文；《尚書》、《春秋》寓於史；而《易》則寓於卜筮。故《易》之為書，推天道以明人事者也。《左傳》所記諸占，蓋猶太卜之遺法。漢儒言象數，去古未遠也。一變而為京（房）、焦（延壽），入於磯祥；再變而為陳（摶）、邵（雍），務窮造化，《易》遂不切於民用。王弼盡黜象數，說以《老》、《莊》。一變而胡瑗、程子（伊川），始闡明儒理；再變而李光地、楊萬里，又參證史事，《易》遂日啟其論端。此兩派六宗，已互相攻駁。又，《易》道廣大，無所不包，旁及天文、地理、樂律、兵法、韻學、算術以逮方外之爐火，皆可援《易》以為說。而好異者又援以入《易》，故《易》說愈繁。（《四庫全書總目·經部·易類一》）

　　可見，清代學者對《易》學的評價不高，甚至有點反感。

　　總之，《易經》是筮、蓍筮、占筮，也就是算卦的書。按李鏡池先生之說就是：「《易》是卜筮之書，由卜筮而成，為卜筮而作。」（《周易探源》中華書局 1978 年版 70 頁）高亨先生也認為：「研究《周易》古經，首先應該認識到《周易》古經本是上古的筮書，與近代的牙牌神數性質相類，並不含有什麼深奧的哲理。」（《周易古經今注》1984 年中華書局出版，舊序第 8 頁）

那麼，《易傳》是什麼書呢？

回答之前先說明一個問題，就是「傳」離不開「經」，「經」則可以離開「傳」。故嚴格說來，《易傳》不是獨立的書。

像《春秋穀梁傳》和《春秋公羊傳》解說《春秋》那樣，《易傳》是對《易經》的解說，只是解得實在不好。加之《易傳》出自多人之手，又歷經很長時期，致使其內容非常散亂。為證實此說，且看《易傳》對《易經》的看法：

1. 《易》之興也，其于中古乎？作《易》者，其有憂患乎？

2. 《易》之為書也不可遠，為道也屢遷，變動不居，周流六虛，上下无常，剛柔相易，不可為典要，唯變所適。其出入以度，外內使知懼，又明于憂患與故，无有師保，如臨父母。初率其辭而揆其方，既有典常。苟非其人，道不虛行。

3. 《易》之為書也，原始要終以為質也。六爻相雜，唯其時物也。其初難知，其上易知，本末也。初辭擬之，卒成之終。若夫雜物撰德，辯是與非，則非其中爻不備。噫！亦要存亡吉凶，則居可知矣。知者觀其〈彖〉辭，則思過半矣。二與四同功而異位，其善不同。二多譽，四多懼，近也。柔之為道，不利遠者，其要无咎，其用柔中也。三與五同功而異位。三多凶，五多功，貴賤之等也。其柔危，其剛勝耶！

4. 《易》之為書也，廣大悉備，有天道焉，有人道焉，有地道焉。兼三材而兩之，故六。六者非它也，三材之道也。道有變動，故曰爻；爻有等，故曰物；物相雜，故曰文；文不當，故吉凶生焉。

5. 《易》之興也，其當殷之末世，周之盛德耶？當文王與紂之事耶？是故其辭危。危者使平，易者使傾。其道甚大，百物不廢。懼以終始，其要无咎，此之謂《易》之道也。

以上五段，均見於〈繫辭下〉，而且是編在一起的。至少應該出自五人之手。其中一、二、五三段是猜測《易》的成書時代和原因。第三段提出要重視〈彖〉辭，並對不同爻位之間的關係做了一般性的說明。該作者應該熟悉占筮。

如此說來，解說《易經》的《易傳》，不就是講解算卦原理的書嗎？不是也應該歸類於算卦之書嗎？

回答是否定的。

不能說《易傳》和《易經》完全無關，那關係卻很淺。

那麼，《易傳》到底算是什麼書呢？

洪鈞先下個明確的判斷，再做說明。

《易傳》主要是借題發揮講儒家思想的書。這一部分可以勉強算作哲學書。不過，其中也有講神學的內容。故《易傳》應該算是哲學和神學的混合體，而且是無論文字水準還是義理探討，都不算高明的混合體。

這樣定義《易傳》，可能使很多人感到失望，因為他們從別處看到過對《周易》（自然包括《易傳》）很高的評價。比如有人如下說：

> 《周易》是群經之首，是經典中的經典，哲學中的哲學，謀略中的謀略。從《周易》中，哲學家看到辯證思維；史學家看到歷史興衰；政治家看到治國方略；軍事家可參悟兵法；企業家可從中找到經營方法。同樣，芸芸眾生也可將其視為為人處世、提高修養的不二法寶。

據以上所說，作為一個中國人，什麼書都可以不讀，但萬不可不讀《周易》。什麼學問都可以不學，但萬不可不學《易》學。學好《周易》，必然能獲得成功，因為《周易》是萬能的。

洪鈞對《周易》和《易》學的看法，則幾乎與以上所引相反。生當今日，把《周易》當作古文化資料研究一下是可以的，再拿它來經世致用已經完全不行了。就是在中國古代，《周易》及其《易》學也是相當蹩腳的治國之學。試問：在中國歷史上，有哪個朝代用《周易》治國嗎？

如果恕洪鈞實話實說而言者無罪，洪鈞要說：《易傳》和此後的古代《易》學，十九以上是借題發揮、牽強附會的糊塗賬，實在不能算是學問。所以，所謂《易》學，實在是讓中國讀書人——特別是古往今來研讀儒家經典者很氣短、很丟面子的事。

不少讀者可能認為，拙見是有意聳人聽聞。無論他們是否涉獵過《易》學，都可能不贊同或不相信上面的話。那麼，這裡且舉個例子看看洪鈞是否為了逞一時之快，而冤枉了千古先賢。

這個例子是，《周易》經傳如何說「大過」。

二、經傳對看說「大過」

有必要說明，容易理解且足以證實《易傳》瞎說的卦，不是只有「大過」。這裡只舉「大過」為例，是因為本書正文還要通解六十四卦，且序言不宜太長。下面是「大過」經文及其《易傳》：

䷛ 大過：棟橈。利有攸往。亨。

〈彖〉曰：「大過」，大者，過也。「棟橈」，本末弱也。剛過而中，巽而說行。「利有攸往」，乃亨。大過之時義大矣哉！

〈象〉曰：澤滅木，大過。君子以獨立不懼，遯世无悶。

初六：藉用白茅，无咎。

〈象〉曰：「藉用白茅」，柔在下也。

九二：枯楊生稊，老夫得其女妻，无不利。

〈象〉曰：老夫女妻，過以相與也。

九三：棟橈，凶。

〈象〉曰：棟橈之凶，不可以有輔也。

九四：棟隆，吉。有它，吝。

〈象〉曰：棟隆之吉，不橈乎下也。

九五：枯楊生華，老婦得其士夫，无咎无譽。

〈象〉曰：「枯楊生華」，何可久也。老婦士夫，亦可醜也。

上六：過涉滅頂，凶，无咎。

〈象〉曰：過涉之凶，不可咎也。

以上就是傳本《周易》的第二十八卦「大過」經文及其《易傳》。洪鈞按照自己的理解加了標點，與前人的標點可能略異，不詳說。先說

一下此卦開頭就出現的「棟橈」。

「棟」指瓦房屋頂最高處的橫樑。「棟樑之才」的「棟」即此義。

> 《說文》：「棟，極也。從木，東聲。屋內至中至高之處，亦曰阿，俗謂之正樑。」

「橈」指彎曲。《說文》：「橈，曲木，從木堯聲」，故「棟橈」就是棟彎曲了。

於是，「棟橈」指瓦房屋頂最高處的橫樑彎曲了，而且是向下彎曲。這是因為受力的關係，「棟」上房後一般是向下彎曲。

故這一卦開頭兩個字「棟橈」，指「棟」向下彎屈，是嚴重情況。房頂有坍塌的危險。故「九三：棟橈，凶。」

反過來，「九四：棟隆，吉。」這是因為「棟隆」指「棟」向上拱著彎曲。這樣最宜於受力，不必擔心屋頂會塌下來，故棟隆，吉。

九四還有「有它，吝」三個字。「有它」在《易經》中凡三見。意思指有了意外，故吝——有點艱難的意思。

約二十年前，在洪鈞的故鄉還常見「棟橈」。近年一般不用木頭支撐屋頂了，很少見這種情況了。發生了「棟橈」要從速補救。簡單的是加一個柱子支撐。麻煩的就要換下來，是很難做且有危險的活兒。不過，此卦不是都和「棟橈」有關。卦辭中的「利有攸往」就是另一次占問記錄。意思是「利于出遠門兒」而和「棟橈」無關。

上文已經解說了「大過」卦辭、九三和九四等三條經文，其餘四條也相當淺顯明白。如：

九二：枯楊生稊，老夫得其女妻。无不利。

九五：枯楊生華，老婦得其士夫。无咎。无譽。

這兩條爻辭應該來自民歌，譯為白話可以唱如下：

枯乾的楊樹冒嫩枝兒，老光棍兒娶了個小媳婦兒，不會不吉利兒。

枯乾的楊樹冒新穗兒，老婆子嫁了個小女婿兒，無災無禍，無不是兒。

卦師自己編寫或從民間採取詩歌作斷占語，是很自然的事。它們生動、親切而且反映了當時的生活情景：男女年齡不很般配的夫妻不是很少見。至於：

上六：過涉滅頂，凶，无咎。

更淺顯，就是過河時水滅了頭頂，凶險，但沒有造成災患。

初六：藉用白茅。无咎。

是說祭祀時，在祭品下面墊上白茅，沒有什麼不好。詳細解說請參看高亨先生的《周易古經今注》。

至於卦名「大過」如何解，《易傳》沒有說清楚。如「彖曰：大過，大者，過也。」等於沒有解。「〈象〉曰：澤滅木（洪鈞按：指兌上巽下，即澤上木下），大過。」與〈彖〉傳完全不相容，也不能算是對「大過」的解釋。〈序卦〉傳說「物不可以終過」，不能算是對「大過」的解說。〈雜卦〉傳說：「過，巔也。」也不能接受。朱熹《周易本義》據卦形說是「四陽居中過盛，故為『大過』」也不足服人。洪鈞覺得，大過就是太過。「大過」之取名與「棟橈」和「棟隆」等有關，即彎曲不直太過分了。老夫少妻和老妻少夫，也是不很正常的現象，故太過。

總之，「大過」這一卦涉及的，都是雖然不很正常卻是日常生活中常常遇到的事物。古人因此去算卦可以理解，卦師的斷占語相當理智因而容易被接受——算卦者放了心。洪鈞以為，直到現在，遇見上述情況，還是可能有人去算卦。卦師根據自己的生活經驗，以及求助者的心理需求，做出上述回答而被接受也毫不奇怪。

這就是為什麼，《易》本來是切合日用的術數，不屬於正面講修身、齊家、治國大道理的思想流派。其中有些樸素的哲理，更多的卻是當時社會上很常見，當事者卻難以決斷的生活、生產問題——當然也會涉及當時的禮儀、制度、戰爭等軍國大事。

然而，《易傳》的作者，卻千方百計賦予它儒家思想的含義。

為此，且看《易傳》如何解「大過」。

由上文可知，說清此卦的關鍵之一是先鬧清「棟橈」的含義。

但是，〈彖辭〉卻說：「大過。大者，過也。棟橈本末弱也。剛過而中，巽而說行，利有攸往，乃亨。」都是莫名其妙的話。比如「大」怎麼就是「過」呢？「棟橈」怎麼會是「本末弱」呢？按說是兩頭（本末）強，中間弱才會彎曲。「剛過而中」應指卦形的中間四爻都是陽爻。總之，幾乎無一字可通。再看九三（棟橈，凶）的〈象〉辭：「棟橈之凶，不可以有輔也。」看這十個字的意思，其作者似乎知道「棟橈」是什麼情況──「棟」向下彎曲了，可以加一根木頭輔助它，只是很難做到。

再看本卦九五的〈象〉辭，更說明其作者有儒家的偏見。

象曰：枯楊生華，何可久也；老婦士夫，亦可醜也。

妻子年齡偏大，丈夫年輕一些，怎麼就不光彩呢！九二〈象〉辭為何說「老夫女妻，過以相與」呢！（洪鈞按：「相與」有相好、夥伴之義。）

可見〈象〉傳作者對老夫少妻不反感，反過來他就認為是醜惡現象。總之，男女不平等。

再如，上六「〈象〉曰：過涉之凶，不可咎也。」

這是把「咎」字用作動詞，而「无咎」之「咎」是名詞，意思是罪過或災患。故〈象〉傳把「无咎」以及整條爻辭解反了。

如果說本卦《易傳》有一條解得不錯，那就是九四〈象〉傳。原文如下：

〈象〉曰：棟隆之吉，不橈乎下也。

從中可以看出，其作者知道「棟橈」是棟向下彎曲。

以上拙解沒有參考前人的《易》學著作，也幾乎沒有查考過任何參考書。僅僅根據生活經驗和一般知識做了解說。基本上寫完之後才參考了兩三本有關著作。自信解得比較圓滿，沒有大錯。可見《周易》的某些部分是不難解說的。絕大部分古代《易》學家，卻把很容易理解的內容解得毫無道理。為說明這一拙見，再舉《易傳》最大的錯誤為例。

三、《易傳》的最大錯誤

《易傳》的最大錯誤是歪說「貞」字。就訓詁而言，尤其如此。

本書將在第六節指出：「《周易》開卷就是『乾元亨利貞』五個字。其中『乾』字是卦名，雖然也要解說，但更重要的是『元亨利貞』四個字是什麼意思。……如果把這四個字解錯了，那就是全盤皆輸。」

《易傳》把上舉四個字都解錯了，對「貞」字的解說尤其錯得離譜兒。關於「元亨利」這裡先不說，只說「貞」字。

白文《易經》中共有 111 個「貞」字。這麼多「貞」字《易傳》不是歪解就是不予解說。

這個錯誤之所以最大，不僅因為「貞」字很多見，而且是《周易》開卷就看到的，主要是「貞」字幾乎是一切迷信術數的老祖宗——卜辭中幾乎每條都有「貞」字，因而解錯「貞」字，就是數典忘祖。

這一大錯誤已經前人定論，我們先看近現代著名《周易》專家李鏡池先生怎麼說：

> 自從〈文言〉傳襲取了《左傳》穆姜的話之後，「乾」卦就有了「四德」——元、亨、利、貞。「乾」「四德」說流行之後，「貞」字的本義就沉埋了幾千年，知道的人極少。這實在是件奇怪的事。許慎的《說文解字》雖然是很得人讚揚信奉的一部字典，但他說「貞，卜問也。」，可是總沒有人肯相信他這個說法；單瞧見了〈象〉傳上「貞，正也」（洪鈞按：見於「師」卦〈象〉傳）一個解說，便大家死死地拘守著，竟貫徹了二千年來《易》學家的腦髓，無人敢發生異議。直到大批的殷墟甲骨發現，卜辭幾乎每條都用著這個「貞」字，於是「貞」的本義才恢復。所以，羅振玉《殷墟書契考釋》於「貞」字條下特別讚美許慎的《說文》道：「古經注貞皆訓正，惟許書有卜問之訓。古誼古說，賴許書而僅存者，此其一也。」（《周易探源》中華書局 1978 年版 26 頁）

洪鈞要對李先生的話略為修正、補充一下。

一是〈文言〉傳的「四德」不是解「貞」為「正」，而是解作「事之幹」。二是雖有「師」卦〈象〉傳解「貞」為「正」，但還有「豫」

卦六二〈象〉傳解作「中正」；「需」卦〈象〉傳解作「正中」。其餘一百零幾個「貞」字的解說也大都傾向於「正」。須知，傳本《易經》中，只有1個「正」。《易傳》則有74個「正」字，大多來自對「貞」字的歪解。

本書讀者大多可能不很熟悉《周易》，或對上文理解不透。為加深印象，謹把《左傳》穆姜之言和〈文言〉傳有關論述摘錄如下：

> 穆姜薨於東宮。始往而筮之，遇「艮」之八。史曰：「是謂『艮』之『隨』，隨其出也。君必速出。」姜曰：「亡。是于《周易》曰：『隨：元，亨，利，貞，无咎。』元，體之長也；亨，嘉之會也；利，義之和也；貞，事之幹也。體仁足以長人；嘉德足以合禮；利物足以和義；貞固足以幹事。然故不可誣也。是以雖『隨』无咎，今我婦人而與於亂，固在下位，而有不仁，不可謂元。不靖國家，不可謂亨；作而害身，不可謂利；棄位而姣，不可謂貞。有四德者，『隨』而无咎。我皆无之，豈「隨」也哉！我則取惡，能无咎乎？必死於此，弗得出矣。」（《左傳·襄公九年》）

> 元者，善之長也；亨者，嘉之會也；利者，義之和也；貞者，事之幹也。君子體仁，足以長人；嘉會，足以合禮；利物，足以和義；貞固，足以幹事。君子行此四者，故曰：乾：元，亨，利，貞。（《文言·乾》）

以上附錄的兩家之說小異。主要是〈文言〉傳把「體之長」改做「善之長」。簡言之，〈文言〉傳基本上照抄了穆姜之言。於是，元亨利貞要讀作：元，亨，利，貞。含義分別是：體或善之長；嘉之會；義之和；事之幹。這就是「乾」卦的「四德」。於是，一下子把「元亨利貞」徹底改變了性質。

總之，近代之前的讀書人——自然包括其中的《易》學家——幾乎沒有一個人知道，《易經》中的「貞」字是「卜問」、「貞問」、「貞兆」之義。於是，111個「貞」字的含義瞎說了兩千多年。這樣的《易》學還能算是學問嗎！研究《周易》的人，不是難辭其咎嗎？這樣的《易》學不是很令人氣短、丟面子嗎！？

不唯如此，後來又竟然由此轉義生出了「貞節」觀念。於是古代中

國女人倒了楣。詳見本書下編中的「家人」卦和「恒」卦的解說。

　　所以，洪鈞覺得，古代《周易》學者，沒有哪個有資格說他真懂《周易》。從戰國末到漢代，《易傳》的作者或整理者們田何、孔安國、焦延壽、孟喜、梁丘賀、京房、費直、鄭玄等人是不用說了。歪說《易經》就從他們開始。而後從三國到南宋，又有王弼、韓伯康、孔穎達、李鼎祚、陳摶、周敦頤、邵雍、張載、程顥、程頤、朱熹等人傳播流毒。就是清末很有特識，作了《新學偽經考》的康有為，也只是看出《尚書》、《左傳》、《周易》等有劉歆等改竄或屧入了假經，卻未曾看出「貞」字的冤枉。不過，康氏其生也晚，又特別關心政治，沒有仔細讀《周易》，因而沒發現「貞」字的問題還情有可原。東漢時期，人稱五經無雙的許叔重，為什麼也沒有看出《易傳》對「貞」字的解說大錯特錯呢？須知，許慎有《五經異義》之作，只是清代人輯佚的此書中，沒有涉及「貞」字。如李鏡池先生所說，《說文解字》對「貞」字的解說大體是對的。莫非東漢的「五經」不包括《易經》？由此可見，解說《周易》不可尊傳解經。對這一看法，下面再做專題說明。

四、關於不可尊傳解經

　　所謂不可尊傳解經，是說不可尊信《易傳》解說《易經》。這一主張已經在上文多次透露了。上文舉出了《易傳》的那麼多嚴重錯誤，還能遵循之解說經文嗎！

　　不能說《易傳》無一條不錯，可採用者實在不多。

　　之所以不可尊傳解經，還因為《易傳》產生之初，就力圖用儒家思想解說《易經》，因而常常大錯特錯。這一點早已在近代著名學者之間取得共識。有關文章請參看《古史辨》第三冊上編。

　　著名的近現代《周易》專家如李鏡池、高亨、顧頡剛和聞一多等先生都是如此認識的。且看李鏡池和高亨先生的有關主張。

　　李先生的有關主張，見於其書《周易通義·序言》如下：

　　　　今天我們研究《周易》，首先要把經與傳分開。因為它們是不同時
　　　　代的作品，不能混為一談。《易傳》之作，主要是借解說經文來闡

發作者的思想主張，是適應秦漢時期政治鬥爭的需要而產生的。就對經文的解說而言，是沒有多少可取的。但自漢儒傳經以來，歷來抱著《易傳》不放，以傳解經，以傳代經，所以無法還經文的真面目。

高先生有關見解，見於其書《周易古經今注·序言》如下：

本書……第一個特點是不守《易傳》。《周易》卦爻辭為經，《十翼》為傳。歷代學者注《易經》都是以傳解經，而我注《易經》則離傳釋經，與前人大不相同，這是有我的看法的。我認為《易經》作于周初，《易傳》作于晚周，其間相去已數百年，傳的論述當然不會完全符合經的原意。而況《易傳》作者往往借用經文，來發揮他們的世界觀，使經由筮書領域跨入哲學書領域。古畫添上新彩，古鼎刻上新字，加工的《易經》就不是原來的《易經》了。然而《十翼》有正確的解說，有獨具的價值，也是不可否認值得重視的。因此，我說《十翼》是出現最早的、頗有可採的《易經》注解，並非精確悉當的、無可非議的《易經》注解。我們生在科學昌明的今天，若仍遵循古人的故轍，一味信從《十翼》，拿古人的盆扣在自己的頭上，用古人的繩困在自己的手上，就難於考見《易經》的原意。因此，我主張講《易經》不必受《易傳》的束縛，談《易傳》不必以《易經》為歸宿，照察兩書的本來面貌，探求兩書的固有聯繫，才是研究《周易》經傳的正確途徑。這就是我不守《易傳》的理由。

顯然，以上兩位先生的見解略同拙見。只是本書解《周易》往往經傳互相對照。這樣解說不但方便看出《易傳》的對錯，也更容易闢清《易經》的真面目。此外的原因是，洪鈞不可能再作《周易大傳今釋》了。

順便說明，除非萬不得已，本書解經不取象數之說，也不取爻位等說。蓋洪鈞確信，《易經》編纂之初，沒有象數、爻位等義。如果雜取眾說，就像打麻將或打撲克一樣，多了一種人為的法則就多了一種打法。如此解經，必然愈說愈繁，歧途愈多，愈說愈玄，鑽入無底洞。這大概是為什麼一部《中國易學史》竟然全七冊，竟然定價 2300 元。故洪

鈞雖然敢於公開說《周易》，卻不想去讀那麼厚的書。原因就是不想鑽入無底洞。

上文多次提到《易傳》中充斥了儒家思想，下面再做專題說明。

五、《易傳》中的儒家思想

為了坐實《易傳》的儒家本質，再舉幾段《易傳》為例說明。

〈文言〉曰：「元者，善之長也。亨者，嘉之會也。利者，義之和也。貞者，事之幹也。君子體仁足以長人。嘉會足以合禮。利物足以和義。貞固足以幹事。君子行此四者，故曰『乾，元、亨、利、貞。』」

這段〈文言〉歪解「元亨利貞」，說這是為了體仁、合禮、和義，就是拉《易經》和儒家的五常靠近。其實，「元亨利貞」和五常完全不挨邊兒。詳細拙見請看第六節。

子曰：「龍德而正中者也。庸言之信，庸行之謹，閑邪存其誠，善世而不伐，德博而化。《易》曰『見龍在田，利見大人』，君德也。」

這兩句話在「乾」卦〈文言〉之後，是講為什麼「見龍在田，利見大人」的。洪鈞看不出哪幾個字是切題的，卻看出它提倡正中、庸言、庸行和誠、謹。這是儒家提倡的處世準則。

子曰：「貴而无位，高而无民，賢人在下而无輔，是以動而有悔也。」

這段話是解說什麼叫「亢龍有悔」的。子曰認為，當你尊貴卻沒有地位和屬民，又沒有賢人輔助時，有任何舉措都會有不良後果。這樣叫人待時而動，並且搜羅賢人為用固然是對的，但和「亢龍有悔」基本無關。下面有兩句「乾」卦的《易傳》較好，即：

亢之為言也，知進而不知退，知存而不知亡，知得而不知喪。其唯聖人乎！知進退存亡，而不失其正者，其唯聖人乎！

不要蠻幹，知道進退存亡，才是聖人的境界。這不是「亢龍有悔」的貼切解說，卻是儒家推崇的處世態度。

> 積善之家，必有餘慶。積不善之家，必有餘殃。臣弒其君，子弒其父，非一朝一夕之故，其所由來者漸矣，由辯之不早辯也。《易》曰『履霜堅冰至』，蓋言順也。

這段「坤」卦的《易傳》是解「履霜，堅冰至」的。把這五個字引申為「冰凍三尺，非一日之寒」或「防微杜漸」也可以。但是，一定要拿來說明治家和治國必須堅持不懈地正名分——辯——否則就會出現臣弒其君、子弒其父的亂象，則是儒家思想本色。

儒家是推崇「中正」的。《易經》中不見中正連寫。《易傳》中「中正」連寫出現了 17 次。

怎樣才算中正呢？用文言來說就是：不為已甚，無過無不及；用白話來說就是不偏不倚、不積極不消極、不卑不亢、不出頭、不冒尖，一切都恰到好處。

中正又做正直、正道、純正、忠直講。總之沒有貶義。再簡單點兒，中正就是中庸。推崇「中正」源於《尚書·大禹謨》「允執厥中」。實際上是從眾心理的表現。從眾者固然不是創偉業、成大事、有發明、立新說之才，卻是守成者必備的素質和態度。故在中國歷史上，從漢代開始，各王朝建立後，都要借重儒家思想鞏固統治。

> 子曰：「小人不恥不仁，不畏不義，不見利而不勸，不威不懲。小懲而大誡，此小人之福也。《易》曰『履校滅趾，无咎』，此之謂也。善不積不足以成名，惡不積不足以滅身。小人以小善為無益而弗為也，以小惡為無傷而弗去也，故惡積而不可掩，罪大而不可解。《易》曰：『何校滅耳，凶。』」

這一段是〈繫辭下〉關於小人的評價以及如何對待小人。君子、小人之辨，是孔子很重視的，也是《易傳》很重視的。今本《周易》中，君子共出現 125 次，小人共出現 30 次。可見《易傳》作者重視君子，也主要講如何做君子的道理。然而，這段話引的「履校滅趾」「何校滅耳」都是指奴隸戴著沉重的刑具，〈繫辭〉作者卻認為這是「小懲而大

誠，此小人之福也」。足見《易經》時代，奴隸主常常對奴隸施以殘酷刑罰。《易傳》卻推崇君子、即奴隸主。

> 有天地然後有萬物，有萬物然後有男女，有男女然後有夫婦，有夫
> 婦然後有父子，有父子然後有君臣，有君臣然後有上下，有上下然
> 後禮義有所錯。

說這段〈序卦〉傳是儒家「三綱」說的根據，大概無人反對。

總之，《易傳》充斥著儒家思想。

或問：閣下對儒家思想深惡痛絕嗎？

答曰：不然。就個人道德修養而言，孔子的人格是很多現代人不可企及的。洪鈞也比較喜歡他。至於修身、齊家、治國，《大學》所說也頗有可採。甚至「三綱」「五常」之說，也不宜全盤否定。中國歷史上那麼多朝代之所以能夠持續二、三百年，封建社會因此持續了兩千多年，主要原因之一就是提倡「三綱」「五常」。因為那時只有這樣，社會才會有秩序。沒有秩序，就是天下大亂。故洪鈞認為，繼承傳統文化，必須研讀「四書」。《周易》遠遠不如「四書」重要。「四書」是光明正大地正面說理。《易傳》則拐彎抹角地穿鑿附會。

洪鈞還提到《易傳》有神學思想。下面做一簡單說明。

六、《易傳》的神學成分

關於《易傳》中的神學成分，可以參看以下兩段《易傳》。

> 知幽明之故。原始反終，故知死生之說。精氣為物，遊魂為變，是
> 故知鬼神之情狀。（《易・繫辭上》）

這段話的意思是：知道陰間和陽世的道理。推究始終，故知道死後和生前道理。精氣形成萬物，遊蕩著的靈魂使之變化，所以知道鬼神的情形和狀態。簡言之，《周易》要研究為什麼會有陰間和陽世，生前和死後是怎麼回事，而且知道鬼神的樣子。據此，《易傳》顯然是神學和哲學的混合體。

有的人可能不同意，把「幽明」解作「陰間和陽世」，而且舉韓伯

康以「有形和無形」解「幽明」。那麼，洪鈞要問：緊接著的「遊魂」和「鬼神」該如何解呢？不知道陰間的道理，怎麼能知道鬼神的情狀呢？

> 夫大人者，與天地合其德，與日月合其明，與四時合其序，與鬼神
> 合其吉凶。先天而天弗違，後天而奉天時。天且弗違，而況於人
> 乎？況於鬼神乎？

> 洪鈞按：此處所引見於〈文言‧乾〉之後，至於是否屬於〈文
> 言〉，見本書第十節。

以上引文所說的「大人」，大約相當於《黃帝內經》當中的真人，甚至比真人還要高級。真人不過是提挈天地，把握陰陽。這裡的「大人」則「先天而天弗違，後天而奉天時」，即能夠控制天。天、地、人和鬼神都在他的掌控之中。顯然只能理解為至高無上的、全知全能的神。

總之，上引兩段屬於神學理論。看不出這和算卦有什麼關係。只能說《易傳》是哲學和神學的混合體。

說到此處，讀者可能認為，《易》學如此不堪，必然迅速萎縮甚至消亡。實際上完全不是這樣，而是近年出現了《周易》熱。

七、關於《周易》熱

近幾十年，出現了研究《周易》的熱潮。

熱到什麼程度呢？且看專家的說法。也算是《周易》專家的李學勤先生如下說：

> 《周易》的研究熱，現在表露得越來越清楚了。看看近日的新書
> 目，和《周易》有關係的書真是不勝枚舉。這麼多書，想讀也讀不
> 過來。《周易》本來是儒經之首，歷代注釋論述極多，據有的經學
> 論著書目統計，竟有 2500 餘種。去年 12 月，臺灣研究《周易》的
> 學者黃沛榮先生發表了一篇《近十年來海峽兩岸易學研究的比較》
> （《漢學研究》七卷二期），所列近十一、二年間出版的《周易》

方面專著，大陸、臺灣都約30種，論文當然還要多得多。關於《周易》的書，不僅數量多，而且流傳廣，甚至街頭巷尾的書攤上都俯拾即是。

這樣多《周易》的書，流派紛繁，但就其研究的方法主要是兩大派，一是義理，二是數術。《周易》本來是筮書，屬於數術的範圍，以數術講《周易》可以說是本色，起源古遠。《左傳》、《國語》所載關於《周易》的議論，雖有涉及義理的，為數不多。真正由義理角度研究《周易》，恐怕還是始於孔子。」（鄧球柏著《帛書周易校釋》湖南出版社 1996 年第 2 版，李學勤序）

上述李先生的說法寫於 1996 年，自那時至今又過了二十五、六年。《周易》熱還是沒有完全消退。據說國家出版管理部門，對此前出版的《易》學書，聽取了專家的意見，認為有關圖書大多品質不高，指示要保證品質。此類著作不再那麼時行了。但還是有品質不高的《易》學書出版。但願本書能起到一些正本清源作用。假如本書能引起學界的不同反響，引起一番真正的學術爭論，則洪鈞幸甚！

以下略述洪鈞為什麼寫作本書。

八、洪鈞為什麼寫作本書？

本書是有感而作。上文就有不少洪鈞的感慨，只是，最後促使洪鈞憤而寫作本書，是由於有那麼幾個人給了洪鈞更大的刺激。比如他們竟然敢於如下說：

這本書名《周易》，是周文王在羑里坐牢的時候，他研究《易經》所做的結論。我們的儒家文化，道家文化，一切文化，都是文王著作了這本《易經》以後開始發展下來的。所以諸子百家之說，都淵源于《易經》所畫的這幾個卦。

我們看京劇裡的諸葛亮，伸出幾個手指，那麼輪流一掐，就知道過去、未來。有沒有這個道理？有，有這個方法。古人懂了《易經》的法則以後，懂了宇宙事物以後，把八卦的圖案，排在指節上面，再加上時間關係，空間關係，把數學公式排上去，就可以算出事情

來。這就是把那麼複雜的道理，變得非常簡化，所以叫做簡易。

以上兩段連里巷之談也算不上的信口雌黃，竟然見於正式出版之書，竟然能夠登上大雅之堂大放厥詞，真是令人難以忍受而噴飯！

還有比以上所引更難忍受的謬說。比如，有一本關於《周易》的書封面上大書如下：

醫易同源！
中醫為易學的一個分支！
中醫現代化最終爆發科學革命！

就是這本書，銷量 10 萬，並且「榮獲 1993 年世界太極科學金獎——人體科學獎」。而這個獎是為「下一個世紀建立一個新的科學方法論。」

問題是，類似上述謬說竟然被許多人追捧，因而大有市場。足見，陽春白雪和者日寡；下里巴人和者日多。

洪鈞是習醫出身，臨證五十多年。近二十多年來，研究中醫為主。見到上述有關中醫的無稽之談或謬說，激憤莫名。

正是這些無稽之談或信口雌黃，給了洪鈞最後一擊，促使洪鈞憤而寫作本書。

不難看出，以上無稽之談沒有注明出處，有志者不難查找。在下不怕其作者或其門徒發現後出頭論戰，但還是對《周易》或《易》學研究之前途深感悲觀。

最後，說一下洪鈞所推崇的近現代著名《周易》專家及其著作。

洪鈞最推崇的專家只有兩人，即李鏡池先生和高亨先生。李先生主要著作有《周易探源》、《周易校釋》和《周易通義》。高先生的主要著作是《周易古經今注》和《周易大傳今注》。在洪鈞看來，經過兩位先生的研究，《周易》的遺蘊已經不多了。不敢說本書完全繼承了先賢的成就，只是受時代潮流的刺激有感而作。書中小有創獲，也必有錯誤，切望讀者批評指正。

2021 年 2 月 威縣趙洪鈞於石家莊寓所

上編
說《周易》必備的基礎

　　《周易》雖然不是科學技術著作，其中沒有科學概念的定義、定理或計算公式等需要首先交代，但是，解說她還是需要一些常識。比如，陰陽爻、卦形、卦辭、爻辭、爻題、《易傳》、「十翼」、《易經》和《周易》的結構、體例等，對初學者來說都是生疏的。不瞭解這些常識，影響他們理解有關《周易》的解說。本書的上編主要是交代上述基礎知識。不過，凡涉及《周易》經傳之處，也會順便解說。

　　本編共有十節。

　　第一、二兩節，是從多數讀者比較熟悉的與《周易》有關的話題說起，以便引起讀者的興趣，並加深對已有知識的理解。

　　第三節的題目是「硬讀《易經》」，就是撇開《易傳》和其他《易》學著作，看看能讀懂多少《易經》的內容。其中涉及常識者，都要隨時交代。硬讀《易經》所得的知識，都是確切無疑的，這樣就為進一步解說《周易》打好了基礎。在此特別強調，本節內容是本書上編中最重要的。

　　第四節是介紹周易的結構和體例。這樣有利於讀者總體上把握《周易》。其中也順便交代了有關基礎知識。

　　第五節的題目是「可笑的《易傳》」，是總體上否定《易傳》。古今《易》學著作，從來沒有這樣的題目和看法。故本節很可能在《易》學史上，激起一次波瀾。洪鈞對此已有思想準備。

　　第六節集全力討論「元亨利貞」，是本編的重點之一。本節附有五篇

短文，都與「元亨利貞」有關。

第七節討論「元亨利貞」之外的貞兆辭，對解說《周易》也是必要的知識準備。

第八節是以加按語的方式，介紹歐陽修著《易童子問》，目的是提倡理性的懷疑精神。

第九節是「白文《易經》與帛書《易經》對照」。這樣做不但能充分利用帛書《周易》的文獻價值，也有利於破除人們對《周易》的盲目崇拜。本節附有四篇短文，都與出土《易》類文獻有關。

第十節是評說「乾」、「坤」兩卦的《易傳》。這樣做是因為，這兩卦附屬的《易傳》太多了，有必要先清除其干擾。這樣一來，本書下編通解六十四卦時，「乾」、「坤」兩卦就不會顯得累贅。

總之，本編已為解說六十四卦做好了知識準備。

讀者可能看出，以上所述沒有提及卦象、象數、卦義、卦德、爻象、爻位、內外卦、互卦等說。這是因為洪鈞確信，《易經》編纂之初，沒有這些後人強加給她的人為規則。《左傳》和《國語》記載的占筮實例，都沒有象數等說。故可斷言，象數等說是春秋末之後才逐漸出現的。如果雜取眾說，就像打麻將或打撲克那樣，多了一個人為的規則，就多了一種打法。如此解說《周易》，必然愈說愈繁，愈說愈玄，鑽入無底洞。故本書只在評說〈彖〉傳和〈象〉傳時，不得已偶取爻位等說。

第一節　從幾個熟語說起

　　首先說明，本節所謂熟語和漢語語言學上的熟語不同。洪鈞所謂熟語，指眾人經常講因而很熟悉的詞語。

一、為什麼要從幾個熟語說起？

　　講解任何學問，都最好是從讀者或聽眾已有的有關知識說起。這樣不但循序漸進，還能調動人們的興趣，因而更容易有所收穫。

　　洪鈞要講的這幾個熟語，都是近一百多年來幾乎天天講、人人講、到處都在講、書本上和口頭上一直講的，因而是男女老幼凡略有知識者，都很熟悉的，當然，也是和《周易》關係很密切的，卻是《周易》專家們很不重視的。但願不是他們沒有認識到的。

　　總之，洪鈞覺得，出了那麼多關於《周易》的書，發表了那麼多關於《周易》文章，成立了那麼多《周易》學會還有公司，還組織過受眾面最廣的《周易》學術講座，卻很少涉及這幾個對近現代中國影響很大的熟語及其和《周易》的關係，因而讀者和聽眾不知道，原來自己天天在念叨《周易》當中的話。這樣的結果，無論對求其真的《周易》學者，還是對於求其用的《周易》商家乃至《周易》投機家來說，都是不能令人滿意的。

　　或問：你要說哪幾個熟語呢？

　　答曰：先說三個：革命、鬼子、蔣介石。

　　這三個熟語之重要，一望而知。說它們代表了半部中國近代史的主旋律毫不為過。

先說洪鈞認為最重要的、人們說得也最多的「革命」一語。

二、革命、孫中山、鄒容和《周易》

「革命尚未成功，同志仍需努力」是中山先生著名的遺訓。洪鈞原以為，近代革命口號最先由他喊出來。但是，經粗略研究發現：近代國人重拾革命一語並高呼之、普及之，首先應該歸功於鄒容大將軍的《革命軍》。此文至今讀起來還是令人熱血沸騰。且看大將軍如何大呼革命！

至尊極高，獨一無二，偉大絕倫之一目的「革命」。巍巍哉！革命也！皇皇哉！革命也！

吾於是沿萬里長城，登昆侖，遊揚子江上下，溯黃河，豎獨立之旗，撞自由之鐘，呼天籲地，破顙裂喉，以鳴于我同胞前曰：嗚呼！我中國今日不可不革命；我中國今日欲脫滿洲人之羈縛，不可不革命；我中國欲獨立，不可不革命；我中國欲與世界列強並雄，不可不革命；我中國欲長存於二十世紀新世界上，不可不革命；我中國欲為地球上名國、地球上主人翁，不可不革命。革命哉！革命哉！我同胞中，老年、中年、壯年、少年、幼年、無量男女，其有言革命而實行革命者乎？我同胞其欲相存、相養、相生活於革命也。吾今大聲疾呼，以宣布革命之旨於天下。

革命者，天演之公例也；革命者，世界之公理也；革命者，爭存、爭亡過渡時代之要義也；革命者，順乎天而應乎人者也！

《革命軍》一萬九千言，大呼革命一百零三次。文中激蕩著磅礡的豪情和正氣。作者鄒容不愧為傑出的民族、民主革命家。如果知道他撰此文時只有十八歲，犧牲時只有二十歲，更會為他的壯舉和才氣動容。他沒有看到辛亥革命，卻無愧於國民革命大將軍的追贈。一個能孕育出這樣千古豪傑和才士的民族，必然不久就會步入世界強國之林，因為必然會有一批批類似豪傑和才士湧現於這個民族，完成鄒大將軍未竟的革命大業。

以上所引《革命軍》最後一句：革命者，順乎天而應乎人者也！就出自《周易》。經文如下：

☰ 革：巳日乃孚，元亨，利貞，悔亡。

初九：鞏用黃牛之革。

六二：巳日乃革之，征吉，无咎。

九三：征凶，貞厲，革言三就，有孚。

九四：悔亡，有孚，改命，吉。

九五：大人虎變，未占有孚。

上六：君子豹變，小人革面，征凶。居貞吉。

這是今通行本《周易》經的第四十九卦全文。

拙見以為，此卦取名「革」，就是因為其中有四條爻辭裡有「革」字。此外更無深意。至於革字如何講，請看下文。

《易經》中「革」字共7見，除「革」卦5見外，還有：

「遯」六二：執之用黃牛之革，莫之勝說。

「鼎」九三：鼎耳革，其行塞。雉膏不食，方雨，虧悔，終吉。

「黃牛之革」就是黃牛皮做的皮革。「革」初九「鞏用黃牛之革」也是黃牛皮革的意思。故不能說革字的意思都是革替、改換之義。

至於「鼎耳革」應該是鼎的耳壞了，因而換了。後來因此有了「鼎革」一語，指改朝換代，也是革命之義。

或問：經文中有五個革字，一個命字，不是可以組成「革命」一語嗎？

答曰：是的！但革命一語卻不是這樣來的。「革」九四經文中有「改命」一語，說革命來自改命大體可通。如果有一位善於聯想的當代《周易》專家，說「革」卦意在改革開放，也算是繼承了《易傳》解經的傳統，因為不能不允許這樣的積極聯想。然而，革命一語不是直接來自經文，而是來自「革」卦的〈彖〉傳如下：

〈彖〉曰：革，水火相息，二女同居，其志不相得，曰革。「巳日乃孚」，革而信也。文明以說，大亨以正，革而當，其悔乃亡。天地革而四時成，**湯武革命，順乎天而應乎人**，革之時義大矣哉！

至此不得不說明《易傳》之傳是什麼意思。《說文解字注》說：「凡輾轉引伸之偁皆曰傳。」故《易傳》就是「輾轉引伸」《易經》的。〈彖〉傳還是《易傳》的第一傳。

試看，〈彖〉辭開始就解革字說：「革，水火相息，二女同居，其志不相得，曰革。」這樣據卦形把革解作「水火相息，二女同居，其志不相得」，與革命不相干，與改換也不相干。我們總不能說，這是反對同性戀。其實，「水火相息」是指此卦的卦形是上兌下離。兌為澤，離為火，故水火相息。「二女同居」是指兌為少女，離為中女（見〈說卦〉）。二女同居，當然就「其志不相得」。

中間兩句「『巳日乃孚』，革而信也。文明以說，大亨以正，革而當，其悔乃亡。」解得也毫無道理。其實卦辭不過是說：到祭祀那天才去捉俘虜作為人牲。很順利，利兆，禍患消除。

可見，雖然〈彖〉傳解出——實則是看到革字聯想出——革命來，它的具體解釋卻很牽強。

總之，作為後人，我們基本上都沒有記住，因而很少有人理睬這條〈彖〉辭的前三句。我們只記住了「湯武革命，順乎天應乎人」。這就夠了。即便一部《周易》，只給我們提供了「革命」這個有生命力的詞語，也值得我們研討了。總之，革命二字之重要，不是它對《易經》解釋得多麼貼切、準確，而是它解出了二千年來、特別是近一百多年來的中國人的普遍要求。

三、鬼子的來歷

近代國人稱洋人為「鬼子」或「洋鬼子」，源於《周易》「既濟」和「未濟」。原文是：「九三：高宗伐鬼方」（「既濟」）；「九四：……震用伐鬼方，三年有賞于大國。」（「未濟」）。鬼在這裡不是鬼神之鬼，而是指異族敵人。鬼方是殷高宗打了三年仗才打敗的一個國家。

總之，鬼子之說是近代列強侵略中國之時，又喚起了國人心目中遙遠的民族記憶。可惜，這次遇到的異族敵人，要比殷商時期的鬼方強大很多，國人前仆後繼奮鬥了一百多年才站起來。

四、蔣介石和《周易》

蔣公名中正，字介石，是最典型的出自《周易》的名字。洪鈞相信，

當初給蔣公取名時，找的是一位飽學的宿儒。我們先引經文看看這個名字的出處。

☷☳ 豫：利建侯、行師。

> 初六：鳴豫。凶。
>
> 六二：介于石，不終日，貞吉。
>
> 六三：盱豫，悔，遲，有悔。
>
> 九四：由豫，大有得，勿疑，朋盍簪。
>
> 六五：貞疾，恒不死。
>
> 上六：冥豫，成有渝。无咎。

這是今通行本《周易》經的第十六卦的卦形、卦名、卦辭和爻辭。

毫無疑問，「介石」二字取自「豫」卦六二爻辭「介于石」。其本義是夾在兩石中。不過，作為名字，其義為操守堅貞或耿介如石。「中正」二字則取自該爻的〈象〉辭：「『不終日貞吉』，以中正也。」愚見以為，取此卦之爻辭做名字，還是看上了此卦的卦辭：**利建侯、行師。**

建侯就是封侯，行師就是統領三軍。這都是舊時男子的理想追求。

蔣介石確實在自己身上，實現了當初取名的厚望。

他擔任國民革命軍總司令時四十來歲，後來更是國軍三軍總司令。行政上，他的地位已不止是封侯拜相，而是君臨天下，做了二十來年實際上或名義上的中國元首。1945 年開羅會議時，他和美國總統羅斯福、英國首相邱吉爾並列，是近代以來中國元首首次以大國、戰勝國的首腦出席最重要的國際會議。這些都超出了《周易》對他的預期。

至此還沒有交代「中正」的來歷。原來這是直接取來了「豫」卦六二的〈象〉傳：「『不終日，貞吉』，以中正也。」其實，中正和「不終日，貞吉」毫無關係。沒有哪個現代人能從「不終日，貞吉」這五個字中找出「中正」的意思來。何以如此，以後會詳細交代。先說從網上看到的對「介于石，不終日，貞吉」的很有意思的解釋：

被夾在石頭中，不到一天就出來了，兆示吉祥。

這不免使人想起 1936 年 12 月 12 日的西安事變。當時老蔣聞槍聲倉促逃跑，爬到後山上的一個大石頭縫裡躲藏。這就是「介于石」。不久他

被張、楊的手下找到，弄到西安高級賓館——安全了。這就是：「不終日，貞吉。以中正也。」

看來《周易》的神妙真是匪夷所思。她不但能預知一個人四十年後封侯拜相、統領三軍，還能預知他五十年後遭遇兵變，藏在大石頭縫裡逢凶化吉。不過，蔣公最後敗退臺灣並在那裡辭世，就不是《周易》能預知的了。

五、毛澤東的名字和《周易》

如果問嚴肅的《周易》學者：毛澤東的名字和《周易》有無關係？他們會說：沒有！如果問不太嚴肅的學者，他們會說：可能有。如果問一位江湖或山寨「學者」，他很可能回答說：不但有而且很密切！

下面洪鈞試著按江湖或山寨《周易》「學者」的方式，說一下毛澤東和《周易》的關係。

毛澤東的「澤」字，是《周易》八經卦取象之一。即乾天、坤地、震雷、艮山、離火、坎水、兌澤、巽風。故澤東二字不僅意味著此人將弄潮造福於東方，而且暗示他一生中的很長時期與山澤為伍。至於東字，表面上與《周易》無關，實則關係很大。蓋震在東、巽在東南。毛公創業先是在東南方搞革命風雷。然而，《周易》〈說卦〉云：「帝出乎震，齊乎巽，相見乎離，致役乎坤，說言乎兌，戰乎乾，勞乎坎，成言乎艮。」意思是說，天帝的事業將成就於「坤」、「兌」、「乾」、「艮」。這四卦居於西北方，故毛澤東的事業要成功於西北。試看井岡山、瑞金等毛公起事之地都在東南，而延安、西柏坡等勝利之地則在西北。可見毛澤東的名字、生平活動及其事業成就都可以據《周易》得到「圓滿」的解釋。

六、咸亨酒店和頤和園

在我國近代史上，有兩處供人遊玩之地很有名，和《周易》的關係也很密切。它們一南一北、一小一大，分別是魯迅先生筆下的咸亨酒店和慈禧太后的頤和園。

關於咸亨酒店洪鈞想偷偷懶，引用網上的兩段文字如下。

咸亨酒店，清光緒甲午年（1894 年），魯迅先生的堂叔周仲翔等在紹興城內都昌坊口開設一家小酒店。咸亨二字取自《易經》「含弘廣大，品物咸亨」句中，即萬事順利的意思。因在魯迅先生的小說《孔乙己》、《風波》、《明天》作為重要背景，故而聞名。咸亨酒店經營數年後關門歇業，成為歷史的陳跡。

1981 年，魯迅先生誕辰一百周年之際，在紹興都昌坊口的西首，塵封的咸亨酒店重新開業，並獲得「中華老字號大型企業」、「中國餐飲名店」等榮譽稱號，先後在北京、上海、南京等地開設 30 家連鎖分號。

只是，在此有必要指出，以上引文中有錯誤之處。即「含弘廣大，品物咸亨」不見於《易經》而是取自《易經》第二卦的〈象〉傳。全文如下：

> 〈象〉曰：至哉坤元！萬物資生，乃順承天。坤厚載物，德合无疆。**含弘光大，品物咸亨。**牝馬地類，行地无疆，柔順利貞。君子攸行，先迷失道，後順得常。西南得朋，乃與類行。東北喪朋，乃終有慶。安貞之吉，應地无疆。

現在說一下頤和園的來歷和含義。

「頤」是《易經》六十四卦的第二十七卦。卦形和經文如下：

☶☳ 頤：貞吉，觀頤，自求口實。

初九：舍爾靈龜，觀我朵頤，凶。

六二：顛頤，拂經，于丘頤，征凶。

六三：拂頤，貞凶。十年勿用。无攸利。

六四：顛頤，吉。虎視眈眈，其欲逐逐，无咎。

六五：拂經，居貞吉，不可涉大川。

上九：由頤，厲吉，利涉大川。

不過，從經文中看不出頤字的含義。其含義在《易傳》的〈序卦〉和〈雜卦〉中。其中說：「頤者，養也。」「頤者，養正也。」於是頤和園就是頤養和氣與正氣的地方。如果再參看其他經典，頤字還有長壽之義。《禮記·曲禮》就有「百年曰期頤」之說。

總之，頤和園取名本於《周易》。至於慈禧太后為了修建頤和園動用海軍軍費，為後人詬病，最後導致甲午海戰中國慘敗，則是中國近代史上最為國人憤慨而又喪氣的大事件。

七、推薦一篇文章

網上不是沒有人介紹和《周易》有關的詞語，相反，有關文章或帖子還相當多。然而，其中沒有一個有專家名頭，而且介紹洪鈞說的這幾個熟語的。

洪鈞本來想介紹一下與《周易》相關的成語，卻有人先我而發了。淺見以為，寫得最好的一篇是：《周易》成語知多少？作者：湖北鄖西一中賀德才。

建議對本節感興趣的朋友都讀一下該文。但想順便說一下，賀文還是漏掉一些出自《周易》的、比較常用的成語如下：

> 從一而終、夫妻反目、湯武革命、不恒其德、或承之羞、困於酒食、見善則遷、有過則改、同心之言，其臭如蘭、外柔內剛、內柔外剛、不能正室、无平不陂、无往不復、載鬼一車、自天佑之，吉无不利、赦過宥罪、大衍之數、萬物資始、萬國咸寧、盈不可久、修辭立誠、進退无恒、陽氣潛藏、與時偕極、德合无疆、防微杜漸、天玄地黃、開國承家、宗廟社稷、震驚百里、不喪匕鬯、日中見斗、重門擊柝。

洪鈞就不一一指出上述成語的出處和含義了。

最後說一下，本書前兩節的內容是相當輕鬆地說《周易》，或者說這兩節比較容易引起讀者對《周易》的興趣。但是，不得不告訴讀者，自本書第三節開始，其內容就變得嚴肅甚至枯燥了。如果真想瞭解《周易》，請您靜下心來，花些功夫認真讀。不敢說洪鈞說《周易》無懈可擊，但敢說即便你是《周易》專家，也能從中有些收穫。假如你是一般讀者，讀過之後也差不多進了《周易》之門。

第二節　清華校訓、梁啟超和《周易》

　　把清華校訓、梁啟超和《周易》扯在一起，自然是因為校訓和梁啟超關係密切，也和《周易》密切相關。

　　不過，即便和《周易》沒有關係，這件事涉及的人物及其發生的時間和地點，也平添了很值得咀嚼的文化意蘊。

　　先說清華。

　　清華的名氣在中國大學中數一數二。當代高中生無不以能夠考進清華為榮。不過，洪鈞相信，不少青年不會很清楚，清華是讓國人有些尷尬、苦笑的學校。她的建立，源於八國聯軍進北京的辛丑合約和庚子賠款。總之是，一幫強盜打到中國來，把我們打敗了。我們要給人家戰爭賠款——白銀四億五千萬兩。數年後，美國首先說：啊！當初的賠款我要得多了！退給你一半吧！但這錢你不能隨便花，只能用來做兩件事。一是開學堂辦教育；二是修鐵路改善交通。清華就是這樣來的——美國退回的庚款辦的。其實並非退回，而是每年交付賠款時留一半辦清華——起初叫清華學堂，是留學美國的預備學校。就這樣，當時不少人對美國這麼講「公理」感恩戴德。據說後來別的列強也學了美國的做法，於是英、法、德、比等國也有了庚款公費中國留學生。

　　洪鈞講這些不是認為，當初不該要那一半庚款，更不是希望像胡適之等那樣的人，當初不要考庚款公費留學，只是希望提到清華時，要知道，其中隱含的苦澀和屈辱。

　　再說梁啟超。

　　梁啟超曾經是當年中國第一流的名人。他追隨康有為搞戊戌變法雖然失敗，還是名滿天下。辛亥革命後，他還是在政治上、學術上幾乎無人與

之相垺。這大概是何以清華請他演講。

梁啟超在清華演講不止一次，涉及清華校訓的是 1914 年 11 月 5 日，應清華學校校長周詒春的邀請，在「同方部」為清華師生作的演講。演說詞刊錄在 11 月 10 日的《清華週刊》上。其中的「自強不息，厚德載物」不久便寫進清華校規，後來成為清華校訓。

以下是演說詞全文。

君子二字其意甚廣，欲為之詮注，頗難得其確解。為英人所稱勁德爾門（Gentlemen）包羅眾義，與我國君子之意差相吻合。證之古史，君子每與小人對待。學善則為君子，學不善則為小人。君子小人之分，似無定衡。顧習尚沿傳類以君子為人格之標準。望治者，每以人人有士君子之心相勖。《論語》云：君子人與君子人也，明乎君子品高，未易幾及也。

英美教育精神，以養成國民之人格為宗旨。國家猶機器也，國民猶輪軸也。轉移盤旋，端在國民，必使人人得發展其本能，人人得勉為勁德爾門，即我國所謂君子者。莽莽神州，需用君子人，於今益極。本英美教育大意而更張之，國民之人格，駸駸日上乎。

君子之義，既鮮確詁，欲得其具體的條件，亦非易言。《魯論》所述，多聖賢學養之漸，君子立品之方，連篇累牘勢難臚舉。《周易》六十四卦，言君子者凡五十三。「乾」、「坤」二卦所云尤為提要鈎元。〈乾·象〉曰：「**天行健，君子以自強不息。**」〈坤·象〉曰：「**地勢坤，君子以厚德載物。**」推本乎此，君子之條件庶幾近之矣。

〈乾·象〉言，君子自勵猶天之運行不息，不得有一暴十寒之弊。才智如董子，猶云勉強學問。《中庸》亦曰，或勉強而行之。人非上聖，其求學之道，非勉強不得入于自然。且學者立志，尤須堅忍強毅，雖遇顛沛流離，不屈不撓。若或見利而進，知難而退，非大有為者之事，何足取焉？人之生世，猶舟之航於海，順風逆風，因時而異。如必風順而後揚帆，登岸無日矣。

且夫自勝則為強，乍見孺子入水，急欲援手，情之真也。繼而思之，往援則己危，趨而避之，私欲之念起，不克自勝故也。孔子曰：「克己復禮為仁。」王陽明曰：「治山中賊易，治心中賊難。」

古來忠臣孝子，憤時憂國奮不欲生。然或念及妻兒，輒有難於一死不能自克者。若能擯私欲，尚果毅，自強不息，則自勵之功與天同德，猶英之勁德爾門，見義勇為，不避艱險，非吾輩所謂君子其人哉。

〈坤‧象〉言，君子接物，度量寬厚，猶大地之博，无所不載。君子責己甚厚，責人甚輕。孔子曰：「躬自厚而薄責於人。」蓋惟有容人之量，處世接物坦焉無所芥蒂，然後得以膺重任。非如小有才者，輕佻狂薄，毫無度量，不然小不忍必亂大謀，君子不為也。當其名高任重，氣度雍容，望之儼然，即之溫然，此其所以為厚也，此其所以為君子也。

縱觀四萬萬同胞，得安居樂業，教養其子若弟者幾何人？讀書子弟能得良師益友之薰陶者幾何人？清華學子，薈中西之鴻儒，集四方之俊秀，為師為友，相磋相磨。他年邀遊海外，吸收新文明，改良我社會，促進我政治，所謂君子人者，非清華學子，行將焉屬？雖然，君子之德風，小人之德草。今日之清華學子，將來即為社會之表率，語默作止，皆為國民所仿效。設或不慎，壞習慣之傳行急如暴雨，則大事償矣。深願及此時機，崇德修學，勉為真君子，異日出膺大任，足以挽既倒之狂瀾，作中流之砥柱，則民國幸甚矣。（摘自《清華大學史料選編》第一卷）

時至今日，值得注意的是：臺灣也有清華大學，那裡也以「自強不息，厚德載物」為校訓。這無疑對祖國統一大業十分有利。說《周易》將在祖國統一大業中，起積極作用，毫不為過。

最後說《周易》。

梁啟超引用的「天行健，君子以自強不息」就是「乾」卦的〈象〉辭。「地勢坤，君子以厚德載物」則是「坤」卦的〈象〉辭。清華校訓就是取「乾」、「坤」兩卦的〈象〉辭各四字組成「自強不息，厚德載物」。雖然我們看不出這和《易經》「乾」、「坤」兩卦的經文有何關係，但是，這八個字還是在中國歷史上，起過很多積極作用。今後還會繼續積極影響兩岸關係。

順便指出，梁先生的演說詞有一處小錯誤。即「《周易》六十四卦，言君子者凡五十三」是不準確的。蓋如果此話指《易經》，則其中言君子

者凡二十;如果指《周易》,則言君子者凡一百二十五。這雖然不是大問題,但洪鈞不敢為賢者諱。

第三節　硬讀《易經》

　　想真正理解《易經》，最保險辦法就是用最笨的辦法硬讀經文，即拋開一切前人的注疏和解說等，先從《易經》原文讀起。愚見以為，歷代學者們，之所以大都在牽強附會地解說《易經》，就是因為他們不肯首先直接硬讀經文，而是預先接受了前人、特別是《易傳》的附會，於是自己也只能附會下去。

　　本節就是洪鈞引導著讀者硬讀《易經》。

　　怎樣硬讀呢？

　　首先是選一個公認最好的《周易》本子。洪鈞選的是吳樹平等點校的《十三經全文標點本》（北京燕山出版社 1991 年版）中的《周易》，同時還與朱熹的《周易本義》（上海古籍出版社，1987 年版）進行了對照。經對照發現，二者幾乎完全相同。其實，這個本子就是今通行的《周易》傳本。此本最早可以追溯到漢代的費直，到三國魏人王弼和晉代人韓伯康的《周易注》基本上定下來。唐太宗命孔穎達等修《五經正義》，其中的《周易正義》主要參考《周易注》，因為「唯魏世王輔嗣之注，獨冠古今」（《周易正義·序》）。清代人阮元主持校刻《十三經注疏》，其中的《周易》選取了《周易正義》。從此，《周易正義》中的《周易》經傳，作為官方定本而流傳於世。

　　選好本子後，先弄清《易經》有多少字。

一、今通行本《易經》的字數

　　想鬧清《易經》的字數，就是先去掉《易傳》，把《易經》從《周

易》中拿出來。還有，現代《周易》本子，都有現代人加上的標點，因而會暗中滲入標點者的見解，故全部標點也統統去掉。

洪鈞把經過此番處理的《易經》，稱作「無標點白文《易經》」，簡稱「白文《易經》」。

白文《易經》是多少字呢？

不計六十四卦卦形（或稱卦圖、卦畫），洪鈞通過文書編輯軟體的準確計數是 4940 字。

關於字數需略加說明。傳本或古代注本如朱熹《周易本義》中，「履」、「同人」、「否」、「艮」計四卦無卦名。洪鈞已經加上了這四卦的卦名共五個字。倘無此四卦名，白文《易經》的字數就是 4935 字。如果再減去實際上不需詳細解說的各卦爻題共 768 字（按：不計用九和用六），則白文《易經》就只有 4167 字。

為了字數準確，洪鈞還查考了李鏡池先生著《周易通義》和高亨先生著《周易古經今注》，二者所據之上述四卦也沒有卦名。

洪鈞按：《易經》成書時、乃至成書之前，各卦必然都有卦名。否則太卜和太史之間、乃至民間卦師之間無法交流，也不便傳授。由《左傳》和《國語》記載的占筮實例也足以證明拙見，因為這些實例都提到卦名。只有這樣後人才能理解這些占筮實例。只是不同地區或學派的《易經》抄本所載卦名，會有不少不同。帛書《周易》和傳本《周易》有約半數卦名不同，足以證明淺見。故傳本《易經》有四卦無卦名，很難理解，只能說是傳抄中誤脫。

據洪鈞所知，從來沒有人對《易經》的字數做過這麼認真、嚴謹的計數。但無論如何，我們總算弄清了今《易經》的字數。顯然，《易經》是篇幅很小的一本書。

然而，就是這 4940 或 4167 字的白文《易經》，竟然引得古今那麼多專家、學者們傷透了腦筋——也可以說是如獲至寶。他們大做文章，出過大約三千種書。洪鈞很想在專家、學者上加上引號，因為在洪鈞看來，不敢先從白文《易經》讀起，就算不上《易》學專家。實際上也是如此，否則不會一百個《易》學專家，至少有九十八個在那裡牽強附會。這實在是中國歷史上特有的文化現象，也是非常令人喪氣的現象。關於這一點先說

到這裡。我們再看白文《易經》的結構。

洪鈞按：山東省圖書館編有《易學書目》，於 1993 年由齊魯書社出版。全書分《館藏易學書目》（著錄山東省圖書館館藏 1989 年以前的中外易籍，包括「易廬藏書」在內，共 1317 種，2300 餘部）和《知見傳本易學書目》（著錄不見於《館藏書目》的現存易籍 1493 種）兩部分。可見上文「出過大約三千種書」是基本可靠的。只是還是沒有料到，現存的古今《易》學著作竟然如此之多。

二、白文《易經》的結構

白文《易經》的結構很簡單也很規則，就是六十四卦的卦形及其詞語。

由於提到了「卦形」（又稱卦畫或卦圖），需要簡單交代一下爻和卦形的含義。

爻是組成卦形的基本符號，分為陽爻和陰爻。陽爻用「—」表示，是不斷的一橫；陰爻用「--」表示，是斷開的一橫。《易經》六十四卦各有專門的卦形，依次是：

乾	坤	屯	蒙	需	訟	師	比
小畜	履	泰	否	同人	大有	謙	豫
隨	蠱	臨	觀	噬嗑	賁	剝	復
无妄	大畜	頤	大過	坎	離	咸	恒
遯	大壯	晉	明夷	家人	睽	蹇	解
損	益	夬	姤	萃	升	困	井
革	鼎	震	艮	漸	歸妹	豐	旅
巽	兌	渙	節	中孚	小過	既濟	未濟

至於各卦的結構，下面舉白文《易經》的「乾」、「坤」兩卦為例說明。

乾 元亨利貞

初九潛龍勿用

九二見龍在田利見大人

九三君子終日乾乾夕惕若屬无咎

九四或躍在淵无咎

九五飛龍在天利見大人

上九亢龍有悔

用九見群龍无首吉

坤 元亨利牝馬之貞君子有攸往先迷後得主利西南得朋東北喪朋安貞吉

初六履霜堅冰至

六二直方大不習无不利

六三含章可貞或從王事无成有終

六四括囊无咎无譽

六五黃裳元吉

上六龍戰於野其血玄黃

用六利永貞

「乾」卦始於平行且不斷的六橫，是其卦形。除外卦形，「乾」卦共67字。開頭的「乾」字是卦名。跟在「乾」後面的4個字是卦辭。下面有7行字。其中前六行顯然是排好了順序。從下往上數，依次從初九到上九稱作六爻辭。

「坤」卦始於斷開的六橫，是其卦形。除外卦形，「坤」卦共90字。開頭的「坤」字是卦名。跟在「坤」後面的29字是卦辭。下面也有7行字。其中前六行也顯然是排好了順序。從下往上數，依次從初六到上六也是六爻辭。

初九、九二、上九、初六、上六、六二等稱作**爻題**。

從「乾」、「坤」兩卦可知，凡陽爻稱九，凡陰爻稱六。只是「乾」「坤」兩卦有點特殊。即「乾」卦六爻都是陽爻；「坤」卦六爻都是陰爻。故它們分別附有「用九」和「用六」。

「用九」是「乾」卦特有的爻題，指六爻皆九。

「用六」是「坤」卦特有的爻題，指六爻皆六。

洪鈞按：關於「用九」和「用六」，還需要採用前人的解說。李鏡池先生的解說是：「用九：每卦本來都只有六爻，但『乾』卦多一爻『用九』；『坤』卦多一爻『用六』。因為『乾』、『坤』兩卦是全陰全陽。古人占筮時，占得一卦，又占變爻。一個卦的卦畫，只要變動一爻，就成了另一卦的卦畫。如（『乾』）的第二爻變為陰，則成了 ☰☲（『同人』）。這在《左傳》、《國語》中稱作『乾 ☰ 之同人 ☲』。」在這種情況下，往往就引用『乾』卦中的第二爻（九二）來論吉凶。如果占到『遇乾 ☰ 之坤 ☷』，這時就往往引用『乾』卦的第七爻（用九）來論吉凶。所以『用九』就是表示全陽爻盡變為陰爻；『用六』就是全陰爻盡變為陽爻，亦即『乾』卦變為『坤』卦；『坤』卦變為『乾』卦。這種六爻都變的現象在別的卦是沒有的。所以『乾』、『坤』兩卦各多了一爻。」（《周易通義》正文 4 頁）

高亨先生《周易大傳今注卷一》的解說是：「用九……依古筮法，筮遇『乾』卦，六爻皆七，則以卦辭斷事。六爻皆九，則以用九爻辭斷事。用九猶通九，謂六爻皆九也。」「用六……依古筮法，筮遇『坤』卦，六爻皆八，則以卦辭斷事；六爻皆六，則以用六爻辭斷事。用六猶通六，為六爻皆六也。」以上兩先生的解說完全一致。只是李先生的解說略為詳細。

「用九」和「用六」的後面都附著詞語，相當於一爻。但此例只見於「乾」、「坤」兩卦。即「乾」、「坤」兩卦都是八行字，其餘六十二卦都只有七行字。

總之，凡用九字的指該爻是陽爻，即中間不斷的一橫。凡用六字的指該爻是陰爻，即中間斷開的一橫。六十四卦准此。卦名後的一行字，稱作卦辭。各爻題後也都跟著多少不一的文字，稱作爻辭。

再次說明，各卦六爻的順序是從下往上數。比如，初九指卦形的最下

面不斷的一橫。上九指卦形的最上面不斷的一橫。初六指卦形最下面斷開的一橫，上六是卦形最上面斷開的一橫。九二指從下往上數第二，是不斷的一橫；六二是從下往上數第二，是斷開的一橫。以此類推。

還有，六十四卦的前三十卦為「上經」。此後的三十四卦為「下經」。

這就是白文《易經》的結構。

洪鈞按：《易經》共六十四卦，為什麼上、下經不是各三十二卦呢？在洪鈞看來，《易經》分上下並非必須。現在的上下經是來自〈序卦〉傳。傳文就是先論述前三十卦，而後論述此後的三十四卦。只是須知，〈序卦〉傳中不見「乾」「坤」兩卦，也不見「咸」卦。淺見以為，如果不是漏掉的話，這三卦都是暗含的。

如果說《易經》分上下，還有其他解釋，大概因為東漢之前，書籍大多寫在竹簡或木牘上，如果《易經》不分上下，她的卷冊就太大了，不便拿來閱讀。只是此說還是不能回答，何以上下經卦數不等。關於此事，《周易正義卷首》第五：論分上下二篇的說法如下：

> 案《乾鑿度》云：「孔子曰：陽三陰四，位之正也。」故《易》卦六十四，分為上下而象陰陽也。夫陽道純而奇，故上篇三十，所以象陽也。陰道不純而偶，故下篇三十四，所以法陰也。乾、坤者，陰陽之本始，萬物之宗也，故為上篇之始而尊之也。離為日，坎為月，日月之道，陰陽之經，所以始終萬物，故以「離」、「坎」為上篇之終也。「咸」、「恒」者，男女之始，夫婦之道也。人道之興，必由夫婦，所以承祖宗，為天地主，故為下篇之始而貴之也。「既濟」、「未濟」為最終者，所以明戒慎而全王道也。以此言之，則上下二篇，文王所定，夫子作《緯》以釋其義也。

顯然，孔穎達之說也不足服人。至於所引《乾鑿度》是《易緯》的一篇，應是西漢末年或東漢初年的作品。

關於《易經》的結構，還可以如下看：

經文共 450 行，即 450 辭。所謂 450 辭包括：64 卦每卦一條卦辭，計 64 條卦辭。每卦各有 6 條爻辭，計 64x6=384 條爻辭。

「乾」、「坤」兩卦分別有「用九」和「用六」各 1 辭，古人也稱作

爻辭，計 2 條爻辭。

於是 64+384+2=450（辭）。

450 辭也可以如下計算：

$8 \times 2 + 62 \times 7 = 450$（辭）。

8×2 指「乾」、「坤」兩卦各有 8 辭。

62×7 指「乾」、「坤」之後的 62 卦各有 7 辭。

450 辭中，最長的是「坤」卦辭，計 29 字。其次達到或超過 18 字的依次有：「屯」六二 21 字；「蒙」卦辭 22 字；「師」六五 18 字；「履」六三 18 字；「泰」九三 20 字；「復」卦辭 21 字；「復」上六 25 字；「明夷」初九 22 字；「睽」上九 27 字；「益」六二 19 字；「損」卦辭 20 字；「豐」上六 18 字；「夬」卦辭 19 字；「夬」九三 19 字；「萃」卦辭 20 字；「萃」初六 19 字；「井」卦辭 23 字；「巽」九五 20 字；「小過」卦辭 22 字；「震」上六 22 字；「歸妹」六五 19 字。

總之，不計卦名和爻題，達到 18 字的辭共 21 條。

最短的只有 4、5 個字。這還是把爻題（一律 2 字）計在內，否則它們只有 3 字或 2 字。依次是「坤」用六、「蒙」六四、「蒙」六五、「訟」九五、「小畜」九二、「否」六三、「大有」卦辭、「豫」初六、「復」六二、「大畜」九二、「大過」九三、「咸」初六、「恒」九二、「恒」九四、「恒」上六、「大壯」卦辭、「大壯」九二、「明夷」卦辭、「家人」卦辭、「睽」卦辭、「解」初六、「升」九三、「鼎」卦辭、「震」九四、「艮」上九、「巽」九三、「兌」卦辭、「兌」初九、「兌」六三、「兌」上六、「節」六四等共 31 條。

三、繼續硬讀《易經》

繼續硬讀《易經》就是撇開一切前人的注疏、講解，看看只靠望文生義是否能讀懂卦辭和爻辭，從而弄清《易經》是本什麼書。

洪鈞已為讀者準備了「無標點白文《易經》」，請看本書最後所附。

卦辭和爻辭大多是不好懂的，不過，也有很容易弄懂的。比如：

「大有」卦的上九爻辭是：「自天佑之，吉，无不利。」意思很清

楚，就是：有老天保佑，一切吉利。

「吉，无不利」還見於「臨」九二、「晉」六五、「鼎」上九和「屯」六四。

讀到這裡，已經可以斷定，《易經》不過是一本算卦的書，是求老天保佑的，是給求占者斷吉凶的，不必作冠冕堂皇或高深莫測的解說。

讀者可能問：您唯讀了五條爻辭，就斷定《易經》是本算卦的書，不是有點草率嗎？

答：按說，根據以上五條爻辭，已經足以判斷《易經》是算卦的書了。不過，為了讓讀者確信拙見，把一般讀者可能不很容易看明白的「蒙」卦辭中的十個字在此舉出。

這十個字是：「初筮告再三瀆瀆則不告」。

加上句讀如下：

　　「初筮告，再三瀆，瀆則不告。」

翻譯為白話就是：初次占筮，告訴你結果。再三（就同一疑問）占筮，就是對神靈的褻瀆。如此褻瀆，就不告訴你結果。

至此，說《易經》就是算卦的書，應該毫無疑問了。不過，為使讀者進一步確信拙見，且看《易經》中有多少「吉」字和「凶」字。因為各種迷信術數，無非是告訴求助者吉凶、休咎、禍福的。

為了便於理解下文，這裡略說一下《易經》的貞兆辭。

所謂貞兆辭，指求神問卜者最後得到的，表示吉凶禍福的、明確且簡短的答案。

白文《易經》的此類詞語計有：吉、凶、利、亨、厲、咎、悔、吝、眚等共九個。它們表示不同程度的吉或凶。

四、白文《易經》中的「吉」字和「凶」字

我們手中有文書編輯軟體，很容易查考白文《易經》中共有多少「吉」字和「凶」字。

洪鈞查的結果是：「吉」字共 147 見。包括「貞吉」36 見；「元吉」

14 見;「大吉」5 見;「終吉」10 見;「征吉」5 見。

「凶」字共58 見。包括「貞凶」10 見;「征凶」10 見;「有凶」3 見;「終凶」1 見;「起凶」1 見。

有這麼多「吉」字和「凶」字,應該更足以說明,《易經》是一本算卦的書了吧!

「吉」和「凶」是不需要解說的。拙見以為,自《易經》時代,乃至更早的時代以來,「吉」「凶」這兩個字的含義不會變化。如果非要解說,「吉」就是吉利、吉祥,是最好的兆頭;「凶」就是凶險、凶惡,是最壞的兆頭。

不過,《易經》給出的兆頭,不是都用吉凶二字。我們有必要再仔細看看其他表示吉凶的用語。

五、《易經》中表示吉祥的其他用語

1. 關於「利」

《說文》:「利,銛(xiān)也。從刀。和然後利,從和省。《易》曰:『利者,義之和也。』」段注:「銛者,臿(chā)屬。引伸為銛利字。銛利引伸為凡利害之利。」

總之,「利」就是利益、利好、順利、有利的、有利於;「不利」就是沒有利好、不順利、不利的、不利於。

「利」字在《易經》中共出現 119 次。在貞兆辭中,出現的次數僅次於 147 見的「吉」字。其中包括「吉,无不利」5 處;「无不利」12 處;「无攸利」10 處(按:「无攸利」不屬於吉祥用語,為免文字散亂,留在此處)。

可見,好兆頭遠比壞兆頭多。再聯繫吉凶出現的次數,更可以看出,好兆頭遠比壞兆頭多。

為什麼會這樣呢?

淺見以為,一切為人斷吉凶休咎的迷信術數,都是吉兆遠遠多於凶兆。這是其從業者有意或無意遵循的規矩——要盡可能多地給人以希望或心理援助。如果說還有其他解釋,那就是術數記錄整理者,收錄的吉兆記

錄遠比凶兆記錄多。不過，關於此事，還可有另一種解釋，即出現災禍的幾率畢竟不是很高。再加之，求占者已經權衡過利弊才去占筮，出現凶兆的幾率就更小了。

好！關於此事暫且至此。我們還是繼續查看《易經》中表示吉祥的其他用語。

不過，硬讀《易經》至此，出了點麻煩，因為其他表示吉祥的古人用語，一般讀者不是很熟悉。即不像吉、凶、利、不利那樣不必借助工具書就能明白。這一點洪鈞就替讀者代勞了。

2.關於「无咎」

有一個常用成語叫做「咎由自取」。其中的「咎」字做過失、罪過講。「无咎」就是沒有過失，沒有罪過。這裡的「咎」字是名詞。

還有一個常用成語叫做「既往不咎」。其中的「咎」字作責備、追責、處分講。這裡的「咎」字是動詞。

《說文》：「咎，災也。」《說文解字注》：「咎，災也。災當是本作烖。天火曰災。引伸之凡失意自天而至曰災。《釋詁》曰：『咎，病也』。《詩·小雅·伐木》傳曰『咎，過也。』《北山箋》云：『咎猶罪過也。』」

可見，「咎」字還作災禍或災患講。如「自取其咎」就是「自取其禍」。故「无咎」就是沒有災患。這雖然與吉、利不同，還是可以歸入吉祥用語。

「无咎」在《易經》中非常多見。文書編輯軟體自動計數共 93 處。還有 2 處「无大咎」。一見於「蠱」九三；一見於「姤」九三。還有「何咎」2 見；「何其咎」1 見；匪咎 1 見；為咎 1 見。總之，「咎」字在白文《易經》中共 100 個。

3.關於「无眚」

《說文》：「眚，目病生翳也。」這是「眚」的本義。引申義有過錯、災難、疾苦等。《易經》用其引申義。故「无眚」就是沒有災難或疾苦，也屬於吉兆。「无眚」在《易經》中只 2 見，分別見於「震」六三和「訟」六二。「有眚」2 見，分別見於「无妄」卦辭和「无妄」上九。「有

災眚」1見，見於「復」上六。總之「眚」字在《易經》中共5見。請注意，「有眚」和「有災眚」不是吉祥用語，把它們放在這裡是避免文字凌亂。

4.關於「亨」

「亨」字在《易經》中也很多見。文書編輯軟體自動計數共47處。大多見於卦辭。見於爻辭者共8處。其中還有2處應該是「享」義。

「亨」做何講呢？

現代漢語有亨通、大亨等詞語。其中的「亨」字做通達、順利、順暢講。

為進一步弄清「亨」字的含義，不妨查查《新華字典》。其中的解說和上述理解完全相同。

總之，「亨」也屬於吉祥用語。

不過，洪鈞很推崇的高亨先生，不同意「亨」字是吉祥用語，而是「享祀」之「享」，見其書《周易古經今注》。此字還要在本書第六節進一步討論。此處從略。

5.關於「福」

嚴格說來，「福」字不屬於貞兆辭。只是因為「福」字是國人很常用的詞語，才在這裡討論。不過，把「福」字看做貞兆辭亦無不可。

白文《易經》中，「福」共4見。依次見於「泰」九三、「晉」六二、「井」九三和「既濟」九五。

愚見以為，兩千多年來，「福」字的含義不會變化。它含有褒義毫無疑問。不過，儘管今天，我們還幾乎天天口頭上念叨它，用書面語言解說它的含義，還是真不很容易。

這裡，洪鈞不怕遭到文字學家或《周易》專家的嘲笑，先不查字典，也不看其他參考書，試試看能否單靠記憶的有關常識解說「福」字。

人們常說「禍福」，還有「福善禍淫」，故「福」與「禍」相對，是「禍」的反義字。《老子》說：「禍兮，福之所倚；福兮，禍之所伏。」也是「福」與「禍」相對。用此義解說《易經》的「福」字，應該解得

通。

不過，博學的專家解說古書，常常要追溯到甲骨文裡去，至少要從文字學角度解說。這裡只靠洪鈞的文字常識，看看「福」字的含義。

「福」字的左旁是「示」字，本義指祭台，應有「祈禱」之義。其右旁是「一、口、田」。故「福」字的含義應該是：祈求上天保佑，有人口，有田地。這在農業社會是講得通的。有人口，有田地，是農民追求的生活。所謂「三十畝地一頭牛兒，老婆孩子熱炕頭兒」就是舊時北方農民很滿意的生活。故「福」字就是很滿意的生活。

至此再看網上的有關解說，因為網上的解說應該略同字典的解說。查的結果是：「（福）從示從畐，順天垂象（示），腹滿（畐）之義。福字在甲骨文裡的意思是：兩手捧酒罈把酒澆在祭臺上的會意字。」

看來，只靠常識對「福」字的解說不夠準確。其實，洪鈞知道「一、口、田」本是酒罈子，至今還有書法家把「一口田」寫成酒罈子的模樣。至於「畐」字表示腹滿之義，洪鈞是不知道的。看來，能吃飽就是「福」了。這對奴隸來說也是滿意的生活。

為了進一步鬧准「福」字的含義，又查了部頭較大的《古漢語大辭典》。其中有較多解說。其中的一解是：「祭祀用的酒肉」。這大概是在下要找的「福」字的含義。《易經》中的「福」字，或是此義。

只是漢語還有「福佑」一語，「福」字就有保佑、護佑的之義。用此義解說《易經》的「福」字會更貼切。甲骨文的那個「福」的會意字，應該是此義。

為了確認「福」字的本義，再查《說文》：「福，佑也。從示畐聲。」拙見以為，許慎的見解是對的，故雖然《說文解字注》解「福」為「備」，還是許氏的解說更正確。試看《左傳・莊公十年》：「小信未孚，神弗福也。」其「福」字顯然是護佑之義。

好！解說如此常見的「福」字，花了如此多的篇幅，足見單靠一般常識，望文生義，是不足以解說經典的。《易經》是最難讀懂的經典，於是必須下點苦功夫，參考儘量多的文獻或工具書。只是洪鈞的手頭，可供參考的文獻或工具書太少了，只好先參看最重要的有關著作。如序言中所說，洪鈞以為，最好的、研究《周易》的著作是李鏡池和高亨先生的有關

著作。儘管如此，本書還是沒有完全尊信兩位先賢的見解，且不說兩位先賢的見解也有不少分歧之處。

6. 關於「貞」

「貞」字本身不屬於判斷吉凶的用語，只是因為它很重要且常常和吉、利、凶、厲、吝等連寫，才預先在此解說。

關於「貞」字，序言中已經花了較多篇幅，介紹前人的見解。這裡只是再次指出，《易經》中的「貞」字有 111 個。古代《易》學家不是解作「正」就是解作「事之幹」。為加深讀者的印象，這裡再次說明「貞」的含義就是卜問、貞問、貞兆之義。讀者或許知道，卜辭中的「貞」字，大多是動詞。《易經》中的「貞」字則常常是名詞。比如，最多見的「利貞」，就是「吉利的貞兆」。「貞」字還要在第六節解說。

六、《易經》表示不吉祥的其他用語

1. 關於「悔」

《說文》：「悔，悔恨也。從心。」故「悔」就是悔恨，屬於不吉祥的用語。鑒於古今《易》學家多解「悔」為「災禍」、「禍害」或「禍患」。為了從俗，本書還是把「悔」字大多解為「禍患」或「災禍」。

不過，「悔」字不是都宜解作「禍患」或「災禍」，僅舉一例為證。此例就是經文中最早出現的「亢龍有悔」。淺見以為，這個「悔」字不宜解為「災禍」而應解為「悔恨」。詳見第十一節解說「乾」卦。

白文《易經》中「悔」字共 34 見，但情況稍微複雜。

其中「无悔」共 6 見，即沒有禍患之義，應該歸入吉祥用語。

「有悔」3 見，「小有悔」1 見，其中的「悔」字都是禍患之義。

「悔亡」共 19 見，含義是禍患消除，故應歸入吉祥用語。

「悔遲」1 見，「祗悔」1 見，「虧悔」1 見。單用「悔」字 2 見，其中的「悔」字也都是禍患之義。

最後，洪鈞以為，「悔」還可以解作「晦氣」或「悔氣」。讀者須知，「晦氣」和「悔氣」是一樣的，只是今人大多寫為「晦氣」而已。

「晦氣」的意思略如倒楣、霉運或不吉利。故悔亡就是晦氣消除了；有悔就是有晦氣；无悔就是沒有晦氣。不過，也不是全部「悔」字都宜解作「晦氣」。比如「亢龍有悔」就不宜解作「亢龍有晦氣」。只是，需說明，本書沒有把「悔」字解為「晦氣」，只是提出來供參考。

2. 關於「吝」

《說文》：「吝，恨惜也。」故「吝」屬於不吉祥用語，含義是「恨惜」，略同今白話麻煩或遺憾。

洪鈞按：《說文》引《易》有：「《易》曰：以往遴。」引文見於今本《易經》「蒙」初六。由此可知，許慎所據《周易》「吝」字均為「遴」。鑒於解「吝」為「恨惜」，不大通順。本書解「吝」均借為「遴」，即「行難」或「艱難」之義。《說文》：「遴，行難也」。

白文《易經》中共20個「吝」字。其中4見「貞吝」；2見「小吝」；1見「終吝」。其餘都是單獨使用。

3. 關於「厲」

《說文》：「厲，旱石也。」故厲的本義是礪，即磨刀石。不過《易經》顯然不是用其本義。再查《說文解字注》：「厲，旱石者，剛于柔石者也。……凡經傳中有訓為惡，訓為病，訓為鬼者，謂厲卽癘之假借也。」

總之，「厲」字顯然是屬於凶的用語，意思是危險、情況嚴重。

白文《易經》中共27個「厲」字。其中包括8處「貞厲」；3處「有厲」。單獨使用「厲」字者共16處。

4. 關於「勿用」

「勿用」不屬於吉凶休咎，卻也是斷占語。

《說文》：「用，可施行也。」故「勿用」就是不可施行。

請讀者注意「不可施行」，不是說不能做任何事情。吃飯、穿衣、日常勞動、串門兒、聊天兒等小事情是可施行的。不可施行的指修房蓋屋、婚喪嫁娶、出門遠行等比較大的事情。當然也包括祭祀、戰爭等國之大事。

白文《易經》中，「勿用」共 11 見，其中單用「勿用」二字者僅兩見，都是「不可施行」的意思。「勿用」前後有連帶語者凡 9 見，均指不利、不宜或不要。可見「勿用」也可看做貞兆辭，而且有不吉利的意思。

以上舉出這麼多占斷吉凶的用語，它們連同附帶的字（如悔亡的亡字）加在一起超過了一千字，占白文《易經》總字數的四分之一強，更足以說明《易經》就是算卦的書，屬於迷信術數。

不少讀者可能說：我早就知道《易經》是算卦的書了。

洪鈞以為，這只是道聽塗說的印象，否則不會認為《易經》博大精深，也不會相信所謂《易》學家們的穿鑿附會，或有意拔高《易經》的地位或價值——特別是不少作者強調她是哲學書。

總之，《易經》就是一本算卦的書。我們首先要從迷信術數的角度研究她。至於其中必然涉及《易經》時代的政治思想、哲學觀點、經濟活動、生產力水準、風俗習慣、禮儀制度、軍事思想乃至文學水準等，不是《易經》作者的本意，只是他們無意中留下了有關資料。

其實，李鏡池先生早就從《易經》本身說明，她就是占筮之書。其說見於《周易探源》1978 年中華書局版 20 頁。原文如下：

> **《周易》中講到「筮」的有兩條：**
>
> **初筮告，再三瀆；瀆則不告。（「蒙」卦辭）**
>
> **原筮，元永貞，无咎。（「比」卦辭）**
>
> **言「占」者一條：**
>
> **未占，有孚。（「革」九五）74**

再參看李先生的上述見解，更增加了拙見的說服力。

洪鈞按：上舉貞兆辭，不都是斷占語，而是還有個別的用於說理。比如「小過」九四爻辭如下：

> **无咎，弗過，遇之。往厲，必戒，勿用永貞。**

其中的「无咎」就不是用為斷占語。經文的意思是：沒有過錯，不要責備，要表揚。一定要戒備日後遇到危險。不宜長久的占問。

不過，此類用法很少，上文沒有剔除。

七、《易經》的編纂水準如何？

愚見以為，《易經》的編纂水準不太高。最明顯的缺點是，編纂者把無所不適的詞句編為卦辭或爻辭。

試看「大有」上九：「自天佑之，吉，无不利」，就是無所不適的。因為假如相信，上天神靈無所不能，那麼，任何事物，任何情況下，有老天保佑都是吉，无不利，不應編為一條爻辭。即便編入，也應放在《易經》之首。

「蒙」卦辭：「匪我求童蒙，童蒙求我。初筮告，再三瀆，瀆則不告」也不應作為卦辭，而是為人占筮者普遍遵循的規矩。

還有，經常被近現代《易》學專家推崇的「无平不陂，无往不復」（「泰」九三）也是占筮者的心得，不應該作為爻辭。

此外，有的卦爻辭太短，所含資訊太少，即便從術數角度看也是明顯不足。上文已經指出，兩三個字的卦爻辭有 31 條。其中「家人」卦辭「利女貞」；「睽」卦辭「小事吉」；「明夷」卦辭「利艱貞」；「大有」卦辭「元亨」，可謂言簡意賅，不必責備。但是，「否」六三只有「包羞」兩個字，而且沒有斷占語或貞兆辭，就是太短了，所含資訊太少了。洪鈞確信，這不是可供選擇的、前人留下的占筮記錄太少了，而是選擇、編纂不當。類似情況還有「訟」九五：訟，元吉；「恒」九二：悔亡；「大壯」九二：貞吉；「解」初六：无咎；「鼎」卦辭：元吉，亨；「兌」上六：引兌。等等。

還有，有些卦爻辭只有貞兆辭，沒有其他詞語，也是編纂不當。此類卦爻辭可見於「隨」卦辭；「无妄」九四；「大有」卦辭；「恒」六二；「大壯」卦辭等。

反過來，還有的卦爻辭不見斷占辭或貞兆辭，也加大了解說的難度。即便從術數角度看，也是明顯的缺點。

最後，今本《易經》常把幾種互不相干內容，編入一條卦辭或爻辭，特別是，常見吉凶相反的貞兆辭編在一起，於是大大增加了解說的難度。

八、容易理解的卦辭或爻辭

所謂容易理解，是說單憑常識即可望文生義地正確理解。此類卦爻辭均屬斷占語。所謂斷占語，指占筮的結論。依次有：

1.「**利涉大川**」共 9 見。意思是：利於過大河。依次見於：「需」卦辭；「訟」卦辭；「同人」卦辭；「蠱」卦辭；「大畜」卦辭；「頤」上九；「益」卦辭；「渙」卦辭；「中孚」卦辭；「未濟」六三等。

還有「不利涉大川」，見於「訟」卦辭。含義與「利涉大川」相反。

此外，「頤」六五「不可涉大川」，「謙」初六「用涉大川，吉」，意思很清楚。

總之，「涉大川」共 12 處。足見《易經》時代，過大河是一件吉凶未卜的大事，經常要因此占筮。

2.「**利有攸往**」共 14 見。「攸」作「所」講，「有攸往」就是「有所往」。意思是「遠行」或「出遠門兒」。串個門兒，趕個集兒，走個親戚，下地勞動是不需要占筮的。故「利有攸往」就是利於遠行或利於出遠門兒。依次見於「賁」卦辭（有小字）；「剝」卦辭（有不字）；「復」卦辭；「无妄」卦辭；「无妄」六二；「大畜」九三；「大過」卦辭；「恒」卦辭；「損」卦辭；「損」上九；「益」卦辭；「夬」卦辭；「萃」卦辭；「巽」卦辭等。

還有，「君子有攸往」見於「坤」卦辭。「勿用有攸往」，見於「屯」卦辭和「遯」初六。「有攸往，无咎」見於「大有」九二。「有攸往，主人有言」見於「明夷」初九；「有攸往，夙吉」見於「解」卦辭；「有攸往，見凶」見於「姤」初六。

總之，「有攸往」共 21 見。足見，《易經》時代，遠行（即旅行、出遠門兒）也是一件大事。出發前也常常要占筮。

洪鈞按：讀者須知，《易經》時代，遠行者大多是商人。那時的商人，大多是貴族奴隸主。一般平民是沒有資本遠行做生意的。奴隸則沒有獨自旅行的自由，更不可能有資本遠行貿易。由《論語》可知，個別士人可以做生意。故子曰：「回也其庶乎，屢空。賜不受命，而貨殖焉，億則屢中。」（《論語・先進》）意思是：顏回的修養差不多了，卻總是窮困。

子貢不信命運而去貿易，猜測行情大多很准。孔子是支持門人致富的，故曰：「回！使爾多財，吾為爾宰！」意思是：顏回！假如你富有，我就做你的管家。不過，即便在孔子時代，士人也很少。商代應該沒有士人。春秋之前的周代也很少士人。至於平民，《易經》時代也不多。士人不但要有一技之長，還必須受過教育，故在孔子把官學解放並創辦私學之前，是極少見士人的。

又，「利涉大川」和「利有攸往」多見於卦辭，說明在很長時期內，是以各卦卦辭斷吉凶的。

3.「利見大人」共 7 見，意思是利於晉見權貴。依次見於「乾」九五；「乾」九二；「訟」卦辭；「蹇」卦辭；「蹇」上六；「萃」卦辭；「巽」卦辭等。可見，「利見大人」也是多見於卦辭。

順便說明，《易經》中的「大人」是指地位很高、權力很大的貴族奴隸主，本書都解為權貴。

又，《易經》中「君子」20 見，也是指貴族奴隸主；「小人」10 見，都是指奴隸。

可能有人不贊同，把「君子」解作貴族奴隸主，且看《詩經·伐檀》：

> 坎坎伐檀兮，置之河之干兮。河水清且漣猗。不稼不穡，胡取禾三百廛兮？不狩不獵，胡瞻爾庭有縣貆兮？彼君子兮，不素餐兮！
> 坎坎伐輻兮，置之河之側兮。河水清且直猗。不稼不穡，胡取禾三百億兮？不狩不獵，胡瞻爾庭有縣特兮？彼君子兮，不素食兮！
> 坎坎伐輪兮，置之河之漘兮。河水清且淪猗。不稼不穡，胡取禾三百囷兮？不狩不獵，胡瞻爾庭有縣鶉兮？彼君子兮，不素飧兮！

此詩反映了奴隸或平民勞動者的心聲。他們對不勞而獲的「君子」很不滿。故詩中所說的「君子」必然是貴族奴隸主。小人既與大人對舉，也與君子對舉。既然大人和君子都指貴族奴隸主，小人必然指奴隸。

4.「小往大來」只見於「泰」卦辭。意思是：損失小，收穫大。

5.「大往小來」只見於「否」卦辭。意思是：損失大，收穫小。

6. 關於婚姻的詞語

「取女吉」見於「咸」卦辭；「納婦吉」見於蒙九二，意思都是娶媳婦吉祥。

還有「勿用取女」見於「蒙」六三和「姤」卦辭，意思都是不宜娶媳婦。

洪鈞按：高亨先生認為，凡是「取女」，都不是經過正式禮聘的娶妻，而是搶奪婚。這一見解，可備一說。

還有「女歸吉」見於「漸」卦辭，意思是：嫁女吉祥。

此外還有搶奪婚的遺跡，即「匪寇婚媾」。依次見於「屯」六二；「賁」六四；「睽」上九。

7. 關於「建侯」、「行師」

「建侯」就是封建侯國。這兩個字連寫，在白文《易經》中共 3 見。依次見於「屯」卦辭、「屯」初九、「豫」卦辭，都是「利建侯」。封建侯國自然是大事，於是要占筮。

「行師」就是統兵打仗，自然是吉凶未卜的大事，於是要占筮。「行師」共 3 見。依次見於「謙」上六：「利用行師征邑國」；「豫」卦辭：「利建侯、行師」；「復」上六：「用行師終有大敗」。

8. 關於占問疾病

占問疾病者共 5 條。依次見於「豫」六五：「貞疾，恒不死。」「无妄」九五：「无妄之疾，勿藥有喜」；「損」六四：「損其疾，使遄有喜，无咎」；「兌」九四：「介疾有喜」。「明夷」九三「不可疾貞。」可見，《易經》時代，有病常去占筮，很少有人服藥。

9. 很簡單的卦辭

「睽」卦辭只有「小事吉」三個字，意思就是占問小事是吉祥的。

「家人」卦辭也只有「利女貞」三個字，意思就是有利於女子貞問或有利於女子的貞兆。

「明夷」卦辭也只有「利艱貞」三個字，高亨先生解為：筮艱難之事遇此卦則利。

洪鈞按：李鏡池先生認為「利艱貞」的意思是：占問旱災則利。此說應該更正確，因為旱災是很常見的。假如「利艱貞」不是占問旱災，《易經》中就幾乎沒有關於占問旱災的經文。這是難以理解的。

類似卦辭還有一些，如「大有」卦辭只有「元亨」兩個字，意思就是大通，因為「大有」就是大豐收。

洪鈞按：至此需說明，貞兆辭必然是斷占語。斷占語則不一定使用貞兆辭。比如以上所舉「頤」六五「不可涉大川」是斷占語，卻沒有使用貞兆辭。

10. 白文《易經》中的大故事

首先說明，這裡說的大故事，初學者是看不出來的。古代《易》學家也基本上沒有發現。發現這些大故事，是近現代著名學者顧頡剛先生重要貢獻。以下照用高亨先生的論述扼要說明：

> 「今儒顧頡剛先生撰『《周易》卦爻辭中之故事』一文，列舉五事：一曰王亥喪牛羊于有易……；二曰高宗伐鬼方……；三曰帝乙歸妹；四曰箕子之明夷；五曰康侯用錫馬蕃庶。」（《周易古經今注》第四篇）。

11. 兩個小故事

《易經》記錄了不少故事。其中的大故事已見上文，這裡只講兩個容易理解的小故事。

一個小故事見於「解」上六：「公用射隼于高墉之上，獲之。」故事是說：（周？）公為了射隼，站在高城牆之上，射下來了。

拙見以為，這個故事的原文，拿給高中生看，大都能讀懂。

為了進一步理解這個故事，說一下「隼」是什麼。網上說：「（隼是）鳥類的一科，翅膀窄而尖，上嘴呈鉤曲狀，背青黑色，尾尖白色，腹部黃色。飼養馴熟後，可以幫助打獵，亦稱『鶻』」。

洪鈞的鄉人，稱此鳥為「兔鶻」，泛稱為鷹，顯然是打獵用的。如果（周？）公沒有把隼射死，而是養活了，馴熟後，就成了他打獵的助手。須知，至今還有人用隼打獵。據報載，阿拉伯人常常從我國西北寧夏等地購買偷獵的這種隼，而且是通過飛機偷運。這是因為阿拉伯人有用隼打獵

的傳統，近年成了富有男人的時尚。

另一個小故事見於「訟」九二：「不克訟，歸而逋其邑人三百戶，无眚。」故事是說，一位邑主沒有打贏官司，回家發現他的邑人逃跑了三百戶。這個故事比上一個小故事略為難懂，不過，文言文基礎打得好的高中生一般也能讀懂。

需說明，本書通解六十四卦時，遇到上述大小故事，還會提醒讀者。

九、關於白文《易經》的編排順序

白文《易經》的編排有規律可循，即「二二相耦，非覆即變」。（《周易正義·序卦·疏》）

什麼意思呢？看看以下排出的前八卦卦形即可明白。

前八卦卦形依次是：

乾䷀ 坤䷁ 屯䷂ 蒙䷃ 需䷄ 訟䷅ 師䷆ 比䷇

「乾」卦的卦形是平行且不斷的六橫──都是陽爻；「坤」卦的卦形是平行的但都斷開的六橫──都是陰爻。從「乾」到「坤」對應的每一爻都變，這就是變。從「屯」到「蒙」則是卦形互相顛倒，這就是覆。從「需」到「訟」，從「師」到「比」，也是卦形互相顛倒，即它們都是覆。

還有的相鄰兩卦的卦形既是覆也是變。如從「既濟」到「未濟」的卦形是：䷾ ䷿。

顯然，凡「既濟」卦形的陰爻，對應的「未濟」卦形則是陽爻，反之亦然，即二者的關係屬於變。不過，不難看出，這兩卦的卦形又互相顛倒，即又是覆。同樣的情況還有「否」與「泰」等。

解說這個問題最好用「八經卦」來說明，鑒於本書尚未交代所謂經卦，也沒有合適之處解說。謹在下面交代。

十、關於經卦和別卦

《周禮》：「（太卜）掌三易之法，一曰連山，二曰歸藏，三曰周易。其經卦皆八，其別皆六十有四。」

可見「經卦」有八個。其卦名、卦形依次如下：

乾☰ 坤☷ 震☳ 艮☶ 離☲ 坎☵ 兌☱ 巽☴

古人為了熟記八經卦卦名和卦形，編有歌訣如下：

乾三連，坤六斷；震仰盂，艮覆碗；離中虛，坎中滿；兌上缺，巽下斷。

讀者最好熟記這一歌訣。熟記之後，就很容易判斷所謂別卦是由以上八經卦的哪兩卦組成。

「其別皆六十有四」是說別卦有六十四個，也就是《易經》的六十四卦。別卦又稱重卦。傳說是周文王囚於羑里時，據八經卦推演而來。對此還有其他說法，因為無關緊要，從略。

八經卦是如何推演為六十四卦呢？

就是八經卦中，任意兩卦重疊，再加上八經卦自身重疊而成。列出算式就是 $8×7+8=64$（卦）。

比如，今本《易經》八經卦本身重疊者是全的，而且用的是八經卦原名。依次如下：

乾䷀ 坤䷁ 震䷲ 艮䷳ 離䷝ 坎䷜ 兌䷹ 巽䷸

其餘五十六卦都是不同的兩卦重疊。本節上文已經給出了六十四卦卦形，下編通解六十四卦時，各卦都有卦形，這裡就不再次一一列出了。

還需說明，八經卦都有象徵或稱卦象。這是最基本的卦象。依次是：乾天，坤地，震雷，艮山，離火，坎水，兌澤，巽風（木）。

以上就是硬讀《易經》所得。洪鈞確信，以上所得的知識都是確切無疑的。有了這些知識，對《易經》的總體把握就不會出現嚴重偏差，也為進一步理解《易經》打好了基礎。不過，洪鈞在此要提醒讀者，進一步理

解《易經》就不大容易了。其中的原因已在自序中說明過。為了讓讀者有思想準備，再把自序中有關的拙見抄錄如下：

《易經》不容易理解深透，由於以下四個原因。

一是因為她的年代久遠，言辭甚簡而古奧。特別是漢代之前，有至少一千多年的演變和傳承，留下的文獻很少，完全說清起初是怎麼回事，為什麼以及如何變成後來的樣子，已經不可能了。帛書《周易》以及近幾十年其他簡帛《易》類文獻的出土，給我們解決了一些疑問，還是有些問題說不很清楚。

二是因為《易經》幾乎是非邏輯的。就是說，64卦卦形、386個爻題和對應的卦辭、爻辭之間，本來沒有因果或其他邏輯關係。各卦卦辭和爻辭之間也常常沒有內在聯繫。一條卦辭或爻辭中，也常有互不相干的幾種內容。這種先天性的無序，決定了後人不可能再把它變得很有序了。通行本《周易》的卦形，是最有規律可循的部分，卻也有後人不可能想像到的演變過程。

三是因為卦爻辭所述，絕大多數是被歷史完全忘卻的事物，不能考出其具體所指了。

四是因為其中有些錯訛脫漏衍，以及有意無意的竄亂屑入，更增加了理解上的困難。

第四節 《周易》的結構和體例

本書名為《趙洪鈞說周易》，自然應該介紹《周易》的結構、體例等問題。只是應先說明，本節說的《周易》指廣義的《周易》，即「經」「傳」一體的《周易》。《周易》傳本無不如此。

至此有必要說一下「經」「傳」的含義。

先說「經」

《說文》：「經，織也。」本義指織布機上的縱線，與緯相對。「經」長「緯」短。「經」靜「緯」動。這說明「經」是主體。《玉篇》：「經，經緯以成繪帛也。」劉勰《文心雕龍》：「經正而後緯成。」這說明「經」在先。《說文解字注》：「三綱、五常、六藝謂天地之長經」。「六藝」指《禮》、《樂》、《詩》、《書》、《易》、《春秋》。《易》即「六藝」之一，故稱《易經》。其「經」字即取「天地之長經」之義。

再說「傳」

《說文解字注》：「凡輾轉引伸之偁皆曰傳。」簡言之，《易傳》是輾轉引伸、解釋《易經》的。

本書自序已說明：「嚴格說來，《易傳》不是獨立的書」「經」可以離開「傳」；「傳」則離不開「經」。故傳本《周易》都是經、傳編在一起。儘管今《易傳》解經解得很不好，如果離「經」解「傳」或離「經」讀「傳」，就會更加不知所云。

《周易》是如何把「經」「傳」編在一起的呢？

至此需要說一下《易傳》的構成。

《易傳》依次為〈彖〉傳、〈象〉傳、〈文言〉傳、〈繫辭〉傳、〈說卦〉傳、〈序卦〉傳和〈雜卦〉傳共七傳。由於《易經》分上下經，〈彖〉傳和〈象〉傳也分上下。〈繫辭〉傳較長，也分上下。這樣一來《易傳》就有了十部分，舊稱「十翼」。

「十翼」和《易經》是什麼關係呢？

簡單說來，「十翼」就是附屬於經文的解說。

為了由簡入繁地說明這個問題，先從《周易》的主體《易經》的結構說起。

前文已經說明：「白文《易經》的結構很簡單也很規則，就是六十四卦的卦形及其詞語。」

直接插入經文中的「十翼」有〈彖〉傳、〈象〉傳和〈文言〉傳。其中〈彖〉傳大多解說卦辭，也有的兼解卦形和卦名。經文共有六十四條卦辭，故〈彖〉傳也是六十四條。〈象〉傳稍微複雜，因為有「大象」與「小象」之別。「大象」只解卦形，再加上一句頌揚君子等但與經文無關的話——或稱卦義，卻很難找出「大象」與卦辭的關係。故「大象」也是六十四條。「小象」只解爻辭，但稍微複雜，主要是「乾」卦不見「小象」。其餘六十三卦共計三百七十九條爻辭。各爻辭下都有「小象」，故《周易》全書共有三百七十九條「小象」。

再次說明，「乾」卦有點例外，就是它不見「小象」。

〈文言〉傳只見於「乾」、「坤」兩卦，故《周易》的〈文言〉傳只有兩條。

還需說明，除外〈彖〉傳、〈象〉傳和〈文言〉傳，「乾」、「坤」兩卦還附有相當多的傳文。其中「乾」卦所附尤其多而且非常散亂。詳見第十節。

還有剩下的〈繫辭〉傳、〈說卦〉傳、〈序卦〉傳和〈雜卦〉傳哪裡去了呢？

答案是：由於它們不方便插入經文之內，於是相對獨立了。即它們

編排於六十四卦之後。至於如何評說它們，請參看第五節：可笑的《易傳》。

至此，有必要說一下《周易》有多少字。

這裡說的《周易》包括《易經》和《易傳》。《易經》的字數我們已經知道了。故實際上這裡是問：《易傳》有多少字？

由於這個問題不是很重要，洪鈞只是從網上下載了一個比較好的文本計數。結果是 30564 字。其中標點很多，大約在 7000 左右。再減去《易經》字數，《易傳》字數在 18500 左右。

第五節　可笑的《易傳》

看到本節的題目，不少讀者可能會大吃一驚。他們會問：大多數研究《周易》的專家們，對《易傳》都是高、大、上的評價。你怎麼敢說《易傳》可笑呢？

答：嚴格說來，全部《易傳》都是可笑的，因為幾乎都是郢書燕說的穿鑿附會，而且不少部分很可笑。

或問：哪一部分很可笑呢？

答：且聽洪鈞道來。

上一節已經交代過《易傳》的組成，這裡再說明一次以免讀者忘記。按照在《周易》中出現的順序，《易傳》依次是〈彖〉傳、〈象〉傳、〈文言〉傳。以上三傳是插入經文的。剩下的依次是〈繫辭上〉傳、〈繫辭下〉傳、〈說卦〉傳、〈序卦〉傳和〈雜卦〉傳。這五傳是獨立的，編在六十四卦之後。

可見，〈彖〉傳是《易經》的第一傳。它是解釋卦辭的（也有的兼解卦形和卦名），故有六十四條，分別居於各卦卦辭之下，只有「乾」卦的〈彖〉傳編在八條經文之後。這裡就先從〈彖〉傳說起。

一、可笑的〈彖〉傳

〈彖〉傳是很受重視的，至今還有人說它們出自聖人之手。

評說之前，再次說明，〈彖〉傳主要解釋卦辭，也有的兼解卦形和卦名。

卦辭不應該包括卦名，故「乾」卦的卦辭只有 4 個字。即：

元亨。利貞。

「乾」卦的〈彖〉傳就是要解釋「元亨利貞」這四個字。

這四個字是什麼意思呢？如果用最簡潔的語言解釋，就是：

大通。利兆。

稍微多用幾個字，就是：非常通達，吉利之兆。

然而，「乾」卦〈彖〉傳的第一句是：「大哉乾元」。顯然，這是把「乾：元亨。利貞」讀錯了。無論下文再講什麼大道理，都和「乾」卦辭無關。同樣的誤讀還有「坤」卦〈彖〉傳的第一句「至哉坤元」。總之，〈彖〉傳作者沒有讀懂經文，只是生拉硬扯地講了一通大道理，這不是很可笑嗎？

洪鈞按：吳樹平等點校的《十三經‧周易》對「乾元亨利貞」標點是：「乾：元，亨，利，貞。」即便如此標點無誤，「乾元」也不應該連讀。況且〈彖〉傳對「利貞」是連讀的，見下文。關於此事，還將在第六節詳細說明。

洪鈞又按：按說，看到「乾」、「坤」兩卦的〈彖〉傳如此文理不通。其餘〈彖〉傳不必再看了。甚至，全部《易傳》也都可以不看了。因為，如此不通的文字只能出自知識淺薄、寫作水準也很差的陋儒之手。這樣的人解《易》，必然錯誤百出。只是，為了讓當代讀者理解拙見，從而揭示《易經》的真面目，只好繼續解下去。

或問：講道理有什麼不好呢？

答：講的道理與和卦辭沒有關係，就是穿鑿附會，越講越糊塗。即便撇開卦辭，〈彖〉傳所講也不是深奧的道理。為此把「乾」卦的〈彖〉傳抄如下：

> 大哉乾元，萬物資始，乃統天。雲行雨施，品物流形。大明始終，六位時成，時乘六龍以御天。乾道變化，各正性命，保合大和，乃利貞。首出庶物，萬國咸寧。

為了幫助讀者理解，把以上〈彖〉傳譯為白話如下：

偉大的乾元啊！萬物由你開始，於是統帥了天。雲雨施行，各種生物遍佈。太陽升落，六個節氣構成一時。太陽神時刻乘坐著六條龍駕著的

車子巡行在天上。天道的變化，（使萬物）各有性命，保持著天地間的和諧，於是利貞。萬物首先出現，天下一片安寧。

洪鈞按：以上拙譯把「六位時成」譯為「六個節氣構成一時」與多數前人的理解不同。但洪鈞確信，只有如此理解才能圓滿而且是〈象〉傳原意。這是因為太陽在黃經上的位置不斷移動。每年移動一周。一年有二十四節氣，一時包括六個節氣。每個節氣太陽在黃經上都有固定的位置，故〈象〉傳說「六位時成」。

以上拙譯不敢說很好，但大意不會錯。其中有什麼深奧的道理嗎？倒是可以看出，〈象〉傳作者把神話拿來說理了。這不是有點可笑嗎？

洪鈞按：有的人可能不贊同把「乘六龍以御天」看作神話，就是缺乏古代文化常識。可歎的是，確有學院派研究《周易》的大作對此作了歪解。其說謂：「就像陽氣按時乘著六條巨龍駕馭大自然。」（黃壽祺、張善文《周易譯注·卷一》4頁）大概是其作者沒有讀過〈蜀道難〉：「上有六龍回日之高標」。意思是：蜀道上的山峰太高了，就連乘坐著六條龍駕馭的車子的太陽神也要回頭。

不少人可能問：閣下只舉出「乾」、「坤」兩卦的〈象〉傳可笑，據此就能說六十四卦的〈象〉傳都可笑嗎？

答：基本上如此。「坤」卦的〈象〉傳很接近「乾」卦的〈象〉傳，不但讀錯了經文，內容也很牽強，不再詳說。且看緊接著的「屯」卦〈象〉傳怎麼說：

> 〈象〉曰：屯，剛柔始交而難生，動乎險中，大亨貞。雷雨之動滿盈，天造草昧，宜建侯而不寧。

讀者須知，「屯」卦辭也是「元亨利貞」開頭。全文如下：

屯：元亨。利貞。勿用有攸往。利建侯。

其〈象〉傳卻說「大亨貞」。這樣就丟掉了「利」字。顯然是其作者認為，「利」字不和「貞」字連讀。文中沒有解釋「屯」的含義，卻說「剛柔始交而難生」。「剛柔始交」應指本卦卦形中，第一次出現了陰陽爻都見的情況。「剛柔交」應該是好現象，何以會產生艱難呢？加之卦辭中沒有艱難不利的話，怎麼會艱難呢？又，卦辭明明說「利建侯」，怎麼會「宜建侯而不寧」呢？「雷雨」二字指此卦是水上雷下，莫非「雷雨」一定要「滿盈」嗎？總之，完全不通，很可笑。

洪鈞按：《說文》：「屯，難也。象草木之初生。屯然而難。……『《易》曰：屯，剛柔始交而難生。』」許慎引用了上述〈彖〉傳，可見漢代多解「屯」為難。〈彖〉傳作者只知道「屯」有難義，故一味往艱難之義解說。

其實，古代也有人看出，「屯」卦的〈彖〉傳與卦辭含義相反。如歐陽修著《易童子問》如下說：

童子問曰：「『屯』之〈彖〉、〈象〉與卦之義反，何謂也？」
曰：「吾不知也。」

可見，歐陽修不強以不知為知，乾脆說：我不知道。其實，這是歐陽修不願意明確說出來他的看法。因為他說過〈彖〉傳是聖人之作，怎麼能否定聖人呢！

由於本書，將會經傳對看通解六十四卦，這裡就不再舉更多的〈彖〉傳為例說明了。

二、可笑的〈象〉傳

〈象〉傳有「大象」、「小象」之別。「大象」主要解說卦形、卦名再加上一句頌揚君子等但和卦辭無關的話；「小象」則解釋各卦的六爻辭。故「大象」有六十四條，都是緊跟〈彖〉傳之後。「小象」則附在各卦六爻辭之下，共有三百七十九條。這裡的〈象〉傳指「大象」而言。

大〈象〉傳也是很受重視的，因為「乾」卦的〈象〉傳是：「天行健，君子以自強不息」；「坤」卦的〈象〉傳是：「地勢坤，君子以厚德載物。」這兩句關於君子的話，很受推崇。只是若問：這兩句話的前半句和後半句有何內在聯繫呢？愚見以為，這是某種聯想或者像詩歌那樣的比興。不過，即便從詩歌角度看，關於君子的這兩句話也有明顯不妥。試看「地勢坤」用了卦名，「天行健」為什麼不是「天行乾」呢？這個問題，在馬王堆出土帛書《周易》問世之前，很難回答。1962 年 10 月 12 日，在《光明日報》「哲學」363 期上討論《周易》。有劉操南提出，「天行健」應改為「天行乾」。簡單說來，這是認為「健」就是「乾」。當時著名專家李鏡池先生，不同意此說。現在發現，馬王堆帛書《周易》中，「乾」、「坤」分別名為「鍵」和「川」。足見「天行健」也是《易傳》

沒有整理很好的表現。

洪鈞按：〈繫辭下〉有：「夫乾，天下之至健也。」〈說卦〉有：「乾，健也。」據此可以理解何以「天行健」。但是，同樣是〈繫辭下〉和〈說卦〉有：「夫坤，天下之至順也。」「坤，順也。」為什麼「地勢坤」不是「地勢順」呢？可見，其作者沒有仔細推敲經文，也沒有考慮如何與〈繫辭〉和〈說卦〉呼應。

又，上舉「乾」、「坤」兩卦的〈象〉傳有些對仗的味道。為說明這一拙見，把這兩句話抄在下面：

　天行健，君子以自強不息。（〈乾·象〉）
　地勢坤，君子以厚德載物。（〈坤·象〉）

不難看出，這兩句話對仗不太好。要想對得好，就要改成：

　天行乾，君子以自強不息。
　地勢坤，淑女用厚德載物。

如果都不用卦名，則應改寫如下：

　天行健，君子以自強不息。
　地勢順，淑女用厚德載物。

古人不會同意如上改寫的。特別是不會同意「淑女用厚德載物」。然而，愚見以為，這樣改寫更有道理。〈繫辭上〉說：「乾道成男，坤道成女」。那麼，既然由「天行健」聯想到君子，何以由「地勢坤」不該聯想到淑女呢？

和《易經》大體同時的《詩經》第一篇是《關雎》。詩文有：

　關關雎鳩，在河之洲。窈窕淑女，君子好逑。

足見淑女和君子相對。解釋「乾」卦聯想到君子，解釋「坤」卦就應該聯想到淑女。

總之，「坤」卦的大〈象〉傳毫無道理。根本原因是其作者歧視婦女，故完全不顧是否邏輯嚴密，說到「坤」卦也要和君子掛鉤。

如果再深入一步，君子與小人相對。由「天行健」聯想到「君子」的德行，則由「地勢坤」就應該聯想到「小人」的德行。於是「乾」「坤」

兩卦的〈象〉傳應該如下：

> 天行健，君子以自強不息。
>
> 地勢順，小人用厚德載物。

古人、特別是儒家看到如此改寫，必然很惱火。但洪鈞確信，他們無法駁倒如此改寫的邏輯依據。站在現代高度看，以上改寫更有道理。蓋小人就是人民群眾，確實當得起「厚德載物」。試看《孔子家語》云：「夫君者舟也，人者水也。水可載舟，亦可覆舟。君以此思危，則可知也。」說的就是統治者和被統治者的關係──民眾是國家能否穩定的決定因素。

不惟如此，大〈象〉傳總是和君子扯在一起。下面把自「屯」開始的十卦大〈象〉傳抄如下：

> 「屯」：〈象〉曰：雲雷，屯。君子以經綸。
>
> 「蒙」：〈象〉曰：山下出泉，蒙。君子以果行育德。
>
> 「需」：〈象〉曰：雲上于天，需。君子以飲食宴樂。
>
> 「訟」：〈象〉曰：天與水違行，訟。君子以作事謀始。
>
> 「師」：〈象〉曰：地中有水，師。君子以容民畜眾。
>
> 「比」：〈象〉曰：地上有水，比。先王以建萬國，親諸侯。
>
> 「小畜」：〈象〉曰：風行天上，小畜。君子以懿文德。
>
> 「履」：〈象〉曰：上天下澤，履。君子以辨上下、定民志。
>
> 「泰」：〈象〉曰：天地交，泰。後以財（裁）成天地之道，輔相天地之宜，以左右民。
>
> 「否」：〈象〉曰：天地不交，否。君子以儉德辟難，不可榮以祿。

以上十卦的〈象〉傳，除了「比」卦、「泰」卦不提君子如何，其餘所說都是在頌揚君子。說它們是卦義，卻又與卦辭根本無關。說它們來自卦形，更加不可理解。試問：「山下出泉」與「君子以果行育德」有什麼關係嗎？「雲上于天」與「君子以飲食宴樂」有什麼關係嗎？故所謂〈象〉傳，只是在卦形上，硬加君子的行為或德行。這樣莫名其妙地喊口號，實在有點可笑。

緊接「乾」卦的〈象〉傳之後，還有以下幾句話：

潛龍勿用，陽在下也。見龍在田，德施普也。終日乾乾，反覆道也。或躍在淵，進无咎也。飛龍在天，大人造也。亢龍有悔，盈不可久也。用九，天德不可為首也。

這大概是在解釋「乾」卦七爻辭，只是解得實在不好。

試看，假如陽在下就是「潛龍勿用」，那麼，凡初爻是陽爻的都是「潛龍勿用」嗎？「見龍在田」與「德施普」沒有內在聯繫。「終日乾乾」與「反覆道」也毫不相干。以下幾句只有「亢龍有悔，盈不可久也」略有道理。不過，如果對看〈文言〉傳對「乾」卦辭的解釋（見下文），完全是互相矛盾。後世《周易》研究者，該如何棄取呢？

洪鈞按：說到這裡，順便指出，很博學、很有名且是洪鈞所推崇的《周易》專家，也會犯常識錯誤。此事見於高亨先生所著《周易大傳今注》。高先生在解釋〈象〉傳時說：「〈象〉傳隨經分上、下兩篇，共四百五十條。其釋六十四卦卦名卦義六十四條，未釋卦辭。其釋三百八十六爻爻辭者三百八十六條。」其實，《周易》的〈象〉傳不足四百五十條。這是因為「乾」卦的七爻辭下不見〈象〉傳，故其釋爻辭者，不足三百八十六條，而是三百七十九條。大概是高先生一時忘記了「乾」卦七爻辭下不見〈象〉傳，於是犯了常識錯誤。

指出上述錯誤，是為了日後給自己打打掩護。如果讀者發現本書有類似錯誤，自己不太汗顏。

三、可笑的〈文言〉傳

「乾」卦的〈文言〉傳基本上襲取了毫無道理的穆姜之言，已在序言中交代過。這裡再次作些說明。「乾」卦的〈文言〉傳如下：

〈文言〉曰：「元者，善之長也。亨者，嘉之會也。利者，義之和也。貞者，事之幹也。君子體仁足以長人。嘉會足以合禮。利物足以和義。貞固足以幹事。君子行此四者，故曰『乾，元，亨，利，貞。』」

以上〈文言〉是解釋「元亨利貞」的。但其句讀是：元，亨，利，貞。這是嚴重的句讀錯誤。正確的句讀是：元亨。利貞。第六節將有洪鈞的解說，而且引用了高亨先生的嚴密論證。高先生認為：「以余觀之，凡

云『元亨利貞』者，『元亨』為句，『利貞』為句。」洪鈞也指出：白文《易經》中「元亨」共10處，「利貞」共23處。加之還有「小利貞」2見、「小亨」2見。足見「元亨利貞」是不能四字斷開讀的。即「元亨利貞」應讀作「元亨。利貞。」

其實，即便把「元亨利貞」斷為「元，亨，利，貞」，「乾」卦的〈文言〉也毫無道理。解「元」為「善」只是很冷僻的一義；「亨」字不能解作「嘉之會」；「利」字不可能是「義之和」，而是「利」與「義」相對立；「貞」字更不能解作「事之幹」。總之，「乾」卦的〈文言〉傳無一字不錯。

洪鈞按：順便提及，王弼的《周易注》完全接受了《文言·乾》。他注「元亨利貞」只有四個字：「〈文言〉備矣。」前人多認為，王弼用玄學或老莊思想注《周易》。愚見以為，他還是基本上接受了儒家的見解。《文言·乾》完全是儒家思想。

其餘更是非常散亂。試看，《文言·乾》之後對「乾」卦六爻辭有好幾套解釋，「坤」卦附載的《易傳》對六爻辭卻只有一套解釋，且「坤」卦之後再沒有〈文言〉傳。故可斷言，這是〈文言〉傳作者解不下去了，即〈文言〉傳是沒有完成的東西。把如此散亂、殘缺的文字收入《周易》，不是有點可笑嗎！

淺見以為，〈文言〉傳不是出自一人之手。「乾」卦的「子曰」不是〈文言〉傳所有。「子曰」之後，更不應該屬於〈文言〉傳。特別是後兩部分不但重複，而且互相矛盾。謹把這兩段話抄出如下：

> 「潛龍勿用」，下也。「見龍在田」，時舍也。「終日乾乾」，行事也。「或躍在淵」，自試也。「飛龍在天」，上治也。「亢龍有悔」，窮之災也。乾元用九，天下治也。
> 「潛龍勿用」，陽氣潛藏。「見龍在田」，天下文明。「終日乾乾」，與時偕行。「或躍在淵」，乾道乃革。「飛龍在天」，乃位乎天德。「亢龍有悔」，與時偕極。乾元用九，乃見天則。

以上兩段都應是對「乾」卦爻辭的解釋，卻沒有一句不是互相矛盾。假如以上兩段是〈文言〉傳的內容，不是很可笑嗎？就是緊接著的下文，也不是一家之言。

總之，上述內容，用歐陽修的話說（見第八節）就是「繁衍叢脞」、「眾說淆亂」、「害經而惑世」。用現在的話說，就是眾說紛紜，文理不通，十分可笑。

四、可笑的「觀象制器」

所謂「觀象制器」見於〈繫辭下〉。原文如下：

> 刳木為舟，剡木為楫，舟楫之利，以濟不通，致遠以利天下，蓋取諸「渙」。
>
> 服牛乘馬，引重致遠，以利天下，蓋取諸「隨」。
>
> 重門擊柝，以待暴客，蓋取諸「豫」。
>
> 斷木為杵，掘地為臼，臼杵之利，萬民以濟，蓋取諸「小過」。
>
> 弦木為弧，剡木為矢，弧矢之利，以威天下，蓋取諸「睽」。

按照八卦取象之說，乾天、坤地、震雷、艮山、離火、坎水、兌澤、巽風，則「渙」卦是：巽上坎下，即風上水下。風上水下，是不能據以造出舟楫的。只是〈說卦〉又有「巽為木」，「渙」卦就成了木上水下。於是古人據以造出了舟楫。然而，若問：古人為什麼不是看到木頭漂在水上就據以造出舟楫呢？為什麼一定要看到「渙」卦才造出舟楫呢？我們無話可說。總之，〈說卦〉傳只能是西漢中期才能問世。舟楫早在之前至少二千多年已經造出來了，與「渙」卦毫無關係。

「隨」卦是：兌上震下，按八卦取象是澤上雷下。怎麼會據以發明「服牛乘馬」呢？恐怕還是卦名的「隨」字起了作用，因為牛拉車，是車隨在牛的後面。

「豫」卦是：震上坤下，按卦象是雷上地下，與「重門擊柝」沒有關係。恐怕還是卦名的「豫」字起了作用，意思是預先有警惕。

「小過」是：震上艮下，按卦象是雷上山下，不可能據以造出杵臼來。恐怕還是那時早已有了杵臼。

「睽」卦是：離上兌下，按卦象是火上澤下，與「弧矢」有何關係呢？

總之，觀象制器之說，無一不是幼稚可笑的。

洪鈞按：〈繫辭下〉還有不少「觀象制器」之說，上文僅舉五條說明，是因為此五條比較簡明之故。讀者有興趣，可參看《周易·繫辭下》。

五、可笑的〈說卦〉傳

〈說卦〉傳最可笑之處是濫用取象。試看以下原文：

乾為馬，坤為牛，震為龍，巽為雞，坎為豕，離為雉，艮為狗，兌為羊。

乾為首，坤為腹，震為足，巽為股，坎為耳，離為目，艮為手，兌為口。

乾，天也，故稱乎父。坤，地也，故稱乎母。震一索而得男，故謂之長男。巽一索而得女，故謂之長女。坎再索而得男。故謂之中男。離再索而得女，故謂之中女。艮三索而得男，故謂之少男。兌三索而得女，故謂之少女。

乾為天，為圓，為君，為父，為玉，為金，為寒，為冰，為大赤，為良馬，為老馬，為瘠馬，為駁馬，為木果。

坤為地，為母，為布，為釜，為吝嗇，為均，為子母牛，為大輿，為文，為眾，為柄。其于地也為黑。

震為雷，為龍，為玄黃，為旉，為大途，為長子，為決躁，為蒼筤竹，為萑葦。其于馬也，為善鳴，為馵足，為作足，為的顙。其于稼也，為反生。其究為健，為蕃鮮。

巽為木，為風，為長女，為繩直，為工，為白，為長，為高，為進退，為不果，為臭。其于人也，為寡髮，為廣顙，為多白眼，為近利市三倍，其究為「躁」卦。

坎為水，為溝瀆，為隱伏，為矯輮，為弓輪。其于人也，為加憂，為心病，為耳痛，為「血」卦，為赤。其于馬也，為美脊，為亟心，為下首，為薄蹄，為曳。其于輿也，為多眚，為通，為月，為盜。其于木也，為堅多心。

離為火，為日，為電，為中女，為甲冑，為戈兵。其于人也，為大腹。為「乾」卦，為鱉，為蟹，為蠃，為蚌，為龜。其于木也，為科上槁。

艮為山，為徑路，為小石，為門闕，為果蓏，為閽寺，為指，為
狗，為鼠，為黔喙之屬。其于木也，為堅多節。

兌為澤，為少女，為巫，為口舌，為毀折，為附決。其于地也，為
剛鹵。為妾，為羊。

如果說八卦取象天、地、雷、山、火、水、澤、風還有點象徵意義，
可以用來說理的話，以上取象就太濫了。除了所謂《易》學家可以據以任
意附會之外，實在看不出有何道理。說其中有哲理未免有侮辱哲學之嫌。
大概因為太濫了，沒有見過後人採用過如上取象。這就是古今人稱之為儒
經之首的《周易》的《易傳》。

又，以上引文中有「巽為……『躁』卦」；「坎為……『血』卦」；
「離為……『乾』卦」之說。莫非《易經》第一卦就是「離」嗎？至於
「『躁』卦」「『血』卦」之說，不見於今本《周易》，也不見於帛書《周
易》，大概是當時還有別的《易經》抄本，其中有「『躁』卦」「『血』
卦」之說。〈說卦〉把它們孤零零地放在那裡，後人莫名其妙，不是很可
笑嗎？

洪鈞按：高亨先生的《周易大傳今注》，對〈說卦〉傳的以上引文，作出了
難乎其難的解說，卻把「『躁』卦」闕去了卦字，只舉「躁」字做了解說。

其實，高先生對〈說卦〉也持保留態度，只是沒有全盤否定。如他
說：「《易經》本為筮書，占筮本為巫術，八卦之引伸卦象，筮人可以由
其基本卦象觸類旁通，靈活運用，甚至信口雌黃，提出個人之說法。所
以，先秦人言《易》，關於引伸卦象之說法，已有歧異。〈說卦〉所記之
引伸卦象，只是一家之言，不可專信。吾人解《易》，遇必要時可以越其
藩籬。其次，此篇所述有瑣碎無用者……此種無助於解經，似亦無助於占
事也。」（《周易大傳今注·卷六》）不過，在洪鈞看來，八卦取象天、
地、風、雷、水、火、山、澤，也是現代人難以理解的，即便按所謂象思
維，也很難找出八卦卦形與其所象之間有何共同的象。比如經卦「乾」的
卦形是 ☰，今人不可能看出它象天。

〈說卦〉還揉進了五行相生思想。其說如下：

「萬物出乎震，震，東方也。齊乎巽，巽，東南也……離也者，明
也，萬物皆相見，南方之卦也。……坤也者，地也，故曰致復乎坤。

兌，正秋也，萬物之所說也，……乾，西北之卦也，……坎者，水
也，正北方之卦也，勞卦也，萬物之所歸也。……艮，東北之卦也，
萬物之所成，終而所成始也。」

「乾為天……為金。坤為地……震為雷……巽為木，為風……坎為
水……離為火……艮為山……兌為澤……。」

至此八卦開始配八方、四季、天、地、雷、木（風）、水、火、山、
澤。

八卦系統是怎樣揉進五行相生說呢？下面把董仲舒的五行相生系統和
〈說卦〉系統的五行配五方列一表：

春秋繁露	東		南		中央		西		北
	木		火		土			金	水
說卦傳	東	東南	南	西南	東北	西	西北		北
	震	巽（為）木	離（為）火	坤（為）地	艮（為）山	兌	乾（為）金		坎（為）水

這雖有「震」、「兌」未言其屬性，但東為木，南為火，西為金，北
為水，在這一點上，五行與八卦已相一致。唐李鼎祚《周易集解》引干寶
《易注》云：「『震六二，震來厲』干寶曰，六二木爻，震之身也。」則
震之為木可知。《火珠林》載《八卦六位圖》云：乾屬金。坤屬土。震屬
木。巽屬木。坎屬水。離屬火。艮屬土。兌屬金。

至是而八卦即是五行了。八卦雖有八個，但以乾、兌合為金，坤、
艮合為土，震、巽合為木，也只算是五個了。現在根據以上諸說，總繪一
圖，以見它們合為一家的情況及其終始的順序：

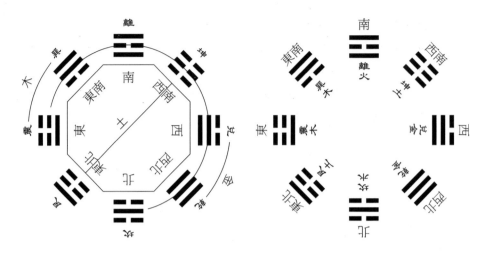

洪鈞按：以上兩圖所示內容是一樣的，都是八卦配八方、五行。左圖是顧頡剛先生據上文整理所得，見《古史辨》第三冊上編。右圖即所謂「後天八卦圖」。

以上八卦說，如此遷就五行相生說，不可能出現在五行相生說形成之前。五行相生說的出現約在西漢中期，故〈說卦〉的這一部分只能是西漢中期之後的文字。

洪鈞按：以上指出《易傳》很可笑，但還是有人認為《易傳》很可能出自聖人之手。近日粗讀鄧球柏著《帛書周易校釋》李學勤序。他說：「真正由義理角度研究《周易》，恐怕還是始於孔子。」於是至少有部分《易傳》出自孔子之手。然而，洪鈞不相信夫子的文字如此不堪。特別是他不會如此遷就五行相生說。其實，《論語》中連陰陽五行的影子也看不到。

六、可笑的〈序卦〉傳

〈序卦〉傳是解釋傳本各卦卦名，以及為什麼那樣依次排列的。然而，卻是毫無道理的瞎說。

我們知道，傳本《周易》六十四卦排列的規律是「二二相耦，非覆即變」（《周易正義·序卦·疏》）。加之，我們還知道，不少卦取名或標題是因為卦爻辭中出現某一個字較多。比如，「蒙」卦取名蒙，就是因為此卦卦爻辭中有七個蒙字；「需」卦取名需，就是此卦卦爻辭中有六個需字；「謙」卦取名謙，就是因為此卦卦爻辭中有六個謙字且此卦主要論述

謙虛;「革」卦取名革,就是因為此卦卦爻辭中有四個革字。「井」卦取名井,就是因為此卦卦爻辭中,有十二個井字,且此卦主要討論井。此外別無深意。至於八經卦自身相重即取八經卦原名,也沒有其它道理在內。然而,〈序卦〉傳卻講出了道理。其實都是穿鑿附會。倘讀者不信,謹把〈序卦〉傳全文抄錄如下:

有天地然後萬物生焉。盈天地之間者唯萬物,故受之以「屯」(1)。屯者,盈也。屯者,物之始生也。物生必蒙,故受之以「蒙」(2)。蒙者,蒙也,物之稚也。物稚不可不養也,故受之以「需」(3)。需者,飲食之道也。飲食必有訟,故受之以「訟」(4)。訟必有眾起,故受之以「師」(5)。師者,眾也。眾必有所比,故受之以「比」(6)。比者,比也。比必有所畜,故受之以「小畜」(7)。物畜然後有禮,故受之以「履」(8)。履者,禮也。履而泰然後安,故受之以「泰」(9)。泰者,通也。物不可以終通,故受之以「否」(10)。物不可以終否,故受之以「同人」(11)。與人同者,物必歸焉,故受之以「大有」(12)。有大者,不可以盈,故受之以「謙」(13)。有大而能謙必豫,故受之以「豫」(14)。豫必有隨,故受之以「隨」(15)。以喜隨人者必有事,故受之以「蠱」(16)。蠱者,事也。有事而後可大,故受之以「臨」(17)。臨者,大也。物大然後可觀,故受之以「觀」(18)。可觀而後有所合,故受之以「噬嗑」(19)。嗑者,合也。物不可以苟合而已,故受之以「賁」(20)。賁者,飾也。致飾然後亨則盡矣,故受之以「剝」(21)。剝者,剝也。物不可以終盡剝,窮上反下,故受之以「復」(22)。復則不妄矣,故受之以「无妄」(23)。有无妄,物然後可畜,故受之以「大畜」(24)。物畜然後可養,故受之以「頤」(25)。頤者,養也。不養則不可動,故受之以「大過」(26)。物不可以終過,故受之以「坎」(27)。坎者,陷也。陷必有所麗,故受之以「離」(28)。離者,麗也。

有天地然後有萬物,有萬物然後有男女,有男女然後有夫婦,有夫婦然後有父子,有父子然後有君臣,有君臣然後有上下,有上下然後禮義有所錯。夫婦之道不可以不久也,故受之以「恒」(29)。恒者,久也。物不可以久居其所,故受之以「遯」(30)。遯者,退也。物不可以終遯,故受之以「大壯」(31)。物不可以終壯,故受之以「晉」(32)。晉者,進也。進必有所傷,故受之以「明夷」(33)。夷

者，傷也。傷于外者必反于家，故受之以「家人」(34)。家道窮必乖，故受之以「睽」(35)。睽者，乖也。乖必有難，故受之以「蹇」(36)。蹇者，難也。物不可以終難，故受之以「解」(37)。解者，緩也。緩必有所失，故受之以「損」(38)。損而不已必益，故受之以「益」(39)。益而不已必決，故受之以「夬」(40)。夬者，決也。決必有遇，故受之以「姤」(41)。姤者，遇也。物相遇而後聚，故受之以「萃」(42)。萃者，聚也。聚而上者謂之升，故受之以「升」(43)。升而不已必困，故受之以「困」(44)。困乎上者必反下，故受之以「井」(45)。井道不可不革，故受之以「革」(46)。革物者莫若鼎，故受之以「鼎」(47)。主器者莫若長子，故受之以「震」(48)。震者，動也。物不可以終動，止之，故受之以「艮」(49)。艮者，止也。物不可以終止，故受之以「漸」(50)。漸者，進也。進必有所歸，故受之以「歸妹」(51)。得其所歸者必大，故受之以「豐」(52)。豐者，大也。窮大者必失其居，故受之以「旅」(53)。旅而无所容，故受之以「巽」(54)。巽者，入也。入而後說之，故受之以「兌」(55)。兌者，說也。說而後散之，故受之以「渙」(56)。渙者，離也。物不可以終離，故受之以「節」(57)。節而信之，故受之以「中孚」(58)。有其信者必行之，故受之以「小過」(59)。有過物者必濟，故受之以「既濟」(60)。物不可窮也，故受之以「未濟」(61)。終焉。

為了確認〈序卦〉傳的卦序沒有錯誤，洪鈞把傳文中出現的各卦都依次編了號，卻發現傳文少了三卦。即第一卦「乾」；第二卦「坤」、第三十一卦「咸」。似乎從來沒人指出這一點。少了三卦，不可思議，莫非是作者犯了糊塗。假設如此，這又是很可笑的。

不過，我想為〈序卦〉作者打打掩護。少了「乾」、「坤」大概是隱含在天地中；少了「咸」卦大概是隱含在夫婦中。只是，還是想不通，何以不把這三卦寫出來。其實，寫出來並非難事，也不必改變現有的傳文。下面是洪鈞的示範。

「乾」者，天也。天下之至健也。「坤」者，地也。天下之至順也。有天地然後萬物生焉。盈天地之間者唯萬物，故受之以「屯」……有天地然後有萬物，有萬物然後有男女，有男女然後有夫婦，有夫婦然後有父子，有父子然後有君臣，有君臣然後有上下，有上下然

後禮義有所錯。夫婦之道不可以不久也,故受之以「咸」。咸者,感也。夫婦相感不可以不恒,故受之以「恒」……

以上示範應該看不出修改的痕跡,故湊夠六十四卦實在不難,想不出〈序卦〉傳作者,何以不肯再費舉手之勞。

為了確認〈序卦〉傳少了三卦,洪鈞仔細閱讀了高亨先生的《周易大傳今注》。高先生費了很多力氣,極盡輾轉引申之能事,闡釋〈序卦〉有道理,但沒有明確指出其中何以少了三卦。高先生是洪鈞很推崇的《易》學專家,差不多終生研究《周易》,沒有指出何以〈序卦〉少了三卦,應該是思維定式在作怪。可見如果根本不敢懷疑經典和權威,則無論他如何博學,如何用功,都很難發現經典或前人的大錯誤。

又,記憶中,郭沫若先生也曾經解釋〈序卦〉傳,說其中貫徹了辯證法,其說很牽強,卻也沒有提及其中沒有「咸」卦等。

為了再次確認〈序卦〉傳沒有「咸」卦,拿來近年出版的《周易譯注》(黃壽祺、張善文譯注,上海古籍出版社2007年版)仔細查看。該書作者應該是發現了〈序卦〉傳中沒有「咸」卦,卻沒有明確指出,只是在該書第450頁上加括弧補充了「咸」卦。

〈序卦〉傳不但對每卦卦名做出了解釋,還對相鄰兩卦間的承繼關係講出了道理。然而,沒有一處講的道理不是生拉硬拽。比如開頭是:

盈天地之間者唯萬物,故受之以「屯」(1)。屯者,盈也。屯者,物之始生也。物生必蒙,故受之以「蒙」(2)。蒙者,蒙也,物之稚也。物稚不可不養也,故受之以「需」(3)。需者,飲食之道也。飲食必有訟,故受之以「訟」(4)。訟必有眾起,故受之以「師」(5)。

試問:天地萬物與「屯」卦之間有必然聯繫嗎?物生必蒙嗎?飲食必有訟嗎?訟必有眾起嗎?這些問題,實在難以回答。

就是〈序卦〉傳對卦名的解釋,可採者也很少。更有,「蒙者,蒙也」、「比者,比也」、「剝者,剝也」,就是完全沒有解釋。

如上所說,〈序卦〉傳沒有提及「乾」、「坤」兩卦,可以算是隱含在天地中。那麼,是先有天,還是先有地呢?朱熹說:「天地初間只是陰陽之氣。這一個氣運行,磨來磨去,磨得急了,便拶出許多渣滓。裡面

無處出，便結成個地在中央。氣之清者便為天，為日月，為星辰，只在外，常周環運轉。地便只在中央不動，不是在下。」（《朱子全書·卷四十九》）可見，天地的出現是不分先後的。即便有先後，何以「受之以『屯』」呢？至於屯，既說「屯者，盈也」，又說「屯者，物之始生也」。莫非「盈」即「始生」嗎？《說文》「屯，難也。」故「屯」何嘗有「盈」義呢？「屯」確實有「草木始生」之義，但顯然是後加的，因為文中一卦兩訓只此一例。

可見，〈序卦〉傳沒有一句不是生拉硬拽。如果說其中也有略有道理之處，就是從「損」到「益」，從「泰」到「否」，從「既濟」到「未濟」有點辯證思想。其餘，只是可以看出有點淺薄的儒家思想，即「有父子然後有君臣，有君臣然後有上下，有上下然後禮義有所錯」。

總之，略有古漢語修養者，一讀〈序卦〉傳都會覺得非常可笑。

洪鈞按：高亨先生對《易傳》持盡力維護態度，說〈序卦〉中有辨證法因素云：

趙洪鈞說

周易·
100

> 〈序卦〉中含有古樸而簡單之辯證法因素。認為客觀事物總是運動變化，有時向正面發展，有時向反面轉化。如釋「恒」、「遯」、「大壯」、「晉」、「明夷」之順序曰：「恒者，久也。物不可以久居其所，故受之以『遯』。遯者，退也。物不可以終遯，故受之以『大壯』。物不可以終壯，故受之以『晉』。晉者，進也。進必有所傷，故受之以『明夷』。夷者，傷也。」又如釋「睽」、「蹇」、「解」、「損」、「益」、「夬」之順序曰：「睽者，乖也。乖必有難，故受之以『蹇』。蹇者，難也。物不可以終難，故受之以『解』。解者，緩也。緩必有所失，故受之以『損』。損而不已必益，故受之以『益』。益而不已必決，故受之以『夬』。夬者，決也。」皆謂事物或向正面發展，或向反面轉化，有其必然之規律也。此種觀點，研究先秦思想史，宜予注意。惟其所論甚為簡單，均近於概念化，且有牽強之言，不可予以過高之評價。（《周易大傳今注》）

可見，即便是高先生，也不認為〈序卦〉有深奧的哲理，且不說他的舉例不足以支持他的觀點。

七、可笑的〈雜卦〉傳

說〈雜卦〉傳可笑，有點苛責，因為它不過是把六十四卦編為歌訣，便於記誦而已。這樣就無可避免地打亂六十四卦原順序，也無可避免地要採用錯誤的解說。〈雜卦〉傳很短，連標點在內只有四百八十多字。抄錄如下：

〈雜卦〉

「乾」剛「坤」柔，「比」樂「師」憂；「臨」「觀」之義，或與或求。「屯」見而不失其居。「蒙」雜而著。「震」，起也。「艮」，止也。「損」、「益」，盛衰之始也。「大畜」，時也。「无妄」，災也。「萃」聚而「升」不來也。「謙」輕而「豫」怠也。「噬嗑」，食也。「賁」，无色也。「兌」見而「巽」伏也。「隨」，无故也。「蠱」則飭也。「剝」，爛也。「復」，反也。「晉」，晝也。「明夷」，誅也。「井」通而「困」相遇也。「咸」，速也。「恒」，久也。「渙」，離也。「節」，止也。「解」，緩也。「蹇」，難也。「睽」，外也。「家人」，內也。「否」、「泰」，反其類也。「大壯」則止，「遯」則退也。「大有」，眾也。「同人」，親也。「革」，去故也。「鼎」，取新也。「小過」，過也。「中孚」，信也。「豐」，多故也。親寡，「旅」也。「離」上而「坎」下也。「小畜」，寡也。「履」，不處也。「需」，不進也。「訟」，不親也。「大過」，顛也。「姤」，遇也，柔遇剛也。「漸」，女歸待男行也。「頤」，養正也。「既濟」，定也。「歸妹」，女之終也。「未濟」，男之窮也。「夬」，決也，剛決柔也。君子道長，小人道憂也。

以上就是居於《周易》最後的〈雜卦〉傳。在如此短的篇幅中，是不可能說清六十四卦各卦含義的。故在洪鈞看來，其作者勉為其難地編寫上述歌訣，確實下了點功夫，但還是不宜為前人諱。文中固然有至今還被採用的解艮為止；解夬為決；解蹇為難；解姤為遇；解萃為聚；解噬嗑為食等，更多的內容卻是不可取的。說其中有不少可笑之處，不能算是對其作者的冤枉。

還應指出，高亨先生《周易大傳今注》已發現，〈雜卦〉的最後八

卦，不符合「二二相耦，非覆即變」的規律。故應改作：「大過」，顛也。「頤」，養正也。「既濟」，定也。「未濟」，男之窮也。「歸妹」，女之終也。「漸」，女歸待男行也。「姤」，遇也，柔遇剛也。「夬」，決也，剛決柔也。君子道長，小人道憂也。

洪鈞按：高亨先生于其大作《周易大傳今注》中指出，〈雜卦〉中略有辯證法思想云：

此篇反映作者對於事物之矛盾對立有簡單而粗淺之認識。如云「『損』、『益』盛衰之始也。」「『否』、『泰』，反其類也。」「『革』，去故也。『鼎』，取新也。」是亦極古樸之辯證法因素也。

足見，不可對《易傳》中的辯證法思想給予過高之評價。

讀者不難看出，以上沒有提及「小象」。實際上，「小象」可笑之處也不少。由於「小象」有將近三百八十條，只好請讀者參看第十一節和第十二節中的有關解說。

八、《易傳》中的儒家思想

本書序言中已有略同的題目和內容，由於洪鈞主張，凡重大問題，不怕或最好重複三次，以加深讀者的印象或理解。故本節重出這一題目。

《易傳》可笑的主要原因，就是一定要用儒家思想解釋《易經》，或者說是在解釋《易經》的同時，生硬地塞進了儒家思想。《易傳》中比較典型的儒家思想如下：

1. 儒家的綱常倫理觀念

「家人」卦有：「〈彖〉曰：家人，女正位乎內，男正位乎外。男女正，天地之大義也。家人有嚴君焉，父母之謂也。父父，子子，兄兄，弟弟，夫夫，婦婦，而家道正。正家而天下定矣。」

拙見以為，不用解釋，讀者即能看出以上所引是「三綱」說的另一種表達。《白虎通義·三綱六紀》：「三綱者，何謂也？謂君臣、父子、夫婦也。」即後來所謂君為臣綱，父為子綱，夫為妻綱。

2. 儒家的禮儀觀念

〈序卦〉傳有「有天地然後有萬物，有萬物然後有男女，有男女然後有夫婦，有夫婦然後有父子，有父子然後有君臣，有君臣然後有上下，有上下然後禮義有所錯。」

顯然，以上所引不但是「三綱」說的根據，也是在為「禮別尊卑」打基礎。

3. 尊君、尊父觀念

緊接《文言・坤》之後有：「臣弒其君，子弒其父，非一朝一夕之故，其所由來者漸矣，由辯之不早辯也。」又有：「陰雖有美，含之以從王事，弗敢成也，地道也，妻道也，臣道也。地道无成而代有終也。」

孔子的主要思想之一就是「正名」，即正名分。試看《論語》有：

子路曰：「衛君待子而為政，子將奚先？」子曰：「必也正名乎！……名不正，則言不順；言不順，則事不成；事不成，則禮樂不興；禮樂不興，則刑罰不中；刑罰不中，則民無所措手足。故君子名之必可言也，言之必可行也。君子于其言，無所苟且而已矣！」

所謂「正名分」就是一定要知道各人的社會地位或角色，一定要安於各人的地位。否則社會就亂了套。再嚴重一些，就會出現「臣弒其君，子弒其父」的亂象。孔子對此深惡痛絕，故《春秋》筆法嚴守臣不可弒其君，子不可弒其父的定例。

4. 強調君子與小人之別

君子就是王公貴族，小人就是奴隸，至少在商末周初就是此義。到孔子時代，主要含義還是如此。故《論語》有「君子喻于義，小人喻於利。」（《論語・里仁》）孔子謂樊遲為小人，就是因為他問孔子種菜的道理，看來那時種菜的大多還是奴隸。

《易經》中，君子凡 20 見，小人凡 10 見。《易傳》中，君子凡 105 見，小人凡 20 見。可見《易傳》很推崇君子。

至於君子與小人之別，〈繫辭下〉有：子曰：「小人不恥不仁，不畏不義，不見利而不勸，不威不懲。小懲而大誡，此小人之福也。《易》曰『屨校滅趾，无咎』，此之謂也。善不積不足以成名，惡不積不足以滅

身。小人以小善為無益而弗為也，以小惡為無傷而弗去也。故惡積而不可掩，罪大而不可解。《易》曰：『何校滅耳，凶。』」

這就是《易傳》對小人的看法和態度。讀者須知，上述引文是解釋「屨校滅趾，无咎」和「何校滅耳，凶。」的。這兩句經文都是說奴隸戴著沉重的刑具，〈繫辭下〉卻認為這是應該的，而且是「小人之福也。」足見〈繫辭下〉的作者是站在奴隸主的立場上看問題。

那麼，《易傳》是如何看君子呢？

最為眾人熟悉的是「乾」、「坤」兩卦的〈象〉傳，即「天行健，君子以自強不息。」；「地勢坤，君子以厚德載物。」此外還有不少〈象〉傳頌揚君子，已見於上文，不再重複。

5. 提倡中正

《易經》中只有一個「正」字，沒有「中正」一語，《易傳》中「中正」凡 17 見，還有 5 處「正中」。淺見以為，中正即中庸。可見於《文言·乾》之後：「龍德而正中者也。庸言之信，庸行之謹」。子曰：「中庸之為德也，其至矣乎！」（《論語·雍也》）。《禮記·中庸》更有：「君子中庸，小人反中庸。」可見〈象〉傳的儒家思想很典型。

6. 提倡女子貞潔，「從一而終」

「從一而終」見於「恒」六五的〈象〉傳，也是此說的最早出處。詳見下文以及第十二節對該爻的解說。

九、《易傳》如何歪解《易經》？

或問：據說現存通行本的《易傳》，是戰國秦漢時期的經師或有關學者對《易經》的解釋，為什麼他們的解釋會完全不著邊際呢？

答：這些人根本不是在追尋《易經》的原意。他們只是拿《易經》作為說話的由頭，借題發揮自己的儒家思想。不過，在洪鈞看來，他們也確實不怎麼懂《易經》。

序言中已經舉出「大過」卦的經傳說明這一拙見，這裡再舉「家人」卦的經傳進一步說明。

最能看出用儒家思想解經的一卦是「家人」。經文如下：

☰☲ 家人：利女貞。

> 初九：閑有家，悔亡。
>
> 六二：无攸遂，在中饋。貞吉。
>
> 九三：家人嗃嗃。悔。厲。吉。婦子嘻嘻。終吝。
>
> 六四：富家，大吉。
>
> 九五：王假有家，勿恤。吉。
>
> 上九：有孚威如，終吉。

此卦只有六十個字。它取名「家人」無疑是因為其六爻辭中有四個「家」字且九三開頭是「家人」。總之，「家人」就是字面上的含義，即家、家庭、人家等。遵此義雖不能很滿意地通解七辭，也只有上九可能和家無關（也可以有關，請看下文拙解）。以下逐條簡單解說。

「家人」卦辭只有「利女貞」三個字。意思就是利於女子貞問或利於女子的貞兆。

然而〈彖〉傳解卦辭「利女貞」，硬塞進了儒家思想如下：

> 〈彖〉曰：家人，女正位乎內，男正位乎外。男女正，天地之大義也。家人有嚴君焉，父母之謂也。父父、子子、兄兄、弟弟、夫夫、婦婦，而家道正。正家而天下定矣。

這四句〈彖〉辭簡直是董仲舒「三綱」說的另一種表達，又是對《大學》「家齊而後國治，國治而後天下平」的闡釋。

為達此目的，〈彖〉傳作者有意把「貞」解作正。其實，即便是把「利女貞」解作「利女正」也不足以引出這一大套儒家說教。

對女子來說什麼事情最大呢？一是嫁人成家，二是生孩子。其實都是家庭問題。至今還有婦女因嫁人或生育問題求神問卜。如果說婦女們還有一件大事，那就是離婚。即便在今天，婦女離婚也是很糟心的事。封建社會的婦女離婚、特別是被男方休妻，幾乎等於大逆不道。

以下逐條解說六爻辭。

初九：閑有家。悔亡。

《說文》：「閑，闌也。從門中有木。」段注「引申為防閑。」意思是用大木頂住大門。這樣做可以預防盜賊闖入，故禍患消除。

六二：无攸遂，在中饋。貞吉。

遂：通墜。全文是：沒有什麼落（là）下的事，待在廚房裡，兆示吉祥。

九三：家人嗃嗃，悔，厲，吉。婦子嘻嘻，終吝。

嗃嗃和嘻嘻都是擬聲詞，指發出的聲音如高和喜。「家人」在此應指小孩子。小孩子嗷嗷待哺或餓得嗷嗷叫，自然是很鬧心的事，故悔，情況嚴重。但總算有家人，也可吉。「婦子」與「家人」相對，所指應是主婦。這時「婦子嘻嘻」（不嚴肅的樣子）表明她不很在乎，因為她有辦法讓孩子吃飽。只是終究還是有點艱難。

六四：富家，大吉。

本爻辭望文生義即可滿意地解說。「富家」就是發家致富，自然大吉。

九五：王假有家。勿恤。吉。

「王」只能是周王或商王。有家就是結婚或成家。「假」有授予之義。故「王假有家」就是「王授予了家室」。《說文》「恤，憂也。」故「无恤」就是沒有憂愁。有了家室且不憂愁，自然是吉祥的。

洪鈞按：高亨先生解釋此條引《呂氏春秋》大段文字說明，頗有卓見。有興趣者請看其書《周易古經今注》。

上九：有孚威如，終吉。

「孚」作懲罰講，「威如」是嚴厲的樣子。

全句是：受了嚴厲責罰，最終還是吉祥的。這種情況在家庭內很常見。父母責罰孩子，表面上很嚴厲，最終還是要愛護他們，故終吉。

最後，再引用李鏡池先生，關於「家人」卦〈象〉傳中的儒家思想的論述。

這種封建綱常倫理的說教，在「家人」〈象〉傳尤為明顯。「家人，女正乎內，男正乎外，男女正，天地之大義也。家人有嚴君焉，父母之謂也。父父、子子、兄兄、弟弟、夫夫，婦婦，而家道正；正家而天下定矣。」家人這樣的題目，正是儒家用來發揮他們倫理思想的用武之地。荀子因「咸」卦有「取女吉」的話，就說「《易》之『咸』見夫婦。夫婦之道不可不正也，君臣父子之本也。」〈序卦〉也在「咸」卦上做文章：「有天地然後有萬物，有萬物然後有男女，有男女然後有夫婦，有夫婦然後有父子，有父子然後有君臣，有君臣然後有上下，有上下然後禮儀有所措。」所謂「禮儀」即綱常倫理。「家人，利女貞」〈象〉傳因而發揮「家齊而後國治」的道理，和女內男外，夫唱婦隨的「天地之大義」不過，「家人」的卦、爻辭有沒有這種思想呢？我看沒有。相反的，《易》作者頗有不同的主張。初、二爻說：「閑有（于）家，悔亡」；「无所遂（墜），在中饋，貞吉」。他反對男子在家無所事事，而同情婦女在家勞作。（李鏡池《周易探源·序》中華書局 1978 年版）

十、貞節──《易傳》祭起來的道德觀念

為了進一步說明《易傳》如何歪解《易經》，有必要再次較為詳細地說一下它如何歪解很關鍵的「貞」字，特別是因為這一曲解又祭起了「貞節」觀念，更有必要補充解說。

簡言之，《易傳》解「貞」為「正」，是中國經學史上的千古奇冤，也可以說是千古笑談。它足以使二千多年來的讀書人、特別是經師和儒生無地自容。

拙見以為，這一歪解之所以為禍兩千多年不破，就是因為這一解法祭起了「貞節」觀念。這一觀念束縛了婦女，男人覺得很舒服。

當代人已經不那麼講貞節了。然而，這個只適用於女性的道德字眼，在古代對婦女來說是頭等大事。程頤就說（女子）「餓死事極小，失節事極大」（《二程全書·遺書二十二》），以至於不但有的婦女不慎失身就自殺，更有數不清的青年女子喪夫後殉節。當時美其名曰貞節烈女。

秦始皇首先用貞婦旌表巴清寡婦，但秦代之前基本上沒有貞節觀念。

換言之，這完全是《易傳》作者造出來的。

造作「貞節」這個道德觀念，關鍵是曲解「貞」字。

「貞」是個會意字，從卜，從貝，早在卜辭時代就很常用。意思是拿著錢（那時用貝類貨幣）去卜問。

《說文》解此字也完全是卜問之義。即：「貞，卜問也。貝以為贄。」

按說有許慎這位五經無雙的大學者，還有他的名著《說文解字》出現在東漢，西漢的經師不應該犯這麼大的錯誤。但還是嚴重歪解了。故拙見以為，《易傳》作者在這一點上是故意的。這個故意就是存心把貞問的「貞」字解作「正」。這個錯誤太明顯了。五經無雙的許慎為什麼沒有站出來反駁呢？

為說明解「貞」為「正」完全是歪曲，再看「貞」字在《易經》中出現的次數和用法。

「貞」字在《易經》中共 111 見。其中利貞 23 見。貞吉 36 見。貞凶 10 見。貞厲 8 見。貞吝 4 見。可貞 4 見。不可貞 1 見。還有「利 XX 之貞」。如「『坤』：利牝馬之貞」。「『坤』用六：利永貞。」「『升』上九：利于不息之貞」等。

解「貞」為「正」，利貞、貞吉還勉強說得過去。貞凶、貞厲、貞吝等則完全說不通。可貞、不可貞更加說不通。至於「利牝馬之貞」，則母馬也有了貞節問題，真是令人噴飯的解法。然而，二千多年來，竟然沒有一個學者發現這一大錯誤，而《說文》的解法明明擺在那裡，可見封建思想導致的思維定勢之頑固。

十一、「恒」卦〈象〉傳——「從一而終」的出處

要婦女講貞節，關鍵是要她們「從一而終」。

以下是「恒」卦六五爻辭及其〈象〉傳。要婦女講貞節「從一而終」最早就出自這裡。

「恒」六五：恒其德。貞婦人吉，夫子凶。

〈象〉曰：婦人貞吉，從一而終也。夫子制義，從婦凶也。

「恒」六五爻辭的意思本來是：總是能得到吃的。貞問婦女，吉祥；貞問男子，凶險。其中根本沒有女子是否貞潔的意思。〈象〉傳卻解出了婦人要「從一而終」。顯然，〈象〉傳不但歪曲經文，而且赤裸裸地宣揚儒家道德觀念。然而，即便接受這樣的歪解還是很不通。試問：既然婦女貞潔，從一而終，她的夫子怎麼會凶呢？

至於為什麼「恒其德」「夫子凶」。大概是因為男人去占問的道德問題都是大節，堅守節操往往意味著很大的付出，甚至喪命，故凶。

還有「夫子制義，從婦凶也。」這是說，男子要獨立地因時制宜，如果聽從婦人的話則凶險。這就是後世所謂女人頭髮長，見識短。男人怕老婆，則家道不正的來路。至今還有「枕旁風」之說。總之是說：男人要當家作主，不要聽從婦人的主張。

這未免讓洪鈞想起，高亨先生的《周易大傳今注》解說此爻，謂（經意）「因婦人從夫，其道一軌，其德不可不恒；丈夫因事制宜，其道多方，其德不可恒。」總之是，婦人必須恒其德，丈夫不一定恒其德。

高先生關於「不恒其德，或承其羞」（「恒」九三）的解說謂：「孔子引《易》，以明人不可無恒，然《易》之此言，非謂無恒之絕對不可。故曰『不恒其德，或承之羞，貞吝。或也者，不儘然也。吝也者，未至於凶也。』九五云『恒其德，貞婦人吉，夫子凶。』則不貴恒之義。」看來，男人不能一根筋、死腦筋，要隨著社會環境變化而適應，要與時諧行。

關於如何認識《周易》經與傳的關係，洪鈞也不很贊同高亨先生的主張。高先生說：「我主張講《易經》不必受《易傳》的束縛，談《易傳》不必以《易經》為歸宿，照察兩書的本來面貌，探求兩書的固有聯繫，才是研究《周易》經傳的正確途徑。」（《周易大傳今注‧序》）

洪鈞以為：「講《易經》不必受《易傳》的束縛」很正確。「談《易傳》不必以《易經》為歸宿」就值得商榷了。

試問：沒有《易經》，哪裡來的《易傳》呢？為什麼〈象〉傳和〈象〉傳乃至〈文言〉傳必須緊跟相應的卦爻辭呢？就是今本「獨立」的〈繫辭〉傳、〈序卦〉傳、〈說卦〉傳和〈雜卦〉傳，單獨拿出來，我們還能知其然及其所以然嗎？試看，高先生的《周易大傳今注》，注《易

傳》要先說「經意」，即可知不可能離經談傳。

總之，「經」可以離開「傳」；「傳」則不能離開「經」。雖有《易傳》之說，《易傳》卻不是獨立的書。說《易傳》必須以《易經》為歸宿。只有這樣，才能解出《易經》的真面目。否則，《易傳》乃至全部《易》學，就成了無本之木，無源之水。

至此可能有人問：閣下不是說《易傳》可笑嗎？為什麼又說《易傳》和《易經》不可分呢？

答曰：《易傳》應該看作最早的《易》學。儘管這一最早的《易》學著作錯誤百出，卻也不是毫無可取。學問是要講繼承的，即便是錯誤的東西，也要知其所以錯誤。若說不清最早的《易》學錯在哪裡，也是學無根基。故指出《易傳》的錯誤，就是《易》學的進步。參看其他前人的《易》學著作，也是如此，首先要有理性的懷疑精神。只有敢於懷疑，才能棄其糟粕，取其精華。否則，就會只有繼承，沒有發揚。再進一步，就會像古代《易》學一樣：愈說愈玄，愈說愈繁，歧途日多，成了一大堆糊塗賬。

第六節　詳說元亨利貞

正式交代關於「元亨利貞」的拙見之前，有必要說明，高亨先生著《周易古經今注》第五篇的題目是「元亨利貞解」。這個題目與本節題目幾乎完全相同。故本節不可能繞過高先生的見解。加之，如本書自序中所說，洪鈞是很推崇高先生的，因為洪鈞承認，在《易》學方面，無論是讀書還是治學，洪鈞的功夫都不敢說有高先生的十分之一。儘管如此，還是不宜完全照抄前人的見解。以下是拙見。

一、關於元亨利貞的初步解說

《周易》開卷就是「乾元亨利貞」五個字。其中「乾」字是卦名，雖然也要解釋，但更重要的是「元亨利貞」四個字是什麼意思。如何解說這四個字，在《易》學史上是一件大事，故本書用專門一節來解說。

這四個字的重要性，不僅是解說《周易》開卷就碰到的，還由於這四個字很多見。如果把它們解錯了，那就是全盤皆輸。

白文《易經》中，「元亨利貞」四個字連寫凡六見。依次見於：

☰☰ 乾元亨利貞。

☵☳ 屯元亨利貞。

☱☳ 隨元亨利貞。

☷☱ 臨元亨利貞。

☰☳ 无妄元亨利貞。

☱☲ 革巳日乃孚元亨利貞。

類似連寫還見於：

䷁ **坤**元亨利牝馬之貞。

䷄ **需**有孚光亨貞。

䷍ **大有**元亨。

䷑ **蠱**元亨。

䷞ **咸**亨利貞。

䷟ **恒**亨无咎利貞。

䷝ **離**利貞亨。

䷠ **遯**亨小利貞。

䷡ **大壯**利貞。

䷭ **升**元亨。

䷱ **鼎**元吉亨。

䷴ **漸**女歸吉利貞。

䷷ **旅**小亨。

䷸ **巽**小亨。

䷹ **兌**亨利貞。

䷽ **小過**亨利貞。

䷾ **既濟**亨小利貞。

以上共見於 22 卦卦辭。可見，類似連寫多見於卦辭，很少見於爻
辭。白文《易經》中「元亨」共 10 處，「利貞」共 23 處。加之還有「小
利貞」2 見、「小亨」2 見。足見「元亨利貞」是不能四字斷開讀的。即
「元亨利貞」應讀作「元亨。利貞。」

為了進一步讓讀者確信拙見，謹附上高亨先生的有關論證。

附：高亨先生關於「元亨利貞」如何斷句的論證

綜計《周易》卦辭、爻辭中，有元、亨、利、貞四字者凡
一百一十八條。元皆大義，亨皆享祀之享，利皆利益之利，貞皆貞

卜之貞，殆無疑義。而〈文言〉、《左傳》妄以四德釋之，千載學者為其所蔽，致《周易》古經之初旨晦翳不明。

問者曰：《易》中元亨與利貞連言者，「乾」、「坤」、「屯」、「蒙」、「隨」、「臨」、「无妄」、「革」七卦。非謂舉行大享之祭則為利占乎？曰：是殆不然。以余觀之，凡云「元亨利貞」者，「元亨」為句，「利貞」為句。「利貞」非承「元亨」而言也。請舉其證。「坤」云「元亨利牝馬之貞」，「利牝馬之貞」與「元亨」無關，其證一也。「蠱」云「元亨，利涉大川」，「利涉大川」與「元亨」無關，其證二也。「升」云「元亨，用見大人，勿恤」，用乃利字之誤，「利見大人」與「元亨」無關，其證三也。「比」云「元，永貞无咎」，元下脫亨字，「永貞无咎」與「元亨」無關，其證四也。「大有」但云「元亨」，無「利貞」字，知有「利貞」者亦與「元亨」無關，其證五也。「蒙」曰「亨……利貞」，「亨」與「利貞」之間有「匪我求童蒙，童蒙求我，初筮告，再三瀆，瀆則不告」五句，其證六也。「同人」云「亨，利涉大川，利君子貞」，「利涉大川，利君子貞」與「亨」無關，其證七也。「離」云「利貞，亨，畜牝牛吉」，「利貞」反在「亨」上，明與「亨」無關，其證八也。「恒」云「亨，无咎，利貞」，「亨」與「利貞」之間有「无咎」二字，是「利貞」與「亨」無關，其證九也。「渙」云「亨，王假有廟，利涉大川，利貞」，「亨」與「利貞」之間有「王假有廟，利涉大川」二句，是「亨」與「利貞」無關，其證十也。（《周易古經今注》）

洪鈞按：之所以把先賢的有關論證附在這裡，是因為直到近今還是有學院派的《易》學大作把「元亨利貞」讀作「元，亨，利，貞」而且照用〈文言〉傳之謬說。故雖然高先生，關於「亨」字的見解，與洪鈞大不同，洪鈞還是很推崇高先生。假如看到本書之後，學院派的專家還是堅持謬誤，則今後之《易》學無望矣！

其實，古代《周易》注家也不都是把「元亨利貞」斷為「元，亨，利，貞」。朱熹《周易本義》就是斷為「元亨。利貞」。可見這位老夫子沒有附和流行的舊說。

總之，拙見以為，如何解說「元亨利貞」是個很淺顯的問題。只要有不很深

厚的古漢語修養和悟性，第一眼看到它們都會正確理解。假如再有《易》學常識，就更不會附和舊說。

洪鈞初讀《易經》時，即看出「元亨利貞」是非常吉利的意思。略同後世抽籤抽到「大吉大利」。因為，只要把《易經》看作算卦的書，看到這四個字，就應該按算卦用語來理解。加之「亨」和「利」有順利、通達、吉利、有利的、利於之義，則「元亨，利貞」就是非常通達，吉利之兆。可以簡作「大通。利兆。」

如果準確地解說，「元亨」與「小亨」相對，加之「元」本有「大」義，故「元亨」即「大通」，就是非常通達、順利的意思。至於「利貞」，「利」字在此自然是有利的意思。只有「貞」字需要進一步解說。有關淺見已經見於本書序言和第三節。此處仍然略說幾句。

《說文》：「貞，卜問也。貝以為贄。」則「貞」字的本義是卜問。只是，洪鈞覺得，把「貞」字都解為卜問不妥，因為此解不能貫通全經。拙見以為，凡「利貞」連寫處，最好解為吉利的貞兆或簡作利兆。於是「元亨，利貞」就是：大通，利兆。多用幾個字就是：非常通達，吉利的貞兆。經文中還有貞吉、貞凶、貞厲、貞吝等，洪鈞解作兆示吉祥、兆示凶險、兆示危險或兆示情況嚴重、兆示艱難等。總之，洪鈞把貞吉等視為動賓片語，把其中的「貞」字解作「兆」或「兆示」。

以上解說並非洪鈞的特識，因為早已有嚴肅的《易》學專家李鏡池先生對此做出了類似解說。

總之，解說「元亨利貞」這四個字的關鍵有二。一是：這四個字如何斷句，洪鈞在上文已經就此說了自己的見解，相信理由是充分的。加之，附上了高亨先生的論證，更無疑義。二是：如何解釋「貞」字？這也是很關鍵的。洪鈞雖然已經根據《說文》給出了解釋，上文又做了進一步解說，還是有必要看看李鏡池先生的見解如下：

洪鈞按：以下幾段文字，基本上重複了本書自序的有關內容。理由是：凡重大問題，特別是有重大創新或糾錯的問題，不妨重複二、三次以加深讀者的理解。

自從〈文言〉傳襲取了《左傳》穆姜的話之後，「乾」卦就有了「四德」──元、亨、利、貞。乾「四德」說流行之後，「貞」字的本

義就沉埋了幾千年。知道的人極少。這是實在是件奇怪的事。許慎的《說文解字》雖然是很得人讚揚信奉的一部字典，但他說「貞，卜問也」。可是總沒有人肯相信他這個說法。單瞧見了〈彖〉傳上「貞，正也」（洪鈞按：見於「師卦」的〈彖〉傳）一個解釋，便大家死死地拘守著，竟貫徹了二千年來《易》學家的腦髓。無人敢發生異議。直到大批的殷墟甲骨發現，卜辭幾乎每條都用著這個「貞」字，於是貞的本義才恢復。所以，羅振玉《殷墟書契考釋》，於「貞」字條下特別讚美許慎的《說文》道：「古經注貞皆訓正，惟許書有卜問之訓。古誼古說，賴許書而僅存者，此其一也。」（《周易探源》中華書局 1978 年版 26 頁）

或問：〈文言〉傳如何「襲取了《左傳》穆姜的話」呢？

謹把《左傳》和〈文言〉傳有關原文抄如下。

《左傳‧襄公九年》有：

> 穆姜薨於東宮。始往而筮之，遇艮之八。史曰：「是謂「艮」之「隨」，隨其出也。君必速出。」姜曰：「亡。是于《周易》曰：『「隨」元，亨，利，貞，无咎。』元，體之長也；亨，嘉之會也；利，義之和也；貞，事之幹也。體仁，足以長人；嘉德，足以合禮；利物，足以和義；貞固，足以幹事。然故不可誣也。是以雖「隨」无咎，今我婦人而與於亂，固在下位，而有不仁，不可謂元。不靖國家，不可謂亨。作而害身，不可謂利。棄位而姣，不可謂貞。有四德者，「隨」而无咎。我皆無之，豈「隨」也哉。我則取惡，能无咎乎，必死於此，弗得出矣。」

〈文言〉傳有：

> 元者，善之長也；亨者，嘉之會也；利者，義之和也；貞者，事之幹也。君子體仁，足以長人；嘉會，足以合禮；利物，足以和義；貞固，足以幹事。君子行此四者，故曰：乾：元，亨，利，貞。

總之，〈文言〉傳基本上照抄了穆姜的話。於是，「元亨利貞」要讀作：元，亨，利，貞。含義分別是：體或善之長；嘉之會；義之和；事之幹。這就是「乾」卦的「四德」，於是，一下子把「元亨利貞」徹底改變

了性質。「四德」說死死地籠罩《易》學兩千多年，直到近代才被打破。這是《易》學史上的重大突破，讀者不可不知。

還請注意，《易經》中「元亨利貞」連寫凡 6 見，只有《文言‧乾》解為「四德」且四字斷開讀。其餘 5 處連寫的「元亨利貞」都沒有引用《文言‧乾》。至於單用「元亨」的 4 處，也不再解為「善之長」「嘉之會」；單用「利貞」的 17 處，也不再解為「義之和」「事之幹」。單用「亨」者更多，也不再解為「嘉之會」。可見《易傳》很粗疏，完全不顧是否前後一致或前後矛盾，故不足為訓。

其實，「元」字何嘗有「善」義呢？「亨」字何嘗有「嘉」義呢？孔子說：「君子喻于義，小人喻於利。」（《論語‧里仁》）。故「利」不能是「義」之和，而是「利」與「義」相對立。「貞」字更與「事之幹」沒有關係。但是，此後二千多年，《易》學家們無不謹遵「四德」之說。於是所謂《易》學書，開卷都是大錯特錯。當代讀者，一定記住這個大問題。

不過，洪鈞還要對李先生的話略為修正、補充一下。

一是〈文言〉傳的「四德」不是解「貞」為「正」，而是解作「事之幹」。二是雖有師卦〈象〉辭解「貞」為「正」，卻還有「豫」卦六二的〈象〉傳解作「中正」；「需」卦〈象〉傳解作「正中」；「需」九五，解作「中正」。其餘一百零幾個「貞」字的解釋，也大多傾向於「正」。其實，《易經》中，只有一個「正」字，見於「无妄」卦辭：「元亨。利貞。其匪正有眚。不利有攸往。」《易傳》中有 74 個「正」字。其中至少有 35 個「正」字是對「貞」字的歪解，不再一一說明。

總之，近代之前的《易》學家，幾乎沒有一個人知道《易經》中的「貞」字是「卜問」「貞問」「貞兆」之義。於是，111 個「貞」字的含義瞎說了兩千多年。這樣的《易》學還能算是學問嗎？那時解說《易經》的人，不是難辭其咎嗎？把不很難解的「元亨利貞」，統統解錯了，不是很丟面子嗎！如此謬說流行了兩千多年，這樣的《易》學不是很令人喪氣嗎！

不唯如此，後來竟然由「正」字轉義生出了「貞節」觀念。於是古代中國女人倒了楣。秦代之前，只有男子有「守節」之說，含義是「忠於職

守」。如《左傳・成公十五年》：「諸侯將見子臧于王而立之。子臧辭曰：『前志有之，曰：聖達節，次守節，下失節。為君非吾節也。雖不能聖，敢失守乎？』遂逃奔宋。」

所以，洪鈞覺得，古代的《周易》學者們，沒有哪個有資格說他全面繼承並發揚了《周易》。從西漢開始，《周易》學者們田何、孔安國、焦延壽、孟喜、梁丘賀、京房、費直、鄭玄等人是不用說了。歪說《易經》就從他們始作俑。而後從三國到南宋，又有王弼、韓伯康、孔穎達、李鼎祚、陳摶、周敦頤、邵雍、張載、程顥、程頤、朱熹等人傳播流毒。就是清末很有特識，做了《新學偽經考》的康有為，也只是看出《尚書》、《左傳》、《周易》等有劉歆等改竄或屠入的假經，卻未曾看出「貞」字的冤枉。不過，康氏其生也晚，又特別關心政治，沒有仔細讀《周易》因而沒發現問題還情有可原。東漢時，人稱「五經無雙」的許叔重，為什麼也沒有看出《易傳》對「貞」字的解釋大錯特錯呢？如李鏡池先生所說，這位《說文解字》的作者，對「貞」字的解釋是對的。看來，許慎沒有解過《易經》。許慎的《五經異義》早就亡佚，但從清代輯本看，也沒有涉及「貞」字。

又，以上所引《左傳》穆姜的事蹟不是很好懂。洪鈞就此做點解說如下：

穆姜是魯襄公的大老婆，但她淫亂後宮，還想排除異己。襄公發現後，把她打入東宮。這時太史為她占筮。結果是「遇『艮』☶ 之八。史曰：『是為『艮』☶ 之『隨』☳。』」

「隨」卦的卦辭是：元亨，利貞，无咎。含義很好。於是太史據以占斷穆姜很快就會移出東宮。穆姜卻說，自己淫亂後宮，不配「四德」，不可能出去了。最後她於襄公九年（西元前 581 年）死在東宮。

洪鈞按：上舉「艮」、「隨」兩卦的關係，需要說明其所以然。蓋一般之卦都是在本卦卦形上只有一爻變。然而，「艮」之「隨」不是這樣。為此謹把《左傳》記載的全部占筮涉及的卦名、卦形列於下：

莊公二十二（西元前 672 年）：遇「觀」☴ 之「否」☶。

閔公元年（西元前 661 年）：遇「屯」☳ 之「比」☵。

閔公二年（西元前 660 年）：「大有」☲ 之「乾」☰。

僖公十五年（西元前 645 年）：「歸妹」䷵ 之「睽」䷥。

僖公二十五年（西元前 635 年）：「大有」䷍ 之「睽」䷥。

宣公六年（西元前 602 年）：「豐」䷶ 之「離」䷝。

宣公十二年（西元前 597 年）：「師」䷆ 之「臨」䷒。

襄公九年（西元前 564 年）：「艮」䷳ 之「隨」䷐。

襄公二十五年（西元前 548 年）：遇「困」䷮ 之「大過」䷛。

襄公二十八年（西元前 545 年）：「復」䷗ 之「頤」䷚。

昭公五年（西元前 537 年）：「明夷」䷣ 之「謙」䷎。

昭公七年（西元前 535 年）：遇「屯」䷂ 之「比」䷇。

昭公十二年（西元前 530 年）：遇「坤」䷁ 之「比」䷇。

昭公二十九年（西元前 513 年）：「乾」䷀ 之「姤」䷫。「乾」䷀ 之「同人」䷌。「乾」䷀ 之「大有」䷍。「乾」䷀ 之「夬」䷪。「乾」䷀ 之「坤」䷁。「坤」䷁ 之「剝」䷖。

哀公九年（西元前 486 年）：遇「泰」䷊ 之「需」䷄。

以上共 15 條，可能不是很全。但須說明，《帛書周易校釋・序言》第 13–14 頁的有關內容略同上文，只是鄧球柏先生漏掉了襄公九年的有關內容。這一內容很重要，因為此次占筮涉及穆姜的事蹟。「乾」卦的〈文言〉就是抄襲了穆姜之言。

仔細查看以上卦形，會發現，絕大多數本卦和之卦之間，只有一爻變，這樣才方便據以占斷吉凶。洪鈞以為，這是因為那時還沒有爻題。比如，「乾」䷀ 之「姤」䷫，相當於「乾」初九；「乾」䷀ 之「同人」䷌，相當於「乾」九二；「乾」䷀ 之「大有」䷍ 相當於「乾」九五；「乾」䷀ 之「夬」䷪，相當於「乾」上九；「乾」䷀ 之「坤」䷁，相當於「乾」用九。「坤」䷁ 之「剝」䷖，相當於「坤」上六。

不難看出，「乾」䷀ 之「坤」䷁ 是六爻皆變。這時就要根據「乾」卦的用九來占斷。

還有「艮」䷳ 之「隨」䷐，乃五爻變。何以如此，道理比較複雜。詳細說明，所占篇幅太大，也有點繁瑣，從略。有興趣的讀者，請參看高

亨先生所著《周易古經今注》第七篇：《周易》筮法新考。其中有很圓滿的解說。

最後說一下，歐陽修很可能知道「元亨利貞」的確切含義，但他不願意說出來。試看其書《易童子問》開頭如下：

> 童子問曰：「『乾：元，亨，利，貞』，何謂也？」
> 曰：「眾辭淆亂，質諸聖。〈彖〉者，聖人之言也。」
> 童子曰：「然則『乾』無四德，而〈文言〉非聖人書乎？」
> 曰：「是魯穆姜之言也，在襄公之九年。」

可見，歐陽修不承認〈文言〉「四德」之說出自孔子，也不承認所謂「四德」。但他沒有做出具體解釋。

歐陽修認為，〈彖〉傳是聖人之言，那麼〈彖〉傳是怎樣解釋「元亨，利貞」呢？

「乾」卦的〈彖〉傳如下：

> 〈彖〉曰：大哉乾元，萬物資始，乃統天。雲行雨施，品物流形。大明始終，六位時成，時乘六龍以御天。乾道變化，各正性命，保合大和，乃利貞。首出庶物，萬國咸寧。

以上〈彖〉傳把「乾元」連讀，一開始就是錯誤的。接著是一串大而無當的話，完全不是對「元亨利貞」具體解釋。《說文》：「元，始也。」故「元」確有「始」義，但怎麼會「統天」呢？只能是生拉硬扯。從中也找不到「亨」字。至於「乾道變化，各正性命，保合大和，乃利貞」則是對「利貞」二字的歪解。總之，〈彖〉傳不足為訓。

可能有人對洪鈞把「貞」字解作「貞兆」不以為然，請看西漢末年的文學家楊雄《河東賦》曰：「建乾坤之貞兆兮，將悉總之以群龍。」足見解「貞」為「貞兆」並非前無古人。

洪鈞按：把「貞」字解為「貞兆」或「兆示」，洪鈞也有同調。為此，謹把章秋農先生的有關見解附在下面：

> 但若以貞問釋貞，卻不能貫通于全經，如「巽」初六有云「利武人之貞」，可言利武人之貞問，而「坤」卦辭有云「利牝馬之貞」，豈可言利牝馬之貞問。高亨先生將貞字全解為占，其于「利武人之貞」曰：「謂武

人有所占問，筮遇此爻則利也。」必如此解，則「利牝馬之貞」當云「謂牝馬前來貞問，筮遇此爻則利也。」豈不荒唐。高氏乃於「利牝馬之貞」曰：「以有關牝馬之事問之於筮，遇此卦則利也。」何以一如彼解一如此解，自亂體例如此。

筆者于《易》中「貞」字，曾拋開一切訓詁，將全部有「貞」字的句子集中一起，以求共通之義，發現除「屯」卦六二爻辭「女子貞不字，十年乃字」當作貞節、貞固之解外，其餘均可解釋為「兆」字。因《周易》卦象本身即是一種兆。如「乾」「元亨，利貞」即大亨。利兆。「利牝馬之貞」，利牝馬之兆也。「利幽人之貞」，利幽人之兆也。「貞吉」者，兆吉也。「貞厲」，兆厲也。「貞凶」，兆凶也。「小貞吉，大貞凶」看似小吉兆，實為大凶兆也。（《周易占筮學》）

洪鈞按：以上章先生的見解略同拙見，但其中略有不足。主要是把「女子貞不字，十年乃字」之「貞」字解為「貞節、貞固」不妥。此處的「貞」字正應該解為貞問、卜問或占問。另，章先生關於「小貞吉，大貞凶」的解說也很值得商榷。拙解請看本節下文以及本書下編。

二、關於元亨利貞的進一步解說

所謂進一步解說元亨利貞，就是分開四個字，逐字解說，或分別解說元、亨、利、貞。

解說之前有必要說明，關於「元亨利貞」四個字的文字學知識，特別是它們的甲骨文和金文如何演變等，本節從略。這樣做不僅因為，洪鈞的學力有限，有關微機操作技術要求也太高。再加之，一般讀者不需要很專業的文字學知識，故概不介紹。

1.關於「元」字

《易經》中的「元」字凡 27 見。其中「元亨」連寫凡 10 見。「元吉」連寫凡 14 見。其餘 3 個「元」字，有 2 處「元永貞」，1 處「元夫」。

現代漢語中，「元」字很常用。多數情況下，一般高中畢業者，都知道它的含義。如人民幣一元，其中的「元」是名詞。它是個簡體字，來自圓。比如民國時代有銀圓，因為這種貨幣是圓形的。再如，元年、元

月、元日、元旦等，其中的「元」作開始或起端講，是形容詞。「元」還有民眾的含義，醫書就有《壽世保元》。如果查查《古代漢語詞典》，「元」的第一義是人頭，也是其本義。於是有元首、元帥、狀元等，其中的「元」字指「為首的」、「第一的」。至於元朝，小學生都知道是朝代名。「元」還做未知數講，如初中代數有，一元二次方程等。

「元」字還作「大」講。如：

《尚書·大禹謨》：「天之歷數在汝躬，汝終陟元後。」

《漢書·哀帝紀》：「夫基事之元命，必與天下自新。」

洪鈞以為，《易經》的「元」字基本上都是「大」義。於是「元亨」就是「大亨」，「元吉」就是「大吉」。

「元」還通「原」。《春秋繁露·重政》「元猶原也。」於是「元永貞」就是「原永貞」；「元夫」就是「原夫」。

洪鈞按：關於「元」通「原」，洪鈞還拿不很准。本書下編有關解說，沒有採用此說。

2、關於「亨」字

在現代漢語中，「亨」字不常用。人們最熟悉的與「亨」字有關的詞語是「大亨」。近代以來，這個詞語常常特指上海的、為霸一方的幫會頭目或達官巨富，但其本義猶大通、順暢無阻。

如果查查字典，「亨」字的第一義就是「通達順利」而且源自《周易》。故洪鈞早先認為，今《易經》中的「元亨」就是非常通達、順利。考慮到《易經》是占筮、即算卦的書，「元亨」就更應該是非常通達順利的意思。因為占筮問卜者，就是想知道自己的舉措或處境是否通達順利。

以上關於「亨」字的解說自覺很通順，但是，有一位很著名、很嚴肅、很博學的《周易》專家高亨先生對「亨」字的理解與拙見大不同。特別是高先生的名諱就是「亨」，他對此字的見解就更不能繞過去。

如本書序言中所說，洪鈞尊崇的近現代《周易》專家都是求其真的而且有專著的，主要有李鏡池先生和高亨先生。

就「亨」字而言，李先生的見解略同拙見。只有高先生見解與拙見大相徑庭。

高先生認為，《周易》的「亨」字就是「享」。其見解貫徹其大著《周易古經今注》的始終。

是否可以把《易經》中的「亨」字都解作「享」呢？

洪鈞覺得，有點勉強。

特別是，《易經》中有六處「元亨利貞」連寫，把「亨」解作「享」就成了「大享利貞」。洪鈞覺得不太好。

那麼「大享」是何義呢？就是「大饗」。蓋「享」同「饗」。可見把「亨」字解作「享」，「元亨利貞」是解得通的。

以上是基於常識的考慮。以下再看《易經》中的「亨」和「享」。

《易經》中，「亨」字凡47見，「享」字凡3見。

關於這3個「享」的經文如下：

> 「損」卦辭：有孚。元吉。无咎。可貞。利有攸往。曷之用？二簋
> 可用享。

> 「益」六二：或益之十朋之龜，弗克違，永貞吉。王用享于帝，
> 吉。

> 「困」九二：困于酒食，朱紱方來，利用享祀，征凶，无咎。

「損」卦辭「用二簋可用享」，提到祭祀器皿「簋」，故其「享」字指「享祀」無疑。

「益」六二「王用享于帝，吉」。其中的「享」也無疑指「享祀」。

「困」卦則直接說「利用享祀」。

可見《易經》整理、編纂者，知道「亨」與「享」的區別。

那麼，經文中是否有的「亨」字宜於解作「享」呢？

答案是：有的！儘管此例只有兩條爻辭如下：

「升」六四：王用亨于岐山。吉。无咎。

「隨」上六：拘系之，乃從維之，王用亨于西山。

就是有了這兩條，我們便無法推翻高亨先生「亨」乃「享」字見解。看來，關於「亨」的認識，還是暫且兩說並存為好。不過，本書解說「亨」字，一般還是用為亨通、通達、順利之義。好在解「亨」為

「享」，對整體把握《易經》，衝擊不大。不至於成為《易》學史上，眾說紛紜的新問題。

至此再查《說文》關於亨和享的解說，看看能否對上文有所補充。

《說文》「享，獻也。從高省，曰象進孰物形。《孝經》曰：『祭則鬼亯之。』」令人奇怪的是，《說文》中，「亨」和「享」竟然是一個字——亯。看來，「亨」與「享」的糾纏由來已久。

其實，「亨」和「享」本來就是一個字。與「享」同源的還有「烹」字。網上的解說如下：

> 亨的拼音是 hēng，pēng，在金文中是一個字。字形像盛食物的器皿。篆文分為兩個字。亨本音是 xiǎng，是進獻的意思，後此義寫作「享」，專門表示享受。亨的引申義為通達、順利，讀 hēng。亨還有燒、煮等義，讀 pēng，此義後寫作「烹」。

洪鈞按：臺灣學者季旭升著《說文新證》以為「亨」和「享」的初文皆為「亯」，即「祭祀場所」「引申為祭享、享用、亨通」。洪鈞以為，「祭祀場所」之說不夠準確。蓋「享」是個會意字——由「祭祀場所」而會意。因為其甲骨文、金文象宗廟祭祀建築。上象瓦房屋頂，下象台形。讀者可以參看鄭玉姍著《出土與今本《周易》六十四卦經文考釋》46 頁。總之，許慎的解說也不準確。

古代《易經》注家，也早就把「亨」字解作「通」了。如《子夏傳》：「亨，通也。」《周易》原文，也有的「亨」字只能解作「通」或「通達順利」。如「坤」卦〈彖〉傳有「品物咸亨」即屬此例。

《後漢書》：「夫修道者，度其時而動。動而不時，焉得亨乎？」其中的「亨」字，也是「通達」之義。

洪鈞按：章秋農先生也不贊同《易經》中的「亨」字均為「享」義。其說如下：

> 高亨先生以《易經》中亨字皆釋為享祀享宴之享。享祀者，以酒食獻於鬼神，享宴者以酒食獻於賓客。高說自有所本，《說文》及其段注言之甚詳。惟將經中所有亨字一律概之，殊難使人接受。其一，經中自有「享」字，如「困」九二「利用享祀」，「損」卦辭「曷之用二簋，可用享」，「益」六二「王用享于帝」等。有

些雖寫作「亨」，然一看便知是享字。如「大有」九三「公用亨于天子」，「隨」上六「王用亨于岐山」，亦皆為享祀之享無疑。雖古字亨享不分，享為後人所改，然凡此類亨字皆在句之結構之中，並非作為單獨的斷占術語使用。其二，享祀享宴之義，不能貫通于全經，特別是單獨使用者，實難以享祀享宴之義概之。如「同人」六二「同人于宗，吝」，與「同人」卦辭「同人于野，亨」，句法完全一例，一為斷詞，一為享祀，決難圓通。又如「謙」「亨，君子有終」，是否先享祀或享祭，君子才能有終呢？此類問題實難回答。又如「需」「亨，貞吉」，是否先享祀或宴享才能貞吉呢？回答是同樣的困難。其三，《易經》中「亨」字頗多，弄得不好會變成神靈的訛詐，如「履虎尾，不咥人，亨」。你踩了老虎的尾巴，老虎不咬你，你得趕快宴請神靈。又如「復」卦辭「亨。出入无疾，朋來无咎」，你想出入無疾，朋友无咎嗎？快快請神靈的客吧。《易經》中的亨字是如此之多，動不動叫來貞問的人宴請，我看實在有點吃不消；而神靈也似乎顯得器量太小，嘴巴也太饞了一點。所以我認為亨當訓通，吉詞也。即順當、順利、通達之義。蓋事之順利與否，實為貞問者所關心，故筮書中出現「亨」這樣的斷語，是完全合乎邏輯的。亨之訓通不僅於古書中多見，且今語中偶亦用之，如形容某人辦事路子廣甚或能通天者稱大亨。按之《易經》，則元亨者，大通也；亨者，通也；小亨，小通也；均指行事之順利而言。（《周易占筮學》）

3. 關於「利」字

「利」字已經在第三節討論過，這裡再做略為深入的探討。

從文字學角度看「利」字，從禾從刀，故其本義應是鋒利之利，與鈍相對。不過，《易經》中的「利」字都不是用其本義。

「利」字在《易經》中共 119 見，在貞兆辭中出現的頻率僅次於 147 見的「吉」字。使用情況大體如下：

3.1 **用作名詞**：含義是利好、利益、好處等。如「无不利」13 見，「无攸利」10 見，均應解作「沒有利好」「沒有利益」或「沒有好處」。

3.2 **用作形容詞**：意思是「有利的」或「吉利的」。如「利貞」共 23

見，都應解作「有利的貞兆」或「吉利的貞兆」，可以簡作「利兆」。有人解作「利占」或「有利的貞問」等，都不太好。

　　3.3 用作動詞：意思是「利於」或「有利於」。如「利牝馬之貞」就是「有利於牝馬的貞兆」；「利武人之貞」就是「有利於武人的貞兆」。類似用法還有 7 見的「利見大人」；14 見的「利有攸往」；10 見的「利涉大川」；3 見的「利建侯」；2 見的「利為寇」；1 見的「不利為寇」；2 見的「利御寇」；1 見的「利居貞」；1 見的「利用侵伐」；1 見的「利用行師」；3 見的「利西南」；1 見的「不利東北」等。

　　洪鈞按：以上「利」字均為「利於」之義，可以看作動詞，卻不是都用作謂語。詳細的語法問題，請讀者自己體會。

　　總之，《易經》中的「利」字無貶義，但詞性或詞類不同。只是，沒有單獨使用的。

　　洪鈞按：有的《易經》注家，把「坤」卦辭中的「利」字看做單獨使用。他們把「坤」卦辭標點如下：

　　元亨，利牝馬之貞。君子有攸往，先迷後得主，利。西南得朋，東北喪朋。安貞吉。

　　淺見以為，這是錯誤的。詳見下編第十一節「坤」卦的解說。

4.關於「貞」字

　　「貞」字已經在序言中討論過，這裡再次討論，是因為「貞」字很重要。特別是近代之前的兩千多年中，「貞」字被普遍歪解，這裡就不避重複之嫌，恢復「貞」的真相了。

　　許慎說，「貞」乃「卜問」之義。「卜」是個象形字，象龜甲燒過後出現的裂紋形。洪鈞猜測，「卜」發音，也來自燒灼龜甲時發出的聲音。整個龜卜過程叫作「卜」，具體操作、特別是命辭叫作「貞」。總之，早在商代龜卜時，甲骨文就很常用「貞」字，而且大都用為動詞。

　　《易經》中共有 111 個「貞」字，是否也大都用作動詞呢？

　　我們且來仔細琢磨經文。

　　其實，上文討論「利」字時，已經透露出「貞」字常常用作名詞。

比如 23 見的「利貞」中的「貞」字就是名詞，含義是「貞兆」或簡作「兆」。

現在來看《易經》如何使用「貞」字。

4.1 用作名詞：23 見的「利貞」已經說明過，不再重複。那麼，還有其它「貞」字屬於名詞嗎？回答是有的！

比如，「坤」卦辭有「利牝馬之貞」，其「貞」字必然是名詞。於是「利牝馬之貞」，含義就是「利於母馬的貞兆」或「利於母馬之兆」。還有，「巽」六二的經文有「利武人之貞」。其中的「貞」字也必然是名詞。含義就是「利於武人的貞兆」或「利於武人之兆」。即便譯為「利於武人的貞問」，「貞問」在此還是屬於名詞片語。

4.2 用作動詞：如「不可貞」2 見，就是「不可貞問」。「可貞」3 見，就是「可以貞問」。其中的「貞」字必然是動詞。

有人可能把 36 見的「貞吉」，解為「貞問吉利」。這是不對的。因為這樣解，「吉利」就成了「貞問」的賓語，語法不通，故只能解作「兆示吉祥」或簡作「兆吉」。「貞凶」10 見，也應解為「兆示凶險」或簡作「兆凶」；「貞厲」、「貞吝」中「貞」字，也是動詞。含義分別是「兆示危險」；「兆示艱難」。

又如：「屯」六二：「女子貞不字，十年乃字」，就是說「女子貞問未能許嫁，過了十年才許嫁」。其中的「貞」字，顯然是動詞。

4.3 可以兩解的：即既可解為名詞，也可解作動詞。如「利女貞」既可解作「利於女子貞問」，也可解作「利於女子的貞兆」。「利艱貞」等同此。

最後，為了說明《易傳》歪解「貞」字為「正」是個嚴重錯誤，特舉「節」卦辭為例強調。該卦卦辭有「苦節不可貞」五個字，含義是「艱難困苦地守節不可貞問」。不管守節者是男是女，解「貞」為「正」都是嚴重錯誤。假如守節者是婦女，解「貞」為「正」，就更是令人哭笑不得。婦女艱難困苦地守節，怎麼會不可「正」呢？

讀者或問：為什麼「艱難困苦地守節不可貞問」呢？

答曰：這是因為，即便是男子苦節，也要有很大的付出或犧牲，最後也很少有人獲得善果。如果是婦女苦節，就是一輩子很痛苦。

總之，凡苦節者貞問，必然不吉。卦師不想給他們再添痛苦，故「苦節不可貞」。苦節者本人，也不會去貞問，因為他們對自己的觀念堅信不疑，不必貞問。

　　洪鈞按：李鏡池和高亨先生都把「節」卦中的「節」字，解作「節儉」。洪鈞則解為「節操」。即便解為節儉，「苦節不可貞」的「貞」字也不能解作「正」。

　　洪鈞又按：由於「貞」字很重要，且至今還有《易》學著作遵循舊說，故把李鏡池先生的有關論述以及四篇拙文附在下面，以饗讀者。據洪鈞所知，近幾十年來的所謂《易》學家們，沒有一個肯下這樣的功夫。於是，近幾十年的《易》學水準普遍下降，就不足怪了。

附一：李鏡池先生關於「貞」字的本義以及「元亨利貞」如何斷句的論證

　　《易》卦、爻辭中用「貞」的地方不少，現在分為數項列舉於下：

(1)「貞吉」有單稱「貞吉」的，有與別的占辭連稱的。

　　貞吉。——「需」九五；「比」六二，六四；「謙」六二，「豫」六二；「隨」初九；「臨」初九；「頤」「遯」九五；「大壯」九二；「晉」六二；「家人」六二；「蹇」「解」九二；「姤」初六；「升」六五；「旅」「未濟」九二。

　　貞吉，亨。——「否」初六。

　　貞吉，无悔。——「未濟」六五。

　　貞吉，悔亡。——「咸」九四；「大壯」九四；「未濟」九四。

　　貞吉，悔亡，无不利，无初有終。——「巽」九五。

　　貞吉，罔孚，裕，无咎。——「晉」初六。

　　有孚，光亨，貞吉。——「需」。

　　无咎，貞吉，利有攸往。——「損」上九。

　　小貞吉，大貞凶。——「屯」九五。

　　安貞吉。——「坤」「訟」九四。

居貞吉。——「頤」六五;「革」上六。

永貞吉。——「益」六二。

永貞吉。——「萃」九五。

永貞吉。——「賁」九三。

貞丈人吉,无咎。——「師」。

貞大人吉,无咎。——「困」。

貞婦人吉,夫子凶。——「恒」六五。

幽人貞吉。——「履」九二。

(2)「貞凶」

貞凶。——「師」六五;「隨」九四;「巽」上九;「中孚」上九。

貞凶,悔亡。——「節」上六。

貞凶,无攸利。——「恒」初六。

貞凶,十年勿用,无攸利。——「頤」六三。

(3)「貞厲」

貞厲。——「履」九五;「大壯」九三;「晉」九四;「旅」九三。

貞厲,終吉。——「訟」六三。

貞厲,无咎。——「噬嗑」六五。

征凶,貞厲。——「革」九三。

婦貞厲。——「小畜」上九。

(4)「貞吝」

貞吝。——「泰」上六;「恒」九三;「解」六三;「晉」上九。

(5)「利貞」

利貞。——「蒙」「大壯」「明夷」六五;「鼎」六五;「渙」「中孚」「大畜」。

利貞,亨。——「離」。

利貞,征凶。——「損」九二。

吉,利貞。——「漸」。

亨,利貞。——「咸」「萃」「兌」「小過」。

元亨，利貞。——「乾」「屯」「臨」。

元亨，利貞，无咎。——「隨」。

元亨，利貞，悔亡。——「革」。

元亨，利貞，其匪有眚。——「无妄」。

亨，无咎，利貞。——「恒」。

利艱貞。——「大畜」九三；「明夷」。

利艱貞，吉。——「噬嗑」九四。

利永貞。——「坤」用六。

无咎，利永貞。——「艮」初六。

利居貞。——「屯」初九，「隨」六三。

利女貞。——「觀」六二；「家人」。

利君子貞。——「同人」。

不利君子貞。——「否」。

利幽人之貞。——「歸妹」九二。

利武人之貞。——「巽」初六。

利牝馬之貞。——「坤」。

利于不息之貞。——「升」上六。

(6)「可貞」

可貞。——「坤」六三。

可貞，无咎。——「无妄」九四。

有孚，元吉，无咎，可貞。——「損」。

(7)「不可貞」

不可貞。——「蠱」九二；「節」。

不可疾貞。——「明夷」九三。

(8)「蔑貞」

蔑貞，凶。——「剝」初六、六二。

(9)「貞」

貞疾，恒不死。——「豫」六五。

元永貞，无咎。——「比」。

艱貞，无咎。——「泰」九三。

亨，小利貞。——「遯」「既濟」。

女子貞不字，十年乃字。——「遯」六二。

得童僕貞。——「旅」六二。

從上面這些占辭看來，可知「貞」之為卜問而非「正」。若說是正，則「貞凶」「貞吝」「貞吝」這些話怎樣說呢？「正」之一字，是一個絕對的「好」名詞，何以會「正」而致凶，「正」而致「吝」致「吝」呢？例如「恒」六五，「貞婦人吉」，自然可以說是「正」婦人或貞潔之婦人則吉了，但為什麼要說「貞婦人吉，夫子凶」呢？有了個「貞婦人」豈不是家庭的幸福？為什麼「夫子」倒「凶」起來？難道丈夫倒楣，妻子反而幸福，「吉」嗎？而且「小畜」又有這麼一句「婦貞吝」；「貞」的婦人則吉，婦人「貞」的反「吝」，這又是怎麼個說法？以這樣的訓詁來讀《易》，不特是矛盾可笑；若叫婦人聽了，亦難乎其為婦人矣。所以，若以貞為正的訓詁，則《易》中有「貞」字的地方，便處處解不通；道學先生們板著一副嚴正的面孔來讀《易》，於是乎處處穿鑿。鄭康成比較聰明點，注《禮》「凡國大貞」，引《易·師》「貞大人吉」之言，謂「貞之為問，問於正者；必先正之，乃從問焉」。他因為先鄭釋貞為問，故亦從而說「問」。實則他還是不清楚，還是訓貞為正。

我們再來分析分析所謂「乾」之「四德」，看他們把「元亨利貞」作一字一讀的讀法究竟通乎不通。

我們把上面列舉的第 (5) 項「利貞」條下的占辭來比較一下，我們就知道「元亨利貞」四字是應該分兩讀念的，應該是：

元亨，利貞。

而不是

元，亨，利，貞。

「利貞」二字，可以獨立成為一種占辭，如「蒙」「大壯」等卦辭是。「利貞」並不是什麼「德」。「利」字不能獨立；「貞」字亦要與其他詞連結而成文；就是「元」字也不過是個副詞，只能說「元亨」，不能說「元，亨」。只有「利貞」連文，沒有「利

貞」分立；分開則不能成一種意義：——「利」本來可以說是獨存的，因為「利」與「无不利」是像對待的；但《易》中沒有單用個「利」字。我們只見「利有攸往」，「利用為大作」，「利于不息之貞」等與他詞連結的「利」的用法。「貞」字更沒有單用的，它也要聯結其他詞而成義。「貞」字在卦、爻辭中是動詞，不是形容詞。「利貞」聯合起來方有意義；「利」「貞」分了家就要飄搖。

「元亨利貞」四字中，只有個「亨」字是獨立成義的。「亨」是表示「好」的一種占辭，跟吉是同類。所以「咸」、「萃」、「兌」、「小過」四卦卦辭，用的是「亨，利貞」，而「漸」卦卦辭是「吉，利貞」。「亨」可以與「元」分開而獨立。我們常常見到，如在「蒙」、「小畜」、「履」、「同人」、「謙」、「噬嗑」諸卦的卦辭。至於「元」呢，不是「元亨」便是「元吉」；不是「元吉」便是「元永貞」或是「元夫」；何嘗見過一個獨立的「元」字來？「元」既與「亨」相連而成文，「利貞」又不能分立而成義，哪裡去找「四德」？一部《周易》，劈頭的第一句話的句讀尚且這樣胡分硬斷，其他的附會可想而知。〈文言〉傳作者（？）把假聖人的法寶祭起來一罩，後來的《易》學家都俯首貼耳地信從，自今日觀之，不禁替他們可憐。——其實他是上了人的當，襲用《左傳》穆姜的話。
（《周易探源·周易筮辭考》中華書局 1978 年版 26–30 頁）

洪鈞按：白文《易經》中，「貞」字共 111 見。《周易通義》共舉例 96 個。為了彌補李先生的不足，洪鈞把李先生未舉的例子全部補上了。這樣就是運用了全歸納法。總之，就理解「貞」字的本義以及「元亨利貞」如何斷句而言，以上論述所得之結論已經顛撲不破了。

洪鈞又按：李鏡池先生關於「貞」字的見解，固然不全正確，但其見解還是《易》學史上的重大突破。再加上上文的拙見和所引章秋農先生的解說，相信對如何解釋《易經》中的「貞」字，已無剩義。然而，還是有人對此大作翻案文章，而且得到學界的重視。此文見於幾個權威編纂的《周易二十講》，題目是「《易經》『貞』字釋義」。洪鈞讀過之後，頗感該文強詞奪理。就文章作者的學力而言，完全不能與前賢相埒。如果中國《易》學界，全面接受該文的見解，則《易》學又回到了漢代的水準。讀者試拿該文與本節對看，便知淺見不是杞人憂天。

附二：解說《周易》開卷即見的嚴重問題

一、問題的提出

《周易》開卷就是「乾元亨利貞」五個字，即「乾」卦的卦名和卦辭。

說來可笑又可歎，因為這五個字是三年級小學生都認識的。他們也可能就此說出點道理來，卻是兩千多年來數不清的讀書人、特別是其中的經師、學者和專家們聚訟紛紜，且至今沒有解決的問題，故洪鈞稱之為嚴重問題，也就是《易》學界必須認真對待的大問題。

不過，在詳細交代拙見之前，需說明，這個問題，對洪鈞來說，從來都不算問題，或者說是顯而易見的問題。以下是拙見。

二、洪鈞的解說

那麼，洪鈞如何解說這五個字呢？

洪鈞以為，「乾」是卦名，最好另解，先一筆帶過。其餘四個字就是：

　　大通，利兆。

如果多用幾個字，就是：

非常通達，吉利之兆。

洪鈞初讀《易經》時，就是單憑語感，大體上如上理解的。如果不必糾正流行的謬說，以上解說已經足夠了。

然而，這麼簡單地問題，卻被古今那麼多《易》學家們，弄得很複雜。結果大部分《易》學著作，解說這四個字，都是謬說連篇，於是不得不詳細說明拙見。

三、「乾」卦辭如何斷句

顯然，解說這五個字，首先是如何斷句，即如何標點的問題。

現代漢語的標點，是近代學者，從西方引進，再略作改動才推廣的。故近代之前的中文書籍，都沒有標點。不過，那時的讀書人，還是要先把書讀斷。正如韓文公云：「句讀之不知」對讀書人來說是個大問題。可見，古代有句讀之說，略如現代漢語的逗號和句號，不過大都不是印在書上。如何句讀，要靠讀者自己反覆讀。只要把書讀斷了，特別是能夠分清句讀，就差不多理解了。

故想理解「乾元亨利貞」這五個字意思，首先要弄清其句讀。

由於已經知道「乾」是卦名，故第一個標點不會有分歧。即應標點為：

乾：元亨利貞。

讀者切莫以為，這個標點很簡單。「乾」卦的〈彖〉傳就讀為「大哉乾元」——把乾元連讀了。同樣的誤讀還有「坤」卦的〈彖〉傳，把「坤：元亨，利牝馬之貞。」的開頭，讀為「至哉坤元」。此事已經見於第五節，不再重複。那麼剩下的「元亨利貞」該如何標點呢？

古往今來，對這四個字大體有以下三種讀法。

四、一字一讀的讀法

古代最常見的、也可以說傳統的讀法是一字一讀。即：

元、亨、利、貞。

吳樹平等標點的《十三經全文標點本《周易》》就是如上標點的。

李學勤主編的，《十三經注疏》橫排標點本中的《周易正義》，也是如上標點的。

讀者須知，以上兩書代表著當代經學權威，也是對經學的權威整理，必然影響很大。此外，據洪鈞所知，古代《易》學著作，凡是解說「乾」卦辭者，十九以上都是如上一字一讀。

近幾十年的《易》學著作，如上標點的主要有：

尚秉和著、張善文點校《周易尚氏學》（按：由其解說判斷）；黃壽祺、張善文著《周易譯注》；沙少海著《易卦淺釋》。鄭玉姍著《出土與今本《周易》六十四卦經文考釋》。

由於手頭《易》學著作有限，暫時舉例如上。

如上標點或者說一字一讀，該如何解說呢？

顯然，一字一讀就是認為四字之間沒有聯繫。解說它們要一字一解。為此且看《周易正義》的解法如下：

> 「元、亨、利、貞」者，是「乾」之四德也。《子夏傳》云：「元，始也。亨，通也。利，和也。貞，正也。」言此卦之德，有純陽之性，自然能以陽氣而得原始亨通，能使物性和諧，各有其利，又能使物堅固貞正得終。此卦自然令物有此四種使得其所，故謂之四德：言聖人亦當法此卦而行善道，以長萬物。物得生存而為「元」也。又當以嘉美之事，會合萬物，令使開通而為「亨」也。又當以義諧和萬物，使物各得其理而為「利」也。又當以貞固幹事，使物各得其正而為「貞」也。是以聖人法「乾」而行此四德，故曰：「元、亨、利、貞」。

不知道讀者如何看以上孔穎達的見解。洪鈞則以為是謬說連篇且文句也很不通順。

比如說「『元、亨、利、貞』者，是『乾』之四德也。」那麼要問，誰說過「四德」呢？其實，「四德」之說本自漢儒。漢儒本自《文言·乾》。〈文言〉本自《左傳·襄公九年》的穆姜之言。為此把〈文言〉和穆姜之言抄如下。

> 元者，善之長也；亨者，嘉之會也；利者，義之和也；貞者，事之幹也。（《文言·乾》）
>
> 元，體之長也；亨，嘉之會也；利，義之和也；貞，事之幹也。（《左傳》）

以上兩說略有不同，但都把「元亨利貞」一字一讀則是一樣的，而且只要遵循之，只能一字一讀。於是「乾」卦有了「四德」。

不過，完全遵循〈文言〉更加解不通全經，見本節附三：遵循《文言·乾》解經導致的嚴重問題。於是孔穎達引用了《子夏傳》。《子夏傳》較之〈文言〉略有進步，卻基本上還是錯誤的。因為這裡的「元」字不能解作「始」；「利」字不能解作「和」；「貞」字更不能解作「正」。

而且只要一字一讀，永遠不能貫通全經。

再如「言此卦之德，有純陽之性」就完全沒有根據，因為此前引用的《子夏傳》根本沒有「純陽」的意思。

再如「物得生存而為『元』也。」此句完全錯誤，因為只能「元」生物，而不是「物得生存而為『元』也。」

再如「言聖人亦當法此卦而行善道」，則是廢話！莫非聖人要行「惡」道嗎？況且《易經》也不是只供聖人效法。

以上有點太長了，卻還是有必要看看《周易譯注》的解法如下：

「乾」卦象徵天：原始，亨通，和諧有利，貞正堅固。

此處是連卦名一起解說的，卻更加不通。沒有根據就能說：「「乾」卦象徵天」嗎？《素問》有「積陽為天。」於是六個陽爻的「乾」卦，必然象天。〈說卦〉更有「乾為天」「乾，天也。」如此解說，何等有理有據。可見其作者不知道此三說。不過，對卦名「乾」最好還是另解。接著的話是對《子夏傳》的修改，其實還不如子夏原文。須知，「原始」不等於「元，始也。」「和諧有利」不等於「利，和也」；「貞正堅固」更不等於「貞，正也」。故其作者不得不在注釋中，再引用上述孔穎達的話。

再看，《周易尚氏學》的解法。

此書解以上四字，花了很大篇幅，故只能摘其要點評說。

書中云：「〈說卦〉：乾，健也。《子夏傳》：元，始也；亨，通也；利，和也；貞，正也。」讀到這裡，會以為尚氏要遵循子夏之說。其實非然，而是接著完全摒棄子夏說云：「蓋天之體以健為用，而天之德莫大於四時。元亨利貞，即春夏秋冬，即東南西北。」這真是驚世駭俗的解法——元亨利貞，成了春夏秋冬和東南西北。不過尚氏還進一步解說云：「震元離亨，兌利坎貞」。原來「元亨利貞」只是「震離兌坎」，既然如此，何必把「元亨利貞」作為「乾」卦辭呢？把「元亨利貞」這麼繞來繞去，任何人都會墮入五里霧中。可惜，尚氏接著又推崇《太玄》說：「後儒釋此者，莫過於《太玄》」於是更讀不下去了。洪鈞以為，至少百分之九十九的讀者，都不能理解上文，也不會再讀下去。洪鈞也沒有必要接著評說了。

總之，「元亨利貞」只要一字一讀，永遠不可能解通全經。且不說

「元」在此不能解作「始」；「利」不能解作「和」；「貞」更不能解作「正」。有關詳細拙見，已見本節上文。本書其餘部分也偶或涉及。

五、兩字一讀的解法

所謂兩字一讀，即把「元亨利貞」讀作：

元亨。利貞。

中間的句號，換為逗號也可以，而且可能更好些。

洪鈞以為，如此標點是正確的。至於進一步解說是否正確，就看解說者的道行了。下面先說一下洪鈞的進一步解說。其實本書已經有過進一步解說，主要見於本節。這裡再簡單重複一下。

《易經》的「元」字，均訓「大」。故「元吉」就是「大吉」；「元亨」就是「大亨」。其「亨」字稍微複雜，但多數「亨」字還是「亨通」之義。換為白話就是「通達順利」。「利」字在此是形容詞，含義是「有利的」或「吉利的」。「貞」字在此是「貞兆」之義，可以簡作「兆」。於是「元亨利貞」就是：

大通，利兆。

翻譯為白話就是：

非常通達，有利的徵兆。

《易經》是用來占斷吉凶、休咎、禍福、窮通的，故「元亨利貞」是很好的徵兆。

為證實拙見，且看李鏡池和高亨先生的解說。

李先生的解說很平實。他說：「元亨，利貞：這是兩個貞兆辭。……這裡的『元亨』、『利貞』表明是兩個吉占。」

高先生的解說多有書卷氣。他說：「元，大也。亨即享字。古人舉行大享之祭，曾筮遇此卦，故記之曰元亨。利貞猶言利占也。筮遇此卦，舉事有利，故曰利貞。」

可見，李、高兩先生的解說略同拙解，但不如拙解準確、簡潔。

如果說有不同，就是高先生對「亨」字的解說大不同。如何看這一分

歧，請參看本節正文。

不過，不要以為，只要兩字一讀，就必然會正確理解。為此且看鄧球柏著《帛書周易校釋》的解法，見該書 69 頁。鄧先生云：

「元亨：開始通達。……利貞：適合問蓍。」

這是把「元」字解作「開始」，把「利」字解作「適合」。為此，他引用了《子夏傳》和《周易正義》。然而，引用的解說，都是錯誤的。於是，鄧先生解說必然是錯誤的。至於何以錯誤，也請讀者參看上文以及本節正文。

李零《《周易》的自然哲學》第 69 頁的解法是：

最通神明，利於占卜。

這一解法，前無古人，卻沒有一個字是正確的——還不如鄧球柏的解法。讀者參看上文和本節正文，便知其何以錯誤。

六、「乾」卦〈彖〉傳的解法

簡單說來，〈彖〉傳的讀法是：乾元，亨，利貞。試看原文。

> 大哉乾元，萬物資始，乃統天。雲行雨施，品物流形。大明始終，六位時成，時乘六龍以御天。乾道變化，各正性命，保合大和，乃利貞。首出庶物，萬國咸寧。

各卦的〈彖傳〉都是解釋卦辭的。不難看出，以上〈彖傳〉是把「乾元」連讀了，「利貞」也是連讀的，卻完全是錯誤理解。至於「亨」字，不知道哪裡去了。如此解說，怎麼可能幫助後人理解經文呢？故洪鈞斷然否定了〈彖傳〉。

最後，按說本文應該解釋一下卦名「乾」字，由於本書下編第十一節解說「乾」卦時將予解說，這裡就從略了。

附三：遵循《文言・乾》解經導致的嚴重問題

洪鈞確信，本節的拙見，以及引用的有關專家論述，已經足以推翻

《文言・乾》之謬說，卻還是可能有的人要堅持「四德」說而且把「元亨。利貞」讀作「元，亨，利，貞」。假設如此，請這些人認真思考，如何處理遵循《文言・乾》解經，必然會導致的嚴重問題。為此，謹把《文言・乾》抄錄如下：

〈文言〉曰：「元者，善之長也。亨者，嘉之會也。利者，義之和也。貞者，事之乾也。君子體仁足以長人。嘉會足以合禮。利物足以和義。貞固足以乾事。君子行此四者，故曰『乾：元，亨，利，貞。』」

為了再次說明《文言・乾》的出處，把《左傳・襄公九年》穆姜所說也抄錄如下：

是于《周易》曰：『隨：元，亨，利，貞，无咎。』元，體之長也；亨，嘉之會也；利，義之和也；貞，事之幹也。體仁足以長人；嘉德足以合禮；利物足以和義；貞固足以幹事。

仔細對照以上兩說可知，《文言・乾》較之穆姜之言有一處重要改動，即把「體之長」改做「善之長」。這一改動很武斷。因為「元」的本義是人頭。「體之長（zhǎng）」的長，即指人頭，與「善」無涉。此且不說。

讀者須知，《文言・乾》的解說是沒有迴旋餘地的。即「元」字只能解作「善之長」；「亨」字只能解作「嘉之會」；「利」字只能解作「義之和」；「貞」字只能解作「事之幹」。

讀者還須知，今《易經》涉及「元亨利貞」四字者，共計 62 卦 118 條經文。如果不否定《文言・乾》，就幾乎卦卦都有經文要採用「四德」之說。結果是都解不通——除非大事穿鑿或自己認為解通了。比如「坤」卦辭有「牝馬之貞」，莫非要解作「母馬的事之幹」嗎？貞吉凡 36 見，莫非都要解作「事之幹則吉」嗎？如果說「元亨利貞」四字只見 1 字、2 字或 3 字時可以另解，那麼 4 字連寫的還有 5 處，莫非都要採用「四德」之說嗎？

總之，必須否定《文言・乾》，否則到處碰壁。

其實，孔穎達就發現了這個問題，故他沒有照用《文言・乾》，卻還

是花了很大篇幅牽強附會如下：

> 「元、亨、利、貞」者，是「乾」之四德也。《子夏傳》云：「元，始也。亨，通也。利，和也。貞，正也。」言此卦之德，有純陽之性，自然能以陽氣而得原始亨通，能使物性和諧，各有其利，又能使物堅固貞正得終。此卦自然令物有此四種使得其所，故謂之四德：言聖人亦當法此卦而行善道，以長萬物。物得生存而為「元」也。又當以嘉美之事，會合萬物，令使開通而為「亨」也。又當以義諧和萬物，使物各得其理而為「利」也。又當以貞固幹事，使物各得其正而為「貞」也。是以聖人法「乾」而行此四德，故曰：「元、亨、利、貞」。

孔疏沒有照用《文言·乾》，而是先引用了《子夏傳》。《子夏傳》的解說與《文言·乾》大不同，只是還是一字一讀地解說。其中的「元」、「利」二字的解說大體和《說文》一致。如《說文》：「元，始也。」「利，銛也。從刀。和然後利」。解「亨」為「通」，則是用其引申義。只有解「貞」為「正」與《說文》大不同。

「貞」字是否有「正」義呢？答案是有的，只是都是假借的。如：

> 《書·禹貢》：「厥賦貞。」傳：「正也。」
>
> 《書·太甲下》：「一人元良，萬邦以貞。」
>
> 《周禮·大祝》「求永貞。」
>
> 《禮記·文王世子》：「萬國以貞。」
>
> 《論語》：「君子貞而不諒。」

其實，從今「貞」字字形即可知道，其本義是卜問。蓋其上部即「卜」字；其下部為「貝」，可以理解為：拿著錢去卜問。故《說文》有：「貞，卜問也。從卜，貝以為贄。」

不過，洪鈞以為，「貞」字中的「貝」字的初文，很可能不是朋貝之貝，而是來自龜甲，因為「貝」可以看作與龜甲同類，故簡化如此。

總之，「貞」字的本義就是卜問。《易經》這本卜筮之書中，出現「貞」字，就更應該首先解作「卜問」。不過，《易經》中的「貞」字不是都宜解為「卜問」，而是還有不少「貞」字應解為「貞兆」、「兆示」

或簡作「兆」。這是「貞」字的引申義——還是在「卜問」範圍。蓋無論龜卜還是占筮，都是視其兆斷吉凶。其中龜卜尤其如此。灼龜是為了視其兆，占筮則在早期靠視兆。待到積累的筮辭多了，特別是《易經》成書之後，就主要按筮辭占斷了。

那麼，到底如何解說「元亨利貞」呢？

本節上文已經多次提出拙見，這裡再強調一次：

元亨。利貞。就是：大通。利兆。

多用幾個字就是：非常通達。有利的貞兆。

洪鈞確信，拙解無懈可擊。歡迎讀者、特別是《易》學家們仔細挑毛病。下面來看孔穎達的毛病。

孔疏原文：言此卦之德，有純陽之性，自然能以陽氣而得原始亨通，能使物性和諧，各有其利，又能使物堅固貞正得終。

洪鈞評說：按照陰陽學說，純陽是不能生物的。即「孤陽不生，獨陰不長」。（〈雪心賦〉）「陰陽離決，精氣乃絕」。（《素問·生氣通天論》）。這一點是絕大多數《易》學家都沒有認識到的，故是《易》學的一大缺點。其實，從「元亨利貞」四個字，看不出所謂純陽之性，只是卦形如此。陰陽不交，就是陰陽離決。這時萬物都要死了，哪裡來的「物性和諧」「堅固貞正」呢？且不說解「貞」為「正」完全是歪解。

孔疏原文：此卦自然令物有此四種使得其所，故謂之四德：言聖人亦當法此卦而行善道，以長萬物。

洪鈞評說：純陽不能生物，不可能長萬物並令物有所謂四德。一定要講「德」，則「乾」卦辭只有二德。「元亨」為一德，「利貞」為一德。即絕對不能一字一讀。只要古漢語修養不是很差，單憑語感即知「元亨利貞」應讀作：元亨。利貞。（按：亨後的句號，改為逗號也可以）又，「乾」卦乃至全部《易經》，不是只供「聖人」效法的，否則就沒有太卜、太史和求占者了。蓋筮師和求占者，都是通過神靈的著草占出上天的意旨，以便效法。

孔疏原文：物得生存而為「元」也。又當以嘉美之事，會合萬物，

令使開通而為「亨」也。又當以義諧和萬物，使物各得其理而為「利」也。又當以貞固幹事，使物各得其正而為「貞」也。是以聖人法「乾」而行此四德，故曰：「元、亨、利、貞」。

洪鈞評說：物得生存而為「元」也。這一句大錯，因為即便按照舊說，物從「元」生，而不是「物得生存而為『元』」。第二句也沒有道理。試問「以嘉美之事會合萬物」就能使之開通而「亨」嗎？這不是以「利」誘之嗎？以下兩句也是牽強附會，蓋「義」和「利」只是人的道德，與他物不相干。至於「貞固幹事」，也不能保證「使物各得其正而為『貞』也。」蓋幹事不能只靠「貞固」，還需要另一面，即「柔順」。這樣才能得到「大通。利兆。」眾人都要效法，而不是只有「聖人法『乾』」。

總之，把「元亨。利貞。」解為「大通。利兆。」何等準確、簡潔、明白。無奈至今還有不少人一定要牽強附會、拐彎抹角、大費周章地解為「四德」。

附四：亨小與小亨

洪鈞按：此文涉及「亨」字和「利貞」，附在這裡供參考。

近日偶讀鄧球柏著《帛書周易校釋》，又見到一處令人捧腹的解說。

這一解說見於帛書《易經》「掾」卦校釋。「掾」卦對應於傳本《易經》的「遯」卦。「掾」卦和「遯」卦的卦辭都是：「亨小利貞」。

實際上，傳本《易經》和帛書《易經》還有另一處「亨小利貞」，見於「既濟」卦辭。

「亨小利貞」是不難解說的。恰當解說的關鍵有二。

一是這四個字如何斷句；二是如何解「亨」字。

先說如何斷句。

有不少前人的斷句可供參考，按說斷句是很簡單的事。洪鈞為此查考了吳樹平等點校的《周易》，還拿來李鏡池先生的《周易通義》和高亨先生的《周易古經今注》對照。三家的斷句都是「亨，小利貞」。（按：亨

字後的逗號換為句號也可以。）

然而，在校釋「掾」卦中，鄧先生的斷句是：「亨小，利貞」。

「亨小」是不容易解說的。於是鄧先生說「亨小」是「小亨」。如此自以為是且標新立異，結果把簡單問題弄複雜了，實在令人捧腹。

其實，「既濟」卦校釋中，鄧先生的斷句是：「亨。小利貞」。

同樣的經文，斷句不同，足見《帛書周易校釋》邏輯混亂。

不過，鄧先生也有知音。比如《周易譯注》（黃壽祺、張善文譯注，上海古籍出版社 2007 年版）對「遯」卦辭斷句為：「亨，小利貞」；對「既濟」卦辭卻斷句為：「亨小，利貞」。

須知，經文中是有「小亨」的，而且有兩處。一見於傳本《周易》「旅」卦辭，另見於「巽」卦辭。與之對應的帛書「旅」卦和「筭」卦略同。

那麼，「亨。小利貞。」如何解說呢？

就是：亨通，有小利的貞兆。

只要大意準確，具體用語可以有異。

如果斷句為：「亨小，利貞」，就解不通了——主要是「亨小」很難解。這大概是何以鄧先生改「亨小」為「小亨」，卻忘記了他在校釋「既濟」經文時是斷為「亨，小利貞」的。

總之，「亨小」是不能改做「小亨」的。「亨小利貞」只能斷為「亨。小利貞。」

最後，說一下「亨」字。拙見以為，「亨」就是「亨通」。換做更通俗的語言就是：通達順利。《新華詞典》就是如此解說的。

然而，著名《周易》專家高亨先生，不同意把「亨」字解作「亨通」。他認為，《易經》中的「亨」字均為享祀之享。

有關詳細拙見，已見本節上文。

順便說一下，近幾十年來，即便比較嚴肅的《易》學著作，也頗令人難以卒讀。淺見以為，造成這種狀況原因有三：一是作者的國學功夫不足且文言水準太差，於是常犯常識錯誤，即低級錯誤；二是作者的悟性太差，不能真正理解經文——研究《周易》的核心問題還是正確的理解經

文；三是多數人都想把《周易》解得高、大、上，否則就是對傳統民族文化的態度有問題。於是《周易》的意蘊似乎比馬列主義和毛澤東思想還要高明。

最後，再補充一下，即洪鈞很推崇的高亨先生，也犯了同樣的錯誤。他在《周易大傳今注》中，解說「既濟」時說：「亨小當為小亨，轉寫誤倒」，不過他很快就糾正說：或曰「亨為一句，小利貞為一句，言筮遇此卦，可舉行享祭，乃小有利之占問」。看來，高先生畢竟非常人可比——立即糾正了自己錯誤。為此，洪鈞又查考了《周易大傳今注》如何解「遯」卦辭。那邊斷為：「亨。小利貞。」故是正確的。再看《周易古經今注》解說「遯」卦和「既濟」卦。這兩卦的「亨小利貞」高先生的斷句都是「亨。小利貞」。

附五：關於「征吉」與「征凶」

白文《易經》中，「征吉」5見，「征凶」10見。前人均解為「征伐則吉」和「征伐則凶」。單從字面看，前人的解說有道理，故從來無人提出異議。只是愚見以為，前人的如此解說，有可商榷之處。為說明拙見，謹把有關經文全部列出如下：

先看「征吉」。

「泰」初九：拔茅茹，以其彙，征吉。

「升」卦辭：元亨，用見大人，勿恤，南征吉。

「革」六二：巳日乃革之，征吉，无咎。

「歸妹」初九：歸妹以娣，跛能履，征吉。

「困」上六：困于葛藟，於臲卼，曰動，悔有悔，征吉。

再看「征凶」。

「革」九三：征凶，貞厲，革言三就，有孚。

「革」上六：君子豹變，小人革面，征凶，居貞吉。

「震」上六：震索索，視矍矍，征凶。震不于其躬于其鄰，无咎。婚

媾有言。

「歸妹」卦辭：征凶，无攸利。

「未濟」六三：未濟，征凶。利涉大川。

「小畜」上九：既雨既處，尚德載。婦貞厲。月幾望，君子征凶。

「頤」六二：顛頤，拂經于丘頤，征凶。

「大壯」初九：壯于趾，征凶，有孚。

「損」九二：利貞，征凶，弗損益之。

「困」九二：困于酒食，朱紱方來，利用享祀，征凶，无咎。

以上十五條，見於卦辭者僅兩條。可見「征吉」和「征凶」不是很重要。

解說「征吉」和「征凶」的關鍵是：如何理解「征」字。如果把「征」字理解為「征伐」或「征戰」則前人的解說很正確。但是，愚見以為，以上十五條，沒有一條一定要解「征」為征伐，而是最好解作「徵兆」之「徵」或簡稱「兆」。故「征吉」等於「兆吉」；「征凶」等於「兆凶」。換為白話「征吉」就是「兆示吉祥」；「征凶」就是「兆示凶險」。

下面按照拙見解釋三條經文。

「泰」初九：拔茅茹，以其彙，征吉。

如果解「征」為「征伐」，經文的「征吉」就是「征伐則吉」。如此解說則「征吉」與前文毫無關係。如果解「征」為「兆示」則全句是：按照種類拔茅茹，兆示吉祥。這樣不但文從字順，「征吉」也不會孤零零地出現。

「升」卦辭：元亨，用見大人，勿恤，南征吉。

粗看此條中的「南征吉」，似乎只能解作「征伐南方則吉」，仔細想想也可以解作「南方兆示吉祥」。

「歸妹」卦辭：征凶，无攸利。

在洪鈞看來，似乎只有這一條的「征凶」，最好解為「征伐則凶」。因為「歸妹」的主要內容是帝乙嫁女給周文王。即殷商衰落了，周國強大

了，征伐周國必然失敗——即征凶。殷商對周國要採取和親政策。故卦辭說：征伐則凶，沒有好處。言下之意是：最好採取和親之舉。於是有了帝乙歸妹。

　　以上拙見並非堅信不疑，只是提出來供參考。本書也不是把全部「征」字解作「兆」或「兆示」。

第七節　再說吉凶厲咎悔吝眚

　　介紹關於吉、凶、厲、咎、悔、吝、眚的拙見之前，有必要說明，本節題目和高亨先生的大著《周易古經今注》第六篇的題目幾乎相同。洪鈞是認真讀過高先生的大作的。之所以還要討論這一題目，不僅因為解說《周易》必須解說上述內容，還由於洪鈞的解說方式和高先生有所不同。在某些具體見解方面，也和高先生有異。高先生的解釋採用了全歸納法。本節的解說則不是從歸納入手。儘管如此，本節還是充分參考了高先生的大作。另，本節多數內容已見於第三節，但還是有進一步探討的必要。

　　敘述拙見之前，應指出，〈繫辭上〉對吉凶、悔吝、无咎等有解。如「吉凶者，失得之象也。悔吝者，憂虞之象也。」「吉凶者，言乎其失得也。悔吝者，言乎其小疵也。无咎者，善補過也。」顯然，這些解說不夠準確，甚至有明顯錯誤。比如「无咎」，顯然不是「善補過」的意思。

　　不難看出，本節題目中，沒有「利」字。愚見以為，第三節和第六節對「利」字的解說已無剩義，不必再解了。

　　讀者須知，吉、凶、厲、咎、悔、吝、眚，均屬貞兆辭。高先生認為：「《周易》一書，所用表示休咎之字凡七：曰利，曰吉，曰厲，曰悔，曰咎，曰凶，曰吝。此七者，皆《周易》中常見之詞，亦重要之詞也。」洪鈞以為，至少還有一字，為高先生所不注意。這個字就是「眚」字。如果再勉強加上一個，應該再加上「福」字。試看經文有：

　　「泰」九三：无平不陂，無往不復。艱貞，无咎。勿恤其孚，于食有福。

　　「井」九三：井渫不食，為我心惻，可用汲，王明，並受其福。

「晉」六二：晉如，愁如。貞吉，受茲介福于其王母

「既濟」九五：東鄰殺牛，不如西鄰之禴祭實受其福。

拙見以為，「福」字可以勉強看作貞兆辭。

以下逐次解說吉、凶、厲、咎、悔、吝。至於「眚」字的拙見，雖然已見第三節，還是略作修改見於本節。

一、關於「吉」

白文《易經》中，「吉」字凡 147 見，乃貞兆辭中使用頻率最高的。其中包括「貞吉」36 見；「元吉」14 見；「終吉」10 見；「大吉」5 見；「征吉」5 見；「往吉」3 見；「中吉」2 見；「初吉」1 見；「引吉」1 見。其餘都是單獨使用。

洪鈞按：對照《周易古經今注》發現，洪鈞的計數與高先生的歸納結果略有出入。比如，洪鈞計數的「貞吉」是 36 見，高先生歸納為 39 見。把這個問題留在這裡，切盼更嚴謹者糾正。

「吉」字是何義呢？洪鈞在第三節略有說明。這裡再大體照用高先生的見解供讀者參考。

《說文》：「吉，善也。從士口。」《廣雅釋詁》：「吉，善也。」《書‧皋陶謨》：「吉哉」，偽《孔傳》：「吉，善也。」《詩‧摽有梅》「迨其吉兮」，《毛傳》：「吉，善也。」蓋事有善果為吉，故吉訓善。善果者，福祥也。《周易》吉字，均為此義。

洪鈞按：洪鈞解「吉」字，大多解為「吉祥」。這樣不但用了「吉」字，讀者也更習慣如此解說。其實，「吉」字可以不解，只是現代漢語少用單音節詞，故解為吉祥，這樣念起來更順口。

二、關於「凶」

白文《易經》中，「凶」字共 58 見。包括「貞凶」10 見，「征凶」10 見、「有凶」3 見、「終凶」1 見、「見凶」1 見、「起凶」1 見。單獨使用「凶」字者共 32 見。

「凶」作何講呢？以下照用高先生的注解。

《說文》：「凶，惡也。」《廣雅釋詁》：「凶，惡也。」蓋事有惡果為凶，故凶訓惡。故凶者，禍殃也。《周易》凶字，均為此義。

洪鈞按：洪鈞解「凶」字，多解為「凶險」或「凶惡」。如此解說更便於行文。如「貞凶」，最好解為兆示凶險。如果解為「兆示禍殃」，則多數讀者不很適應。又，貞兆辭一般是尚未形成的後果，故解「凶」為「凶險」比解為「禍殃」更好些。

三、關於「厲」

白文《易經》中，「厲」字凡27見。其中包括「貞厲」8見，「有厲」3見。其餘都是單獨使用。

「厲」是何義呢？以下照用高亨先生的見解。

《易·乾》九三云：「君子終日乾乾，夕惕若，厲，无咎」。〈文言〉傳「子曰：『君子進德修業，故乾乾因其時而惕，雖危无咎矣。』」正以危釋厲。故《釋文》曰：「厲，危也。」《廣雅釋詁》：「厲，危也。」《書·金滕》「遘厲瘧疾」，偽《孔傳》：「厲，危也。」是厲者，危險也。《周易》「厲」字皆為此義。

洪鈞按：為了避免文字呆板，洪鈞解「厲」字，除了解作「危險」之外，還解作「情況嚴重」。蓋情況嚴重時，無不危險也。

四、關於「咎」

「咎」字在《易經》中凡100見。其中包括「无咎」93見；「何咎」2見；「无大咎」2見；「匪咎」1見；「為咎」1見；「何其咎」1見。

關於「咎」的含義，以下扼要摘用高亨先生的見解。

《說文》：「咎，災也。」《爾雅釋詁》：「咎，病也。」《呂氏春秋·侈樂篇》高注：「咎，殃也。」《周易》所謂「咎」比「悔」為重，比「凶」為輕。「悔」乃較小之困厄，「凶」乃巨大之禍殃。「咎」則較輕之災患也。

洪鈞按：洪鈞解說「无咎」時，不都是解作「沒有災患」，還有時斟酌上下文解作「無可責遣」。這樣就是把「咎」用為動詞。如此解說是否妥當，還請讀者判斷。又，還有的「咎」字不是貞兆辭，也不是斷占語，而是用於說理。此例似乎只有一條如下：

「小過」九四：无咎，弗過，遇之。往厲，必戒，勿用永貞。

具體解說，請看下編第十二節關於「小過」的拙解。

五、關於「悔」

白文《易經》中，「悔」字共 34 見，但情況稍微複雜。

其中「悔亡」19 見；「无悔」6 見；「有悔」4 見；「小有悔」1 見；「悔遲」1 見；祇悔 1 見；虧悔 1 見。單用「悔」字者 1 見。

「悔」是何義呢？以下扼要採用高亨先生的解說。

《說文》：「悔，悔恨也。從心。」《廣雅釋詁》：「悔，恨也。」《論語·為政篇》：「多見闕殆，慎行其餘，則寡悔。」悔恨之情比悲痛為輕，悔恨之事不及咎凶之重。《周易》所謂「悔」，其實不過困厄而已。

洪鈞按：為了從俗，洪鈞解「悔」字大多解為禍患。

六、關於「吝」

白文《易經》中共 20 個「吝」字。其中 2 見「小吝」；4 見「貞吝」；1 見「終吝」。其餘 13 個「吝」字，都是單獨使用。

至此略說一下「吝」字的含義。

按高亨先生之說，《易經》的「吝」字皆借為遴。《說文》：「遴，行難也。」《廣雅釋詁》：「遴，難也。」考《易·蒙》初六云：「發蒙，利用刑人，用說桎梏，以往吝」，許引作遴。可證許所據本，全書吝字皆作遴也。行難謂之遴，故遴者，艱難也。

洪鈞按：本書遇到「吝」字都解為「艱難」。

七、關於「眚」

「眚」字的初步解說已見第三節。此處略作修改補充如下：

「眚」字在《易經》中共5見。其中「无眚」2見，分別見於「震」六三和「訟」六二。「有眚」2見，分別見於「无妄」卦辭和「无妄」上九。此外還有「有災眚」見於「復」上六。

至於「眚」的含義，《說文》：「眚，目病生翳也。」這是「眚」的本義。引申義有過錯、災難、疾苦等。《易經》用其引申義。故「无眚」就是沒有災難或疾苦，故屬於吉兆。「有眚」就是有災難或疾苦，屬於凶兆。「有災眚」與「有眚」義同。

第八節　《易童子問》按

在古代易學史上，歐陽修的《易童子問》是一部很重要的文獻。此書只有九千多字，卻是一部劃時代的《易》學著作。歐陽修讀書總帶著理性的懷疑精神，時刻注意書中所述是否前後邏輯嚴密。就是這種精神讓他徹底推翻了〈文言〉、〈繫辭〉、〈說卦〉、〈序卦〉和〈雜卦〉等出自孔子的舊說。至於〈彖〉和〈象〉傳，他說：「孔子之文章，《易》、《春秋》是已。」故他雖然沒有否定〈彖〉傳和〈象〉傳，卻不是百分之百的相信此二傳出自聖人。

《易童子問》共三卷。最精彩是第三卷。以下是該卷全文和洪鈞的按語。

> 童子問曰：「〈繫辭〉非聖人之作乎？」
>
> 曰：「何獨〈繫辭〉焉，〈文言〉、〈說卦〉而下，皆非聖人之作，而眾說淆亂，亦非一人之言也。昔之學《易》者，雜取以資其講說，而說非一家，是以或同或異，或是或非。其擇而不精，至使害經而惑世也。然有附托聖經，其傳已久，莫得究其所從來而核其真偽。故雖有明智之士，或貪其雜博之辯，溺其富麗之辭，或以為辯疑是正，君子所慎，是以未始措意於其間。若余者可謂不量力矣。邈然遠出諸儒之後，而學無師授之傳，其勇於敢為而決於不疑者，以聖人之經尚在，可以質也。」

洪鈞按：此答首先肯定自〈文言〉傳而下皆非聖人之作。不但不是聖人之作，也不是一人之言。〈文言〉、〈繫辭〉等不但「眾說淆亂」，而且「害經而惑世」。

童子曰：「敢問其略？」

曰：「『乾』之初九曰『潛龍勿用』，聖人于其〈象〉曰『陽在下也』，豈不曰其文已顯而其義已足乎？而為〈文言〉者又曰『龍德而隱者也』，又曰『下也』，又曰『陽氣潛藏』，又曰『潛之為言，隱而未見』。」

　　洪鈞按：以上兩句以《易傳》解釋「潛龍勿用」為例，指出了〈文言〉傳與〈象〉傳矛盾，且〈文言〉傳也自相矛盾，故不可能是一家之言。自然不可能出自聖人。

〈繫辭〉曰：「『乾以易知，坤以簡能。易則易知，簡則易從。易知則有親，易從則有功。有親則可久，有功則可大。可久則賢人之德，可大則賢人之業。』其言天地之道，乾坤之用，聖人所以成其德業者，可謂詳而備矣，故曰『易簡而天下之理得矣』者，是其義盡於此矣。俄而又曰：『廣大配天地，變通配四時，陰陽之義配日月，易簡之善配至德。』又曰：『夫乾，確然示人易矣。夫坤，隤然示人簡矣。』又曰：『夫乾，天下之至健也，其德行常易以知險。夫坤，天下之至順也，其德行常簡以知阻。』〈繫辭〉曰『六爻之動，三極之道也』者，謂六爻而兼三材之道也。其言雖約，其義無不包矣。又曰：『《易》之為書也，廣大悉備，有天道焉，有人道焉，有地道焉。兼三材而兩之，故六。六者非他也，三材之道也。』而〈說卦〉又曰：『立天之道曰陰與陽，立地之道曰柔與剛，立人之道曰仁與義。兼三材而兩之，故《易》六畫而成卦。分陰分陽，迭用柔剛，故《易》六位而成章。』〈繫辭〉曰：『聖人設卦觀象，繫辭焉而明吉凶。』又曰：『辨吉凶者存乎辭。』又曰：『聖人有以見天下之動，而觀其會通，以行其典禮，繫辭焉以斷其吉凶，是故謂之爻。』又曰：《易》有四象，所以示也。繫辭焉，所以告也。定之以吉凶，所以斷也。』又曰：『設卦以盡情偽，繫辭焉以盡其言。』其說雖多，要其旨歸，止於繫辭明吉凶爾，可一言而足也。凡此數說者，其略也。其餘辭雖小異而大旨則同者，不可以勝舉也。謂其說出於諸家，而昔之人雜取以釋經，故擇之不精，則不足怪也。謂其說出於一人，則是繁衍叢脞之言也。其遂以為聖人之作，則又大謬矣。孔子之文章，《易》、《春秋》是已，其言愈簡，

其義愈深。吾不知聖人之作，繁衍叢脞之如此也。雖然，辨其非聖之言而已，其于《易》義，尚未有害也。而又有害經而惑世者矣。」

洪鈞按：以上歐陽修摘要列舉了〈繫辭〉和〈說卦〉關於「乾」「坤」兩卦的解釋，指出：「謂其說出於諸家，而昔之人雜取以釋經，故擇之不精，則不足怪也。謂其說出於一人，則是繁衍叢脞之言也。其遂以為聖人之作，則又大謬矣。」總之〈繫辭〉、〈說卦〉等不可能是聖人之作。

〈文言〉曰「『元者善之長也，亨者嘉之會也，利者義之和也，貞者事之幹也』，是謂「乾」之四德。又曰『乾元者，始而亨者也。利貞者，性情也』，則又非四德矣。謂此二說出于一人乎？則殆非人情也。」

洪鈞按：以上歐陽修就〈文言〉對「元亨利貞」的兩種解釋互不相容，謂其「殆非人情也」。足見「四德」說是站不住腳的。

〈繫辭〉曰：「『河出圖，洛出書，聖人則之。』所謂圖者，八卦之文也，神馬負之自河而出，以授于伏羲者也。蓋八卦者，非人之所為，是天之所降也。又曰：『包羲氏之王天下也，仰則觀象于天，俯則觀法于地，觀鳥獸之文與地之宜，近取諸身，遠取諸物，于是始作八卦。』然則八卦者，是人之所為也，河圖不與焉。斯二說者已不能相容矣，而〈說卦〉又曰『昔者聖人之作《易》也，幽贊于神明而生蓍，參天兩地而倚數，觀變于陰陽而立卦』，則卦又出於蓍矣。八卦之說如是，是果何從而出也？謂此三說出于一人乎？則殆非人情也。人情常患自是其偏見，而立言之士莫不自信，其欲以垂乎後世，惟恐異說之攻之也，其肯自為二三之說以相抵牾而疑世，使人不信其書乎？故曰非人情也。凡此五說者自相乖戾，尚不可以為一人之說，其可以為聖人之作乎？」

洪鈞按：以上歐陽修舉出《易傳》關於八卦出現，有三種絕不相同的說法。即河出圖說、包羲氏作八卦說、蓍出八卦說。此三說不可能出自一人，更不可能出自聖人。

童子曰：「於此五說，亦有所取乎？」
曰：「『乾』無四德，而洛不出圖書，吾昔已言之矣。若元亨利貞，

則聖人于〈象〉言之矣。吾知自堯、舜已來，用卜筮爾，而孔子不道其初也，吾敢妄意之乎？」

洪鈞按：以上歐陽修再次否定「四德」說與河圖說，而且肯定「自堯、舜已來，（易）用卜筮爾」。

童子曰：「是五說皆無取矣，然則繁衍叢脞之言與夫自相乖戾之說，其書皆可廢乎？」

曰：「不必廢也。古之學經者皆有《大傳》。今《書》、《禮》之傳尚存。此所謂〈繫辭〉者，漢初謂之《易大傳》也，至後漢已為〈繫辭〉矣。語曰：『為趙、魏老則優，不可以為滕、薛大夫也。』〈繫辭〉者謂之《易大傳》，則優於《書》、《禮》之傳遠矣。謂之聖人之作，則僭偽之書也。蓋夫使學者知《大傳》為諸儒之作，而敢取其是而舍其非，則三代之末，去聖未遠，老師名家之世學，長者先生之余論，雜於其間者在焉，未必無益於學也。使以為聖人之作，不敢有所擇而盡信之，則害經惑世者多矣。此不可以不辨也，吾豈好辨者哉！」

洪鈞按：歐陽修雖然認為〈繫辭〉等非聖人之作，亦非出自一時一人之手，但不認為它們可廢。它們原是漢初的《易大傳》，至東漢改為〈繫辭〉，乃諸儒之作。「取其是而舍其非」即可。

童子曰：「敢問四德？」

曰：「此魯穆姜之所道也。初，穆姜之筮也，遇『艮』之『隨』，而為『「隨」，元亨利貞』說也，在襄公之九年。後十有五年，而孔子始生，又數十年而始贊《易》。然則四德非『乾』之德，〈文言〉不為孔子之言矣。」

童子曰：「或謂左氏之傳《春秋》也，竊取孔子〈文言〉以上附穆姜之說，是左氏之過也，然乎？」

曰：「不然。彼左氏者胡為而傳《春秋》，豈不欲其書之信於世也？乃以孔子晚而所著之書，為孔子未生之前之說，此雖甚愚者之不為也。蓋方左氏傳《春秋》時，世猶未以〈文言〉為孔子作也，所以用之不疑。然則謂〈文言〉為孔子作者，出於近世乎？」

洪鈞按：歐陽修再次指出，所謂「四德」出自穆姜所道，非「乾」之德。當

時孔子尚未出生，故〈文言〉不可能是孔子之言，並且懷疑以〈文言〉為孔子之作乃出於近世。

童子曰：「敢問八卦之說？或謂伏羲已授河圖，又俯仰於天地，觀取於人物，然後畫為八卦爾。二說雖異，會其義則一也，然乎？」

曰：「不然。此曲學之士牽合傅會，以苟通其說，而遂其一家之學爾。其失由於妄以〈繫辭〉為聖人之言而不敢非，故不得不曲為之說也。河圖之出也，八卦之文已具乎，則伏羲授之而已，復何所為也？八卦之文不具，必須人力為之，則不足為河圖也。其曰觀天地、觀鳥獸、取於身、取於物，然後始作八卦，蓋始作者前未有之言也。考其文義，其創意造始其勞如此，而後八卦得以成文，則所謂河圖者何與於其間哉？若曰已授河圖，又須有為而立卦，則觀於天地、鳥獸，取於人物者皆備言之矣，而獨遺其本始所授於天者，不曰取法於河圖，此豈近於人情乎？考今〈繫辭〉，二說離絕，各自為言，義不相通，而曲學之士牽合以通其說，而惑惑學者，其為患豈小哉！古之言偽而辨、順非而澤者，殺無赦。嗚呼！為斯說者，王制之所宜誅也。」

洪鈞按：歐陽修斷然否定八卦之說出自伏羲河圖，也否定了「俯仰于天地，觀取于人物，然後畫為八卦」之說。謂「此曲學之士牽合傅會，以苟通其說，而遂其一家之學爾」。且曰：「惑惑學者，其為患豈小哉！古之言偽而辯、順非而澤者，殺無赦。嗚呼！為斯說者，王制之所宜誅也。」這是古代學者對歪說《易經》者最嚴厲的指責。其實，宜誅殺者何止〈繫辭〉作者。

童子曰：「敢問生蓍立卦之說，或謂聖人已畫卦，必用蓍以筮也，然乎？」

曰：「不然。考其文義可知矣。其曰『昔者聖人之作《易》也』者，謂始作《易》時也。又曰『幽贊於神明而生蓍，參天兩地而倚數，觀變於陰陽而立卦，發揮於剛柔而生爻』者，謂前此未有蓍，聖人之將作《易》也，感於神明而蓍為之生，聖人得之，遂以倚數而立卦。是言昔之作《易》立卦之始如此爾。故漢儒謂伏羲畫八卦由數起者，用此說也。其後學者知幽贊生蓍之怪，其義不安，則曲為之說。曰用生蓍之意者，將以救其失也。又以卦由數起之義害於二說，則謂已畫卦而用蓍以筮，欲牽合二說而通之也。然而考其

文義，豈然哉？若曰已作卦而用蓍以筮，則大衍之說是已。大抵學《易》者莫不欲尊其書，故務為奇說以神之。至其自相乖戾，則曲為牽合而不能通也。

洪鈞按：歐陽修又斷然否定了「生蓍立卦」之說，指出「大抵學《易》者莫不欲尊其書，故務為奇說以神之。至其自相乖戾，則曲為牽合而不能通也。」惜乎，至今大多所謂《周易》專家、學者仍然「莫不欲尊其書，故務為奇說以神之。至其自相乖戾，則曲為牽合而不能通也。」

童子曰：「敢請益。」

曰：「夫諭未達者，未能及於至理也，必指事據跡以為言。余之所以知〈繫辭〉而下非聖人之作者，以其言繁衍叢脞而乖戾也。蓋略舉其易知者爾，其餘不可以悉數也。其曰『原始反終，故知死生之說』，又曰『精氣為物，遊魂為變，是故知鬼神之情狀』云者，質于夫子平生之語，可以知之矣。其曰『知者觀乎象辭，則思過半矣』，又曰『八卦以象告，爻象以情言』云者，以常人之情而推聖人可以知之矣。其以『乾』、『坤』之策『三百有六十，當期之日』，而不知七八九六之數同，而『乾』、『坤』無定策，此雖筮人皆可以知之矣。至於『何謂』、『子曰』者，講師之言也。〈說卦〉、〈雜卦〉者，筮人之占書也。此又不待辨而可以知者。然猶皆跡也，若夫語以聖人之中道而過，推之天下之至理而不通，則思之至者可以自得之。」

童子曰：「既聞命矣，敢不勉！」

洪鈞按：歐陽修再次指出〈繫辭〉而下「其言繁衍叢脞而乖戾」，又特別指出「精氣為物，遊魂為變，是故知鬼神之情狀」斷非夫子之語，蓋夫子「不語怪力亂神」也。最後指出《易傳》中「何謂」、「子曰」者講師之言也。

顯然，歐陽修認為《易經》乃孔子所作。〈象〉辭和〈彖〉辭也可能出自孔子之手。自〈文言〉、〈繫辭〉而下均非孔子之言。不但非孔子之言，亦非一人之言。今天看來，以上見解，均非特識，但在古代卻非常難能可貴。這大概是何以《易童子問》這本小書，歷經千餘年，至今影響甚大，而其它古代《易》學書十九以上淹沒無聞的原因。

按照拙見，《易經》不會出自孔子之手，也不是一時一人之作。

《易》學界一向認為應該早出（至遲在戰國末）的〈彖〉辭和〈象〉辭，很可能沒有那麼早。《左傳》、《國語》所載諸占，均未涉及《易傳》。（按：穆姜之言是個例外）帛書《周易》也不見〈彖〉辭和〈象〉辭。可見漢初之《易傳》尚未包括〈彖〉傳和〈象〉傳。甚至可以推斷，那時〈彖〉辭和〈象〉辭尚未完成，至少是很不普及。

洪鈞按：近讀《周易二十講》中所載徐芹庭撰「論孔子與《易》之關係兼評歐陽修錢玄同之誤說」有專題「駁歐陽修《十翼》非孔子之作」。竊以為，徐氏之文仍不如《易童子問》更有說服力，或者說徐氏完全沒有駁倒歐陽修的見解。畢竟如何，有興趣的讀者最好兩相對照讀兩遍，讀後自有公論。

第九節 白文《易經》與帛書《易經》對照

　　對白文《易經》和帛書《易經》進行對照之前，先說兩個問題。一是「經」字的問題。二是《周易》的抄本問題。

　　先說「經」字。

> 《說文》：「經，織也。」意指織布時的縱線，與緯相對。經長緯短，經靜緯動，故經有統帥之義，也有主體之義。《說文解字注》：「三綱、五常、六藝謂天地之長經」。《易經》之「經」即取「天地之長經」。

　　這個問題竟然涉及古代蒙學書《三字經》。其中說：「有連山，有歸藏，有周易，三易詳」。這十二個字本自《周禮》：「太卜……掌三易之法，一曰連山，二曰歸藏，三曰周易。其經卦皆八，其別皆六十有四。」總之，早在先秦，《易經》就有不同的抄本，其中之一叫《周易》。只是，《連山易》和《歸藏易》沒有流傳下來。

　　二千多年來，傳本《周易》居於崇高的地位，不允許懷疑其權威性，學界也很少有人敢懷疑。於是，研究《周易》只能將錯就錯。這種令人無可奈何的情況，到 1973 年出現了重大轉機。

　　1973 年 12 月，長沙馬王堆出土了一部類似《周易》的帛書。說是類似《周易》，是因為出土的帛書，與今通行本《周易》有很多不同。這對研究《周易》來說實在是一件大事。

　　帛書《周易》下葬於西漢文帝十二年（西元前 168 年），顯然是那時《周易》傳本之一。這無疑對傳本《周易》的權威性構成挑戰，也為研究《周易》提供了前所未有的重要文獻。

總之，對研究《周易》來說，無論如何高度評價帛書《周易》的學術價值都不為過。本節就是拿帛書「經」的部分和白文《易經》做一番詳細對照，看看白文《易經》是否無可懷疑。

出土的帛書《周易》與傳本《周易》，最相同的是六十四卦的卦形和經文內容。但是，就是這最相同的部分也有很多不同。

洪鈞按：帛書《周易》的卦形與今本《周易》的卦形並不完全相同。主要是帛書《周易》的卦形中，凡陰爻均接近「八」字。這應該是帛書的卦形還沒有完全消除數字卦的影子。至於何為數字卦，請參看本節所附：關於數字卦。

為了方便讀者看出二者有何不同，下面把通行本《周易》「經」的部分，與馬王堆漢墓出土的帛書《周易》「經」的部分並排在一起以便對照。表內左側是洪鈞整理的無標點白文《易經》，並列在右側的是帛書《易經》。白文《易經》是按照今卦序依次往下排列經文。和它並排的是從帛書《易經》中選出同一卦的經文。所謂同一卦指二者的卦形是相同的，但不難看出不少卦名不同。比如雙方的第一卦，雖然卦形一樣，但傳本的卦名是「乾」而帛書是「鍵」。重要的不同本書都會討論，這裡不再列舉，以後提到時讀者可以自己核對。

為了方便讀者核對或回頭參看經文，洪鈞把兩種經文都用阿拉伯數字編了號。編號的順序就是經文在各自書中的順序。為了以傳本順序為准並排經文，完全打破了帛書經文的順序。但只要看編號就知道某條經文在帛書中的原順序。比如帛書「川」卦和傳本「坤」卦並列，就是因為它們的卦形一樣。「坤」卦在傳本中是第二卦，故編號為 02，「川」卦在帛書中則是第三十三卦，故編號為 33。同一卦在兩書中序列相同的只有 01（乾、鍵）、32（恒、恒）、57（巽、筭）和 61（中孚、中復）。

第三節已提及，白文《易經》共 4940 字。

帛書《易經》大約 4914 字。因為脫漏等原因，帛書字數不可能很準確。

以下是對照表。為了一目了然，表中把帛書與白文《易經》不同的字加底線；白文《易經》比帛書多的加雙底線；比帛書少的則字處則以「□」表示；帛書脫落字用「△」表示。

白文《易經》與帛書《易經》對照表

白文《易經》	帛書《易經》
01.0 **乾**元亨利貞	01.0 **鍵**元享〈亨〉利貞
01.1 初九潛龍勿用	01.1 初九浸龍勿用
01.2 九二見龍在田利見大人	01.2 九二見龍在田利見大人
01.3 九三君子終日乾乾夕惕若厲无咎	01.3 九三君子終日鍵鍵夕泥若厲无咎
01.4 九四或躍在淵无咎	01.4 九四或鱻在淵无咎
01.5 九五飛龍在天利見大人	01.5 九五罪龍在天利見大人
01.6 上九亢龍有悔	01.6 尚九抗龍有悔
01.7 用九見群龍无首吉	01.7 迵九見群龍无首吉
02.0 **坤**元亨利牝馬之貞君子有攸往先迷後得主利西南得朋東北喪朋安貞吉	33.0 **川**元亨利牝馬之貞君子有攸往先迷後得主利西南得朋東北亡朋安貞吉
02.1 初六履霜堅冰至	33.1 初六禮霜堅冰至
02.2 六二直方大不習无不利	33.2 六二直方大不習无不利
02.3 六三含章可貞或從王事无成有終	33.3 六三合章可貞或從王事无[成]有終
02.4 六四括囊无咎无譽	33.4 [六四括囊]无咎无譽
02.5 六五黃裳元吉	33.5 六五黃常元吉
02.6 上六龍戰于野其血玄黃	33.6 尚六龍戰于野其血玄黃
02.7 用六利永貞	33.7 迵六利永貞
03.0 **屯**元亨利貞勿用有攸往利建侯	23.0 **屯**元亨利貞勿用有攸往利律〈建〉侯
03.1 初九磐桓利居貞利建侯	23.1 初九半遠利居貞利建侯
03.2 六二屯如邅如乘馬班如匪寇婚媾女子貞不字十年乃字	23.2 六二屯如壇如乘馬煩如非寇闐厚[女]子貞不字十年乃字
03.3 六三即鹿无虞惟入于林中君子幾不如舍往吝	23.3 六三即鹿毋華唯人〈人〉于林中君子幾不如舍往咚
03.4 六四乘馬班如求婚媾往吉无不利	23.4 六四乘馬[煩]如求闐厚往吉无不利
03.5 九五屯其膏小貞吉大貞凶	23.5 九五屯其膏小貞吉大貞凶
03.6 上六乘馬班如泣血漣如	23.6 尚六乘馬煩如汲血連如

趙洪鈞說
周易
·
160

04.0 **蒙**亨匪我求童蒙童蒙求我初噬告再三瀆瀆則不告利貞	13.0 [**蒙**亨非我求] 童蒙童蒙求我初筮<u>吉</u>再<u>參擅擅即</u>不吉利貞
04.1 初六<u>發</u>蒙利用刑人用說桎梏以往吝	13.1 初六<u>廢</u>蒙利用刑人用說桎梏<u>已</u>往<u>閵</u>
04.2 九二<u>包</u>蒙吉<u>納</u>婦吉子克家	13.2 九二<u>枹</u>蒙吉<u>入</u>婦吉子克家
04.3 六三勿用取女<u>見金</u>夫不有<u>躬</u>无<u>攸</u>利	13.3 六三勿用取 [女<u>見金</u>] 夫不有<u>軀</u>无<u>攸</u>利
04.4 六四困蒙吝	13.4 [六四困] 蒙<u>閵</u>
04.5 六五童蒙吉	13.5 六五童蒙吉
04.6 上九擊蒙不利為寇利<u>御</u>寇	13.6 <u>尚</u>九擊蒙不利為寇利<u>所</u>寇
05.0 **需**有孚光亨貞吉利涉大川	18.0 **襦**有<u>復</u>光亨貞吉利涉大川
05.1 初九<u>需</u>于郊利用恆无咎	18.1 初九<u>襦</u>于<u>芰</u>利用恆无咎
05.2 九二<u>需</u>于沙小有言終吉	18.2 九二<u>襦</u>于沙<u>少</u>有言<u>冬</u>吉
05.3 九三<u>需</u>于泥致寇至	18.3 [九] 三<u>襦</u>于泥致寇至
05.4 六四<u>需</u>于血出自穴	18.4 六四<u>襦</u>于血出自穴
05.5 九五<u>需</u>于酒食貞吉	18.5 六〈九〉五<u>襦</u>于酒食貞吉
05.6 上六入于穴有不<u>速</u>之客三人來敬之終吉	18.6 <u>尚</u>六人〈入〉于穴有不<u>楚</u>客三人來敬之終吉
06.0 **訟**有孚<u>窒惕</u>中吉終凶利見大人不利涉大川	05.0 **訟**有<u>復溫寧克</u>〈中〉吉<u>冬</u>凶利<u>用</u>見大人不利涉大川
06.1 初六不永所事小有言終吉	05.1 初六不永所事<u>少</u>有言<u>冬</u>吉
06.2 九二不克訟歸而<u>逋</u>其邑人三百戶无<u>眚</u>	05.2 九二不克訟歸而<u>逋</u>其邑人三百戶无<u>省</u>
06.3 六三食舊德貞<u>厲</u><u>終吉</u>或從王事无成	05.3 六三食舊德貞<u>厲</u>或從王事无成
06.4 九四不克訟復即命<u>渝</u>安貞吉	05.4 九四不克訟復即命<u>俞</u>安貞吉
06.5 九五訟元吉	05.5 九五訟元吉
06.6 上九或<u>錫</u>之<u>鞶</u>帶終朝三<u>褫</u>之	05.6 <u>尚</u>九或<u>賜</u>之<u>般</u>帶終朝三<u>搋</u>之
07.0 **師**貞丈人吉无咎	37.0 [**師**貞丈] 人吉无咎
07.1 初六師出以律否<u>臧</u>凶	37.1 初六師出以律<u>不臧兇</u>
07.2 九二在師中吉无咎王三<u>錫</u>命	37.2 九二在師中吉无咎王三<u>湯</u>命
07.3 六三師或輿屍凶	37.3 六三師或輿<u>屍兇</u>
07.4 六四師左次无咎	37.4 六四師左次无咎
07.5 六五田有禽利執言无咎長子帥師弟子輿屍貞凶	37.5 六五田有禽利執言無咎長子<u>牽</u>師弟子輿<u>屍</u>貞凶
07.6 上六大君有命開國承家小人勿用	37.6 <u>尚</u>六大<u>人</u>君有命<u>啟</u>國承家小人勿 [用]

08.0 **比**吉原筮元永貞无咎不寧方來後夫凶	19.0 **比**吉原筮元永貞无咎不寧方來後夫兇
08.1 初六有孚比之无咎有孚盈缶終來有它吉	19.1 初六有**復**比之无咎有**復**盈缶**冬**來**或池**吉
08.2 六二比之自內貞吉	19.2 六二比之[自內]貞吉
08.3 六三比之匪人	19.3 六三比之**非**人
08.4 六四外比之貞吉	19.4 六四外比之貞吉
08.5 九五顯比王用三驅失前禽邑人不誡吉	19.5 九五顯比王用三驅失前禽邑人不**戒**吉
08.6 上六比之无首凶	19.6 **尚**六比之无首兇
09.0 **小畜**亨密雲不雨自我西郊	58.0 **少藝**亨密雲不雨自我西**芝**
09.1 初九復自道何其咎吉	58.1 初九復自道何其咎吉
09.2 九二牽復吉	58.2 九二**堅**復吉
09.3 九三輿說輻夫妻反目	58.3 九三**車**說**緵**夫妻反目
09.4 六四有孚血去惕出无咎	58.4 六四有**復**血去**湯**出无咎
09.5 九五有孚攣如富以其鄰	58.5 九五有**復戀**如富以其鄰
09.6 上九既雨既處尚德載婦貞厲月幾望君子征凶	58.6 **尚**九既雨既處尚**得**載**女**貞厲月幾望君子**正**兇
10.0 **履**履虎尾不咥人亨	04.0 [**禮**]禮虎尾不**真**人亨
10.1 初九素履往无咎	04.1 初九**錯禮**往无咎
10.2 九二履道坦坦幽人貞吉	04.2 九二**禮**道**亶亶**幽人貞吉
10.3 六三眇能視跛能履履虎尾咥人凶武人為于大君	04.3 六三眇能視跛能**利禮**虎尾**真**人兇武人**週**于大君
10.4 九四履虎尾愬愬終吉	04.4 九四**禮**虎尾**朔朔**終吉
10.5 九五夬履貞厲	04.5 九五夬**禮**貞厲
10.6 上九視履考祥其旋元吉	04.6 **尚**九視**禮**考祥其**睘**元吉
11.0 **泰**小往大來吉亨	34.0 [**泰**小往大來吉亨]
11.1 初九拔茅茹以其彙征吉	34.1 [初九]**犮**茅茹以其**胃**[貞]吉
11.2 九二包荒用馮河不遐遺朋亡得尚于中行	34.2 九二**枹妄**用馮河不**駆**遺**弗忘**得尚**于**中行
11.3 九三無平不陂無往不復艱貞无咎勿恤其孚于食有福	34.3 九三無平不**波**无往不復**根**[貞无咎勿恤]其**復於**食[有福]
11.4 六四翩翩不富以其鄰不戒以孚	34.4 [六四翩翩]不富以[其鄰不戒以**復**]
11.5 六五帝乙歸妹以祉元吉	34.5 [六五]帝乙歸妹以**齒**[元吉]
11.6 上六城復于隍□勿用師自邑告命貞吝	34.6 **尚**六城復于**湟密**[勿]用師自邑告命貞**閵**

12.0 **否**否之匪人不利君子貞大往小來	02.0 [**婦**] 婦之非人不利君子貞大往小來
12.1 初六拔茅茹以其彙貞吉亨	02.1 初六犮茅茹以其彙貞吉亨
12.2 六二包承小人吉大人否亨	02.2 六二枹承小人吉大人不亨
12.3 六三包羞	02.3 六三枹憂
12.4 九四有命无咎疇離祉	02.4 九四有命无咎檮羅齒
12.5 九五休否大人吉其亡其亡繫于苞桑	02.5 九五休婦大人吉其亡其亡擊于枹桑
12.6 上九傾否先否後喜	02.6 尚九頃婦先不後喜
13.0 **同人**同人于野亨利涉大川利君子貞	06.0 [**同人**] 同人於野亨利涉大川利君子貞
13.1 初九同人于門无咎	06.1 初九同人於門无咎
13.2 六二同人于宗吝	06.2 六二同人于宗閵
13.3 九三伏戎於莽升其高陵三歲不興	06.3 九三服容 [於] 莽登其高 [陵] 三歲不興
13.4 九四乘其墉弗克攻吉	06.4 [九四乘其] 庸弗克攻吉
13.5 九五同人先號咷而後笑大師克相遇	06.5 九五同人先號桃後芺大師克相遇
13.6 上九同人在郊无悔	06.6 尚九同人於芰无悔
14.0 **大有**元亨	50.0 **大有**元亨
14.1 初九无交害匪咎艱則无咎	50.1 初九无交䨥（害）非咎根則无咎
14.2 九二大車以載有攸往无咎	50.2 九二泰車以載有攸往无咎
14.3 九三公用亨于天子小人弗克	50.3 九三公用芳于天子小人弗克
14.4 九四匪其彭无咎	50.4 九四 [非其] 彭无咎
14.5 六五厥孚交如威如□吉	50.5 六五闋復交如委如終吉
14.6 上九自天佑之吉无不利	50.6 尚九自天右之吉无不利
15.0 **謙**亨君子有終	35.0 [**嗛**亨君] 子有終
15.1 初六謙謙君子用涉大川吉	35.1 初六嗛嗛君子用涉大川吉
15.2 六二鳴謙貞吉	35.2 六二鳴嗛貞吉
15.3 九三勞謙君子有終吉	35.3 九三勞嗛君子有終吉
15.4 六四无不利撝謙	35.4 六四无不利譌嗛
15.5 六五不富以其鄰利用侵伐无不利	35.5 六五不富以其鄰 [利用侵伐无] 不利
15.6 上六鳴謙利用行師征邑國	35.6 尚六鳴 [嗛利用行師正邑國]

16.0 **豫**利建侯行師	27.0 **餘**利建侯行師
16.1 初六鳴豫凶	27.1 初六鳴餘凶
16.2 六二介於石不終日貞吉	27.2 六二斺于石不終日貞吉
16.3 六三盱豫悔遲有悔	27.3 六三杅餘悔遲有悔
16.4 九四由豫大有得勿疑朋盍簪	27.4 九四允餘大有得勿疑偖甲讒
16.5 六五貞疾恆不死	27.5 六五貞疾恆不死
16.6 上六冥豫成有渝无咎	27.6 尚六冥餘成或諭无咎
17.0 **隨**元亨利貞无咎	47.0 **隋**元亨利貞无咎
17.1 初九官有渝貞吉出門交有功	47.1 初九官或諭貞吉出門交有功
17.2 六二係小子失丈夫	47.2 六二係小子失丈夫
17.3 六三係丈夫失小子隨有求得利居貞	47.3 六三係丈夫失小子隋有求得利居貞
17.4 九四隨有獲貞凶有孚在道以明何咎	47.4 九四隋有獲貞凶有復在道已明何咎
17.5 九五孚于嘉吉	47.5 九五復于嘉吉
17.6 上六拘係之乃從維之王用亨於西山	47.6 尚六枸系之乃從𤰕之王用芳於西山
18.0 **蠱**元亨利涉大川先甲三日後甲三日	16.0 **箇** [元] 吉亨利涉大川先甲三日後甲三日
18.1 初六乾父之蠱有子考无咎厲終吉	16.1 初六鞁父之箇有子巧無咎厲終吉
18.2 九二乾母之蠱不可貞	16.2 [九二] 鞁母之箇不可貞
18.3 九三乾父之蠱小有悔无大咎	16.3 九三鞁父之箇少有悔無大咎
18.4 六四裕父之蠱往見吝	16.4 六四浴父之箇往見閵
18.5 六五乾父之蠱用譽	16.5 六五鞁父之箇用輿
18.6 上九不事王侯高尚其事□	16.6 尚九不事王矦高尚其德兑
19.0 **臨**元亨利貞至於八月有凶	36.0 [**林**元亨] 利負〈貞〉至於八月有 [凶]
19.1 初九咸臨貞吉	36.1 初九禁林貞吉
19.2 九二咸臨吉无不利	36.2 九二禁林吉无不利
19.3 六三甘臨无攸利既憂之无咎	36.3 六三甘林无攸利既憂之无咎
19.4 六四至臨无咎	36.4 六四至林无咎
19.5 六五知臨大君之宜吉	36.5 [六] 五知林大 [君之宜吉]
19.6 上六敦臨吉无咎	36.6 [尚六] 敦林吉无咎

20.0 **觀**盥而不薦有孚顒若	59.0 **觀**盥而不尊有復 [顒] 若
20.1 初六童觀小人无咎君子吝	59.1 初六童觀小人无咎君子<u>閵</u>
20.2 六二窺觀利女貞	59.2 六二<u>覎</u>觀利女貞
20.3 六三觀我生進退	59.3 六三觀我生進退
20.4 六四觀國之光利用賓于王	59.4 六四觀國之光 [利] 用賓于王
20.5 九五觀我生君子无咎	59.5 九五觀我生君子无咎
20.6 上九觀其生君子无咎	59.6 尚九觀其生君子无咎
21.0 **噬嗑**亨利用獄	55.0 [**筮盍**亨] 利用獄
21.1 初九履校滅趾无咎	55.1 初九句 [校滅] <u>止</u> 无咎
21.2 六二噬膚滅鼻无咎	55.2 六二**筮**膚滅鼻无咎
21.3 六三噬臘肉遇毒小吝无咎	55.3 六三**筮**臘肉<u>愚</u>毒<u>少閵</u>无咎
21.4 九四噬乾胏得金矢利艱貞吉	55.4 九四**筮**乾<u>瓅</u>得金矢<u>根</u>貞吉
21.5 六五噬乾肉得黃金貞厲无咎	55.5 六五**筮**乾肉<u>愚毒</u>貞厲无咎
21.6 上九何校滅耳凶	55.6 尚九<u>荷</u>校滅耳兇
22.0 **賁**亨小利有攸往	14.0 [**蘩**亨小利] 有攸往
22.1 初九賁其趾舍車而徒	14.1 [初九**蘩**其<u>止</u>] 舍車而徒
22.2 六二賁其須	14.2 六二**蘩**其 [須]
22.3 九三賁如濡如永貞吉	14.3 九三**蘩**茹濡茹永貞吉
22.4 六四賁如皤如白馬翰如匪寇婚媾	14.4 六四**蘩**茹蕃茹白馬<u>翰</u>茹非寇<u>閩詬</u>
22.5 六五賁於丘園束帛戔戔吝終吉	14.5 六五**蘩**於 [丘園束] 白戔戔<u>閩</u>終 [吉]
22.6 上九白賁无咎	14.6 [尚九白**蘩**无] 咎
23.0 **剝**不利有攸往	11.0 **剝**不利有攸往
23.1 初六剝牀以足蔑貞凶	11.1 初六剝<u>臧</u>以足蔑貞<u>兇</u>
23.2 六二剝牀以辨蔑貞凶	11.2 六二剝<u>臧</u>以<u>辯</u>蔑貞<u>兇</u>
23.3 六三剝<u>之</u>无咎	11.3 六三剝无咎
23.4 六四剝牀以膚凶	11.4 六四剝<u>臧</u>以膚<u>兇</u>
23.5 六五貫魚以宮人寵无不利	11.5 六五貫魚<u>食</u>宮人<u>籠</u>无不利
23.6 上九碩果不食君子得輿小人剝廬	11.6 尚九<u>石</u>果不<u>食</u>君子得<u>車</u>小人剝<u>蘆</u>
24.0 **復**亨出入无疾朋來无咎反覆其道 　　七日來復利有攸往	39.0 **復**亨出人〈入〉无疾<u>堋</u>來无咎反覆 　　其道七日來復利有攸往
24.1 初九不遠復無祗悔元吉	39.1 初九不遠復無<u>提</u>悔元吉
24.2 六二休復吉	39.2 六二休復 [吉]
24.3 六三頻復厲无咎	39.3 六三<u>緡</u>復厲无咎
24.4 六四中行獨復	39.4 六四中行獨復
24.5 六五敦復无悔	39.5 六五敦復无悔
24.6 上六迷復凶有災眚用行師終有大 　　敗以其國君凶至<u>於</u>十年不克征	39.6 <u>尚</u>六迷復<u>兇</u>有<u>茲省</u>用行師終有大敗 　　以其國君凶至十年<u>弗</u>克<u>正</u>

25.0 **无妄**元亨利貞其匪正有眚不利有攸往	07.0 **无孟**元亨利貞非正有省不利有攸往
25.1 初九无妄往吉	07.1 初九无孟往吉
25.2 六二不耕穫不菑畬則利有攸往	07.2 六二不耕穫不菑餘利 [有攸] 往
25.3 六三無安之災或繫之牛行人之得邑人之災	07.3 六三无 [孟之茲] 或擊 [之牛行人] 之得邑人之茲
25.4 九四可貞无咎	07.4 九四可貞无咎
25.5 九五无妄之疾勿藥有喜	07.5 九五无孟之疾勿樂有喜
25.6 上九无妄□行有眚无攸利	07.6 尚九无孟之行有省无攸利
26.0 **大畜**利貞不家食吉利涉大川	10.0 **泰蓄**利貞不家食吉利涉大川
26.1 初九有厲利已	10.1 初九有厲利巳
26.2 九二輿說輹	10.2 九二車說緮
26.3 九三良馬逐利艱貞曰閑輿衛利有攸往	10.3 九三良馬遂利根貞曰闌車 [衛] 利有攸往
26.4 六四童牛之牿元吉	10.4 六四童牛之鞠元吉
26.5 六五豶豕之牙吉	10.5 六五哭（吠）豨之牙吉
26.6 上九何天之衢亨	10.6 尚九何天之瞿亨
27.0 **頤**貞吉觀頤自求口實	15.0 [**頤**貞吉觀頤自求] 口實
27.1 初九舍爾靈龜觀我朵頤凶	15.1 初九舍而靈龜 [觀] 我拖頤凶
27.2 六二□顛頤拂經於丘頤征凶	15.2 六二曰顛頤梻經於北頤正兇
27.3 六三拂頤貞凶十年勿用无攸利	15.3 六三梻頤貞凶十年勿用无攸利
27.4 六四顛頤吉虎視眈眈其欲逐逐无咎	15.4 六四顛頤吉虎視沈沈其容笛笛无咎
27.5 六五拂經居貞吉不可涉大川	15.5 六 [五梻經] 居貞吉 [不可涉大] 川
27.6 上九由頤厲吉利涉大川	15.6 [尚九由頤厲吉利] 涉大川
28.0 **大過**棟橈利有攸往亨	48.0 **泰過**棟籆利有攸往亨
28.1 初六藉用白茅无咎	48.1 初六藉用白茅无咎
28.2 九二枯楊生稊老夫得其女妻无不利	48.2 九二楛楊生荑老夫得其女妻无不利
28.3 九三棟橈凶	48.3 九三棟橈凶
28.4 九四棟隆吉有它吝	48.4 九四棟籆吉有它閵
28.5 九五枯楊生華老婦得其士夫无咎无譽	48.5 六〈九〉五楛楊生華老婦得其士夫无咎无譽
28.6 上六過涉滅頂凶无咎	48.6 尚九〈六〉過涉滅釘凶無咎

29.0 坎習坎有孚維心亨行有尚	17.0 [贛]習贛有復巂心亨行有尚
29.1 初六習坎入於坎窞凶	17.1 初六習贛人〈入〉贛閻凶
29.2 九二坎有險求小得	17.2 九二贛有訧求少得
29.3 六三來之坎坎險且枕入於坎窞勿用	17.3 六三來之贛贛嗛且訧人[於]贛閻[勿用]
29.4 六四樽酒簋貳用缶納約自牖終无咎	17.4 六四奠酒巧訥用缶人藥自牖終无咎
29.5 九五坎不盈祇既平无咎	17.5 九五贛不盈壙既平无咎
29.6 上六係用徽纆□置於叢棘三歲不得凶	17.6 尚六系用譚繼親之於總勒三歲弗得兇
30.0 離利貞亨畜牝牛吉	49.0 羅利貞亨畜牝牛吉
30.1 初九履錯然敬之无咎	49.1 初九禮昔然敬之无咎
30.2 六二黃離元吉	49.2 六二黃羅元吉
30.3 九三日昃之離不鼓缶而歌則大耋之嗟凶	49.3 九三日袚之羅不鼓埱而歌即大絰之酕凶
30.4 九四突如其來如焚如死如棄如	49.4 九四出如來如紛如死如棄如
30.5 六五出涕沱若戚嗟若吉	49.5 六五出涕沱若[戚]酕〈差〉若吉
30.6 上九王用出征有嘉折首獲其匪醜无咎	49.6 尚九王出正有嘉折首獲不戠无咎
31.0 咸亨利貞取女吉	44.0 欽亨利貞取女吉
31.1 初六咸其拇	44.1 初六欽其拇
31.2 六二咸其腓凶居吉	44.2 六二欽其腿凶居吉
31.3 九三咸其股執其隨往吝	44.3 九三欽其腿執其隨閵
31.4 九四貞吉悔亡憧憧往來朋從爾思	44.4 九四貞吉悔亡童童往來偁從聖思
31.5 九五咸其脢无悔	44.5 九五欽其股无悔
31.6 上六咸其輔頰舌	44.6 尚六欽其頗唊舌
32.0 恆亨无咎利貞利有攸往	32.0 恆亨无咎利貞利有攸往
32.1 初六浚恆貞凶无攸利	32.1 初六敻恆貞凶无攸利
32.2 九二悔亡	32.2 九二悔亡
32.3 九三不恆其德或承之羞貞吝	32.3 九三不恆其德或承之羞貞閵
32.4 九四田无禽	32.4 九四田无禽
32.5 六五恆其德貞婦人吉夫子凶	32.5 六五恆其德貞婦人[吉]夫子凶
32.6 上六振恆凶	32.6 尚六敻恆兇

33.0 遯亨小利貞	03.0 掾亨小利貞
33.1 初六遯尾厲勿用有攸往	03.1 初六掾尾厲勿用有攸往
33.2 六二執之用黃牛之革莫之勝說	03.2 六二共之用黃牛之勒莫之勝奪
33.3 九三係遯有疾厲畜臣妾吉	03.3 九三為掾有疾厲畜僕妾吉
33.4 九四好遯君子吉小人否	03.4 九四好掾君子吉小人不
33.5 九五嘉遯貞吉	03.5 九五嘉掾貞吉
33.6 上九肥遯无不利	03.6 尚九肥掾先〈无〉不利
34.0 大壯利貞	26.0 泰壯利貞
34.1 初九壯于趾征凶有孚	26.1 初九壯於止正兌有復
34.2 九二貞吉	26.2 九二貞吉
34.3 九三小人用壯君子用罔貞厲羝羊觸藩羸其角	26.3 九三小人用壯君子用亡貞厲羝羊觸藩羸其角
34.4 九四貞吉悔亡藩決不羸壯於大輿之輹	26.4 九四貞吉悔亡璠塊不羸壯於泰車之緮
34.5 六五喪羊于易无悔	26.5 六五亡羊于易无悔
34.6 上六羝羊觸藩不能退不能遂无攸利艱則吉	26.6 尚六羝羊觸藩不能退不能遂无攸利根則吉
35.0 晉康侯用錫馬蕃庶晝日三接	51.0 潘康矦用錫馬蕃庶晝日三綏
35.1 初六晉如摧如貞吉□罔孚裕无咎	51.1 初九〈六〉潘如浚如貞吉悔亡復浴无咎
35.2 六二晉如愁如貞吉受茲介福于其王母	51.2 六二潘如[愁]如貞吉受[茲介福于]其王母
35.3 六三眾允悔亡	51.3 六三眾允悔亡
35.4 九四晉如碩鼠貞厲	51.4 九四潘如炙鼠貞厲
35.5 六五悔亡失得勿恤往吉无不利	51.5 六五悔亡失得勿血往吉无不利
35.6 上九晉其角維用伐邑厲吉无咎貞吝	51.6 尚九潘其角唯用伐邑厲吉无咎貞闈
36.0 明夷利艱貞	38.0 明夷利根貞
36.1 初九明夷於飛垂其□翼君子于行三日不食有攸往主人有言	38.1 初九明夷於蜚垂其左翼君子于行三日不食有攸往主人有言
36.2 六二明夷夷于左股用拯馬壯吉	38.2 六二明夷夷于左股用撜馬牀吉
36.3 九三明夷□于南狩得其大首不可疾貞	38.3 九三明夷夷于南守得其大首不可疾貞
36.4 六四□□入于左腹獲明夷之心於出門庭	38.4 六四明夷夷于左腹獲明夷之心於出門廷
36.5 六五箕子之明夷利貞	38.5 六五箕子之明夷利貞
36.6 上六不明晦初登于天後入於地	38.6 尚六不明海初登於天後入於地

37.0 家人利女貞	63.0 家人利女貞
37.1 初九閑有家悔亡	63.1 初九門有家悔亡
37.2 六二无攸遂在中饋貞吉	63.2 六二无攸遂在中貴貞吉
37.3 九三家人嗃嗃悔厲吉婦子嘻嘻終吝	63.3 九三家人燅燅悔厲吉婦子裛裛終閵
37.4 六四富家大吉	63.4 六四富家大吉
37.5 九五王假有家勿恤□吉	63.5 九五王叚有家勿血往吉
37.6 上九有孚威如終吉	63.6 尚九有復委如終吉
38.0 睽小事吉	53.0 乖小事吉
38.1 初九悔亡喪馬勿逐自復見惡人无咎	53.1 初九悔亡亡馬勿遂自復見亞人无咎
38.2 九二遇主於巷无咎	53.2 九二愚主於巷无咎
38.3 六三見輿曳其牛掣其人天且劓无初有終	53.3 六三見車㧣其牛譅其 [人天且劓] 无初有終
38.4 九四睽孤遇元夫交孚厲无咎	53.4 九四乖苽愚元夫交復厲无咎
38.5 六五悔亡厥宗噬膚往何咎	53.5 六五悔亡登宗筮膚往何咎
38.6 上九睽孤見豕負塗載鬼一車先張之弧後說之弧匪寇婚媾往遇雨則吉	53.6 尚九乖苽見豨負塗載鬼一車先張之柧後說之壺非寇闅厚往愚雨即吉
39.0 蹇利西南不利東北利見大人貞吉	20.0 蹇利西南不利東北利見大人貞吉
39.1 初六往蹇來譽	20.1 初六往蹇來輿
39.2 六二王臣蹇蹇匪躬之故	20.2 六二王僕蹇蹇非 [躬] 之故
39.3 九三往蹇來反	20.3 九三往蹇來反
39.4 六四往蹇來連	20.4[六四] 往蹇來連
39.5 九五大蹇朋來	20.5 九五大蹇傰來
39.6 上六往蹇來碩吉利見大人	20.6 尚六往蹇來石吉利見大人
40.0 解利西南无所往其來復吉有攸往夙吉	30.0 解利西南无所往其來復吉有攸往宿吉
40.1 初六无咎	30.1 初六无咎
40.2 九二田獲三狐得黃矢貞吉	30.2 九二田獲三狐得 [黃矢貞吉]
40.3 六三負且乘致寇至貞吝	30.3 [六三負] 且乘致寇至貞閵
40.4 九四解而拇朋至斯孚	30.4 九四解其拇傰至此復
40.5 六五君子維有解吉有孚於小人	30.5 六五君子唯有解吉有復於小人
40.6 上六公用射隼于高墉之上獲之无不利	30.6 尚六公用射夐于高庸之上獲之无不利

41.0 損有孚元吉无咎可貞利有攸往曷之用二簋可用享	12.0 損有復元吉无咎可貞[利]有攸往禽之用二巧可用芳
41.1 初九巳事遄往无咎酌損之	12.1 初九巳事端往无咎酌損之
41.2 九二利貞征凶弗損益之	12.2 九二利貞正兇弗損益之
41.3 六三三人行則損一人一人行則得其友	12.3 六三三人行則損一人一人行則得其友
41.4 六四損其疾使遄有喜无咎	12.4 六四損其疾事端有喜无咎
41.5 六五或益之十朋之龜弗克違元吉	12.5 六五益之十傰之龜弗克回元吉
41.6 上九弗損益之无咎貞吉利有攸往得臣无家	12.6 尚九弗損益之无[咎]貞吉有攸往得僕无家
42.0 益利有攸往利涉大川	64.0 益利用攸往利涉大川
42.1 初九利用為大作元吉无咎	64.1 初九利用為大作元吉无咎
42.2 六二或益之十朋之龜弗克違永貞吉王用享于帝吉	64.2 九〈六〉二或益之十傰之龜弗亨回永貞吉王用芳于帝吉
42.3 六三益之用凶事无咎有孚中行告公用圭	64.3 六三益之用工事无咎有復中行告公用闔
42.4 六四中行告公從利用為依遷國	64.4 六四中行告公從利用為家遷國
42.5 九五有孚惠心勿問元吉有孚惠我德	64.5 九五有復惠心勿問元吉有復惠我德
42.6 上九莫益之或擊之立心勿恆凶	64.6 尚九莫益之或擊之立心勿恆兇
43.0 夬揚于王庭孚號有厲告自邑不利即戎利有攸往	42.0 夬陽于王廷復號有厲告自邑不利節戎利有攸往
43.1 初九壯于前趾往不勝為吝	42.1 初九牀於前止往不勝為咎
43.2 九二惕號莫夜有戎勿恤	42.2 九二傷號莫夜有戎勿血
43.3 九三壯於頄有凶君子夬夬獨行遇雨若濡有慍无咎	42.3 [九]三牀於纇有凶君子缺缺獨行愚雨如濡有溫无咎
43.4 九四臀无膚其行次且牽羊悔亡聞言不信	42.4 九四脈無膚其行郒胥牽羊悔亡聞言不信
43.5 九五莧陸夬夬中行无咎	42.5 九五莧勒缺缺中行無咎
43.6 上六无號終有凶	42.6 尚六无號冬有兇
44.0 姤女壯勿用取女	08.0 [狗]女壯勿用取女
44.1 初六繫于金柅貞吉有攸往見凶羸豕孚蹢躅	08.1 初六擊于金梯貞吉有攸往見兇羸豨復適屬
44.2 九二包有魚无咎不利賓	08.2 九二枹有魚无咎不利賓
44.3 九三臀无膚其行次且厲无大咎	08.3 九三[脈無膚其行郒胥屬无大]咎
44.4 九四包无魚起凶	08.4 九四枹无魚正兇
44.5 九五以杞包瓜含章有隕自天	08.5 五〈九〉五以忌枹苽含章或塡自天
44.6 上九姤其角吝无咎	08.6 尚九狗其角闔无咎

45.0 萃亨王假有廟利見大人亨利貞用大牲吉利有攸往	43.0 卒王叚於廟利見大人亨利貞用大生吉利有攸往
45.1 初六有孚不終乃亂乃萃若□號一握為笑勿恤往无咎	43.1 初六有復不終乃乳乃卒若其號一屋於芙勿血往无
45.2 六二引吉无咎孚乃利用禴	43.2 六二引吉无咎復乃利用濯
45.3 六三萃如嗟如无攸利往无咎小吝	43.3 六三卒若齔若无攸利往无咎少閵
45.4 九四大吉无咎	43.4 九四大吉无咎
45.5 九五萃有位无咎匪孚元永貞悔亡	43.5 九五卒有立无咎非復元永貞悔亡
45.6 上六齎諮涕洟无咎	43.6 尚六粂欹（秭）涕洎无咎
46.0 升元亨用見大人勿恤南征吉	40.0 登元亨利見大人勿血南正吉
46.1 初六允升大吉	40.1 初六允登大吉
46.2 九二孚乃利用禴无咎	40.2 九二復乃利用濯无咎
46.3 九三升虛邑	40.3[九三]登虛邑
46.4 六四王用亨于岐山吉无咎	40.4 六四[王用亨於岐山吉]无咎
46.5 六五貞吉升階	40.5 六五貞吉登階
46.6 上六冥升利於不息之貞	40.6 尚六冥登利於不息之貞
47.0 困亨貞大人吉无咎有言不信	45.0 困亨貞大人吉无咎有言不信
47.1 初六臀困於株木入于幽谷三歲不覿	45.1 初六辰困於株木入於要浴三歲不擭凶
47.2 九二困于酒食朱紱方來利用亨祀征凶无咎	45.2 九二困於酒食絑發方來利用芳祀正兇无咎
47.3 六三困于石據于蒺藜入於其宮不見其妻凶	45.3 六三困于石號於疾莉入於其宮不見其妻凶
47.4 九四來徐徐困于金車吝有終	45.4 九四來徐困于[金車]閵有終
47.5 九五劓刖困於赤紱乃徐有說利用祭祀	45.5 九五貳椽困於赤發乃徐有說利用芳祀
47.6 上六困于葛藟於臲卼曰動悔有悔征吉	45.6 尚六困于褐纍於貳椽曰悔夷有悔貞吉
48.0 井改邑不改井无喪无得往來井井汔至亦未繘井羸其□瓶凶	24.0 井茝邑不茝井无亡无得往來井井齔至亦未汲井纍其刑玶凶
48.1 初六井泥不食舊井无禽	24.1 初六井泥不食舊井无禽
48.2 九二井谷射鮒甕敝漏	24.2 九二井瀆射付唯敝句
48.3 九三井渫不食為我心惻可用汲王明並受其福	24.3 九三井茝不食為我心塞可用汲王明並受其福
48.4 六四井甃无咎	24.4 六四井椒无咎
48.5 九五井列寒泉食	24.5 九五井戾寒湶食
48.6 上六井收勿幕有孚元吉	24.6 尚六井收勿幕有復元吉

49.0 革巳日乃孚元亨利貞悔亡	46.0 [勒巳日乃] 復元亨利貞悔亡
49.1 初九鞏用黃牛之革	46.1 初九共用黃牛之勒
49.2 六二巳日乃革之征吉无咎	46.2 六二 [巳日] 乃勒之正吉 [无咎]
49.3 九三征凶貞厲革言三就有孚	46.3 [九三正兇] 貞 [厲勒] 言三 [就有] 復
49.4 九四悔亡有孚改命吉	46.4 九四悔 [亡] 有復苣命吉
49.5 九五大人虎變未占有孚	46.5 九五大人虎便未占有復
49.6 上六君子豹變小人革面征凶居貞吉	46.6 尚六君子豹便小人勒 [面正兇] 居貞吉
50.0 鼎元吉亨	56.0[鼎元吉亨]
50.1 初六鼎顛趾利出否得妾以其子无咎	56.1 初六鼎填止利 [出] 不得妾以其子无咎
50.2 九二鼎有實我仇有疾不我能即吉	56.2 九二鼎有實我戕有疾不我能節吉
50.3 九三鼎耳革其行塞雉膏不食方雨虧悔終吉	56.3 九三鼎耳勒其行塞雉膏不食方雨 [虧悔終吉]
50.4 九四鼎折足覆公餗其形渥凶	56.4 [九四鼎折足] 復公茫其刑屋 [凶]
50.5 六五鼎黃耳金鉉利貞	56.5 六五鼎黃 [耳金鉉利貞]
50.6 上九鼎玉鉉大吉无不利	56.6 [尚九鼎玉鉉大吉] 无不利
51.0 震亨震來虩虩笑言啞啞震驚百里不喪匕鬯	25.0 辰亨辰來朔朔芺言亞亞辰敬百里不亡鈚觴
51.1 初九震來虩虩後笑言啞啞吉	25.1 初九辰來朔朔後芺 [言] 啞啞吉
51.2 六二震來厲億喪貝躋于九陵勿逐七日得	25.2 六二辰來厲意亡貝齎於九陵勿遂七日得
51.3 六三震蘇蘇震行无眚	25.3 六三辰疏疏辰行无省
51.4 九四震遂泥	25.4 九四辰遂泥
51.5 六五震往來厲億无喪有事	25.5 六五辰往來厲意無亡有事
51.6 上六震索索視矍矍征凶震不于其躬於其鄰□无咎婚媾有言	25.6 尚六辰昔昔視懼懼正兇辰不於其軀於其鄰往无咎閫詬有言
52.0 艮艮其背不獲其身行其庭不見其人无咎	09.0 [根] 根其北不護其身行其廷不見其人无咎
52.1 初六艮其趾无咎利永貞	09.1 初六根其止无咎利永貞
52.2 六二艮其腓不拯其隨其心不快	09.2 六二根其肥不登其隋其心不快
52.3 九三艮其限列其夤厲薰心	09.3 九 [三根其限] 庚其肥 (?) 厲薰心
52.4 六四艮其身无咎	09.4 六四根其軀
52.5 六五艮其輔言有序悔亡	09.5 六五根其胶言有序悔亡
52.6 上九敦艮吉	09.6 尚九敦根吉

53.0 漸女歸吉利貞	60.0 漸女歸吉利貞
53.1 初六鴻漸於干小子厲有言无咎	60.1 初六鳰漸於淵小子癘有言无咎
53.2 六二鴻漸于磐飲食衎衎吉	60.2 六二鳰漸于阪酒食衍衍吉
53.3 九三鴻漸於陸夫征不復婦孕不育凶利御寇	60.3 九三鳰漸於陸[夫正不]復婦繩不△凶利所寇
53.4 六四鴻漸于木或得其桷□无咎	60.4 六四鳰漸於木或直其寇戠无咎
53.5 九五鴻漸于陵婦三歲不孕終莫之勝吉	60.5 九五鳰漸於陵婦三歲不繩終莫之勝吉
53.6 上九鴻漸於逵其羽可用為儀吉	60.6 尚九鳰漸於陸其羽可用為宜吉
54.0 歸妹征凶无攸利	29.0 歸妹正兇无攸利
54.1 初九歸妹以娣跛能履征吉	29.1 初九歸妹以弟跛能利正吉
54.2 九二眇能視利幽人之貞	29.2 九二眇能視利幽人貞
54.3 六三歸妹以須反歸以娣	29.3 六三歸妹以嬬[反]歸以弟
54.4 九四歸妹愆期遲歸有時	29.4 九四歸妹衍期遲歸有時
54.5 六五帝乙歸妹其君之袂不如其娣之袂良□月幾望吉	29.5 六五帝乙歸妹其君之袂不若其弟之无快良日月既望吉
54.6 上六女承筐无實士刲羊无血无攸利	29.6 尚六女承筐无實士刲羊无血无攸利
55.0 豐亨王假之勿憂宜日中	31.0 豐亨王叚之勿憂宜日中
55.1 初九遇其配主雖旬无咎往有尚	31.1 初九禺其肥主唯旬无咎往有尚
55.2 六二豐其蔀日中見斗往得疑疾有孚發若吉	31.2 六二豐其剖日中見斗往得疑[疾]有復溫若
55.3 九三豐其沛日中見沬折其右肱无咎	31.3 九三豐其蘋日中見茉折其右弓无咎
55.4 九四豐其蔀日中見斗遇其夷主吉	31.4 九四豐其剖日中見斗禺其夷主吉
55.5 六五來章有慶譽吉	31.5 六五來章有慶舉吉
55.6 上六豐其屋蔀其家窺其戶闃其无人三歲不見凶	31.6 尚六豐其屋剖其家闚其戶（目臭）其无人三歲不遂兇
56.0 旅小亨旅貞吉	52.0 旅少亨旅貞吉
56.1 初六旅瑣瑣斯其所取災	52.1 初六旅瑣瑣此其所取火
56.2 六二旅即次懷其資得童僕貞	52.2 六二旅既次壞其茨得童剢貞
56.3 九三旅焚其次喪其童僕貞厲	52.3 九三[旅棼其次亡其童剢貞厲]
56.4 九四旅于處得其資斧我心不快	52.4 [九四旅于處得]其溍斧[我]心不快
56.5 六五射雉一矢亡終以譽命	52.5 六五射雉一矢亡冬以舉命
56.6 上九鳥焚其巢旅人先笑後號咷喪牛于易凶	52.6 尚九鳥棼其巢旅人先芺後摅桃亡牛于易兇

57.0 巽小亨利有攸往利見大人	57.0 [筭小] 亨利有攸往利見大 [人]
57.1 初六進退利武人之貞	57.1 初六進內利武人之貞
57.2 九二巽在牀下用史巫紛若吉无咎	57.2 九二筭在牀下用使巫忿若吉无咎
57.3 九三頻巽吝	57.3 九三編筭閵
57.4 六四悔亡田獲三品	57.4 六四悔亡田獲三品
57.5 九五貞吉悔亡无不利无初有終先庚三日後庚三日吉	57.5 九五貞吉悔亡无不利无 [初] 有終先庚三 [日] 後庚三日吉
57.6 上九巽在牀下喪其資斧貞凶	57.6 尚九筭在牀下亡其濔斧貞凶
58.0 兌亨利貞	41.0 奪亨小利貞
58.1 初九和兌吉	41.1 初九休奪吉
58.2 九二孚兌吉悔亡	41.2 九二誃吉悔亡
58.3 六三來兌凶	41.3 九〈六〉三來奪兌
58.4 九四商兌未寧介疾有喜	41.4 九四章奪未寧 [介] 疾有喜
58.5 九五孚於剝有厲	41.5 九 [五復] 於 [剝有厲]
58.6 上六引兌	41.6 尚六景奪
59.0 渙亨王假有廟利涉大川利貞	62.0 渙亨王叚於（有）廟利涉大川利貞
59.1 初六用拯馬壯吉	62.1 初六撜馬吉悔亡
59.2 九二渙奔其機悔亡	62.2 九二渙賁其階悔亡
59.3 六三渙其躬无悔	62.3 六三渙其軀无咎
59.4 六四渙其群元吉渙有丘匪夷所思	62.4 九〈六〉四渙其群元吉渙 [有丘非] 娣所思
59.5 九五渙汗其大號渙王居无咎	62.5 九五渙其肝大號渙王居无咎
59.6 上九渙其血去逖出无咎	62.6 尚九渙其血去湯出（小蓄卦六四爻辭也見「血去湯出」。）
60.0 節亨苦節不可貞	21.0 節亨枯節不可貞
60.1 初九不出戶庭无咎	21.1 初九不出戶牖无咎
60.2 九二不出門庭凶	21.2 九二不出門廷凶
60.3 六三不節若則嗟若无咎	21.3 六三不節若則 [嗟若无] 咎
60.4 六四安節亨	21.4 六四 [安節亨]
60.5 九五甘節吉往有尚	21.5 [九五甘節] 吉往得尚
60.6 上六苦節貞凶悔亡	21.6 尚六枯節貞凶悔亡

61.0 **中孚**豚魚吉利涉大川利貞	61.0 **中復**豚魚吉和〈利〉涉大川利貞
61.1 初九虞吉有他不燕	61.1 初九**杅**吉有**它**不**寧**
61.2 九二鳴鶴在陰其子和之我有好爵 　　吾與爾靡之	61.2 九二鳴鶴在陰其子和之 [我有好爵 　　吾與爾] **羸** [之]
61.3 六三得敵或鼓或罷或泣或歌	61.3 [六三得敵] 或鼓或**皮**或**汲**或歌
61.4 六四月幾望馬匹亡无咎	61.4 六四月**既朢**馬**必**亡无咎
61.5 九五有孚攣如无咎	61.5 九五有**復論**如无咎
61.6 上九翰音登於天貞凶	61.6 **尚**九**鸙**音登**杅**天貞凶
62.0 **小過**亨利貞可小事不可大事飛鳥 　　遺之音不宜上宜下大吉	28.0 **少過**亨利貞可小事不可大事**翡**鳥遺 　　之音不宜上宜下**泰**吉
62.1 初六飛鳥以凶	28.1 初六**翡**鳥以凶
62.2 六二過其祖遇其妣不及其君遇其 　　臣无咎	28.2 六二過其祖**愚**其**比**不及其君**愚**其**僕** 　　无咎
62.3 九三弗過防之從或戕之凶	28.3 九三弗過**仿**之從或**臧**之凶
62.4 九四无咎弗過遇之往厲必戒勿用 　　永貞	28.4 九四无咎弗過**愚**之往厲必**革**勿用永 　　貞
62.5 六五密雲不雨自我西郊公弋取彼 　　在穴	28.5 六五密雲不雨自我西**芝**公**射**取**皮**在 　　穴
62.6 上六弗遇過之飛鳥離之凶是謂災 　　眚	28.6 **尚**六弗**愚**過之**翡**鳥**羅**之凶是謂**茲省**
63.0 **既濟**亨小利貞初吉終亂	22.0 **既濟**亨小利貞初吉**冬乳**（？亂）
63.1 初九曳其輪濡其尾无咎	22.1 初**六**〈九〉**抴**其**綸**濡其尾无咎
63.2 六二婦喪其茀勿逐七日得	22.2 六二婦**亡**其**發**勿遂七日得
63.3 九三高宗伐鬼方三年克之小人勿 　　用	22.3 [九三] 高宗伐鬼方三年克之小人 　　勿用
63.4 六四繻有衣袽終日戒	22.4 六四**襦**有衣**茹冬**日戒
63.5 九五東鄉殺牛□□不如西鄉之禴 　　祭實受其福□	22.5 九五東**鄉**殺牛**以祭**不**若**西**鄉**之**濯**祭 　　實受其福**吉**
63.6 上六濡其首厲	22.6 **尚**六濡其首厲
64.0 **未濟**亨小狐汔濟濡其尾无攸利	54.0 **未濟**亨小狐**氣涉**濡其尾无攸利
64.1 初六濡其尾吝	54.1 初六濡其尾**閵**
64.2 九二曳其輪貞吉	54.2 九二**抴**其**綸**貞
64.3 六三未濟征凶利涉大川	54.3 六三未濟**正兇**利涉大川
64.4 九四貞吉悔亡震用伐鬼方三年有 　　賞于大國	54.4 九四貞吉悔亡 [**辰**用伐鬼] 方三年 　　有**商於**大國
64.5 六五貞吉无悔君子之光有孚吉	54.5 [六] 五貞吉**悔亡**君子之光有**復**吉
64.6 上九有孚於飲酒无咎濡其首有孚 　　失是	54.6 **尚**九有**復**於飲酒无咎濡其首有**復失** 　　是

從以上對照不難看出，白文《易經》和帛書《易經》必有同一底本。但是，二者不同之處還是觸目皆是。特別是有超過半數的卦名不同，就是大問題了。其中固然有「小過」與「少過」、「震」與「辰」這種容易解釋的不同，但「否」與「婦」、「蠱」與「箇」等則無論如何牽強附會，都不能說其含義略同。至於「乾」與「鍵」、「坤」與「川」，則「乾」、「坤」兩卦的卦名，帛書《易經》與白文《易經》根本不同。於是，歷來關於乾坤的解釋，都要重新審視。

若問：傳本《易經》與帛書《易經》誰更接近底本或誰更正確呢？

拙見以為，還是傳本《易經》更接近底本，因而更正確。但還是不能說清，為什麼二者中有超過半數卦名不同。只能說直到漢初，《周易》還有多種不同的本子。傳本《周易》則是參考多種本子整理的結果。

還有一個大問題必須介紹，即白文《易經》六十四卦從「乾」到「未濟」依次排列。帛書則把六十四卦分作八宮，每宮八卦。帛書六十四卦分宮的詳細情況，請參看鄧球柏著《帛書周易校釋》。

按上表統計，有三十五個卦名不同。多數不能用通假字解釋。洪鈞原想把它們一一列出。但由於技術原因，很難做到。只好請讀者仔細看上表。至於不同的卦辭和爻辭更多，一一列出不但失於繁瑣，技術上也很困難，只好請讀者自己對照參看了。

有無帛書《易經》的文字比白文《易經》更合理的呢？

淺見以為，雖然不多，還是有的。比如：和 60.1 對應的 21.1（即「節」卦）二者卦辭不同。前者是：「不出戶庭」，後者是：「不出戶牖」。竊以為帛書的文字更好。

再如，傳本「困」上六的貞兆辭是「征吉」，帛書則是「貞吉」，也是帛書較好。再如，「困」初六帛書《周易》有「凶」字，要比傳本「困」初六无「凶」字好。

雙方卦辭最不同的還有一處，即「蒙」卦辭。

傳本《易經》是：「初筮告再三瀆瀆則不告」。

帛書《易經》是：「初筮吉再參擴擴即不吉」。

「瀆」和「擴」字應該是帛書誤寫，故以白文《易經》為是。因為只有「瀆」字能解通全句。「告」和「吉」兩家完全不同，仍以白文《易

經》為是。

　　總之，帛書《周易》的出土，對《周易》研究意義重大。它完全動搖了傳本《周易》的神聖地位。

　　再說一下馬王堆出土的上述帛書，是否應該命名為帛書《周易》。洪鈞覺得，帛書與傳本《周易》區別太大，很可能和傳本《周易》不屬於一家。《周禮》有三易之說，上述帛書有可能是連山或歸藏《易》。鑒於資料有限，本節不再就此考證。但無論如何，帛書的出土開創了《周易》研究的新時代。

　　最後，請讀者珍惜以上對照表。這不僅由於洪鈞為此付出了很多精力，主要是若無現代科技條件，不可能如此方便地、一目了然地對照。

　　還需說明，洪鈞的微機操作技術不足以整理出如上對照表。有關具體工作都是門人梁小鐵和胡小忠完成的，書稿最後校對時門人汪海升做了大量工作。謹致謝意！

　　以下附上與本節有關的 4 篇拙文。

附一：關於數字卦

　　介紹數字卦，要從陰陽爻的來路說起。

　　陰陽爻的來路是個極重要的問題。前人有過不少猜測。郭沫若和錢玄同有一種大膽的猜測，說陽爻是「劃一而像男根」，陰爻是「分二而像女陰」。然而，近三十年來，有了充分的根據，證明陰陽爻不但和男根、女陰無關，也和陰陽完全沒有關係。這就是數字卦的發現。原來，大約秦代之前不久，卦形還不是由現在見到的陰陽爻組成，而是由數字組成。這一發現是張政烺先生的功績。愚見以為，如果今「乾」「坤」兩卦中沒有「用九」、「用六」兩條，恐怕就永遠不會發現陰陽爻卦形源於數字卦了。

　　對數字卦與原始占筮，再簡單介紹幾句。

　　西元 1118 年（宋重和元年），在湖北省孝感縣出土了六件西周時期的（約昭王時期）銅器，其中一件稱中方鼎，銘文末尾有二奇字。此後，

有類似奇字的金文、甲骨文、陶文陸續有所發現。長期以來，學者們都沒有揭示出它們的意義。

上世紀三十年代，郭沫若認為中方鼎「末二奇字殆中之族徽」（郭沫若：《西周金文辭大系圖錄》，圖次 47，錄編 6 頁；又考釋 16 頁。）唐蘭根據若干材料認為類似奇字是一種特殊的文字。（唐蘭：〈在甲骨文中所見的一種已經遺失的中國古代文字〉，《考古學報》1957 年，第 2 期 34–36 頁、圖一）

1978 年 12 月，在吉林大學召開的古文字討論會上，張政烺根據商周時代記述符號的特徵，提出銅甗（yǎn）及周原卜甲中的奇字是數字卦畫。1980 年，他將陶文、甲骨文和金文中的奇字彙編整理，按照奇數是陽爻，偶數是陰爻的原則標出相應的卦畫和卦名。四盤磨甲骨中有「未濟」、「明夷」、「否」。張家坡甲骨中有「大壯」、「无妄」、「小畜」和經卦「離」。中方鼎其字為「剝」、「比」。周原甲骨中更有「既濟」、「艮」、「蠱」、「蒙」等。

1980 年，陝西省扶風縣出土的卜骨有五個數字卦，湖北江陵戰國楚墓的數位卦十六個，總趨勢是數字向九、六集中。「這便是《周易》的前身，稍加修正即是《周易》了」。（張政烺：〈試釋周初青銅器銘文中的易卦〉，考古學報 1980 年第 4 期，第 414 頁）

這一發現實在是先民，給我們的《易》學專家開了一個大玩笑。原來，兩千多年來，學者們對陰陽爻來路的猜測根本不著邊際。至少他們對陰陽爻、八卦和六十四卦是怎麼來的各種說法，連瞎子摸象也算不上。

附二：關於《帛書周易校釋》的一點看法

洪鈞按：本節涉及了《帛書周易》，於是有必要略談《帛書周易校釋》（鄧球柏著，湖南出版社，1996 年 8 月第二版）。只是有關問題非常複雜，本文也不是書評。以下僅就該書解說「鍵」和「泰過」卦的得失，略說幾句。

洪鈞粗讀了一遍再版的《帛書周易校釋》，印象是其作者鄧球柏先生確實下了很大的功夫。不過此書對經文的解法還是有明顯不足，特別是出現了不該出現的錯誤。

比如，對帛書《周易》的第一卦「鍵」卦辭的解說，就有很值得商榷之處。鄧先生是和傳本《周易》卦辭對照校釋的。「鍵」和「乾」的卦辭都是「元亨利貞」。鄧先生的句讀是：元亨，利貞。如此斷句是正確的。但是，他把「元」字解作「開始」就很難接受。「元」確有「始」義，鄧先生還引用了《子夏易傳》：「元，始也。」然而若問：經文中還有「元吉」14見，莫非其中的「元」字也做「開始」講嗎？再如，「大有」卦辭只有「元亨」二字，鄧先生卻解為「大亨，大享，大祭祀」——一下子解出三個「大」字。這不是自相矛盾嗎？其實，鄧先生遇到「元吉」是解為「大吉」的。高亨先生認為：《周易》中的「元」字均訓「大」。此說雖然不一定百分之百地正確，但遠比訓「元」為「始」更正確。同樣問題，還有鄧先生解「利」為「宜也，適合」，也很不準確。《說文》解「利」字沒有「宜也，適合」之義。段注：「銛利引伸為凡利害之利。」拙見以為，《周易》的「利」字，均為「利害之利」。用作形容詞如「利貞」時，只能解作有利的或吉利的。這雖然和「宜也，適合」義近，區別還是很明顯。

鄧先生引用文獻時還有一處大疏漏。這就是他引《說文》：「貞，問也。」正確的原文是：「貞，卜問也。」校釋《周易》而且是再版，漏掉「卜」字，是比較嚴重的問題。

此外還有，如何看待帛書《周易》「經」的部分，與傳本《周易》「經」的部分，也有值得進一步探討之處。拙見已見上文，即帛書《周易》與傳本《周易》必有同一底本。否則就無法解釋，儘管《帛書周易》「經」的部分與傳本《周易》「經」的部分有800多字不同，但還是有接近4000字是完全相同的。如果傳抄中所據底本基本不同，是不可能有大約4000字完全相同的。試看校訂帛書《周易》「經」的部分，凡損缺處，大體均按傳本補入。這說明校訂中是尊重傳本的。於是，對現有不同的字，也要儘量尊重傳本。

《帛書周易校釋》沒有遵循這一原則。於是對某些卦爻辭的解說出現了嚴重偏差。對「泰過」或「太過」的解說即屬此例。拙見以為，只要把兩者不同的字都視為通假，就不會出現嚴重偏差。不過，該書解說傳本與帛書相同的、很關鍵的字也很不準確。比如該書解「橈」為「曲折」就是片面理解。其實，「橈」字只有「曲」義，沒有「折」義。《說文》：

「橈，曲木，從木堯聲。」有如此現成文獻可供採用，實在不該臆說經文。故雖有《廣雅・釋詁一》：「曲，折也。」《說文》卻沒有「折」字。總之，鄧先生對《泰過》的解說大半錯誤，對該卦卦辭的解說尤其有點令人捧腹。詳細情況請讀者對看本書和《帛書周易校釋》對「泰過」和「太過」的解說。

附三：《易經》的大人、小人、君子解

洪鈞按：本文也與《帛書周易》有關，附在這裡。

近日粗讀鄧球柏著《帛書周易校釋》（湖南出版社，1996年第二版）至該書71頁有：「大人：與小人相對的稱謂。」「大人，德位兼備的人。」「君子，品德高尚的人。」對以上三說，頗不以為是，於是有此文之作。

傳本《易經》中，大人凡12見；小人凡10見；君子凡20見。帛書《易經》情況略同。

竊以為，欲知《易經》中的大人、小人、君子所指，首先要明確《易經》成書的時代。

漢人的「人更三聖，世曆三古」之說早已被推翻，從略。

近代以來，《易》學界對此大體有兩種看法。

一種看法認為，《易經》成書於西周初葉。代表人物是近現代著名學者顧頡剛先生。最近過世的李學勤先生也尊信顧氏之說。著名的《周易》專家高亨先生也認為：「《易經》作于周初。」

另一種看法認為，《易經》成書於西周晚期。代表人物是近現代著名《周易》專家李鏡池先生。他不但認為：「《周易》的成書時代，我們推定為西周晚期」，還舉經文反映的政治思想和文字風格做了論證。

拙見以為，李先生的見解可能更接近事實，儘管西周初葉與西周晚期之間僅隔大約二百年。

不過，以上兩種關於《易經》成書年代的見解，並不影響我們對大人、小人和君子的解說。因為史學界一致認為，我國進入封建社會始於戰

國。此前約二千年，均屬奴隸社會。

成書於奴隸社會的《易經》，必然會反映奴隸社會的政治思想。解說《易經》的政治思想，一般不能以封建思想為依據。

鄧球柏先生解說大人、小人，特別是君子所引據的文獻都是春秋末期乃至戰國時代的著作，故必然出現重大失誤。

那麼，解說大人、小人，特別是君子應該參考什麼文獻呢？

淺見以為，只能參考《詩經》、《尚書》、《春秋》三傳和《論語》。前二者中，《詩經》尤其重要，因為《詩經》時代與《易經》時代大體相同，還因為部分《尚書》的篇章不大可靠。比如《尚書‧大禹謨》：「君子在野，小人在位」之說，大體可以肯定是反映了孔子之後的思想。

《詩經》中有無大人、小人，特別是君子之說呢？以下是洪鈞查考的結果。

「大人」凡 2 見，涉及詩句有：〈斯干〉：「大人占之，維熊維羆，男子之祥；維虺維蛇，女子之祥。……牧人乃夢，眾維魚矣，旐維旟矣，大人占之；眾維魚矣，實維豐年；旐維旟矣，室家溱溱。」

「小人」凡 4 見。依次見於：

〈采薇〉：「駕彼四牡，四牡騤騤。君子所依，小人所腓。」

〈節南山〉：「弗躬弗親，庶民弗信。弗問弗仕，勿罔君子。式夷式已，無小人殆。瑣瑣姻亞，則無膴仕。」

〈大東〉：有饛簋飧，有捄棘匕。周道如砥，其直如矢。君子所履，小人所視。睠言顧之，潸焉出涕。

〈角弓〉：「毋教猱升木，如塗塗附。君子有徽猷，小人與屬。」

洪鈞不善說《詩》，但可看出，「小人」大多與「君子」對舉。以下只說〈采薇〉「君子所依，小人所腓」一句。其中「君子」指將帥，當然是貴族奴隸主；「小人」指士卒，大多是奴隸。

《詩經》中「君子」凡 186 見，個別與淑女相對，如：「窈窕淑女，君子好逑。」不過，最能說明「君子」所指的見於〈伐檀〉如下：

坎坎伐檀兮，置之河之干兮。河水清且漣猗。不稼不穡，胡取禾三百廛兮？

不狩不獵，胡瞻爾庭有縣狟兮？彼君子兮，不素餐兮！

坎坎伐輻兮，置之河之側兮。河水清且直猗。不稼不穡，胡取禾三百億兮？

不狩不獵，胡瞻爾庭有縣特兮？彼君子兮，不素食兮！

坎坎伐輪兮，置之河之漘兮。河水清且淪猗。不稼不穡，胡取禾三百囷兮？

不狩不獵，胡瞻爾庭有縣鶉兮？彼君子兮，不素飧兮！

詩中對「君子」進行了含蓄的諷刺，說「君子」是不白吃飯的人。

於是，詩中的「君子」是不勞而獲者。在奴隸社會裡，不勞而獲者只能是貴族奴隸主。《易經》中的「君子」，只能如此理解。

《春秋》三傳內容很多。不過，洪鈞以為，最能看出其中君子、小人所指的是襄公九年的「君子勞心，小人勞力，先王之制也」一句。勞心者就是統治者，只能是貴族奴隸主；勞力者應該包括平民，但大多應指奴隸。《易經》的君子和小人所指應該這樣理解。

也許有必要略談龜卜與占筮的區別。淺見以為，龜卜主要為商人使用。周人則主要使用占筮。

據理言占筮要晚於龜卜，特別是占筮和龜卜留下的文字風格不同，更足以斷言占筮晚於龜卜。《左傳》中雖然也有龜卜的記載，卻遠不如記載的占筮內容詳細。這應該是那時龜卜早已衰落故沒有留下成系統的書。出土的卜辭都是很簡單的散文。《易經》則既有散文，也有詩歌，還有格言、寓言等。在反映社會政治方面《易經》更全面。卜辭中沒有大人、小人、君子之說。這三種稱謂具有鮮明的奴隸社會階級色彩。

鄧先生說：「君子，品德高尚的人。」那麼，何時「君子」開始有了品德高尚的含義呢？

以下採用一段網上文字略作修改說明。

先秦早期，「君子」一語主要從政治角度立論。「君子」的核心是「君」。「君」從尹，從口。「尹」表示治事；「口」表示發號施令。合起來的意思是：發號施令，治理國家，即君主以及各級官員。《詩經·谷風之什·大東》：「君子所履，小人所視。」孔穎達《詩經正義》曰：「此言君子、小人，在位與民庶相對。君子則引其道，小人則供其役。」此處

的君子、小人，仍然著眼於社會地位而非道德品質。

其後，「君子」一詞開始具有道德品質的屬性，亦即開始具有德行上的含義。孔子說：「君子之道者三，我無能焉。仁者不憂，知者不惑，勇者不懼。」（《論語·憲問》）此似為「君子」一詞在德行上最具體的意義。又說：「君子無終食之間違仁，造次必於是，顛沛必於是。」不過，「仁」只是君子之所以為君子之總綱，在其他方面，仍非無所述說。如「君子成人之美，不成人之惡；小人反是。」（《論語·顏淵》）「君子固窮，小人窮斯濫矣。」（《論語·衛靈公》）

《論語》中「君子」凡 108 見，不再列舉。

總之，到了孔子時代，「君子」有了道德高尚的含義。不過，孔子所謂「君子」，還是不包括下層勞動者。樊遲問孔子種菜的道理，孔子就說樊遲為「小人」，是強有力的證據。

至於「大人」，孔子說：「君子有三畏：畏天命，畏大人，畏聖人之言。」（《論語·季氏》）

孔子出身於沒落的貴族，成年後曾經地位很高，能使他畏懼的人，必然是地位更高的人。故他所謂「大人」必然是最高統治集團中掌權的人。比如，他不大喜歡陽貨，卻不敢得罪他，就是因為陽貨權力很大，孔子不得不畏懼他。故《易經》所謂「大人」必然是貴族奴隸主中權力很大、地位很高的人。

其實，《易經》本身就能說明問題。試舉兩例。

「剝」上九：……君子得輿，小人剝廬。

意思是：奴隸為奴隸主無償造了車子，奴隸的草廬卻被毀壞了。

「旅」六二：旅即次，懷其資，得童僕貞。

意思是：商人到了市場，帶著資本，這是買到奴隸的貞兆。

需略加說明的是：《易經》時代的商人，只能是貴族奴隸主。奴隸乃至平民是沒有資本做買賣的。奴隸連獨立旅行的自由也沒有。

總之，《易經》中的「大人」、「君子」均指奴隸主。其中的「大人」更是地位很高，權力很大。「小人」均指奴隸。洪鈞說《周易》遇到

「大人」即解為權貴；遇到「小人」即解為奴隸；遇到「君子」即解為貴族奴隸主。

附四：近五十年出土的簡帛《周易》類文獻簡介

本節的內容主要是傳本《周易》與帛書《周易》經文對照。經此對照可以斷定，二者必有同一底本，即二者是一脈相承的。但是，近五十年來還另有數種簡帛《周易》類文獻出土，並且已經公開有關研究成果。研究這些出土文獻與傳本《周易》的關係，不是本書的目的和初衷。加之學力、條件和篇幅有限，本書不可能、也不必對有關內容進行詳細介紹。況且有關研究早已有時賢相當徹底地完成了。好在可以肯定，在所有此類出土文獻中，帛書《周易》是內容最全面的，讀者參看本節的對照還是會有一些收穫。但最好還是簡單介紹一下此類出土文獻。

一、帛書《周易》

1973 年 12 月，湖南馬王堆三號漢墓出土了大量帛書。其中包括《易》，學界一般稱為「帛書《周易》」。其下葬的準確時間為，西漢文帝十二年（西元前 168 年）。該文獻有經有傳。其經的部分有卦形（或稱卦畫、卦圖），有卦名，有卦辭，有爻題，有爻辭。這些內容已見本節對照表，不再細說。需要略為說明的是，帛書《周易》有相當多的傳文。研究者依次命名為：二三子；繫辭（上）；繫辭（下）；易之義；要；謬和；昭力。其中的〈繫辭〉與傳本略同，還有傳本〈說卦〉的前三章。其餘均不見於傳本《周易》。還有，帛書《周易》中，沒有〈彖〉傳，大〈象〉傳，〈文言〉傳，〈序卦〉傳和「雜卦」傳，更沒有小〈象〉傳。據此似乎可以推定，《易傳》中，〈繫辭〉傳是最早出現的。學界一般認為，帛書《周易》，是西漢初年楚地流行的傳抄本。

二、阜陽《周易》

1977 年 7 月，安徽阜陽雙古堆一號漢墓出土了《周易》類文獻。學

界一般稱之為「阜陽《周易》」。雖然該文獻殘損嚴重，經專家處理後，還是可以知其大概。出土碎簡 732 片，計 3119 字。文字內容除卦爻辭經文 1110 字之外，還連屬占問具體事項的占辭計 2009 字。

經過各方面研究，阜陽漢墓的墓主，很可能是西漢開國功臣汝陰侯夏侯嬰之子夏侯灶。墓主卒於文帝十五年（西元前 165 年），故其下葬時間亦為西元前 165 年，較之帛書周《易》只晚三年，故應看作同時代的文獻。不過，阜陽《周易》第 30 號簡存有「不吉。上六：大君有命啟邦」簡文，帛書本作「啟國」；顯見阜陽《周易》沒有避漢高祖劉邦諱，而帛書《周易》避劉邦諱作「啟國」，今本又避漢景帝劉啟諱改「啟」為「開」。此雖孤證，但由此亦可推測阜陽《周易》早於帛書《周易》，很可能是漢代之前的抄本。其中沒有《易傳》，卻有占問具體事項的占辭。

三、上博簡《周易》

1994 年，上海博物館從香港文物市場購得一批楚竹書，簡稱「上博簡」。其中有屬於《周易》的 58 支簡，涉及 34 個卦的內容，年代約在戰國中晚期，是至今所見最早的《周易》傳本，學界簡稱「上博簡《周易》」。此本也有卦形，卦辭，爻題和爻辭，與對應的傳本內容基本相合，但已無法知道其卦序。卦形部分以──表示陽爻，陰爻近似八。可以肯定的是，上博簡《周易》沒有《易傳》。

上博簡《周易》還有另一價值，即其中有「九、六」之說，足證漢代之前即有九、六之說。

關於上博簡《周易》的成書年代，西元 2002 年，上海科學院原子核研究所利用最新科技的小型迴旋加速器測譜儀測定，推論上博簡年代大約在西元前 320 年至西元前 190 年之際。上限大約早於荀子（約西元前 369 至前 286 年），下限約在西漢初年。再參考其他有關研究，專家們推測，上博簡是楚國遷郢之前，貴族墓中的隨葬物。據此，上博《周易》的抄寫年代，可能是在屈原（約西元前 340 至前 278 年）、荀子生年或稍後這段時期。

總之，上博簡《周易》，是目前所知，最早的《周易》文本。阜陽《周易》次之。帛書《周易》又次之。

臺灣學者鄭玉姍把以上三種文本和傳本《周易》經的部分，做了詳細對照研究，書名是《出土與今本《周易》經文考釋》，於 2010 年由臺灣花木蘭出版社出版。此書的總結論是：「由上博《周易》、阜陽《周易》、帛書《周易》與今本《周易》，相當完整地呈現了《周易》自戰國至西漢初，再至今之定本的演變源流與內容變化。」

不過，洪鈞認為，以上文獻可以在一定程度上證明拙見：《易傳》大多是秦代和漢初乃至西漢中期寫成的。

除外以上三種出土文獻，近 50 年來，還有三種與《周易》有關的簡帛類文獻出土。以下大體採用《出土與今本《周易》經文考釋》的有關文字介紹。

四、王家台秦簡《歸藏》

1993 年，湖北江陵縣荊州鎮王家台 15 號秦墓出土了易占秦簡。絕大多數學者認為這些易占屬於《歸藏》。竹簡共 394 支，總字數約 4000 餘字。共 70 組卦畫（或稱卦形、卦圖），除去其中重複出現的 16 組，不同的卦畫有 54 種。卦畫皆以「—」表示陽爻，陰爻用「〢」表示。竹簡中出現卦名共 76 次，除去重複的 23 個，實際卦名 53 個，大多與今本《周易》之卦名相同。其文字體例以卦畫開頭，接著是卦名。卦名後以「曰」字連接卜事之辭，然後是卦辭。其辭與今本易辭都不相同，多採用古史中的占筮之例。其中涉及的古史人物有黃帝、炎帝、穆天子、共王、武王、誇王、羿等，還有羿射日、武王伐殷等故事。簡中僅見卦辭，未見爻辭。

五、包山楚簡易筮文獻

1986 年 11 月，湖北荊門包山楚墓 2 號墓，出土了戰國卜筮祭禱簡。此類簡共 54 枚（簡編號 197–250），可分為 26 組。其中 22 簡專記卜筮之事。各組簡按貞問或祭禱時間順序排列。每組記一事，多則四五簡，少則一簡。內容皆為墓主貞卜吉凶禍福，請求鬼神與先人賜福或保佑。格式為：前辭（以事紀年，日用干支，並載卜具），命辭（有卜得爵等）、占辭、禱辭和第二次占辭。簡文中 6 組 12 個易卦卦畫，每組卦畫由兩個卦

組成，左右並列，見於簡 201（豫／兌）、210（損／益）、229（蠱／晉）、232（隨／離）、239（頤／无妄）、245（恒／需）。但簡文中沒有寫出卦畫名稱，也沒有對卦畫的具體解說。

六、新蔡楚墓易筮文獻

1994 年 5 月，河南省新蔡縣平夜君成墓出土了一批戰國竹簡，其中絕大多數為卜筮祭禱記錄簡。此類簡可分為三種：第一種與包山楚簡的卜筮祭禱類簡極為相似，主要為墓主平夜君成生前的占卜祭禱記錄。占卜內容以求問病情為主。格式亦與包山簡非常相似，由前辭、命辭、占辭等部分構成。第二種為平夜君成自己的祈禱記錄，數量很少。第三種內容單純，僅是與祭禱有關的記錄，不見占卜。內容簡單，格式統一。這類簡以前發現不多。其中保存了 15 組卦畫，每組兩卦。完整的有 12 組 24 卦。分別為：甲二 19、20（比／同人）、甲二 37（臨／師）、甲三 112（旅／大過、觀／泰）、甲三 184、185、222（晉／師）、甲三 302（剝／咸）、乙二 2（謙／頤）、乙四 15（謙／遯）、乙四 68（復／觀）、乙四 79（巽／離）、乙四 95（姤／坤）、零 115、22（比／同人）。

由上述出土文獻來看，我們可知《周易》流傳久遠，且在先秦時人們的利用已分流為二大類。一類為占卜筮問，如王家台秦簡《歸藏》、包山楚簡、新蔡楚簡均屬此類。另一類則是把《周易》卦爻辭與其占問分開，使得卦爻辭體系成為獨立的文本體系，並加以說明某種哲理或法則。上博《周易》、帛書《周易》均屬此類。阜陽《周易》則結合二者，在卦爻辭後並連屬卜問具體事項的卜辭。

洪鈞按：由上文可知，早至戰國，晚至漢初，與今本《周易》很相似的《易》，還在用於占筮。故可斷言，《易》為卜筮之書，因卜筮而成，為卜筮所用。只不過漢初的《易》有的有了《易傳》。只是那時，還有與傳本《周易》很不相同的筮書，完全用於占筮。總之，大體可以肯定，秦始皇焚書坑儒時，《易》還完全是卜筮之書。今所知《易傳》大多是秦代和漢初寫成的。其中有的傳文、如〈說卦〉融入五行相生說的部分，應是西漢中期之後的文字。

第十節 「乾」「坤」兩卦的《易傳》評說

之所以把「乾」「坤」兩卦的《易傳》提前放到本節評說，主要是因為這兩卦、特別是「乾」卦附載的《易傳》太多，有必要為下編解說這兩卦時掃清障礙。加之，傳文矛盾之處很明顯，更有必要提前解說有礙於解說經文的、多餘的《易傳》。故本節主要評說「乾」、「坤」兩卦的《易傳》，且主要指出《易傳》的自相矛盾之處。即本節不解經文，留待下編解說。

一、「乾」卦略說

今本《周易》的「乾」卦，是全書中編纂整理得最差的。特別是此卦的〈文言〉之後，附有很多互相矛盾的《易傳》，於是，初學者一讀《周易》，必然墮入五里霧中。故洪鈞先就「乾」卦的結構和內容作些說明。

「乾」卦與其餘六十三卦、特別是自「屯」卦開始的六十二卦結構不同。其餘六十二卦的結構是：卦形之後先列卦名和卦辭，緊接著是該卦的〈彖〉傳。其次是該卦的〈象〉傳，舊稱「大象」。再次是各卦的六爻辭，而且每爻辭下附有該爻的〈象〉傳，舊稱「小象」。「乾」卦則不是這樣。它是卦形之後先列卦名、卦辭，接著是七爻辭。七爻辭下不見「小象」。〈彖〉傳居於七爻辭之後，接著是大〈象〉傳和〈文言〉傳。此後還有不少相當散亂的傳文。下面主要評說「乾」卦的《易傳》，以便為下編解說本卦經文時掃清障礙。

1.「乾」卦的經文

☰ 乾：元亨。利貞。

初九：潛龍勿用。

九二：見龍在田，利見大人。

九三：君子終日乾乾，夕惕若，厲，无咎。

九四：或躍在淵，无咎。

九五：飛龍在天，利見大人。

上九：亢龍有悔。

用九：見群龍无首，吉。

以上八行字就是「乾」卦經文全文，而且按照拙見加上了標點。有的《周易》本子還會標明，這是《易經》第一卦「乾」。乾為天，乾上乾下。這已經是對「乾」卦做了初步解釋。沒有這個解釋，我們不知道乾為天。卦形（即六橫的圖）的乾上乾下也要稍微仔細看才能看出來。解釋這八行字，很不容易，因為第十一節將做出具體解說，這裡就不說了。

2.關於「乾」卦的「小象」

至於「小象」，其餘六十三卦各卦六爻辭下都有「小象」。「乾」卦的六爻辭下則不見「小象」。其實，解釋「乾」爻辭的傳文至少有四套。除了一套編在「大象」之後外，其餘均編在〈文言〉之後。這大概是為什麼，「乾」卦經文的爻辭下不見「小象」。拙見以為，這是因為可以作為「小象」的內容太多了，編纂者未能判斷哪一套最好，於是都列在後面供參考。這樣就無可避免地造成矛盾。

3.「乾」卦所附比較完整的解說

第一套比較完整的解說在〈文言〉之後再隔一段，自初九到上九共六段問答體文字，只是沒有〈象〉傳和「大象」；第二套解說更完整，因為它有和上述〈象〉傳幾乎相同的一段文字。這套解說始於「『乾元』者，始而亨者也」，終於「『元』之為言也」共七段。讀者不難查到。這兩套解釋不可能出於一家，於是導致了嚴重矛盾。

以下逐次評說傳文。

4.「乾」卦的〈彖〉傳

〈彖〉曰：大哉乾元，萬物資始，乃統天。雲行雨施，品物流形。大明始終，六位時成，時乘六龍以御天。乾道變化，各正性命，保合大和，乃利貞。首出庶物，萬國咸寧。

洪鈞按：這就是〈彖〉傳對「乾：元亨，利貞」的解釋。洪鈞已經在第五節指出，此處的〈彖〉傳很可笑，請讀者回頭參看。

「彖」是何義呢？〈繫辭〉說：「彖者，言乎象者也。」不過，可以肯定的是，〈彖〉傳主要是解釋卦辭的。也有的兼解卦形和卦名。它只解釋「元亨利貞」四個字。實際上連「亨」字也沒有解，且不說其它解釋也不得經旨。

其實，「乾」卦經文之後，還有一段和上述〈彖〉傳很接近的話，可以看作「乾」卦的第二種〈彖〉傳。原文如下：

「乾元」者，始而亨者也。「利貞」者，性情也。乾始能以美利利天下，不言所利，大矣哉！大哉乾乎！剛健中正，純粹精也。六爻發揮，旁通情也。時乘六龍，以御天也。雲行雨施，天下平也。

上文和「〈彖〉曰」共同錯誤都是「乾元」連讀，也都有「時乘六龍以御天」。只是對「利貞」的解釋完全不同。如果說這段傳文有點長處，就是它有「亨」字。不過，還是對「元亨，利貞」的歪解。比如「利貞」怎麼會是性情呢？

5.「乾」卦的〈象〉傳

解釋卦形和卦義的〈象〉傳舊稱「大象」。解釋爻辭的〈象〉傳舊稱「小象」。只是「乾」卦只有大象，不見小象。其「大象」傳文如下：

〈象〉曰：天行健，君子以自強不息。

洪鈞按：至此出現了常常被後人引用的「君子以自強不息」這句很有名的話。若問：「天行健」與「君子以自強不息」之間有什麼邏輯關係嗎？洪鈞以為，只能說這是出於某種聯想，只是聯想得有些勉強。「天行健」是說天道運行很穩健或很剛健（不會輕易改變規律的意思）。但是，穩健和自強不息還是區別較大。

總之，君子是從天聯想來的，或君子可以類比為天。其實，和君子掛鈎的

〈象〉傳遠遠不止「乾」、「坤」兩卦。請看第五節「可笑的《易傳》」。

6.「乾」卦的〈文言〉傳

> 〈文言〉曰：「元者，善之長也。亨者，嘉之會也。利者，義之和也。貞者，事之幹也。君子體仁足以長人。嘉會足以合禮。利物足以和義。貞固足以幹事。君子行此四者，故曰『乾：元，亨，利，貞。』」

洪鈞按：以上就是影響深遠的「乾」卦卦辭的「四德」說。對看「乾」卦的〈象〉傳，兩家完全沒有共同語言。矛盾實在太明顯了。其實，兩家都不得經旨。為了提醒讀者再次認識〈文言〉全部都是謬說，把第五節有關評說附錄如下：

以上〈文言〉是解釋「元亨利貞」的。但其句讀是：元，亨，利，貞。這是嚴重的句讀錯誤。正確的句讀是：元亨，利貞。第六節有洪鈞的解說，而且引用了高亨先生的嚴密論證。高先生認為：「以余觀之，凡云『元亨利貞』者，『元亨』為句，『利貞』為句。」

洪鈞也指出：白文《易經》中「元亨」共 10 處，「利貞」共 23 處。加之還有「小利貞」2 見、「小亨」2 見。足見「元亨利貞」是不能四字斷開讀的。即「元亨利貞」應讀作「元亨。利貞」。

其實，即便把「元亨利貞」斷為「元，亨，利，貞」「乾」卦的〈文言〉也毫無道理。試問：「元」字何嘗有「善」義呢？「亨」字何嘗有「嘉」義呢？「利」字不可能是「義之和」，而是互相對立；「貞」字更不能解作「事之幹」。總之，「乾」卦的〈文言〉無一字不錯。

洪鈞又按：在網上查看「元」字，確有解作「善」的。洪鈞以為，此解不但很冷僻，所舉例子也沒有充分的說服力。此例是：《國語·晉語七》：「抑人之有元君，將稟命焉。」其中的「元」字顯然不一定解作「善」。

又，讀者須知「元亨利貞」不是只見於「乾」卦，而是見於六卦，請回頭參看第六節：詳說元亨利貞。問題是，其它的「元亨利貞」再沒有抄襲穆姜之言。可見，所謂「乾」卦的「四德」，只是順手拿來穆姜之言。

至於「元亨」《易經》中共 10 見，也不再解為「善之長」和「嘉之會」；「利貞」共 23 見，也不再解為「義之和」和「事之幹」。對如此

相同的經文，《易傳》的解說如此抵牾，足見「乾」卦的〈文言〉完全不足為訓。

　　洪鈞又按：以下是附在「乾」卦〈文言〉之後的傳文。前人多認為這些傳文屬於《文言·乾》。連高亨先生也是這樣認識的。洪鈞認為，這是不對的。「乾」卦的〈文言〉只有大體上照用的穆姜之言。此後的傳文都不屬於《文言·乾》，而是採自不同《周易》抄本解釋「乾」卦爻辭的傳文。

7. 解釋「乾」卦七爻辭的傳文

　　以下接著是《易傳》對「乾」卦七爻辭的解釋。為了便於比較，把遠在下文之後的，兩段很相似的傳文，提前放在下文之後。

　　「潛龍勿用」，陽在下也。「見龍在田」，德施普也。「終日乾乾」，反覆道也。「或躍在淵」，進无咎也。「飛龍在天」，大人造也。「亢龍有悔」，盈不可久也。「用九」，天德不可為首也。

　　「潛龍勿用」，下也。「見龍在田」，時舍也。「終日乾乾」，行事也。「或躍在淵」，自試也。「飛龍在天」，上治也。「亢龍有悔」，窮之災也。乾元「用九」，天下治也。

　　「潛龍勿用」，陽氣潛藏。「見龍在田」，天下文明。「終日乾乾」，與時偕行。「或躍在淵」，乾道乃革。「飛龍在天」，乃位乎天德。「亢龍有悔」，與時偕極。乾元「用九」，乃見天則。

　　洪鈞按：以上是對「乾」卦爻辭的三套解釋，應該看作三套「小象」。這三套解釋都很簡明，但是，三者之間的矛盾很大。比如，對初九「潛龍勿用」的三種解釋如下：

　　潛龍勿用，陽在下也。

　　潛龍勿用，下也。

　　潛龍勿用，陽氣潛藏。

　　這三套解釋的第一句有點接近，但出入還是很明顯。其餘的解釋矛盾更大，就不一一列出對比了，只簡單說一下洪鈞對第一套解釋的看法。

　　第一套解釋的水準怎麼樣呢？洪鈞以為，完全不能令人滿意。「潛龍勿用，陽在下也」還有點意思。即就卦形以及陰陽來說理。「見龍在田，德施普也」就完全不可理解。其餘五句只有「亢龍有悔，盈不可久也」有點辯證思想。至

於「用九，天德不可為首也」更難理解。試問：天如此尊貴，天德何以不能為首呢？又，不是乾為天嗎？若「天德不可為首」，何以「乾」卦居於六十四卦之首呢？

有人把這第一套解釋看作「乾」卦七爻辭的小象，那麼該如何處置與它相似的其他傳文呢？

總之，把如此互不相容的文字，編入《易經》第一卦之後作為傳文，實在令人喪氣。

毫無疑問，這是饑不擇食地搜羅眾說。正如歐陽修所言，這是「眾說淆亂，亦非一人之言也。昔之學《易》者，雜取以資其講說，而說非一家，是以或同或異，或是或非。其擇而不精，至使害經而惑世也。然有附托聖經，其傳已久，莫得究其所從來而核其真偽。故雖有明智之士，或貪其雜博之辯，溺其富麗之辭，或以為辯疑是正，君子所慎，是以未始措意於其間。」又說：「若余者可謂不量力矣。邈然遠出諸儒之後，而學無師授之傳，其勇於敢為而決於不疑者，以聖人之經尚在，可以質也。」

洪鈞更是學無師傳，不自量力，淺學即試，如此勇於看輕《易傳》，大概前無古人。終於不能已於言者，乃欲求其真也！

8.「乾」卦七爻辭的另一套解釋

> 初九曰「潛龍勿用」，何謂也？
>
> 子曰：「龍德而隱者也。不易乎世，不成乎名，遯世而無悶，不見是而無悶。樂則行之，憂則違之，確乎其不可拔，乾龍也。」

洪鈞按：讀者試與上文解釋此爻辭處對看，兩處完全不相容。上文的解釋只有「陽在下也」四個字。此處的解釋有五十來個字，且立論完全不同。上文用陰陽來說理，此處完全討論不得志的隱者如何處世。

> 九二曰「見龍在田，利見大人」，何謂也？
>
> 子曰：「龍德而正中者也。庸言之信，庸行之謹，閑邪存其誠，善世而不伐，德博而化。《易》曰『見龍在田，利見大人』，君德也。」

洪鈞按：以上對「乾」卦九二爻辭的解釋，必然採自其它解《易》的著作。否則不會有《易》曰且把九二爻辭全文引出。文中的核心思想是正中和庸。更簡

明地說就是中庸。從「見龍在田，利見大人」解出中庸來，可見儒家思想到處氾濫。

　　九三曰「君子終日乾乾，夕惕若，屬无咎」，何謂也？

　　子曰：「君子進德修業。忠信，所以進德也；修辭立其誠，所以居業也。知至至之，可與幾也；知終終之，可與存義也。是故，居上位而不驕，在下位而不憂。故乾乾因其時而惕，雖危而无咎矣。」

　　洪鈞按：此處對「乾」卦九三爻辭的解釋，應是《易傳》解《易》解得最好的，儘管不全是經文的原意。

　　九四曰「或躍在淵，无咎」，何謂也？

　　子曰：「上下無常，非為邪也；進退無恒，非離群也；君子進德修業，欲及時也，故无咎。」

　　洪鈞按：以上解釋的核心是「君子進德修業」故无咎。只是，這與或躍在淵沒有關係。

　　九五曰「飛龍在天，利見大人」，何謂也？

　　子曰：「同聲相應，同氣相求。水流濕，火就燥，雲從龍，風從虎，聖人作而萬物睹。本乎天者親上，本乎地者親下，則各從其類也。」

　　洪鈞按：子曰中，沒有難認的字，也沒有難懂的詞句。其核心思想是「同聲相應，同氣相求」。由此推出「本乎天者親上，本乎地者親下，則各從其類也。」這種解釋略有道理，但還是沒有說清「飛龍在天」何謂也。

　　上九曰「亢龍有悔」，何謂也？

　　子曰：「貴而無位，高而無民，賢人在下而無輔，是以動而有悔也。」

　　洪鈞按：這裡的子曰把亢龍解釋為「貴而無位，高而無民，賢人在下而無輔」。總之是對社會不利的情況。於是，尊貴的賢人無往而不艱難。只是，此說完全不是「亢龍有悔」的原意。再就是其中不見對「用九」的解釋。

9.對「乾」卦的第二套解釋

　　「乾元者」一段應該看做第二種〈彖〉傳。故雖然已見上文與〈彖

傳比較，此處還是不宜刪去。故再次舉出並予解說。

> 「乾元」者，始而亨者也。「利貞」者，性情也。乾始能以美利利
> 天下，不言所利，大矣哉！大哉乾乎！剛健中正，純粹精也。六爻
> 發揮，旁通情也。時乘六龍，以御天也。雲行雨施，天下平也。

洪鈞按：以上解釋開始就乾元連讀，肯定是錯誤的。「利貞」連讀是正確
的，但是，把利貞解作性情，則毫無道理。其餘解釋略同「乾」卦的〈彖〉傳。

> 君子以成德為行，日可見之行也。潛之為言也，隱而未見，行而未
> 成，是以君子弗用也。

洪鈞按：以上兩句是解釋何以「潛龍勿用」的，只是非常勉強。蓋「潛龍勿
用」不限於君子。讀者最好參看本書第十一節對「乾」卦的解說。

> 君子學以聚之，問以辯之，寬以居之，仁以行之。《易》曰「見龍
> 在田，利見大人」，君德也。

洪鈞按：請注意，「《易》曰『見龍在田，利見大人』，君德也」重出。全
文的意思是具備學問和寬厚、仁愛的君子才有資格晉見權貴。這顯然不是經文的
原意。

> 九三：重剛而不中，上不在天，下不在田，故乾乾因其時而惕，雖
> 危无咎矣。
> 九四：重剛而不中，上不在天，下不在田，中不在人，故或之。或
> 之者，疑之也，故无咎。

洪鈞按：以上是對「乾」卦九三、九四爻辭的解釋。不難看出，這兩段有不
少重複。「重剛」是什麼意思呢？就是陽爻重複，因為陽爻都是剛。只是「乾」
卦六爻都是陽爻，自九二開始都是重剛。不過，九二、九五分別居於內外卦的中
間。九三、九四則不是這樣，故說「重剛而不中」。這樣就是「上不在天，下不
在田，中不在人」。如此說來，怎麼會「无咎」呢？總之，採用爻位之說很繁
瑣，也不足以說清經文。不過，應該指出，九三的解說略有可取。

> 夫大人者，與天地合其德，與日月合其明，與四時合其序，與鬼神
> 合其吉凶。先天而天弗違，後天而奉天時。天且弗違，而況於人
> 乎？況於鬼神乎？

洪鈞按：上文是對「大人」的解釋與發揮。「大人」是天人合一的典範，甚至天也要服從「大人」。其他的人和鬼神都不能違背大人。本書序言中已經指出，這是典型神學思想。

> 亢之為言也，知進而不知退，知存而不知亡，知得而不知喪。其唯聖人乎！知進退存亡，而不失其正者，其唯聖人乎！

洪鈞按：上文從「亢」字的解釋，推出聖人的德行。其中略有道理，可以算是對「亢龍有悔」解釋，只是文中沒有解釋「龍」字，也沒有提及「有悔」是何義。

二、「坤」卦及其《易傳》

1. 坤卦的卦辭

> 坤：元亨，利牝馬之貞。君子有攸往，先迷後得主。利西南，得朋；東北，喪朋。安貞吉。

洪鈞按：「坤」卦的卦辭要比「乾」卦卦辭複雜。第十一節會詳細解說卦爻辭，這裡就不解了。

2. 「坤」卦的〈彖〉傳

> 〈彖〉曰：至哉坤元！萬物資生，乃順承天。坤厚載物，德合无疆。含弘光大，品物咸亨。牝馬地類，行地无疆，柔順利貞。君子攸行，先迷失道，後順得常。西南得朋，乃與類行。東北喪朋，乃終有慶。安貞之吉，應地无疆。

洪鈞按：《周易》至此改變了體例，卦辭之後直接就是〈彖〉傳。要理解「坤」卦卦辭的〈彖〉傳，最好與「乾」卦卦辭的〈彖〉傳對看。二者的開頭，幾乎是一樣的。

前者是：大哉乾元，萬物資始，乃統天。……

後者是：至哉坤元，萬物資生，乃順承天。……

讀者看出了問題嗎？

問題是，兩家〈象〉傳都把經文讀錯了。即乾不能與元連讀，坤也不能與元連讀。這大概是因為，古書都沒有標點，否則，小學生也不會連讀的。詳細的有關拙見不再評說。總之是，〈象〉傳的作者完全不懂經文。他們的其他見解，可想而知。

〈象〉傳接著對卦辭的解釋，不能說一無是處，但是，站在今天的高度看，基本上不能接受。比如「利牝馬之貞」不能說是「柔順利貞」。

3.「坤」卦的〈象〉傳

〈象〉曰：地勢坤，君子以厚德載物。

洪鈞按：請讀者回頭對看「乾」卦的〈象〉傳。那邊是「天行健，君子以自強不息」。

若問：為什麼天行健，君子就要自強不息呢？

多數讀者應該知道，因為乾象天，由此聯想到君子的德行也要象天。天行健是說天行剛健，於是君子也要行為剛健。自強不息有剛健之義。那麼，洪鈞要問：地勢坤，何以也要聯想到君子呢？不是坤為地、為女嗎？由此聯想到淑女的德行，不是更有理嗎？如此推理，坤卦的〈象〉傳就應該是：

地勢坤，淑女用厚德載物。

古人顯然不會同意拙見，但在男女平等今天，應該接受拙見。況且無論按陰陽、剛柔之說，還是就文理而言，拙見都比〈象〉傳更有理。

可見，解說《易傳》必須首先承認男女不平等，也不能根據陰陽、剛柔等說嚴密推理。即便婦女的優勢很明顯，也只能讓位給君子。

以上是比較沉重話題。下面說幾句比較輕鬆的，當然也和上述〈象〉傳有關。

洪鈞想說的是，對仗問題。

國人的文學很講究對仗。對仗也是國人的思維定式之一。比如，日常生活中常說的黑白、大小、東西等，都是相反的字組成了固定用語。

舊時，讀書人從小就要對對子。春聯無不是對仗的。至於舊體詩——特別是律詩，更講究對仗。對仗有正對和反對，以反對為好。拙見以為，「乾」、「坤」兩卦的大〈象〉傳，很有點對仗的味道。試看：

天行健，君子以自強不息。

地勢坤，君子以厚德載物。

不難看出，不做修改，以上兩句對仗不大好。缺點之一是：地勢坤用了卦名，於是「天行健」最好改為「天行乾」。至於君子對君子也不好。如果要求儘量對得好，應改為：

天行乾，君子以自強不息。

地勢坤，淑女用厚德載物。

這樣天對地、行對勢、乾對坤、君子對淑女、以對用，自強不息對厚德載物，基本上沒有缺點了。

讀者切莫以為，洪鈞是在玩文字遊戲。1962 年 10 月 12 日，在《光明日報》「哲學」363 期上討論《周易》。有劉操南提出，「天行健」應改為「天行乾」，當時，李鏡池先生完全不同意。直到十多年之後，長沙出土了帛書《周易》。其中的「乾」卦取名「鍵」，可見「天行健」也有根源。劉先生的見解至少一半是對的。

4.「坤」卦七爻辭的〈象〉傳

洪鈞按：至此有必要再次說明，今《周易》的體例不一。從「坤」卦開始，每一條爻辭之下都附有〈象〉傳。然而，它的第一卦——「乾」卦的七爻辭卻不見〈象〉傳。按說「乾」卦的《易傳》最長，為什麼其爻辭沒有〈象〉傳呢？此事已在上文作了說明，請讀者回頭參看。「坤」卦之後雖然每爻都有〈象〉傳，卻都很簡單。結果弄得《周易》頭重腳輕。拙見以為，這是《周易》遠遠沒有成熟的緣故。比如：為什麼〈文言〉傳只見於「乾」、「坤」兩卦呢？只能說是其作者淺嘗輒止，遠遠沒有完成。

又，「乾」、「坤」兩卦的《易傳》明顯散亂，故今《周易》的《易傳》肯定不是一家之言，且遠遠沒有成熟。《周易》最穩定的內容只有六十四卦經文和卦形。

「坤」卦七爻辭的〈象〉傳，這裡不再解釋了。這樣做不僅因為本卦的〈文言〉傳之後有所解釋，更因為本書將在第十一節和第十二節逐次解釋六十四卦經文。如果那邊解得好，相應的〈象〉傳水準如何就昭然若揭了。

初六：履霜，堅冰至。

〈象〉曰：履霜堅冰，陰始凝也。馴致其道，至堅冰也。

六二：直，方，大，不習无不利。

〈象〉曰：六二之動，直以方也。不習无不利，地道光也。

六三：含章，可貞。或從王事，无成有終。

〈象〉曰：「含章，可貞」，以時發也。「或從王事」，知光大也。

六四：括囊，无咎，无譽。

〈象〉曰：「括囊，无咎」，慎不害也。

六五：黃裳，元吉。

〈象〉曰：「黃裳，元吉」，文在中也。

上六：龍戰於野，其血玄黃。

〈象〉曰：「龍戰於野」，其道窮也。

用六：利永貞。

〈象〉曰：用六永貞，以大終也。

5.「坤」卦的〈文言〉

〈文言〉曰：坤至柔而動也剛，至靜而德方，後得主而有常，含萬物而化光。坤道其順乎？承天而時行。

洪鈞按：這幾句〈文言〉是解釋「坤」卦卦辭的。用陰陽、剛柔解釋乾坤是可以的。只是漏掉了大部分卦辭。其作者也不很自信，故曰：「坤道其順乎？承天而時行。」

積善之家，必有餘慶。積不善之家，必有餘殃。臣弒其君，子弒其父，非一朝一夕之故，其所由來者漸矣，由辯之不早辯也。《易》曰「履霜堅冰至」，蓋言順也。

洪鈞按：這一套儒家說教，原來可以從坤卦初六的爻辭得到印證。只是對看「坤」卦初六的〈象〉傳，兩家完全不同。

「直」其正也，「方」其義也。君子敬以直內，義以方外，敬義立而德不孤。「直，方，大，不習无不利」，則不疑其所行也。

洪鈞按：以上是解釋「坤」卦六二的。對看那邊的〈象〉傳，兩家完全不可調和。

> 陰雖有美，含之以從王事，弗敢成也，地道也，妻道也，臣道也。地道無成而代有終也。

洪鈞按：「坤」卦是順從「乾」卦的。因為「乾」卦象徵的是天道也，夫道也，君道也。而「坤」卦象徵的是地道也，妻道也，臣道也。這也是典型的儒家思想，卻不是經文的原意。

> 天地變化，草木蕃；天地閉，賢人隱。《易》曰「括囊，无咎，无譽」，蓋言謹也。

洪鈞按：以上是解釋「坤」六四「括囊，无咎，无譽」的。最後落實到一個「謹」字。天地變化指一年中有四時變化，這樣才能草木繁盛。天地閉，是說天地停止了變化。這時不僅賢人隱，而是一切生物都處於閉藏狀態。對看「坤」卦六四的〈象〉傳，兩家完全不同。

至此洪鈞想起了《論語》關於君子如何處世的原則。

孔子說：「篤信好學，守死善道。危邦不入，亂邦不居。天下有道則見，無道則隱。邦有道，貧且賤焉，恥也。邦無道，富且貴焉，恥也。」（《論語·泰伯》）又說：「邦有道，穀；邦無道，穀，恥也。」（《論語·憲問》）又說：「邦有道，則仕；邦無道，則可卷而懷之。」（《論語·衛靈公》）又說：「邦有道，不廢；邦無道，免于刑戮」。（《論語·公冶長》）夫子的主張何其正大明白。站在現代高度看，《論語》的說法固然不是完全正確，但與《易傳》之說對看，高下立判。故說《易傳》出自孔子之手，吾不信也。

> 君子黃中通理，正位居體，美在其中，而暢于四支，發於事業，美之至也。

洪鈞按：「君子黃中通理」來自「坤」六五「黃裳，元吉」。其〈象〉傳說：「『黃裳，元吉』，文在中也。」後世坐皇帝要「黃袍加身」。黃色成為皇家專用顏色，足見「黃袍加身」根子很深。

順便指出，李時珍在《本草綱目》中說黃芪、甘草「黃中通理」，其說完全符合實際。

陰疑于陽必戰，為其嫌于無陽也，故稱龍焉，猶未離其類也，故稱
血焉。夫玄黃者，天地之雜也。天玄而地黃。

洪鈞按：上文是解釋坤上六「龍戰於野，其血玄黃」的。對看那邊的〈象〉
傳，兩家互不相容。其實，兩家都不得經旨。試問：無陽怎麼會「稱龍」呢？至
於「天玄而地黃」後來採入《千字文》。其開頭是：「天地玄黃，宇宙洪荒」。
《千字文》是南北朝之後兒童學習的開蒙讀物，可見《周易》影響深遠。

下編
經傳對看說《周易》

本編第十一節和第十二節即經傳對看通解六十四卦。解說的通例是：

一、各卦經傳全文

二、經文解說

　　1. 卦名解說

　　2. 卦辭解說

　　3. 爻辭解說

三、傳文評說

　　需要略加說明的是，本書不解爻題，以免千篇一律。解說爻辭時就把爻辭全部拿出來。相應的解說即在各爻辭之下。傳文評說大多不是評說各卦全部《易傳》，而是選取洪鈞認為最有意義者評說。主要評說各卦的〈象〉傳和大〈象〉傳。讀者讀過兩三卦之後，就會明白這一體例。由於凡經文均用黑體字，解說則用宋體字。相信讀者不會把二者混淆。

　　由於經文分為上、下經，第十一節即解上經共三十卦，其餘三十四卦的解說即在第十二節。

　　另需說明《易經》卦爻辭，常見一條卦辭或爻辭所述事類不一，也常見其貞兆辭或斷占語互相矛盾。這是由於卦爻辭常常不是來自一次占筮記錄，不可能解為頭尾連貫的一兩句話。切望讀者有此思想準備，因為解說經文時一般不再隨文指出。

本編還有第十三節，題目是：說《周易》遺留的幾個問題。瞭解這幾個問題，對深入理解《周易》也是必要的。

第十一節　經傳對看說《上經》

「乾」（卦一）

　　洪鈞按：在此先要告訴讀者的是，「乾」卦與其餘六十三卦——特別是自「屯」卦開始的六十二卦結構不同。其餘六十二卦的結構是：卦形之後先列卦名和卦辭，緊接著是該卦的〈彖〉傳。其次是該卦的〈象〉傳，舊稱「大象」。再次是各卦的六爻辭，而且每爻辭下都附有該爻辭的〈象〉傳，舊稱「小象」。「乾」卦則不是這樣。它是卦形之後先列卦名、卦辭，接著是七爻辭。七爻辭下不見「小象」。〈彖〉傳居於七爻辭之後，接著是大〈象〉傳和〈文言〉傳。此後還有不少相當散亂的傳文。這些傳文連同〈彖〉傳、大〈象〉傳和〈文言〉傳，已經在上編第十節廓清了，故本節解「乾」、「坤」兩卦不再評說傳文。

　　古今《易》學家對本卦的解說，基本上不能令人滿意——大多是謬說連篇，故洪鈞集全力並請教相關領域的專家，務求對這《易經》第一卦解說圓滿。在籌思和查找資料的過程中，得到南開大學余新忠教授的大力幫助，謹致謝意！

一、經文全文

　　乾：元亨，利貞。

　　　　初九：潛龍，勿用。

　　　　九二：見龍在田，利見大人。

　　　　九三：君子終日乾乾，夕惕若，厲，无咎。

　　　　九四：或躍在淵，无咎。

九五：飛龍在天，利見大人。

上九：亢龍有悔。

用九：見群龍无首，吉。

二、經文解說

1. 卦名解說

卦名：乾。

解說：「乾」原是八經卦之一，卦形是 ☰。此卦形上下重疊，即《易經》的第一卦「乾」的卦形。《易經》這第一卦，何以取名「乾」，眾說不一。帛書《周易》的該卦取名「鍵」，足見直到漢初，這一卦還有不同的名稱。至於近代以來，著名的《易》學專家如何解此卦名。李鏡池先生認同聞一多先生《周易義證類纂》的考證結論，說「乾」指北斗。又說此卦主要談天，故取名「乾」。高亨先生《周易古經今注》的第三篇，名為《周易》卦名來歷表，卻說本卦取名「乾」而不取名「龍」，不可解。

洪鈞原以為，凡是八經卦卦形自身上下重疊者，均取八經卦之原名。試看六十四卦有「乾」「坤」「坎」「離」「震」「艮」「兌」「巽」，都是經卦自身上下重疊，即知這一取名規律，概莫能外。

然而，這一拙見還是不能回答，何以八經卦之首為「乾」。

《說文》：「乾，上出也。從乙。乙，物之達也；倝（gan）聲。」有點難解的是，許慎沒有指出「乾」是卦名。須知他在解說「坤」字時，明確指出是卦名。故很可能直到東漢早期，傳本《易經》的第一卦還沒有定名「乾」。

洪鈞按：關於「乾」卦之取名，孔穎達《周易正義》之說，略有可採。其說謂：

> 「乾」卦本以象天，天乃積諸陽氣而成，故此卦六爻皆陽畫成卦也。此既象天，何不謂之天，而謂之「乾」者，天者定體之名，「乾」者體用之稱。故〈說卦〉云：「乾，健也。」言天之體，以健為用。聖人作《易》本以教人，欲使人法天之用，不法天之體，

故名「乾」，不名天也。

至於八經卦是否曾經有過其他名稱，對看帛書《周易》，肯定是有過的。帛書《周易》的八經卦自身相重者依次是：「鍵」、「川」、「辰」、「根」、「贛」、「羅」、「奪」、「筭」可證。

看來還是應該接受聞一多先生之說：乾指北斗，本字或是幹。

讀者須知，北斗在中國古代天文學和占星術中的地位很高，是可以代表天的。為證實此說，謹把舊作《內經時代》的有關內容扼要附在下面。

北斗在中國古代天文學體系中是最重要的基礎。它是上天意志的代表。

北斗是北極星（又稱北辰或紫薇星）——天帝象徵的指揮棒。斗的運行決定著天地間的一切。

《漢書‧天文志第六》說：「斗為帝車，運於中央，臨制四海。分陰陽，建四時，均五行，移節度，定諸紀，皆系於斗。」

《淮南子‧天文訓》說：「帝張四維，運之以斗……一歲而匝，終而復始。指寅，則萬物蠢蠢也……指卯，卯則茂茂然……指辰，辰則振之也……指巳，巳則生已定也。」總之，萬物都不敢不聽這個指揮棒指揮。

2. 卦辭解說

卦辭：元亨。利貞。

解說：大通。利兆。

就是非常通達，吉利之兆的意思。詳見上編第六節。

3. 爻辭解說

洪鈞按：以下七爻辭中，有五個「龍」字。由於對「龍」字解說不同，且不可調和，成為本卦的難解之處。高亨先生認為「龍」是兩棲動物。李鏡池先生認同聞一多《周易義證類纂》所考，謂「龍」乃龍星——東宮蒼龍之星，本卦取自星占。洪鈞以為，李說為是。以下解說本卦爻辭，即取此說。淺見以為，前人的解說均不如此說準確、貼切。如果說《易經》與科學有關，也只有理解本卦需要比較專業的天文學知識。故解說經文之前，先說一下古人觀測天象的時間規定。一般規定是從昏至旦。這是由於太陽太亮，白天看不到星斗。昏旦又稱「昏明

刻」。昏指太陽落山後二刻半；旦指日出前二刻半。二刻半換算為現代時鐘時間為 36 分鐘。

為了理解以下拙解，還需要簡單交代一下龍星及其在天空出現的規律。

龍星又稱蒼龍或青龍，它不是一顆星，而是一群星。據《甘石星經》所載：「東方七宿，三十三星，七十五度，並中外宮輔座」。蒼龍包括七個星宿。即：角宿（二顆）、亢宿（四顆）、氐宿（四顆）、房宿（四顆）、心宿（三顆）、尾宿（九顆）、箕宿（四顆），都是二十八宿之一，位於黃道和天赤道附近。

又請注意，以上所說幾顆都是指肉眼可見的。如果用天文望遠鏡觀測，就更多。比如氐宿可以增至三十顆。

這七宿組合的形狀近似龍，合稱蒼龍或青龍。二十八宿都是恒星，按說是不動的，只是由於地球自轉，龍星的視運動是每晝夜運行一周天。又由於地球一年中又圍繞太陽公轉一周，於是龍星的視運動又是每年運行一周天。故在不同時節，龍星在天空的方位不同。實際上，龍星（包括其它恒星）是逐日由東向西不斷移動的，只不過二十八宿居於黃道和天赤道附近，最容易看出其方位變化而已。不難想像，龍星潛入地下之後，還要逐日移動。這時的龍星白天在天空，除非日全食的時候，看不見龍星。

總之，從秋分到來年的春分，將近半年的時間，夜間看不到龍星的全部。而是在秋分後大約一個月的昏時，還能看到龍星的一部分。這是因為蒼龍七宿總宿度有 75 度。即這七宿在天空的跨度很大，不可能數日內都潛入地下。龍星在東方出現時，也是先看到龍頭（即角宿），其他部分要在大約 5 小時左右，才能漸次出現在地平線之上。

春分時節的黃昏後，龍星的角宿首先出現於東南地平線附近的天空。這就是「春分而登天」。到了本年秋分時節的黃昏後，龍星出現在西南地平線附近。其中的角宿已經潛入地平線之下。這就是「秋分而潛淵」。故《說文》有：「龍……春分而登天，秋分而潛淵。」

還需說明，「乾」卦涉及的天象，是秦漢時期乃至更早的天象，與今天所見天象略有不同。主要是龍星在東方出現的時間略為錯後了。其中的原因，只好請讀者參看比較專業的天文書了。

初九：潛龍，勿用。

潛龍：指冬至時節的黃昏後，看不到龍星，因為這時的龍星早已潛入

地平線之下，大體在下中天，故稱潛龍。

勿用：指不可有所施行，或不可有所舉措。《說文》：「用，可施行也。」

全句是：龍星潛入地下，不可有所施行。

洪鈞按：經文中，凡單用「勿用」之處，即指「不可有所施行」或「不可有所舉措」。「勿用」前後有連帶語者，即指不利、不能、不要或不宜。比如，「屯」卦辭「勿用有攸往」，即不利遠行。

洪鈞又按：為什麼潛龍就要勿用呢？這是因為這時正值隆冬時節，農業生產早就停止了，也不適於其他興作。那時的平民和奴隸，就像後來東北的農民一樣，都在家裡「貓冬」。朝廷和各級官員也最大限度地減少了活動。甚至商業活動也停止了，故「復」卦〈象〉傳有：「先王以至日閉關，商旅不行，後不省方。」「省方」指君王出巡視察地方。

九二：見龍在田，利見大人。

見龍在田：指仲春時節的凌晨，龍星和天田星一起出現於天空。這就是「見龍在田」。

大人：指權貴。

洪鈞按：何以把「大人」解為「權貴」，第九節附三已有說明。為了使讀者確信拙見，這裡不憚重複之嫌，再次簡單說明。孔子說：「君子有三畏：畏天命，畏大人，畏聖人之言。」（《論語・季氏》）孔子出身于沒落的貴族，成年後曾經地位很高，能使他畏懼的人，必然是地位更高的人。故他所謂「大人」必然是最高統治集團中掌權的人。比如，他不大喜歡陽貨，卻不敢得罪他，就是因為陽貨權力很大，孔子不得不畏懼他。故《易經》所謂「大人」必然是權力很大、地位很高的人。故洪鈞把「大人」解為「權貴」。

洪鈞又按：為什麼「見龍在田，利見大人」呢？這是因為耕種的時節到了，那時的主要經濟活動——農業生產就要忙碌了。朝廷和各級官員也會相應地忙碌。下級要逐級向上報告有關情況。最後會在朝廷匯總，於是「利見大人」。九五的「利見大人」與此類似。

全句是：龍星和天田星一起出現於天空，利於晉見權貴。

洪鈞按：天田星又稱靈星，也是恒星。龍星與它的相對位置是基本不變的。

從字面即可知道，它與農業有關。當它凌晨在東南天空出現時，古人要祭祀它。這是因為仲春正值耕種時節，祭祀它是為了祈求豐年。文獻中有關記載主要如下：

《星經》卷上：「天田，二星，在角北，主天子畿內」。卷下：「天田九星在牛東南，主畿內田苗之職。」《史記·封禪書》「其令郡國、縣立靈星祠」裴駰集解引三國魏張晏曰：「龍星左角曰天田，則農祥也，晨見而祭。」

現代天文學認為，天田是中國古代星官，有2座，分別屬於二十八宿的角宿和牛宿。角宿的天田意為「天上的田」，位於現代星座劃分的室女座，含有2顆恒星。牛宿的天田意為「天子的田」，位於現代星座劃分的顯微鏡座和魔羯座。

洪鈞以為，本爻所謂天田，應指屬於牛宿者。

九三：君子終日乾乾，夕惕若，厲，无咎。

君子：指貴族奴隸主。

乾乾：敬慎、勤勉貌。

張衡《東都賦》：「勤屢省，懋乾乾。薛綜注：『乾乾，敬也。』」

曹植《武帝誄》：「乾乾庶事，氣過方叔。」乾乾：敬慎，勤勉。

洪鈞按：《武帝誄》是曹植悼念曹操之作。《墨子·魯問》「誄者，道死人之志也。」曹操薨時還是魏王。曹植在誄中亦稱「我王」，故此誄的篇名曾經後人改動。

氣過方叔：指為國操勞的精神超過了方叔。方叔是周宣王的賢臣，先後奉命征伐淮夷，擊退北方少數民族玁狁的侵擾，又率兵車三千討伐不聽號令的楚國，建立了赫赫功勳，為周室中興的一大功臣。《詩經》有〈采芑〉、〈方叔〉兩篇詠之。

惕若：警惕的樣子。

厲：危險。情況嚴重。

全句是：貴族奴隸主整天敬慎、勤勉，夜間也很警惕，雖然情況嚴重，但無災患。

洪鈞按：以上拙解比較圓滿，卻應注意一個問題：就是本爻完全沒有提到龍，看起來與本卦其它爻辭很不一致。近讀陳久金先生的一篇文章，感到有必要

介紹其有關見解如下：

> 在「乾」卦七條爻辭中，六條都有物象。這些物象便是龍的不同方
> 位。「九三」不言龍象而直述君子，這是較為特殊的。不過「乾」
> 卦中的君子，就相當於龍。這是沒有什麼矛盾的。《詩經·小雅·
> 蓼蕭》說：「既見君子，為龍為光。」就可以看出二者的關係。龍
> 位相當於君子之位。「九三」時蒼龍正處於從地平線處上升的階段，
> 正與君子為事業的成就而兢兢業業地奮鬥相當。（陳久金《周易·
> 乾卦》六龍與季節的關係載《自然科學史研究》1987 年第 6 卷第 3
> 期 206–213 頁）

洪鈞按：陳先生的上述看法有一定的道理，但還是說不清為什麼本爻沒有直
接說龍。淺見以為，這主要是因為，古代天文學和占星術提供的關於龍星資料只
有二分、二至的天象共四條。加上天田星一條夠了五條，再加上「見群龍无首」
夠了六條。「乾」卦爻辭共七條，於是必然還有一條未能涉及龍，只好用上關於
君子的這一條。當然，說君子「就相當於龍」也不算很附會。

九四：或躍在淵，无咎。

或：有時。在淵：指秋分時節的黃昏後，龍星在西南地平線附近出
現。其中的角宿（即龍頭）已經潛入地下，就像龍躍入深淵。這就是「或
躍在淵」。

全句是：有時龍星躍入深淵，沒有災患。

洪鈞按：中國古代神話留有成語「日薄虞淵」。《太平御覽》作「薄于虞
淵。」虞淵是神話傳說中的日入之處。《淮南子·天文訓》：「日入于虞淵」。
可見，日入地下稱作入淵，故角宿入地亦可稱作「躍在淵」。

另據《晉書·天文志》載：「天圓如張蓋，地方如棋局。」於是大地
邊際之外，只能是淵。

九五：飛龍在天，利見大人。

飛龍在天：指夏至時節的黃昏後，龍星出現在南中天。這就是「飛龍
在天」。

全句是：龍星飛躍於南中天時，利於晉見權貴。

上九：亢龍有悔。

亢：高，極度，非常。

亢龍：指夏至時節的黃昏後，龍星出現於南中天。其中的亢宿更是達到最高點。這就是亢龍。《禮記·月令》：「仲夏之月，昏·亢中。」此後的龍星開始從南中天向西下降。

全句是：亢星達到最高點，有悔恨。

洪鈞按：關於「亢龍，有悔」〈繫辭上〉有解謂：「『亢龍有悔。』子曰：『貴而無位，高而無民，賢人在下位而無輔，是以動而有悔也。』」此解把「亢龍」解為「貴而無位，高而無民，賢人在下位而無輔」不合「亢龍」的原意。

洪鈞又按：「亢龍有悔」指亢星達到最高點，不能再上升了，該走下坡路了，也就是有點後悔了。故本書他處的「悔」字多解為「禍患」，只有少數幾條解作悔恨或後悔。

用九：見群龍无首，吉。

用九：指占得「乾」卦六爻皆變，即「乾」卦變為「坤」卦。這時即用「用九」所繫之辭來占斷，即吉。詳見第三節所引李鏡池和高亨先生的解說。

見群龍无首：指「角星在春分初昏時初見於東方，而在秋分初昏時必隱沒於西方，且大致與太陽相合。這是基本的天文常識。《禮記·月令》說：『仲秋之月，日在角。』說的正是這種情況。角宿與太陽相合，隱沒不見，而蒼龍的其他部分在初昏時仍呈現在西方地平線以上。這正是蒼龍无首的星象。所謂『群龍无首』，實際上就是龍體无首。『乾』卦中並未涉及數條龍，故此處的群龍實指龍體的各個部分。」（陳久金《周易·乾卦》六龍與季節的關係，載《自然科學史研究》1987 年第 6 卷第 3 期 206–213 頁）

洪鈞按：以上陳先生的見解，無懈可擊，卻要略為解釋。主要是：龍首指角宿。蒼龍在東方出現時，角宿在上。過了南中天，就角宿在下了。故秋分時節黃昏後，角宿首先潛入地下，其他六個星宿還暫時在地平線之上，故出現了「群龍无首」的星象。

洪鈞又按：為什麼「見群龍无首」會「吉」呢？這是因為，這時秋收大體完

成了，可以享受勞動成果了。大家都喜歡。如果是豐年，就更吉利。

三、傳文評說

已見上編第十節，不再重複。

「坤」（卦二）

一、經傳全文

☷☷ 坤：元亨，利牝馬之貞。君子有攸往，先迷後得主。利西南，得朋；東北，喪朋。安貞吉。

〈彖〉曰：至哉坤元！萬物資生，乃順承天。坤厚載物，德合无疆。含弘光大，品物咸亨。牝馬地類，行地无疆，柔順利貞。君子攸行，先迷失道，後順得常。西南得朋，乃與類行。東北喪朋，乃終有慶。安貞之吉，應地无疆。

〈象〉曰：地勢坤，君子以厚德載物。

初六：履霜，堅冰至。

〈象〉曰：履霜堅冰，陰始凝也。馴致其道，至堅冰也。

六二：直、方、大，不習，无不利。

〈象〉曰：六二之動，直以方也。不習无不利，地道光也。

六三：含章，可貞。或從王事，无成有終。

〈象〉曰：「含章，可貞」，以時發也。「或從王事」，知光大也。

六四：括囊，无咎，无譽。

〈象〉曰：「括囊，无咎」，慎不害也。

六五：黃裳，元吉。

〈象〉曰：「黃裳，元吉」，文在中也。

上六：龍戰於野，其血玄黃。

〈象〉曰：「龍戰於野」，其道窮也。

用六：利永貞。

〈象〉曰：用六永貞，以大終也。

〈文言〉曰：坤至柔而動也剛，至靜而德方，後得主而有常，含萬物而化光。坤道其順乎？承天而時行。

二、經文解說

1. 卦名解說

卦名：坤。

解說：「坤」原是八經卦之一，卦形是 ☷。此卦形上下重疊即這《易經》的第二卦「坤」的卦形。「坤」與「乾」相對。鑒於帛書《周易》此卦名「川」，故「乾」、「坤」兩卦取名定型應該相當晚，大概直到西漢中期、甚至更晚才定下來。至於此卦取名「坤」，也是來自八經卦的原名，因為本卦卦形是坤上坤下，按八經卦自身相重取名之通例，只能取名「坤」。至於「坤」的含義，《說文》：「坤，地也。《易》之卦也。從土從申。土位在申。」可見，東漢早期，此卦已定名為「坤」而且其他領域很少用此字。

2. 卦辭解說

卦辭：元亨。利牝馬之貞。君子有攸往，先迷後得主。利西南，得朋；東北，喪朋。安貞吉。

解說：牝（pìn）：雌性的。君子：指貴族奴隸主。主：旅途中的主人，即今所謂房東。《孟子·萬章篇》：「孔子于衛主顏讎由，微服而過宋，主司馬貞。」攸：所。朋：朋貝，當時的貨幣。五貝為一系，二系為一朋。

全文是：非常通達順利，利於母馬的貞兆。貴族奴隸主遠行，先是迷失了道路，後來找到投宿的主人。利於往西南，那裡能賺錢，去東北會賠錢。占問安否則吉。

洪鈞按：高亨先生懷疑「利西南」的「利」字是衍文。此說待商，因為經文中的「利西南」不止一處，另兩處見於「蹇」卦辭和「解」卦辭。再參看帛書《周易》，此卦辭是有「利」字的。總之，「坤」卦辭的「利西南」不能刪去「利」字。高先生又認為「朋」可解作朋友，也可解作朋貝，不知何者為是。洪鈞以為，解為「朋貝」較勝。蓋商周時期，遠行者多是貴族奴隸主商旅遠行。又，周國的西南多為盟國，容易賺錢；東北多是敵國，容易賠錢。

洪鈞又按：對「坤」卦辭的標點不同，就是作者對卦辭的理解不同。謹列出幾本著作的標點如下：

吳樹平等點校的《周易》標點是：

> 元、亨，利牝馬之貞。君子有攸往，先迷，後得主，利。西南得朋，東北喪朋。安貞吉。

李鏡池《周易通義》的標點是：

> 元亨。利牝馬之貞。君子有攸往，先迷後得主。利西南，得朋；東北，喪朋。安貞吉。

高亨《周易古經今注》的標點是：

> 元亨。利牝馬之貞。君子有攸往，先迷後得主，利，西南得朋，東北喪朋。安貞吉。

黃壽祺等《周易譯注》的標點是：

> 元；亨，利牝馬之貞。君子有攸往，先迷；後得主，利。西南得朋，東北喪朋。安貞吉。

朱熹《周易本義》刻板影印本的句讀是：

> 元亨。利牝馬之貞。君子有攸往。先迷後得主利。西南得朋。東北喪朋。安貞吉。

朱熹《周易本義》蘇勇校注本的標點是：

> 元亨，利牝馬之貞。君子有攸往，先迷後得，主利。西南得朋，東北喪朋。安貞吉。

鄧球柏《帛書周易校釋》的標點是：

> 元亨，利牝馬之貞。君子有攸往，先迷後得。主利，西南得朋，東北喪朋。安，貞：吉。

李零《《周易》的自然哲學》的標點是：

> 元亨，利牝馬之貞。君子有攸往，先迷後得主，利。西南得朋，東北喪朋。安貞吉。

宋祚胤《周易譯注與考辨》的標點是：

> 元亨，利牝馬之貞。君子有攸往，先迷，後得主，利。西南得朋，東北喪朋。安貞吉。

沙少海《易卦淺釋》的標點是：

> 元亨。利牝馬之貞。君子有攸往，先迷後得主，利。西南得朋，東北喪朋。安貞吉。

尚秉和《周易尚氏學》的標點是：

> 元亨，利牝馬之貞。君子有攸往，先迷後得主。利。西南得朋，東北喪朋。安貞吉。

朱伯崑等《周易知識通覽》的標點是：

> 元亨利牝馬之貞。君子有攸往，先迷後得。主利。西南得朋，東北喪朋。安貞吉。

李學勤主編《十三經注疏·周易正義》橫排簡體本的標點是：

> 元、亨、利牝馬之貞。君子有攸往，先迷後得。主利。西南得朋，東北喪朋。安貞吉。

溫公翊《周易校釋》的標點是：

> 元亨。利牝馬之貞。君子有攸往先迷後得主利西南得朋，東北喪朋。安貞吉。

總之，關鍵在於如何理解「先迷後得主利西南」這 10 個字。洪鈞以為，除

了《周易通義》，上述著作都有標點不當之處。標點最不當的是《周易譯注》和《帛書周易校釋》。後者不但斷錯了上舉 10 個字，還妄斷了「安貞吉」。

又，至此想起關於「乾元亨利貞」如何斷句、即標點的問題。從秦代開始，研究《周易》歷經兩千多年，至今對《易經》開頭兩卦卦辭的標點或斷句大不同——也就是理解大不同。這實在是中國《易》學的悲哀。故洪鈞建議，中國《易》學界應就這一問題進行一番徹底的學術討論。淺見以為，這一問題並非很複雜，甚至可以說是顯而易見的問題。愚見還以為，解決這一問題，遠比研究簡牘或帛書《周易》更重要，因為不從根本上解決問題，就會不斷地出現新問題；不能解決相當簡單的問題，更不可能解決相對複雜的問題。關於「元亨利貞」如何斷句或標點，請參看第六節所附「解說《周易》開卷即見的嚴重問題」。

又，本卦卦辭的開頭是：「元亨利牝馬之貞」，略同「元亨利貞」。如果採用《文言·乾》之說，就應解作：元者，善之長也；亨者，嘉之會也；利者，義之和也。再往下就無法解了。總不能解作「母馬的事之幹」或「母馬的正」吧？故所謂《文言·乾》的「四德」顯系謬說。

3. 爻辭解說

初六：履霜，堅冰至。

霜降時出發，冰凌堅厚時才到達。《禮記·月令》：「季秋之月，霜始降，季冬之月冰方盛，水澤腹堅。」

洪鈞按：此爻只用五個字記述自然現象，給讀者或解說者留下了很大的想像空間，故可有絕不相同的解說。比如此爻也可以解作：踩到了霜，就該想到堅冰要到來了。高亨先生就認為《文言·坤》之後的「積善之家」一段乃本爻之旨。

六二：直、方、大，不習，无不利。

「直方大」三字頗難解。高亨先生解為兩船並在一起為方舟。李鏡池先生解為古人對大地的粗淺認識。洪鈞以為，李說為是，因為古人認為，大地是平直四方的。《晉書·天文志上》綜述前人的天體說即有：「天圓如張蓋，地方如棋局。」

全句為：大地平直、四方、遼闊，不熟悉的地方也可以去，沒有不利。

洪鈞按：按高亨先生之說，經文的句讀應是：「直方，大不習，无不利」。

竊以為如此斷句不妥，主要是「大不習」之「大」字頗覺多餘，故最好斷為：「直、方、大，不習，无不利。」如此斷句則經文可解作：（渡船或木筏子）平直、四方且大，不必並在一起，不會不順利。

洪鈞又按：關於此爻辭，《文言‧坤》後有解謂：「直其正也，方其義也。君子敬以直內，義以方外，敬義立而德不孤。『直，方，大，不習无不利』，則不疑其所行也。」這是按君子的行為準則立論，但不會是經文的原意。

洪鈞又按：按照聞一多《周易義證類纂》之說，直即省字，古為一字。直方即省方。大字疑涉不字衍。如此則全句為：省方，不習，无不利。意思是：君王巡狩，不宜反覆，如此則无不利。

以上四說，均似言之成理。倘讀者有更好的解說，則洪鈞幸甚。

洪鈞又按：溫公翊著《周易校釋》認為：「直方大，為經文古注，原作『大方直』，今誤倒而闌入易辭。大方，地也。」不知其說所本。不過，據其說卻無處安置「直」字，且難以解說下文。

六三：含章，可貞。或從王事，无成有終。

含章：《周易正義》孔疏：「含，藏也。章，美也。」古人使用「含章」者很多，其含義大體不出孔疏範圍。如張衡〈西京賦〉：「麒麟朱鳥，龍興含章。」《三國志‧魏志‧管寧傳》：「含章素質，冰絜淵清。」劉勰《文心雕龍‧徵聖》：「然則志足而言文，情信而辭巧，乃含章之玉牒，秉文之金科矣。」白居易〈玉水記方流〉「良璞含章久，寒泉徹底幽。」故「含章」二字最好解作「內藏錦繡」或「內藏材美」。王事：軍國大事。《左傳‧成公十三年》：「國之大事，在祀與戎。」

全句是：內藏材美，可以貞問。如果隨從君王打仗，即便沒有戰功，也會得到賞賜。

洪鈞按：高亨先生解「含章」為戡商。其說謂：「含章即戡商，謂武王克商也。……此爻乃以武王克商之事示休咎，故記之曰含章。所占事可行謂之可貞。筮遇此爻，乃武王克商之兆，所占之事自為可貞，故曰含章可貞。武王克商，從征者有人未立功亦得賞，是無成而有終。故曰或從王事，無成有終。此二句亦承含章而言也。」此說與以上拙解，絕不相容。如何取捨，請讀者自己判斷。

六四：括囊，无咎，无譽。

括：捆住。《說文》：「括，絜（xié）也。」囊：口袋。

全句是：捆住大口袋的口兒。沒有災患，也不值得讚譽。

洪鈞按：何以要括囊呢？李鏡池先生指為把農產品裝進口袋綁好口，如此則文意明白。

洪鈞又按：對於本爻辭，《文言·坤》後有解謂：「天地變化，草木蕃。天地閉，賢人隱。《易》曰『括囊，无咎，无譽』，蓋言謹也。」這是從人事角度解說。主要是一個「謹」字。竊以為，此說不可取。

六五：黃裳，元吉。

裳：《易經》時代的古人上衣下裳，裳如短裙。《左傳·昭公十二年》：「裳，下飾也。」《說文》：「裳，下帬也。」黃色鮮麗，古人貴黃色。

全句是：穿著黃色的下裳，大吉。

上六：龍戰於野，其血玄黃。

龍：指大蛇。偶可見大蛇爭鬥於野外。玄黃：注家解說不同。竊以為即指血之顏色。蓋血初流為紅色，稍微凝結乾燥即呈紫黑，其邊沿處可如黃色。

全句是：大蛇爭鬥於野外，它們的血紫黑而黃。

用六：利永貞。

用六：指占得「坤」卦後，六爻皆變。即由「坤」卦變為「乾」卦。這時就用「用六」所繫之辭占斷。永：長久。

全句是：利於長久的貞兆。

洪鈞按：在所有斷占語中，這是最吉之占。《易經》中「利永貞」僅兩見，另見「艮」初六。此外還有「永貞吉」等含義略同。

三、傳文評說

已見上編第十節，不再重複。

「屯」（卦三）

一、經傳全文

䷂ 屯：元亨。利貞。勿用有攸往。利建侯。

〈彖〉曰：屯，剛柔始交而難生，動乎險中，大亨貞。雷雨之動滿
盈，天造草昧，宜建侯而不寧。

〈象〉曰：雲雷，屯。君子以經綸。

初九：磐桓，利居貞，利建侯。

〈象〉曰：雖「磐桓」，志行正也。以貴下賤，大得民也。

六二：屯如邅如，乘馬班如，匪寇婚媾。女子貞不字，十年乃字。

〈象〉曰：六二之難，乘剛也。十年乃字，反常也。

六三：即鹿无虞，惟入于林中。君子幾，不如舍，往吝。

〈象〉曰：「即鹿无虞」，以縱禽也。君子舍之，往吝窮也。

六四：乘馬班如，求婚媾，无不利。

〈象〉曰：求而往，明也。

九五：屯其膏，小貞吉，大貞凶。

〈象〉曰：「屯其膏」，施未光也。

上六：乘馬班如，泣血漣如。

〈象〉曰：「泣血漣如」，何可長也！

二、經文解說

1.卦名解說

卦名：屯。

解說：屯（zhūn）：《說文》：「屯，難也。象草木之初生。屯然而
難。」然而，洪鈞以為，用難義解說此卦很難解通。故把前文涉及此卦之
處附於下：

讀者須知，「屯」卦辭是「元亨利貞」開頭，傳文卻不說「四德」了。可見《文言‧乾》不可取。其〈彖〉傳說「大亨貞」。這樣就丟掉了「利」字。顯然是其作者認為「利」字不和「貞」字連讀。文中沒有解釋「屯」的含義，卻說「剛柔始交而難生」。「剛柔始交」應指本卦卦形中第一次出現了陰陽爻都見的情況。「剛柔交」應該是好現象，何以會產生艱難呢？加之，卦辭中沒有艱難不利的話，怎麼會艱難呢？又，卦辭明明說「利建侯」，怎麼會「宜建侯而不寧」呢？「雷雨」二字指此卦是水上雷下。莫非「雷雨」一定要「滿盈」嗎？總之，完全不通，很可笑。

洪鈞按：《說文》：「屯，難也。象草木之初生。屯然而難。……『《易》曰：屯，剛柔始交而難生。』」許慎引用了上述〈彖〉傳，可見漢代多解「屯」為難。〈彖〉傳作者只知道「屯」有難義，故一味往艱難之義解說。

其實，古代也有人看出，「屯」卦的〈彖〉傳、〈象〉傳與卦辭含義相反。如歐陽修著《易童子問》如下說：

童子問曰：「『屯』之〈彖〉、〈象〉與卦之義反，何謂也？」
曰：「吾不知也。」

洪鈞以為，這是歐陽修不便指出〈彖〉傳的錯誤，因為他認為，〈彖〉傳出自聖人之手。

2. 卦辭解說

卦辭：元亨。利貞。勿用有攸往。利建侯。

解說：攸：所。有攸往：即有所往，指出門遠行。《易經》時代，遠行者大多是貴族商旅。

全文是：大通，利兆。不利遠行。利於封建侯國。

3. 爻辭解說

初九：磐桓，利居貞，利建侯。

磐：大石頭。成語「堅如磐石」即用此義。桓：借作垣。「磐桓」就是大石頭建成的牆垣。

全句是：有大石頭建成的牆垣，利於居住之兆，利於封建侯國。

六二：屯如邅如，乘馬班如，匪寇婚媾。女子貞不字，十年乃字。

屯如邅如：逡巡不前的樣子。班如：想回頭的樣子。字：指許嫁。《儀禮・士昏禮》：「女子許嫁，笄而醴之，稱字。」

全文是：逡巡不前，騎著馬想回頭，不是強盜而是娶親的。女子貞問未能許嫁，過了十年才許嫁。

洪鈞按：「屯如邅如，乘馬班如，匪寇婚媾」有詩歌或民歌的味道。

六三：即鹿无虞，惟入于林中。君子幾，不如舍，往吝。

即：接近，到了。鹿：借為麓，即山腳下。虞：主管山澤者。惟：考慮。幾：借為機，機智之義。

全文是：到了山腳下，沒有主管山澤者引導。考慮是否進入林中。君子很機智，覺得不如捨去，前往艱難。

洪鈞按：高亨先生解「即鹿」為「從鹿，逐鹿」。又疑「幾」借為「祈」，可備一說。

六四：乘馬班如，求婚媾。往吉，无不利。

騎著馬想回頭的樣子，是求婚的。前往吉祥，沒有不利。

九五：屯其膏。小貞吉，大貞凶。

屯：借為囤。膏：肥肉。《說文》：「膏，肥也。」

全句是：囤積禽獸的肥肉。貞問小事，吉祥；貞問大事，凶險。

上六：乘馬班如，泣血漣如。

騎著馬想回頭的樣子，（馬上的女子）痛哭泣血。

三、傳文評說

先說上六的經傳。原文如下：

上六：乘馬班如，泣血漣如。

〈象〉曰：「泣血漣如」，何可長也！

本卦爻辭中，三次出現「乘馬班如」。六二且有「匪寇婚媾」。這是奴隸社會早期的搶奪婚場景。〈象〉傳作者不明古時有此婚俗。看見「泣血漣如」就認為，女方很不願意，故說婚姻不會長久。

六四的經傳更說明，〈象〉傳作者完全不知道搶奪婚俗。原文如下：

六四：乘馬班如，求婚媾，无不利。

〈象〉曰：求而往，明也。

〈象〉傳作者看到「求」字，就認為是明智之舉。這是他習慣了男下女的婚俗。其實，此爻所述也是搶奪婚。

洪鈞按：關於「搶奪婚」，網上有很詳細的資料。讀者可以搜索查看。

再看大〈象〉傳如下：

〈象〉曰：雲雷，屯。君子以經綸。

雲雷，屯，只是幫助記憶卦形。「君子以經綸」只是生硬地插入君子的行為。其餘傳文，不再評說。

「蒙」（卦四）

一、經傳全文

蒙：亨。匪我求童蒙，童蒙求我，初噬告，再三瀆，瀆則不告。利貞。

〈象〉曰：蒙，山下有險，險而止，蒙。「蒙，亨」，以亨行時中也。「匪我求童蒙，童蒙求我」，志應也。「初噬告」，以剛中也。「再三瀆，瀆則不告」，瀆蒙也。蒙以養正，聖功也。

〈象〉曰：山下出泉，蒙；君子以果行育德。

初六：發蒙，利用刑人，用說桎梏。以往吝。

〈象〉曰：「利用刑人」，以正法也。

九二：包蒙，吉。納婦，吉。子克家。

〈象〉曰：「子克家」，剛柔接也。

六三：勿用娶女，見金夫，不有躬，无攸利。

〈象〉曰：「勿用娶女」，行不順也。

六四：困蒙，吝。

〈象〉曰：困蒙之吝，獨遠實也。

六五：童蒙，吉。

〈象〉曰：童蒙之吉，順以巽也。

上九：擊蒙。不利為寇，利御寇。

〈象〉曰：利用御寇，上下順也。

二、經文解說

1. 卦名解說

卦名：蒙。

解說：本卦所以取名「蒙」，是因為經文中有七個「蒙」字，即因多見字取名。「蒙」字的本義是高地上草木叢生，引申為蒙昧。不過，本卦中的蒙字，不是都取蒙昧義。說見下文。

2. 卦辭解說

卦辭：亨。匪我求童蒙，童蒙求我，初筮告，再三瀆，瀆則不告。利貞。

解說：卦辭中的「亨」和「利貞」，已經在第六節解說，此處義同。其餘應是一句比較淺顯的文言文。匪：即非。童蒙：本義為無知的兒童。此處指求占者。瀆：即褻瀆。全文譯為白話應如下：

不是我們有求於求占者，而是求占者有求於我們。初次求占，告訴他們結果；再三求占，就是對神靈的褻瀆。如此褻瀆就不告訴他們結果。

洪鈞按：關於如何看本卦卦辭的主要組成部分，已經在第三節指出過。即「匪我求童蒙，童蒙求我，初筮告，再三瀆，瀆則不告。」不應該編為一條卦辭，而是職業占筮者，共同遵守的規矩。此中微義，請讀者仔細體會。洪鈞感到

欣慰的是，高亨先生的見解，略同拙見，見其書《周易古經今注》。

至於「童蒙」，李鏡池先生指為愚蠢的奴隸。此說固然可以解通卦辭。不過，求占者不是都是奴隸，應該是奴隸主或平民居多。加之，求占者相對于筮師，略同未開蒙的兒童之于老師，亦可稱作童蒙。故拙解把「童蒙」解為「求占者」。

3.爻辭解說

初六：發蒙，利用刑人，用說桎梏，以往吝。

解說：發：借作伐。發蒙：義為割草、伐木。「利用刑人」指最好使用受刑的奴隸。說：借為脫。「用說桎（zhì）梏（gù）」是說因為要勞動，脫去刑具，蓋因不少奴隸平時就戴著「桎梏」。《說文》「桎，足械也。梏，手械也。」故「桎梏」類似於後世的手銬、腳鐐。由字形可知，那時的「桎梏」是木頭做的。

全句是：要割草、伐木了，利於使用受刑的奴隸，因此脫去桎梏。過此以往，未免艱難。意思是勞動之後，還會戴上桎梏。

洪鈞按：李零先生解「發蒙」為「啟發糊塗人」，可備一說。見其書《周易的自然哲學》。高亨先生解「發蒙」為：「醫去其目瞖而復明」。此說勉強，因為如此解說與下文毫不聯屬，加之「目瞖」是很難治的病，即便今天也不可能數日痊癒，故此說不可取。

九二：包蒙吉。納婦吉。子克家。

「包蒙吉」是說把割的草包起來吉祥。「納婦吉」是說經過正式禮聘的娶妻才吉祥。「子克家」是說兒子成了家。克：本義是戰勝，引申為能力超強，勝任，完成等義。

全文是：把割的草包起來吉祥。娶媳婦吉祥。兒子成了家。

洪鈞按：高亨先生解「包蒙」為庖人目病生瞖。又疑「包蒙吉」之吉字是衍字。其說勉強。

六三：勿用取女，見金夫，不有躬，无攸利。

聞一多《周易義證類纂》說：「夫」為「矢」之誤；躬乃弓。

全文是：不宜娶妻。見到銅箭，卻沒有弓，沒有什麼好處。

六四：困蒙，吝。

「困」即困難之義。「蒙」作無知講。

全句是：困難且無知，艱難。

洪鈞按：此爻的「蒙」也可以解作「矇」，即目盲之義。「困蒙」即困於目盲，當然就艱難了。以上兩說均非確信無疑，期待著更好的解說。

六五：童蒙，吉。

「童蒙」就是無知的兒童。其所以「吉」，是因為一般無人加害於無知的兒童。

上九：擊蒙。不利為寇，利御寇。

「擊蒙」二字相當難解。高亨先生解為「攻擊愚昧無知之人」；李鏡池先生解為「砍伐樹木」。暫從李說。「不利為寇，利御寇」很容易理解，就是不利於搶掠，利於防禦搶掠。這是把「寇」字解為搶掠。《說文》「寇，暴也」。搶掠必然使用暴力。有人解作戰爭中的進攻和防禦，略為勉強。蓋《易經》時代，搶掠遠比戰爭常見，儘管戰爭中也常伴有搶掠。

三、傳文評說

本卦的《易傳》無可取。僅略評〈彖〉傳和大〈象〉傳。

〈彖〉傳先解「蒙」字。說是「山下有險，險而止，蒙。」「山下有險」來自卦形，因本卦卦形是山上水下。水為險。對看上文對卦名的解釋，足見〈彖〉傳作者完全不懂卦名的來歷。至於對下文的解釋，更是不著邊際。看來，其作者連淺顯的文言文也完全沒有讀懂。至於「蒙以養正」就是總想把「貞」字解作「正」——卦辭中有「利貞」二字。其餘謬說不再舉。

〈象〉傳更是不可理喻。「山下出泉」也是來自卦形。至於「君子以果行育德」則與經文毫不相干。

「需」（卦五）

一、經傳全文

 需：有孚，光亨。貞吉。利涉大川。

〈彖〉曰：需，須也。險在前也。剛健而不陷，其義不困窮矣。「需，有孚，光亨，貞吉」，位乎天位，以正中也。「利涉大川」，往有功也。

〈象〉曰：雲上于天，需。君子以飲食宴樂。

初九：需于郊，利用恒，无咎。

〈象〉曰：「需于郊」，不犯難行也。「利用恒，无咎」，未失常也。

九二：需于沙，小有言，終吉。

〈象〉曰：「需于沙」，衍在中也。雖「小有言」，以終吉也。

九三：需于泥，致寇至。

〈象〉曰：「需于於泥」，災在外也。自我致寇，敬慎不敗也。

六四：需于血，出自穴。

〈象〉曰：「需于血」，順以聽也。

九五：需于酒食，貞吉。

〈象〉曰：「酒食貞吉」，以中正也。

上六：入於穴，有不速之客三人來，敬之，終吉。

〈象〉曰：不速之客來，「敬之終吉」，雖不當位，未大失也。

二、經文解說

1. 卦名解說

卦名：需。

解說：本卦卦爻辭中有五個「需」字，據多見字取名。「需」是「濡」的本字，含義是濕。本卦主要占行旅。

洪鈞按：高亨先生把本卦的「需」字均解為「駐止」，竊以為不如解作「濕」更通順。查今本《說文》既有「需」字，也有「濡」字。據理言「濡」字應後出且只有水名一義。《說文》解「需」確有「止」義，即「遇雨不進，止」。不過，淺見還是認為「需」乃「濡」的本字。

2. 卦辭解說

卦辭：有孚，光亨。貞吉。利涉大川。

光亨：猶大亨。蓋光通廣，廣大義。現代漢語有「發揚光大」即用此義。

全文是：有所俘獲，非常順利。兆示吉祥。利於過大河。

3. 爻辭解說

初九：需于郊，利用恒，无咎。

在郊野被雨淋濕了，利於堅持走下去，沒有災患。

九二：需于沙，小有言，終吉。

沙：沚之訛。有言：訶譴。

全句是：在洲沚上弄濕了衣服，小受訶譴，最終還是吉祥的。

九三：需于泥，致寇至。

陷在泥濘裡，招致強盜來。

六四：需于血，出自穴。

身上沾滿血污，從地穴裡逃出來。

洪鈞按：李鏡池先生注「穴」字說：「穴」，穴居野處的穴。從考古發掘的半坡村文化遺址中可以看到，仰韶文化前期，房屋多為半地穴式，後期才出現地面建築。龍山文化期，黃河中下游的房屋以半地穴式為主。《詩·綿》寫到古公亶父時，仍然「陶復陶穴，未有家室」。遷到岐山之下以後，才用舂（chōng）泥法「作廟翼翼」，建了城。可見，穴就是當時的住所。

九五：需于酒食，貞吉。

吃飽喝醉，弄濕了衣服，兆示吉祥。

上六：入于穴，有不速之客三人來，敬之，終吉。

速：邀請。《儀禮‧鄉飲酒禮》：「主人速賓。」穴：當時的住所，即投宿之家。

全句是：旅途中投宿於人家，有三位旅客不招自來。主人一律恭敬接待，結果吉祥。

三、傳文評說

本卦傳文多劣。試看九五經傳如下：

九五：需于酒食，貞吉。

〈象〉曰：「酒食貞吉」，以中正也。

所謂「中正」，是指九五處於上卦的中間而且是陽爻。把「酒食貞吉」連讀是完全錯誤的，因為如此則無處安置「需於」二字。

「訟」（卦六）

一、經傳全文

訟：有孚，窒惕，中吉，終凶。利見大人。不利涉大川。

〈象〉曰：訟，上剛下險，險而健，訟。「訟，有孚窒惕，中吉」，剛來而得中也。「終凶」，訟不可成也。「利見大人」，尚中正也。「不利涉大川」，入於淵也。

〈象〉曰：天與水違行，訟。君子以作事謀始。

初六：不永所事，小有言，終吉。

〈象〉曰：「不永所事」，訟不可長也。雖「有小言」，其辯明也。

九二：不克訟，歸而逋其邑人三百戶，无眚。

〈象〉曰：「不克訟」，歸而逋也。自下訟上，患至掇也。

六三：食舊德，貞厲，終吉。或從王事，无成。

〈象〉曰：「食舊德」，從上吉也。

九四：不克訟，復即命渝，安貞吉。

〈象〉曰：「復即命渝，安貞」，不失也。

九五：訟，元吉。

〈象〉曰：「訟元吉」，以中正也。

上九：或錫之鞶帶，終朝三褫之。

〈象〉曰：以訟受服，亦不足敬也。

二、經文解說

1. 卦名解說

卦名：訟。

解說：本卦卦爻辭中有三個「訟」字，據多見字取名。「訟」的含義有二：即爭訟，鬥爭。

2. 卦辭解說

卦辭：有孚，窒惕。中吉，終凶。利見大人。不利涉大川。

解說：窒：借為恎（dié），恐懼義。

全文是：捉到俘虜要警惕。中間一段時期還好，終於逃跑了。利於晉見權貴。不利於過大河。

3. 爻辭解說

初六：不永所事，小有言，終吉。

永：泛指長，包括時間和空間。有言：訶譴。

全句是：未能長久地忠於職守，小受訶譴，終於還是吉祥的。

九二：不克訟，歸而逋其邑人三百戶，无眚。

逋（bū）：逃跑。眚（shěng）：災苦。張衡〈東京賦〉：「勤恤民隱，而除其眚。」

全句是：沒打贏官司，回家發現他的邑人逃跑了三百戶，沒有災苦。

洪鈞按：第三節已經指出，本爻所述是一個小故事。由於句讀不同，可有兩三種解說。假如斷句為：「不克訟，歸而逋，其邑人三百戶无眚。」這樣逃跑的就是邑主而不是邑人。對看下文九四爻辭，更可以看出，不是邑主逃跑。

聞一多《周易義證類纂》解「逋」為「賦」，則解說大不同。

六三：食舊德，貞厲，終吉。或從王事，无成。

德：通得。王事：多指戰爭。

全文是：吃儲存的食物，兆示情況嚴重，最終還是吉祥的。如果從軍打仗，不會有戰功。

九四：不克訟，復即命渝。安貞吉。

命：王命。渝：改變。堅貞不渝即用此義。此處指改邑，即把邑主調離，承九二而言。

全文是：官司沒打贏，回去就得到調動的王命。貞問安否則吉。

九五：訟，元吉。

官司打贏了，大吉。

洪鈞按：九二、九四是站在邑主方面說的，本爻是站在邑人方面說的。邑主沒有打贏官司，必然是邑人打贏了。

上九：或錫之鞶帶，終朝三褫之。

錫：通賜。鞶（pán）帶：皮革做的帶子。這裡指官員的服飾。終朝：早晨。《詩·小雅·采綠》：「終朝采綠，不盈一匊。」毛傳：「自旦及食時為終朝。」褫（chǐ）：剝奪。《說文》：「褫，奪衣也。」

全句是：有時賞賜官服，一個早晨被剝奪三次。

洪鈞按：此爻反映了當時的最高統治集團內，互相傾軋，鬥爭激烈，朝令夕改。

三、傳文評說

評說〈象〉傳很繁瑣，對理解經文也沒有好處。只舉九二經傳評說。

九二：不克訟，歸而逋其邑人三百戶，无眚。

〈象〉曰：「不克訟」，歸而逋也。自下訟上，患至掇也。

九二爻辭看似淺顯，卻很容產生歧義。關鍵是如何看「逋」字。如果在「逋」後加逗號或句號，就成了邑主逃跑。〈象〉傳就是這樣理解的。這在語法和文理上也說得通。不過，《易經》時代最常見的是奴隸或平民逃跑。武王伐商時，聲討紂王的大罪過之一，就是大量接納逃跑的奴隸。《書·武成》：「今商王受無道……為天下逋逃主，萃淵藪。」

「師」（卦七）

一、經傳全文

☷☵ 師：貞丈人吉，无咎。

〈象〉曰：師，眾也。貞，正也。能以眾正，可以王矣。剛中而應，行險而順。以此毒天下，而民從之，吉又何咎矣。

〈象〉曰：地中有水，師。君子以容民畜眾。

初六：師出以律，否臧，凶。

〈象〉曰：「師出以律」，失律凶也。

九二：在師中，吉，无咎。王三錫命。

〈象〉曰：「在師中，吉」，承天寵也。「王三錫命」，懷萬邦也。

六三：師或輿屍，凶。

〈象〉曰：「師或輿屍」，大无功也。

六四：師左次，无咎。

〈象〉曰：「左次无咎」，未失常也。

六五：田有禽，利執言，无咎。長子帥師，弟子輿屍，貞凶。

〈象〉曰：「長子帥師」，以中行也。「弟子輿屍」，使不當也。

上六：大君有命，開國承家，小人勿用。

〈象〉曰：「大君有命」，以正功也。「小人勿用」，必亂邦也。

二、經文解說

1. 卦名解說

卦名：師。

解說：本卦卦爻辭中有五個「師」字。「師」即「師旅」，猶今言「軍隊」。故本卦主要討論師旅，據多見字和內容取名。

2. 卦辭解說

卦辭：貞丈人吉，无咎。

解說：丈人：指軍隊的總指揮或將帥。

全句是：貞問將帥之事則吉，沒有災患。

洪鈞按：高亨先生認為丈人是大人之誤。李鏡池先生認為丈人是軍隊的總指揮。《易經》中「丈人」僅此一見，未知孰是。暫從李說。

洪鈞又按：丈人乃星名。《晉書·天文志下》：「軍市西南二星曰丈人。」天上的星官命名，多是地上國家制度和官職的反映。其中的軍市就是為軍隊服務的市場。過去一般認為，至遲在戰國時期就有了軍市。由本卦辭可知，軍市的出現應該更早。總之，丈人與軍隊有關，很可能就是率領軍隊者。

3. 爻辭解說

初六：師出以律，否臧，凶。

臧（zāng）：善，好。《說文》：「臧，善也。」否臧：不善，不好。《說文》：「否，不也。」

全句是：軍隊出征要有紀律，紀律不好則凶險。

九二：在師中，吉，无咎。王三錫命。

錫：通賜。

全文是：在軍中，吉祥，無災患。君王三次下令嘉獎。

六三：師或輿屍，凶。

軍隊中若有車子運載屍體則凶險。

六四：師左次，无咎。

次：《左傳·莊公三年》傳：「凡師一宿為舍，再宿為信，過信為次。」

全句是：軍隊駐紮在左側多天了，沒有災患。

六五：田有禽，利執言，无咎。長子帥師，弟子輿屍，貞凶。

執言：聞一多《周易義證類纂》說：言通訊，執言即執訊，指拿著獵物的耳朵去計功。

全文是：田獵獲得獵物，利於拿著獵物的耳朵去計功。無災禍。長官率領軍隊，副官用車子運送屍體，兆示凶險。

洪鈞按：高亨先生認為「長子帥師，弟子輿屍」是用人唯親。弟子就是次子。可備一說。又，高先生破「執言」為「執焉」，謂系「捕焉鳥」，亦通。

上六：大君有命，開國，承家。小人勿用。

大君：《周易正義》孔穎達疏：「大君，謂天子也。」《左傳·襄公二十一年》：「大君若不棄書之力，亡臣猶有所逃。」

「大君有命，開國，承家」。程頤《易傳》：「大君以爵命賞有功也。『開國』，封之為諸侯也。『承家』，以為卿大夫也。『承』，受也。」「小人勿用」指奴隸不得承受。

全文是：天子發佈了命令，有的被封候，有的被封為卿大夫。奴隸們不得承受。

洪鈞按：臺灣學者鄭玉姍，據阜陽《周易》第30號簡存「不吉。上六：大君有命啟邦」，認為本爻辭的「開國」二字是避漢高祖劉邦、漢景帝劉啟諱所改。見其書《出土與今本周易六十四卦經文考釋》，臺灣，花木蘭出版社，2010年版8頁。

洪鈞又按：鄧球柏著《帛書周易校釋》解「小人勿用」為「勿用小人」。洪鈞曾就此撰短文評述如下：

附：小人勿用與勿用小人

　　本文的題目摘自《帛書周易校釋》第238頁。「小人勿用」是《易經》「師」卦上六（或尚六）爻辭的最後四字。「勿用小人」是作者鄧球柏先生的解說。看到這八個字，洪鈞頗感戚戚。

　　然而，鄧先生信心滿滿，沒有引用任何文獻作為依據。

　　須知，《易經》中「小人勿用」不止一處。另一處見於「既濟」九三。鄧先生解為「小人用不得」（見167頁）。故其兩說大體相同。

　　然而，如此解經實在是師心自用。

　　為此且看「勿用」如何解。

　　傳本《易經》中「勿用」凡11見——包括以上兩處。帛書《周易》略同。

　　「勿用」之「勿」就是「不」。其「用」字卻不是使用之用。

　　《說文》：「用，可施行也。從卜從中。」

　　故「勿用」就是「不可施行」的意思。

　　為了避免文字呆板且念起來順口，也可解作「不可有所施行」或「不可有所舉措。」

　　於是，「小人勿用」就是小人不可有所施行，或小人不可有所舉措。

　　可見，「小人勿用」是不能解作「勿用小人」的。

　　最後再就拙文「《易經》的大人、小人、君子解」做點補充。

　　鄧先生謂：「大人：與小人相對的稱謂。」又說：「大人，德位兼備的人。」據此推理「小人」就是「德位均無的人。」

　　愚見以為，「大人」固然有位，卻未必有德。夏桀、殷紂，乃至周厲、周幽都是無德之人。「小人」固然無位，卻多數有德。他們終年辛勞，是創造社會財富的主體，也是統治者得以寄生的基礎。實際上「小人」中也出現過貢獻巨大的人。如「舜發於畎畝之中；傅說舉於版築之間；膠鬲舉於魚鹽之中；管夷吾舉於士；孫叔敖舉于海；百里奚舉於市。」（《孟子·告子下》）他們最初都是「小人」。

　　其實，「小人」更常見與「君子」對舉。鄧先生說「君子」是「品德高尚的

人」，見其書 71 頁。於是「小人」就是「品德低下的人。」這種看法顯然帶有奴隸社會和封建社會統治者的偏見。

三、傳文評說

〈彖〉傳解「貞」為「正」，請看傳文。

> 〈彖〉曰：師，眾也。貞，正也。能以眾正，可以王矣。剛中而應，行險而順。以此毒天下，而民從之，吉又何咎矣。

「師，眾也」即解師為眾，勉強可通。「貞，正也」即解「貞」為「正」，是嚴重錯誤。「能以眾正，可以王矣。」由「正」字推出此句，可見解貞為正的用意。毒：通督，治理之義。是進一步推出，有「正」可以治理天下，民眾聽從，是吉而无咎。總之，一字之差，改變了全文的中心思想。又，卦辭只有六個字，〈彖〉傳卻沒有解釋「丈人」，足見〈彖〉傳任意棄取。

「比」（卦八）

一、經傳全文

比：吉。原筮，元永貞，无咎。不寧方來，後夫凶。

> 〈彖〉曰：比，吉也。比，輔也。下順從也。「原筮元永貞，无咎」，以剛中也。「不寧方來」，上下應也。「後夫凶」，其道窮也。
>
> 〈象〉曰：地上有水，比。先王以建萬國，親諸侯。

初六：有孚比之，无咎。有孚盈缶，終來有它，吉。

> 〈象〉曰：比之初六，「有它吉」也。

六二：比之自內，貞吉。

> 〈象〉曰：「比之自內」，不自失也。

六三：比之匪人。

〈象〉曰：「比之匪人」，不亦傷乎！

六四：外比之，貞吉。

〈象〉曰：外比於賢，以從上也。

九五：顯比。王用三驅，失前禽，邑人不誡，吉。

〈象〉曰：顯比之吉，位正中也。舍逆取順，「失前禽」也。「邑人不誡」，上使中也。

上六：比之无首，凶。

〈象〉曰：「比之无首」，无所終也。

二、經文解說

1. 卦名解說

卦名：比。

解說：本卦卦爻辭中有七個「比」字，據多見字取名。「比」的含義有三：一為比並，二為親比，三為阿比。

2. 卦辭解說

卦辭：吉。原筮，元永貞，無咎。不寧方來，後夫凶。

解說：原筮：並筮，即同時再占。《廣雅·釋言》：「原，再也。」古時占卜之法，有三人同占，以多數取決。《書·洪範》：「立時人作卜筮，三人占則從二人之言。」《書·金縢》：「乃卜三龜，一習吉。」

元永貞，無咎：高亨先生認為「元」下脫「亨」字，論證精確。於是經文應改作：元亨，永貞，無咎。意思是：非常通達，貞問長時期安否，沒有災患。

不寧方：方指方國。不寧方即不安寧的邦國，亦稱不廷方或不寧侯，即不願意臣服的邦國。不廷（庭）指不願意同在一起開會。

後夫：遲到者。上古時開會遲遲不到，是會被聲討治罪的。《國語·魯語》：「仲尼曰：丘聞之，昔禹致群神於會稽之上。防風氏後到，禹殺而戮之。」

全文是：吉祥。再筮，非常通達。貞問長時期安否，沒有災患。不安寧的邦國來了，遲到者凶險。

三、爻辭解說

初六：有孚比之，无咎。有孚盈缶，終來有它，吉。

有孚：抓到俘虜。有它：有了意外。《說文》：「它，蟲也。上古草居患它，故相問無它乎。」終來：縱使，即便。

全文是：抓到俘虜要親近他，如此則沒有災患。俘虜們盛滿酒飯，即便有意外，也是吉祥的。

洪鈞按：前人對「有它」的解說不夠深透。謹把短文「有它淺說」附於下：

附：有它淺說

傳本《易經》中，「有它」凡三見。前人多解為「有了意外」。洪鈞以為，此說不夠深透，故略為進一步解說。

舊說本自《說文》：「它，蟲也。從蟲而長，象冤屈垂尾形。上古草居患它，故相問無它乎？凡它之屬皆從它（按：此處有一小篆「蛇」字，不能顯示）。它或從蟲。」段注：又加蟲左旁是俗字也。

可見，「它」就是「蛇」。蓋絕大多數人天性怕蛇。「上古草居患它」就是「上古草居怕蛇」。雖然現在的「蛇」字有「蟲」旁，洪鈞還是看到「它」字就想到「蛇」。果然網上就有如下說法：

它：（象形。小篆字形象蟲形。本義：蟲）同本義。後作「蛇」。

不過，淺見以為，「它」的本義就是「蛇」——最大的「蟲」。北方大部分地區至今稱「蛇」為「長蟲」。

那麼，「有它」是否可以解作「有蛇」呢？

洪鈞以為，這是因為在悠久的傳承過程中，「有它」的含義逐漸變化。不過，把「有它」解為有了意外，也和上古人「草居患它」差不多。因為上古人夜間在草地上睡覺時，有「蛇」接近或爬到身上，也是有了意外。

「患它」的上古人，有多麼古呢？

淺見以為，應該是舊石器晚期或新石器早期的人。那時沒有房屋，也沒有人造的洞穴，山洞也不是總能找到。夜間只能睡在草地上。於是蛇就可能接近，甚至爬到身上。

總之，漢代之後，人們已經不很清楚「它」就是「蛇」了。於是「有它」成了「有意外」，沒有「蛇」的含義了。

其實，《說文》無「蛇」字。看來還是後人對《說文》沒有理解深透。許慎所謂「患它」，就是「患蛇」。如果參看宋代人徐鉉、徐鍇注釋：今俗作食遮切。則宋代人已經讀「它」為 shé 了。從現有資料看盡管秦漢時代「蛇」字就出現了。但是在許慎的時代，「它」仍然有時指蛇。

六二：比之自內，貞吉。

國內團結和睦，兆示吉祥。

六三：比之匪人。

比：阿比。指結黨營私。《論語》：「君子周而不比，小人比而不周。」之：是。匪人：敗類，壞人，盜賊。

全句是：結黨營私是壞人。

洪鈞按：《釋文》引王肅本，「匪人」下有「凶」字，較好。只是帛書《周易》此處也沒有凶字。

六四：外比之，貞吉。

對外親善結盟，兆示吉祥。

九五：顯比。王用三驅，失前禽，邑人不誡，吉。

顯比：指與宮廷外的侍衛隊親比。誡：借為駭。

全文是：要和國王的侍衛隊親近。國王和侍衛隊一同去打獵，侍衛隊從左右後三方面，把野獸趕到中央，供王射獵。留下前面一條路讓野獸逃跑。前面的野獸逃跑了。邑人沒有因此驚駭，吉祥。

上六：比之无首，凶。

結黨營私會掉腦袋，凶險。

四、傳文評說

本卦的傳文，也不能令人滿意。試看〈象〉傳如下：

〈象〉曰：比，吉也。比，輔也。下順從也。「原筮元永貞，无咎」，以剛中也。「不寧方來」，上下應也。「後夫凶」，其道窮也。

「比，吉也」，比怎麼會是吉呢？不通。「比，輔也」也未得經旨。用「剛中」解釋「原筮元永貞，无咎」是不懂裝懂。「剛中」指第五爻是陽爻且居於上卦的中間。這樣就能「原筮元永貞，无咎」嗎？其作者也不知道「後夫凶」是何義。

洪鈞按：高亨先生解此卦，說其「比」字皆為「輔佐」之義。用其說解經文，也有勉強之處。

「小畜」（卦九）

一、經傳全文

☰ 小畜：亨。密雲不雨，自我西郊。

〈彖〉曰：小畜，柔得位而上下應之，曰小畜。健而巽，剛中而志行，乃亨。「密雲不雨」，尚往也。「自我西郊」，施未行也。

〈象〉曰：風行天上，小畜。君子以懿文德。

初九：復自道，何其咎！吉。

〈象〉曰：「復自道」，其義吉也。

九二：牽復，吉。

〈象〉曰：「牽復」在中，亦不自失也。

九三：輿說輻，夫妻反目。

〈象〉曰：「夫妻反目」，不能正室也。

六四：有孚，血去惕出，无咎。

〈象〉曰：「有孚」「惕出」，上合志也。

九五：有孚攣如，富以其鄰。

〈象〉曰：「有孚攣如」，不獨富也。

上九：既雨既處，尚德載，婦貞厲。月幾望，君子征凶。

〈象〉曰：「既雨既處」，德積載也。「君子征凶」，有所疑也。

二、經文解說

1.卦名解說

卦名：小畜。

解說：本卦卦爻辭中不見「小畜」二字，取名「小畜」應是與「大畜」相區別。卦中主要講農民的生活，屬於農業專卦。

2.卦辭解說

卦辭：亨。密雲不雨，自我西郊。

解說：我：貴族自稱。

全文是：亨通。在我的西郊上空，烏雲密佈，卻不下雨。

3.爻辭解說

初九：復自道，何其咎！吉。

從田間道路回來，有什麼災患呢！吉祥。

九二：牽復，吉。

牽復：拉回來。

全句是：把收穫的莊稼拉回來，吉祥。

九三：輿說輻，夫妻反目。

輿：車。說：通脫。

全句是：車輪的輻條脫落了，導致兩口子吵架。

六四：有孚，血去惕出，无咎。

血：借為恤，憂患。

全句是：有所俘獲，不必再憂慮，但要警惕，這樣就沒有災患。

九五：有孚攣如，富以其鄰。

富：借為福，福佑之義。以：同與。

全句是：把（搶糧的）俘虜捆得緊緊的，和鄰人一起得到福佑。

洪鈞按：高亨《周易古經今注》解「孚」為「罰」，不是很通順。特別是，從中看不出本卦主要講農業，故未得經旨。

上九：既雨既處，尚德載。婦貞厲。月幾望，君子征凶。

處：止。《說文》：「処，止也。」德：借為得。載：借為栽。幾：將近，差一點。望：月望，即農曆每月的十五日。

全文是：已經下雨了，而且雨停了，還能栽種莊稼。婦女貞問，情況嚴重。月亮快圓了，奴隸主征伐則凶。

三、傳文評說

本卦傳文亦無可採，僅就九三經傳略為評說。

九三：輿說輻，夫妻反目。

〈象〉曰：「夫妻反目」，不能正室也。

〈象〉傳置「輿說輻」而不顧，看到「夫妻反目」就說丈夫「不能正室」。所謂「正室」就是做到夫為妻綱。妻子不敢與丈夫爭吵才算「正室」。以下引用李鏡池先生關於「小畜」和「大畜」之《易傳》的評說。

> 「《易傳》怎樣解「小畜」、「大畜」呢？它全從卦位、卦德來做解釋，然後就積『畜』，『畜』養的詞義上引伸發揮，根本沒有摸到農業生產的邊兒。「小畜」的卦畫是「乾」下「巽」上，只有六四一爻是陰，餘為陽，故〈象〉傳說：『柔得位而上下應之，曰小畜。』「大畜」是「乾」下「艮」上，故〈象〉傳說『剛健、篤實』，『能止健，大正也』。前者為卦位說，後者為卦德說。由『剛健篤實』和上九陽爻，聯結到畜養、積畜，故〈象〉又說：『輝光日新其德，剛上而尚賢』；『不家食吉，養賢也』。〈象〉傳說『君子以多識前言往行以畜其德』；『君子以懿文德』。這是引申發揮。最有問題的是『密雲不雨，尚往也；自我西郊，施未行也。』把一

句話硬分為兩截。兩卦的爻辭都有『輿脫輻』。〈象〉於「大畜」九二解為『中无尤也』。這是就爻位說，而於「小畜」九三則說『夫妻反目，不能正室也』不說爻位了，急急地為『夫為妻綱』的封建倫理做宣傳了。——兩個反映奴隸社會農業生產的卦，到了《易傳》作者手裡，卻變為畜德和養賢了。」（《周易探源·序》中華書局 1978 年版）

「履」（卦十）

一、經傳全文

☲ 履：履虎尾，不咥人，亨。

〈象〉曰：履，柔履剛也。說而應乎乾，是以「履虎尾，不咥人，亨」。剛中正，履帝位而不疚，光明也。

〈象〉曰：上天下澤，履。君子以辨上下、定民志。

初九：素履往，无咎。

〈象〉曰：素履之往，獨行願也。

九二：履道坦坦，幽人貞吉。

〈象〉曰：「幽人貞吉」，中不自亂也。

六三：眇能視，跛能履，履虎尾，咥人，凶。武人為于大君。

〈象〉曰：「眇能視」，不足以有明也。「跛能履」，不足以與行也。咥人之凶，位不當也。「武人為于大君」，志剛也。

九四：履虎尾，愬愬，終吉。

〈象〉曰：「愬愬，終吉」，志行也。

九五：夬履，貞厲。

〈象〉曰：「夬履，貞厲」，位正當也。

上九：視履考祥，其旋元吉。

〈象〉曰：元吉在上，大有慶也。

二、經文解說

1.卦名解說

卦名：履（lǚ）。

解說：本卦取名「履」，是因為經文中有七個「履」字，即據多見字取名。「履」的本義就是鞋子。《說文》：「履，足所依也。」引申為履行、踐行、踐踏等義。

讀者可能問：為什麼占筮會問關於鞋子的問題呢？這是因為鞋子對《易經》時代的人來說，是個大問題。上個世紀六十年代，洪鈞在重慶求學，親眼見到那裡的老百姓，常常到了十冬臘月還打赤腳或只穿草鞋，就是因為鞋子很難得——比其它衣服遠遠難得到。古時穿衣問題就比吃飯難解決，其中鞋子更難得到。抗戰初期，四川的軍隊到山西參加忻口會戰，大冬天還有不少士兵穿著草鞋。可見，即便到了近現代，鞋子還是大問題。不能因為現今鞋子如此易得，就認為鞋子是無足輕重的問題。

愚見猜測，此卦最初就是占問與鞋子有關的問題。今本此卦已遠離了本義。此卦的卦辭和六爻辭，都含有履字。其中只有初九、九五和上九中的「履」字指鞋子。

2.卦辭解說

卦辭：履虎尾，不咥人，亨。

解說：這裡的「履」字指踐踏、踩。咥（dié）：咬。鄭注：「齧也。」

全句是：踩住了老虎的尾巴，老虎沒有咬人，亨通。

本卦的六三和九四爻辭又兩次出現「履虎尾」。問題是，怎麼會踩到老虎的尾巴呢？

大概是因為此事很難理解，李鏡池先生說卦辭是夢占。即求占者做夢踩住了老虎的尾巴。高亨先生認為是「險而不凶之象」。愚見以為，此兩說勉強。因為，《易經》時代確有專人餵養老虎。《論語・季氏》：「虎兕出於柙，龜玉毀於櫝中，是誰之過與？」可證。當然，只有天子或諸侯，才有此財力和用途。《史記・五帝本紀》載有，黃帝「教熊羆、貔貅、驅虎」與炎帝戰於阪泉之野。

可見，那時餵養老虎，不是搞動物園，也不是養寵物，主要是打仗時帶著老虎，長自己的威風，滅敵人的銳氣，也有時作為懲罰手段，故有「投畀豺虎」這個成語。它出自《詩·小雅·巷伯》「取彼譖人，投畀豺虎」，說明和《易經》大體同時的《詩經》時代，有專門餵養老虎的人員、設施且可以作為懲罰手段。專門餵養老虎者，才會偶爾踩住其尾巴。因為經常接觸，一般不致被老虎咬住。假如老虎是從小餵養的，就會像寵物那樣，更不會咬其餵養者。

春秋時期的戰爭，以車戰為主。大概不會直接帶著虎豹參戰了。不過，這時的虎豹還是很有用，因為常把虎豹的皮裝飾在車上。按《禮記·玉藻》之說，君王車子以虎皮為飾；大夫的車子以豹皮為飾。這樣對敵人也有威懾作用。戰馬也是害怕虎豹的。

《孟子·盡心下》：「虎賁三千人」，也提示軍隊與老虎有關。

3. 爻辭解說

初九：素履往，无咎。

素：指白色或不鮮麗的顏色。《說文》：「素，白致繒也。」「素履」指沒有彩色紋樣裝飾的鞋子。《周禮·屨人》：「掌王及后之服屨（jù），為赤舃（xì），黑舃，赤繶（yì），黑繶，青句，素屨，葛屨。」《儀禮·士昏禮》：「素積白屨」。可見確有素履。

全句是：穿著沒有文采的鞋子前往，沒有災患。

何以「素履往，无咎」呢？

大概是，某人晉見權貴，按禮制應該穿著有文采鞋子去，但他的經濟條件不很好，沒有彩色裝飾過的鞋子，只好穿著「素履」去晉見。好在權貴沒有因此責備他，故無災患。

九二：履道坦坦，幽人貞吉。

「履道坦坦」就是行為坦蕩。子曰：「君子坦蕩蕩」。（《論語·述而》）這樣即便坐牢也是吉祥的，即「幽人貞吉」。

全句是：只要行為坦蕩，即便坐牢也是吉祥的。

六三：眇能視，跛能履，履虎尾，咥人，凶。武人為于大君。

「眇」指眼睛瞎了。其餘即字面含義。第一句的意思是「眼睛瞎了卻能看到；腿瘸了卻能行走；踩住了老虎尾巴，被咬住，凶險。」踩住了老虎尾巴，被咬住，凶險，不難理解。問題是：「眇能視，跛能履」何以也凶險呢？大概因為這都是很奇怪的現象，故主凶。

「武人為于大君」應該與上文無關。意思是：有軍權的人，登上國君之位。這無疑是軍人政變。

全文是：眼睛瞎了卻能看著；腿瘸了卻能走路。踩住了老虎的尾巴，被咬住，凶險。有軍權的人，登上國君之位。

九四：履虎尾，愬愬，終吉。

「履虎尾」前已解過。「愬愬」就是恐懼的樣子。

全句是：踩住了老虎尾巴，很恐懼，最後還是吉祥的。

九五：夬履，貞厲。

《說文》：「夬（guài），分決也。」故夬即斷裂之義。「夬履」就是斷裂的鞋子。貞厲：就是兆示情況嚴重。

全句是：斷裂了鞋子，兆示情況嚴重。

洪鈞按：此爻辭可能來自物占。其實，生活中就是這樣。且不說行軍或商旅中鞋子斷裂，情況嚴重，就是平時如此也很尷尬。本人就有一次，在大街上行走，皮鞋的底子突然完全脫落，好在不到一百米處有個鞋店，立即買了一雙換上。儘管如此，還是有點狼狽。

上九：視履考祥，其旋元吉。

本爻辭沒有生僻字或詞語，卻不很好解說。主要是如何解說「視履考祥」。李鏡池先生的句讀是：視履，考祥其旋，元吉。不很好。淺見以為，應該參看初九：素履往，无咎。大概，《易經》時代，晉見權貴，很注意穿什麼鞋子。「視履考祥」（按：祥通詳）就是出發前，很仔細地觀察、選擇了鞋子。這樣才能大吉地回來。

洪鈞按：高亨先生解「視履考祥」為古代養老之禮，頗感迂曲。

三、傳文評說

本卦《易傳》大都不好。以下只說〈彖〉傳與大〈象〉傳。

〈彖〉曰：履，柔履剛也。說而應乎乾，是以「履虎尾，不咥人，亨」。剛中正，履帝位而不疚，光明也。

「柔履剛」指本卦卦形是「乾」上「兌」下，「兌」柔「乾」剛。「說而應乎乾」也是指本卦的卦形是「乾」上「兌」下。這樣解不足以說明何以「履虎尾，不咥人，亨」是瞎說。至於「剛中正」及以後的詞語則與拙解相反。「剛中正」應指九二和九五都是陽爻，分別居於內外卦的中間。於是「履帝位」成了正大光明之舉。

〈象〉曰：上天下澤，履。君子以辨上下、定民志。

「上天下澤，履」。這不能算是對「履」卦的解釋，不過是說，本卦由乾上兌下組成。其實，只要記住八經卦的卦形，很容易看出別卦的組成。至於君子如何，與經文毫無關係。

「泰」（卦十一）

一、經傳全文

泰：小往大來，吉。亨。

〈彖〉曰：「泰，小往大來，吉亨」，則是天地交而萬物通也，上下交而其志同也。內陽而外陰，內健而外順，內君子而外小人。君子道長，小人道消也。

〈象〉曰：天地交，泰。後以財成天地之道，輔相天地之宜，以左右民。

初九：拔茅茹，以其彙，征吉。

〈象〉曰：「拔茅征吉」，志在外也。

九二：包荒，用馮河，不遐遺；朋亡，得尚於中行。

〈象〉曰：「包荒」、「得尚於中行」，以光大也。

九三：无平不陂，无往不復，艱貞无咎。勿恤其孚，於食有福。

〈象〉曰：「无往不復」，天地際也。

六四：翩翩，不富，以其鄰不戒以孚。

〈象〉曰：「翩翩不富」，皆失實也。「不戒以孚」，中心願也。

六五：帝乙歸妹，以祉元吉。

〈象〉曰：「以祉元吉」，中以行願也。

上六：城復於隍，勿用師。自邑告命，貞吝。

〈象〉曰：「城復於隍」，其命亂也。

二、經文解說

1. 卦名解說

卦名：泰。

解說：本卦卦爻辭中不見「泰」字。故此卦取名「泰」應該從卦形來。此卦的組成是上坤下乾，即上地下天。這樣才是天地交，是很好的象徵，故「泰」。蓋「泰」有美好、通達之義。不過，本卦所述不都是美好、通達的事物或現象。又，本卦與緊接著的「否」卦相對立。俗話說「否極泰來」，指事物的吉凶休咎，是互相轉化的。

2. 卦辭解說

卦辭：小往大來。吉。亨。

解說：損失小，收穫大。吉祥。亨通。

3. 爻辭解說

初九：拔茅茹，以其彙，征吉。

洪鈞按：解此爻者以李鏡池先生的《周易通義》為最好，大體襲用之。

「茅茹」是一種可作為紅色染料的草，又名為茜，葉似棗。《說文》：「茅蒐、茹藘，人血所生，可以染絳。」彙（huì）：種類之義。

全句是：按照種類拔茅茹，兆示吉祥。

九二：包荒用馮河，不遐遺。朋亡，得尚於中行。

包：借為匏（páo）。《說文》：「匏，瓠（hù）也。」荒：空、虛。故「包荒」指把瓠瓜挖空。馮河：《爾雅釋訓》：「馮河，徒涉也。」「包荒用馮河」指把挖空的瓠瓜綁在腰間（像戴著救生圈那樣）渡河。「不遐遺。朋亡」如何解，見下文按語。「得尚於中行」指半路上得到幫助。

洪鈞按：「不遐遺。朋亡」頗難解。高亨先生懷疑「朋」後脫「悔」字，且改經文句讀為「不遐遺朋，悔亡」。洪鈞以為，高先生的見解頗好。只是，他解「不遐遺朋」為「攜友以渡」則有待商榷。因為單人綁著瓠蘆渡河也不是很安全，「攜友以渡」就更危險。況且，「朋」字不一定解作朋友。故「不遐遺朋」最好解作「不至於遺失朋貝」。不遐就是不至於。《詩·抑》：「不遐有愆」就是不至於有罪過。如此則全文是：

把瓠瓜挖空綁在腰間渡河。這樣不至於遺失朋貝。禍患消除，半路上得到幫助。

洪鈞按：此爻經文所述都是當時的生活、生產常識。但是，由於年代久遠，且經文甚簡，加之文字演變很大，不借助前人的注疏，不可能解說出經文的真相來。

順便說幾句關於瓠瓜的問題，或者利於進一步理解經文。

在洪鈞的家鄉，瓠瓜大體有兩種：形如鴨梨但很大的叫做瓠蘆；形如短棒的叫做瓠子。瓠蘆成熟乾燥後可以鋸開，挖出內容就成了兩個瓢。瓢可以舀水，也可以舀麵粉或糧食等。有的地方，生產的瓢很結實，是舊時做粉條的必用器具。棒形的瓠子也可以如上處理，一般用來盛種子。舊時，大河沿岸的居民，常常用處理好的幾個葫蘆綁在身上渡河，因為很輕的瓠蘆增加了浮力——就像救生圈那樣。顯然，這些知識，不算深奧。但是，再過幾十年，人們連洪鈞的有關常識也不會知道了。用來裝蟈蟈用的小葫蘆，近年也很少見了。

九三：无平不陂，无往不復。艱貞，无咎。勿恤其孚，於食有福。

陂（pō）：坡地。《說文》：「陂，阪也。」「阪，坡者曰阪。」艱貞：天旱時占問。勿恤其孚：不必擔心他的處罰。

全文是：沒有平地就不會有坡地，沒有前往就沒有回來。天旱時占問

是否有雨，結果是沒有災患。不必擔心他的處罰，飲食上會得到福佑。

六四：翩翩，不富，以其鄰不戒以孚。

翩翩：借為諞諞（pián/piǎn），指花言巧語，說大話。《說文》：「諞，便巧言也。」不富：不得福佑。不戒：沒有警戒。

全句是：花言巧語，說大話，不得福佑。因為鄰人沒有警戒，結果導致敵人來犯時有人被俘。

洪鈞按：高亨先生的解說大異，卻也不是很圓通。

六五：帝乙歸妹，以祉元吉。

歸妹：嫁女。祉（zhǐ）：福，如福祉。帝乙歸妹是殷商末期很大的政治事件。帝乙是紂王的父王。他要交好已經強大的周國，把自己的女兒嫁給了周文王。這樣得到和平福祉。故帝乙歸妹，有福大吉。

洪鈞按：高亨先生把經文斷句為：帝乙歸妹以祉，元吉。又解祉為姪，大費筆墨，迂曲甚矣。

上六：城復於隍，勿用師，自邑告命，貞吝。

《說文》：「隍，城池也。有水曰池，無水曰隍。」故「城復於隍」是說城牆倒塌在沒有水的城壕裡。「復」當作「覆」。「勿用師」是說不要採取軍事行動。「自邑告命」是說命令來自邑主。「貞吝」是兆示艱難。

全文是：城牆倒塌在城壕裡，不要採取軍事行動。命令來自邑主。兆示艱難。

洪鈞按：經文的順序最好改為：城復於隍，貞吝。自邑告命，勿用師。於是全文是：城牆倒塌在城壕裡，兆示艱難。誥命來自邑主，不要採取軍事行動。

洪鈞又按：高亨先生懷疑「勿用師」當為「勿用行師」，值得參考。

三、傳文評說

本卦六爻辭的〈象〉傳沒有一條符合經文原意，倒是〈彖〉傳有點意思。以下是原文。

〈彖〉曰：「泰，小往大來，吉亨」，則是天地交而萬物通也，上下交而其志同也。內陽而外陰，內健而外順，內君子而外小人。君子道長，小人道消也。

天地交而萬物通，指此卦是地上天下，如此則萬物通達。上下交也是來自卦形，即天地交，如此則志趣相同。內陰而外陽，指屬陽的「乾」卦在下是內卦，屬陰的「坤」卦在上是外卦。其餘都好理解了。只是，竟然主張「內君子而外小人」，可見小人也不是一無可取。只是，這裡的君子和小人，就不是《易經》的原意了。

「否」（卦十二）

一、經傳全文

▦ 否：否之匪人，不利君子貞。大往小來。

〈彖〉曰：「否之匪人，不利君子貞，大往小來」，則是天地不交而萬物不通也，上下不交而天下无邦也。內陰而外陽，內柔而外剛，內小人而外君子，小人道長，君子道消也。

〈象〉曰：天地不交，否。君子以儉德辟難，不可榮以祿。

初六：拔茅茹，以其彙。貞吉，亨。

〈象〉曰：「拔茅」貞吉，志在君也。

六二：包承，小人吉，大人否，亨。

〈象〉曰：「大人否亨」，不亂群也。

六三：包羞。

〈象〉曰：「包羞」，位不當也。

九四：有命无咎，疇離祉？

〈象〉曰：「有命无咎」，志行也。

九五：休否，大人吉。其亡其亡，繫于苞桑。

〈象〉曰：「大人之吉」，位正當也。

上九：傾否，先否後喜。

〈象〉曰：否終則傾，何可長也！

二、經文解說

1. 卦名解說

卦名：否。傳本《周易》此卦無卦名，加上卦名便於稱謂，也為了體例一致。

解說：此卦的卦爻辭中，倒是有四個「否」字，不過，愚見以為它取名「否」還是來自卦形。此卦的卦形是「泰」卦的卦形顛倒過來。於是取名與泰對立。泰的含義是美好、通暢；否的含義是敗壞且阻塞不通。

2. 卦辭解說

卦辭：否之匪人，不利君子貞，大往小來。

解說：否：臧否之否。臧指褒揚，否指貶斥。《論語‧雍也》：「予所否者，天厭之，天厭之。」匪：非。

全句是：貶斥非其人，不利於奴隸主貞問。損失大，收穫小。

3. 爻辭解說

初六：拔茅茹，以其彙。貞吉，亨。

「茅茹」和「彙」字的解說，已見「泰」初九。

全句是：按照品類拔茅茹，兆示吉祥，亨通。

六二：包承，小人吉，大人否亨。

包：借為庖。承：借為脀（zhēng）：肉也。小人：對勞動者的貶稱，大多指奴隸。大人：指權貴。

全句是：庖廚裡有肉，奴隸吉祥，權貴否塞不通。

六三：包羞。

羞：饈的本字，從手持羊，指美味。「包羞」就是包著美味。

洪鈞按：高亨先生認為，六二爻辭之亨字，當在本爻包字之前且為享義。又

以為：羞蓋專指熟肉。如此則本爻義為：享用包著的熟肉。

九四：有命，无咎，疇離祉？

疇（chóu）：誰。《尚書·說命上》：「後克聖，臣不命其承，疇敢不祇若王之休命？」

離：假借為「罹」，遭受。《詩·王風·兔爰》「雉離於罿（chōng）」。《國語·晉語》「離桓之罪」。又如：離騷，義為遭受憂患。

全句是：有賞賜的王命，無災禍。誰能受到福祉呢？

九五：休否，大人吉。其亡其亡，繫于苞桑。

252

休：不要，停止，中止。《詩·大雅·瞻卬》：「婦無公事，休其蠶織。」《史記·貨殖列傳》：「日夜無休時」。

否：惡，壞。《詩·大雅·抑》：「未知臧否。」《莊子·漁父》：「不擇善否。」

其亡其亡：猶今人眼看大難臨頭時說：完了！完了！

苞桑：孔穎達疏：「若能其亡其亡，以自戒慎，則有繫于苞桑之固，無傾危也。」

洪鈞按：聯繫上文，拙見與孔疏正相反。「其亡其亡」是加重語氣，極言危險。「繫于苞桑」是舉例形容非常危險。「苞桑」並非什麼根深蒂固之桑樹幹，而是指苞草和桑枝。《說文》：「苞，苞草也，南陽以為粗履。」（國之重器）繫在苞草和桑枝上，還不危險嗎！對看《周易通義》可知，拙見與李鏡池先生的理解全同。又，供養蠶的桑樹，不會很高，否則不便採桑，故沒有桑樹幹。

全文是：不要做惡，權貴吉祥。否則（國家）就亡了！就像繫在苞草或嫩桑枝上那樣危險。

洪鈞按：〈繫辭下〉解此爻謂：「子曰：「危者，安其位者也；亡者，保其存者也；亂者，有其治者也。是故君子安而不忘危，存而不忘亡，治而不忘亂，是以身安而國家可保也。《易》曰：『其亡其亡，繫于苞桑。』」此解叫奴隸主「安而不忘危，存而不忘亡，治而不忘亂」尚得經旨。

上九：傾否，先否後喜。

傾否：即頃否，短暫的否塞。

全句是：暫時否塞，先否塞，後喜慶。

三、傳文評說

此卦爻辭〈象〉傳沒有較好的，且看〈彖〉傳。

〈彖〉曰：「否之匪人，不利君子貞，大往小來」，則是天地不交
而萬物不通也，上下不交而天下无邦也。內陰而外陽，內柔而外
剛，內小人而外君子，小人道長，君子道消也。

此卦的〈彖〉傳與「泰」卦的〈彖〉傳正相反。那邊是「天地交而
萬物通」；這邊是「天地不交而萬物不通」。那邊是「內陽而外陰，內健
而外順」；這邊是「內陰而外陽，內柔而外剛」。那邊是「內君子而外小
人。君子道長，小人道消也」；這邊是「內小人而外君子，小人道長，君
子道消也。」總之，都是相反的。不過，這樣據卦象作出的解說，完全不
是經文的原意。

「同人」（卦十三）

一、經傳全文

同人：同人於野，亨。利涉大川。利君子貞。

〈彖〉曰：同人，柔得位得中而應乎乾曰同人。同人曰：「同人於
野，亨，利涉大川」，乾行也。文明以健，中正而應，君子正也。
唯君子為能通天下之志。

〈象〉曰：天與火，同人。君子以類族辨物。

初九：同人於門，无咎。

〈象〉曰：出門同人，又誰咎也？

六二：同人于宗，吝。

〈象〉曰：「同人于宗」，吝道也。

九三：伏戎於莽，升其高陵，三歲不興。

〈象〉曰：「伏戎於莽」，敵剛也。「三歲不興」，安行也。

九四：乘其墉，弗克，攻，吉。

〈象〉曰：「乘其墉」，義弗克也，其吉則困而反則也。

九五：同人，先號咷而後笑，大師克相遇。

〈象〉曰：同人之先，以中直也。大師相遇，言相克也。

上九：同人於郊，无悔。

〈象〉曰：「同人於郊」，志未得也。

二、經文解說

1. 卦名解說

卦名：同人。傳本《周易》此卦無名。加上卦名便於稱謂，也為了體例一致。這是一個戰爭或軍旅專卦。

解說：「同人」之義即聚集眾人。《說文》：「同，合會也。」蓋《易經》時代，每因戰爭、祭祀等聚集眾人。其中多是奴隸。《周禮·司徒》：「大軍旅，大田役，以旗致萬民而治其徒庶之政令。」

2. 卦辭解說

卦辭：同人於野，亨。利涉大川。利君子貞。

解說：卦辭所述，事類不一。眾人聚集於野外，亨通。可能是為了田獵，也可能是為了軍事訓練等。利於過大河。利於奴隸主的貞兆。後兩句屬於另占。

3. 爻辭解說

初九：同人於門，无咎。

門：指王城之門。《周禮·司徒》：「若國有大故，則致萬民于王門。」聚集眾人於此，多是為了戰爭。蓋《易經》時代早期還沒有常備軍。開戰前才聚集眾人挑選士兵。

全句是：聚集眾人於王城之門，沒有災患。

六二：同人于宗，吝。

宗：宗廟。聚眾於宗廟，是為了開戰之前的祈禱、卜筮等。《左傳·莊公八年》：「治兵於廟，禮也。」

全句是：聚眾於宗廟，艱難。

九三：伏戎於莽，升其高陵，三歲不興。

興：舉，拔取，成功。《國語·楚語上》「教備而不從者，非人也。其可興乎！」

全句為：軍隊隱蔽在叢莽中，再佔領制高點，長時間未被拔取。

九四：乘其墉，弗克，攻，吉。

乘：本義就是登上去。墉（yōng）：《說文》：「墉，城垣也。」

全句是：登上了他們的城牆，沒有攻克。再進攻是吉祥的。

九五：同人先號咷而後笑，大師克相遇。

士卒們先是哭嚎敗退。主力及時趕到，反敗為勝，故後笑。

洪鈞按：本爻辭〈繫辭上〉有解謂：「同人，先號咷而後笑。」子曰：「君子之道，或出或處，或默或語，二人同心，其利斷金。同心之言，其臭如蘭。」如果脫離爻辭看〈繫辭上〉的解說，頗有理，但顯然不合經文原意。

上九：同人於郊，无悔。

眾人聚集於王城之郊，沒有禍患。

洪鈞按：李鏡池先生說「同人於郊」指班師致祭，又疑「无悔」屬另占。

三、傳文評說

此卦是戰爭或軍旅專卦，傳文大多不得經旨。〈彖〉傳與大〈象〉傳尤其無一字涉及戰爭。其餘不再評說。

「大有」（卦十四）

一、經傳全文

大有：元亨。

〈彖〉曰：大有，柔得尊位大中，而上下應之曰大有。其德剛健而文明，應乎天而時行，是以元亨。

〈象〉曰：火在天上，大有。君子以竭惡揚善，順天休命。

初九：无交害，匪咎，艱則无咎。

〈象〉曰：大有初九，「无交害」也。

九二：大車以載，有攸往，无咎。

〈象〉曰：「大車以載」，積中不敗也。

九三：公用亨于天子，小人弗克。

〈象〉曰：「公用亨于天子」，小人害也。

九四：匪其彭，无咎。

〈象〉曰：「匪其彭，无咎」，明辨晰也。

六五：厥孚交如，威如，吉。

〈象〉曰：「厥孚交如」，信以發志也。威如之吉，易而無備也。

上九：自天佑之，吉，无不利。

〈象〉曰：大有上吉，「自天佑」也。

二、經文解說

1.卦名解說

卦名：大有。

解說：「大有」就是大豐收。《春秋穀梁傳》謂五穀皆熟為有年，五穀大熟為大有年。《公羊傳》「彼其曰大有年者何？大豐年也。」故本卦主要討論農業。高亨先生以為「大有」之前還有「大有」，傳抄中誤脫

「大有」二字。此說可取，故卦辭加上了「大有」。

2. 卦辭解說

卦辭：大有，元亨。

解說：大豐收了，非常通達順暢。

洪鈞按：高亨先生解「亨」為「享」。據其說本卦辭應該解說如下：

大豐收了，舉行大享祀。

可見，以上兩說，均可解通經文。故解「亨」為「享」不至於衝擊《易經》多數經文的解說，即不至於造成嚴重矛盾。

又，傳本《周易》本卦卦辭只有「元亨」二字，如果遵循《文言‧乾》解說，就應是：善之長，嘉之會。如此解說顯然是錯誤的。

3. 爻辭解說

初九：无交害，匪咎，艱則无咎。

沒有互相侵害，就沒有災患，即便天旱也不會受災。

九二：大車以載，有攸往，无咎。

大車載著農產品向遠處去貿易，沒有災患。

九三：公用亨于天子，小人弗克。

王公貴族貢獻給天子，奴隸們辦不到。

九四：匪其彭，无咎。

李鏡池先生解「匪其彭」，說是曝曬甚至火燒瘸腿的男巫求雨。高亨先生解此條，說是排除不正之人和事。假如本卦都是關於農業的，則李說為好。於是匪：借為曊（fèi），曝曬也。彭：虞翻本作尫（wāng），指跛足男巫。《左傳》僖公二十一年「夏大旱，公欲焚巫尫。」為了求雨而焚巫，早在卜辭裡就有記載。直到漢代的董仲舒還是如此。《春秋繁露‧求雨篇》：「春旱求雨，曝巫尫。」

全句是：曝曬瘸腿的巫尫求雨，沒有災患。

六五：厥孚交如威如，吉。

厥：其。孚：俘虜。

全句是：那個俘虜被捆地緊緊的，還是氣勢洶洶，吉祥。

洪鈞按：高亨先生解孚為罰，解交為皎。謂「古人行罰貴明貴嚴……其罰明嚴，則民畏服，故曰：厥孚交如威如，吉。」請讀者自己判斷何者為是。

上九：自天佑之，吉，无不利。

有老天保佑，一切吉祥，沒有不利。

古代農業大多靠天吃飯，故豐收是有老天保佑。

洪鈞按：關於此爻辭〈繫辭上〉有解謂：《易》曰：「自天佑之，吉，无不利。」子曰：「佑者助也。天之所助者，順也。人之所助者，信也。履信思乎順，又以尚賢也。是以自天佑之，吉无不利也。」此解從政治角度解說，不合經文的原意。

三、傳文評說

為了證明《易傳》不得經旨，把本卦解釋卦辭和卦義的〈彖〉傳和大〈象〉傳抄如下：

〈彖〉曰：大有，柔得尊位大中而上下應之曰大有。其德剛健而文明，應乎天而時行，是以元亨。

〈象〉曰：火在天上，大有。君子以竭惡揚善，順天休命。

粗讀以上《易傳》，很容易看出，《易傳》連「大有」和「元亨」的本義也沒有說清楚。

〈彖〉傳的「柔得尊位」是說各卦第五爻位都是最尊貴的。本卦六五是陰爻，陽剛陰柔，故柔得尊位。「大中而上下應之」指外卦是陰爻居中，其上下兩爻都是陽爻與之相應。這樣就是大有。「其德剛健而文明」是說內卦為乾象剛，外卦為離象火而明。這樣就是「應乎天而時行」，因此大亨。這樣據爻位、卦象之說解釋卦辭，很淺薄、繁瑣且不能獲得經文的內在資訊。故洪鈞不喜爻位、卦象之說。

大〈象〉傳更是很淺薄又莫名其妙。如「火在天上，大有」不過是說上卦是離，下卦是乾。這樣可能對記住別卦的組成有點好處。此外沒有意

義。至於「君子以竭惡揚善，順天休命」只是莫名其妙地喊口號。總之，傳文不是很淺薄，就是莫名其妙。

「謙」（卦十五）

一、經傳全文

▤ 謙：亨。君子有終。

〈彖〉曰：謙，亨，天道下濟而光明，地道卑而上行。天道虧盈而益謙，地道變盈而流謙，鬼神害盈而福謙，人道惡盈而好謙。謙尊而光，卑而不可踰，君子之終也。

〈象〉曰：地中有山，謙。君子以裒多益寡，稱物平施。

初六：謙謙君子，用涉大川，吉。

〈象〉曰：「謙謙君子」，卑以自牧也。

六二：鳴謙，貞吉。

〈象〉曰：「鳴謙貞吉」，中心得也。

九三：勞謙，君子有終。吉。

〈象〉曰：「勞謙君子」，萬民服也。

六四：无不利，撝謙。

〈象〉曰：「无不利，撝謙」，不違則也。

六五：不富以其鄰，利用侵伐，无不利。

〈象〉曰：「利用侵伐」，征不服也。

上六：鳴謙，利用行師征邑國。

〈象〉曰：「鳴謙」，志未得也。「可用行師，征邑國」也。

二、經文解說

1. 卦名解說

卦名：謙。

解說：此卦取名「謙」不僅因為卦爻辭中有六個「謙」字，還因為本卦就是討論如何謙虛或謙讓的。

2. 卦辭解說

卦辭：亨。君子有終。

解說：亨通。貴族奴隸主終有善果。

3. 爻辭解說

初六：謙謙君子，用涉大川吉。

謙而又謙的貴族奴隸主，過大河則吉。

洪鈞按：高亨先生謂：「用」乃「利」字之誤，可採。

六二：鳴謙，貞吉。

鳴：借為明，明智。

全句是：明智且謙虛，兆示吉祥。

九三：勞謙，君子有終。吉。

有功勞且謙虛，貴族奴隸主終有善果。吉祥。

洪鈞按：關於此爻辭〈繫辭上〉有解謂：「勞謙，君子有終。吉。」子曰：「勞而不伐，有功而不德，厚之至也。語以其功下人者也。德言盛，禮言恭，謙也者，致恭以存其位者也。」此解可取。

六四：无不利，撝謙。

撝（huī）：同揮，義為奮勇直前。《說文》：「揮，奮也。」

全句是：奮勇直前且謙虛，沒有不利。

六五：不富以其鄰。利用侵伐。无不利。

洪鈞按：「不富以其鄰」已見「泰」六四。此爻義不同。

全文是：因鄰國寇掠其財富而國不富。有鄰如此，侵伐之，則名正言順，无不利。

上六：鳴謙，利用行師征邑國。

鳴：借為名。

全句是：有名且謙虛，眾望所歸，利於率領軍隊征伐屬邑或敵國。

三、傳文評說

本卦討論抽象的謙虛或謙讓，〈彖〉傳中就有六個謙字如下：

〈彖〉曰：謙，亨，天道下濟而光明，地道卑而上行。天道虧盈而
益謙，地道變盈而流謙，鬼神害盈而福謙，人道惡盈而好謙。謙尊
而光，卑而不可踰，君子之終也。

「天道下濟而光明」是說天道在上，只有下濟（即謙）才能光明。

「地道卑而上行」是說地道本來卑下（即謙）才能上行。

「天道虧盈而益謙」是說天道像月亮那樣不斷虧盈，更加謙虛。

「地道變盈而流謙」是說大地之道變而有盈，必流於謙虛。

「鬼神害盈而福謙」是說鬼神不喜歡盈，福佑謙虛。

「人道惡盈而好謙」是說人道厭惡盈滿，而喜好謙虛。

「謙尊而光，卑而不可踰，君子之終也。」是說謙虛才能尊貴而光
明。看似卑下卻不可逾越。這就是貴族奴隸主的最終追求。

以上關於「謙」的論述不是都有理，比如月亮的盈虧是週期變化的，
不能由此得出「天道虧盈而益謙」，但是，作者提倡謙虛的用意可取。
孔子也提倡謙虛。他說：「如有周公之才之美，使驕且吝，其餘不足觀也
已。」（《論語‧泰伯》）

「豫」（卦十六）

一、經傳全文

䷏ 豫：利建侯、行師。

〈彖〉曰：豫，剛應而志行，順以動，豫。豫，順以動，故天地如之，而況建侯行師乎？天地以順動，故日月不過而四時不忒。聖人以順動，則刑罰清而民服。豫之時義大矣哉！

〈象〉曰：雷出地奮，豫。先王以作樂崇德，殷薦之上帝，以配祖考。

初六：鳴豫，凶。

〈象〉曰：初六「鳴豫」，志窮凶也。

六二：介於石，不終日，貞吉。

〈象〉曰：「不終日，貞吉」，以中正也。

六三：盱豫，悔。遲有悔。

〈象〉曰：「盱豫」「有悔」，位不當也。

九四：由豫，大有得，勿疑。朋盍簪。

〈象〉曰：「由豫，大有得」，志大行也。

六五：貞疾，恒不死。

〈象〉曰：「六五貞疾」，乘剛也。「恒不死」，中未亡也。

上六：冥豫，成有渝，无咎。

〈象〉曰：「冥豫」在上，何可長也！

二、經文解說

1. 卦名解說

卦名：豫。

解說：此卦取名「豫」是因為卦爻辭中有四個「豫」字，即因多見字取名。「豫」有猶豫、疑慮之義。「豫」又通預，即預先有計劃和準備。《禮記·中庸》：「凡事預則立，不預則廢」。

2. 卦辭解說

卦辭：利建侯、行師。

解說：利於封建侯國，利於行軍打仗。

3. 爻辭解說

初六：鳴豫，凶。

鳴：言說、稱說。《莊子》：「天選子之形，子以堅白鳴！」義為公開宣講。如百家爭鳴。豫即預。

全句是：公開宣講自己的預先計劃，凶險。

這是就不宜公開的計劃而言。

六二：介于石，不終日，貞吉。

「介於石」就是夾在兩石中。「不終日」就是不到一天。

全句是：夾在兩石中，不到一天就出來了，兆示吉祥。

洪鈞按：聞一多《周易義證類纂》謂：「介於石」即困于石，指有罪受罰擔枷坐于嘉石示眾。

洪鈞又按：關於此爻辭〈繫辭下〉有解謂：子曰：「知幾其神乎！君子上交不諂，下交不瀆，其知幾乎？幾者，動之微，吉之先見者也。君子見幾而作，不俟終日。《易》曰：『介於石，不終日，貞吉。』介如石焉，寧用終日？斷可識矣。君子知微知彰，知柔知剛，萬夫之望。」此解完全推崇君子，不是爻辭的原意。特別是，把「介於石」解為「介如石」，含義全變了。蓋「介於石」之介義為居中，「介如石」則是堅如石。

六三：盱豫，悔。遲，有悔。

盱（xū）：《說文》：「盱，張目也。」《六書故》「張目企望者，必猶豫不進也。」。故「盱豫」猶今白話：瞪著眼睛，愣在那裡。

全文是：猶豫不決，有悔恨。行動遲緩，又悔恨。

九四：由豫，大有得，勿疑，朋盍簪。

「由豫」即有預，預先有計劃。「大有得」即大有收穫，賺了不少朋貝。「朋盍簪」指用朋貝合成簪子。簪是用來綰住頭髮的一種首飾。《易經》時代，常用貝類作為飾品。如《詩·巷伯》：「萋兮斐兮，成是貝錦。」《詩·閟宮》：「公徒三萬，貝冑朱綅。」

全文是：預先有計劃，賺了很多錢。不必疑問，拿朋貝去合成簪子

 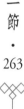

吧！

洪鈞按：高亨先生解此條，多方輾轉引伸，說法大異，卻也不是很通順。

六五：貞疾，恒不死。

貞問疾病，常常不會死。

洪鈞按：李鏡池和高亨先生均解「恒」為久，因為兩位先生均斷句為「貞疾恒，不死」。洪鈞以為，不如解「恒」作常。《說文》「恒，常也。」這樣就不必改變經文的句讀。

上六：冥豫，成有渝，无咎。

「冥」指夜間。「豫」即預。渝：通輸，失敗。「成有渝」義為成功或失敗。

全句是：夜間還在預計成功或失敗，沒有災患。

總之，預則立，不預則廢。

三、傳文評說

此卦的傳文也大多不好。如最淺顯的六五爻辭的〈象〉傳說：

「六五貞疾」，乘剛也。「恒不死」，中未亡也。

「六五貞疾」顯然是把爻題和貞疾看作一個片語。這是完全不懂經文。「乘剛」應是來自卦形，六五是陰爻，但九四是陽爻。陰爻在陽爻之上就是「乘剛」。「中未亡」大概也指此卦五陰一陽，陽居中。

再如六二〈象〉傳如下：

〈象〉曰：「不終日，貞吉」，以中正也。

所謂「中正」應指初二陰爻在下卦的中間。不過，這還是隨意拿來「中正」說理。試看六二爻辭，與中正毫無關係。加之〈象〉傳漏掉了開頭的「介於石」，故劣甚。

「隨」（卦十七）

一、經傳全文

隨：元亨，利貞，無咎。

〈彖〉曰：隨，剛來而下柔，動而說，隨。大亨貞，無咎，而天下隨時，隨之時義大矣哉！

〈象〉曰：澤中有雷，隨。君子以向晦入宴息。

初九：官有渝，貞吉。出門交有功。

〈象〉曰：「官有渝」，從正吉也。「出門交有功」，不失也。

六二：繫小子，失丈夫。

〈象〉曰：「繫小子」，弗兼與也。

六三：繫丈夫，失小子。隨有求得，利居貞。

〈象〉曰：「繫丈夫」，志捨下也。

九四：隨有獲，貞凶。有孚在道，以明，何咎？

〈象〉曰：「隨有獲」，其義凶也。「有孚在道」，明功也。

九五：孚于嘉，吉。

〈象〉曰：「孚于嘉，吉」，位正中也。

上六：拘係之，乃從維之。王用亨于西山。

〈象〉曰：「拘係之」，上窮也。

二、經文解說

1. 卦名解說

卦名：隨。

解說：「隨」即結伴相隨。《說文》：「隨，從也。」卦爻辭有兩個「隨」字，但此卦取名「隨」，是因為其中主要討論相隨結伴商旅。

2. 卦辭解說

卦辭：元亨，利貞，無咎。

解說：非常通達，吉利之兆，沒有災禍。

卦辭只有貞兆辭且無不吉之兆，蓋因此卦主要討論結伴商旅，一般順利。但需知道，此卦卦辭以「元亨，利貞」為主，《易傳》卻不說「四德」了。孔穎達疏：「元亨者，于相隨之世，必大得亨通；若其不大亨通，則無以相隨，逆于時也。」此疏完全不是經文的原意，卻與「四德」之說完全無關。可見古人常常任意解說經文。《文言・乾》就是最典型的例子。

3. 爻辭解說

初九：官有渝。貞吉。出門交有功。

「官」是「館」的本字，指旅館。「渝」指變故。「交」指互相。

全文是：旅館有了變故。兆示吉祥。出門結伴商旅，互相有利。

六二：繫小子，失丈夫。

捆住了小奴隸，大奴隸逃跑了。

洪鈞按：看來，商人們是販賣奴隸的。

六三：繫丈夫，失小子。隨有求得。利居貞。

捆住了大奴隸，失去小奴隸。結伴商旅，是為了有所得。利於居住的貞兆。

九四：隨有獲，貞凶。有孚在道，以明何咎？

明：借為盟。

全文是：結伴商旅，有所獲利，兆示凶險。在路上有所俘獲，大家互訂盟約，怎麼會有災禍呢！

洪鈞按：高亨先生的解說大不同，卻也不是很通順，見《周易古經今注》

九五：孚于嘉，吉。

「嘉」即「離」上九的「有嘉」，嘉國。嘉國曾經侵略周國，被打敗，不少嘉國人被俘。「于」字在此義為「從」「自」或「由」「孚于嘉」即「孚自嘉」。故孚于嘉，吉。

洪鈞按：高亨先生解為：「在行嘉禮之時被罰酒也。是雖被罰不失為吉。」此說頗勉強。

上六：拘系之，乃從維之，王用亨于西山。

從：借為縱，即放開。維：大繩。

此乃承九五而言。周國戰勝，俘虜了不少嘉國人。這些俘虜先是被綁著，即「拘系之」。不久就放開大繩，即「乃從維之」。班師回國後，要獻俘於西山。故「王用亨于西山。」

洪鈞按：高亨先生解此爻，謂系文王囚於羑里又被放歸之事，但無確證。見《周易古經今注》。

三、傳文評說

本卦傳文也大多無可取，讀者也會對評說感到無趣。且看〈彖〉傳和大〈象〉傳。

〈彖〉曰：隨，剛來而下柔，動而說，隨。大亨貞，无咎，而天下隨時，隨之時義大矣哉！

「剛來而下柔」指震剛兌柔，震在下，兌在上。（震）動而（兌）說，即隨。「大亨貞」是妄改經文「元亨，利貞」。

〈象〉曰：澤中有雷，隨。君子以向晦入宴息。

「澤中有雷」指此卦乃兌上震下，兌為澤，震為雷。至於君子如何，完全是莫名其妙的口號。

「蠱」（卦十八）

一、經傳全文

☶☴ 蠱：元亨，利涉大川。先甲三日，後甲三日。

〈象〉曰：蠱，剛上而柔下，巽而止，蠱。「蠱，元亨」，而天下治也。「利涉大川」，往有事也。「先甲三日，後甲三日」，終則有始，天行也。

〈象〉曰：山下有風，蠱。君子以振民育德。

初六：幹父之蠱，有子考，无咎，厲，終吉。

〈象〉曰：「幹父之蠱」，意承考也。

九二：幹母之蠱，不可貞。

〈象〉曰：「幹母之蠱」，得中道也。

九三：幹父之蠱，小有悔，无大咎。

〈象〉曰：「幹父之蠱」，終无咎也。

六四：裕父之蠱，往見吝。

〈象〉曰：「裕父之蠱」，往未得也。

六五：幹父之蠱，用譽。

〈象〉曰：「幹父之蠱」，承以德也。

上九：不事王侯，高尚其事。

〈象〉曰：「不事王侯」，志可則也。

二、經文解說

1. 卦名解說

卦名：蠱。

解說：此卦取名「蠱」是因為，卦爻辭中有五個「蠱」字。這五個「蠱」字含義全同，故本卦既因多見字取名，也與內容相關。至於「蠱」的含義，《說文》：「蠱，腹中蟲也。」許慎所解顯然不是本卦「蠱」字的含義。唐王冰注《素問》：「蠱，謂房室也。」《左傳·昭公元年》有醫和說：「『疾不可為也，是謂近女室，疾如蠱。非鬼非食，惑以喪志。』……趙孟曰：『何謂蠱？』對曰：『淫溺惑亂之所生也。于文，皿蟲為蠱，穀之飛亦為蠱。在《周易》，女惑男、風落山謂之蠱。皆同物也。』」可見，本卦「蠱」字與房事有關。李鏡池先生解「蠱」為事業。愚見以為，未得經旨。高亨先生則有先見之明，謂：「淫邪之女，亦謂之

「蠱」，得其旨矣。不過，最好還是把「蠱」字解為「淫邪行為」或簡作「淫邪」。

2. 卦辭解說

卦辭：元亨。利涉大川。先甲三日，後甲三日。

解說：非常順暢。利於過大河。「先甲三日，後甲三日」即丁日和辛日，應是占問過河的吉日。高亨先生解此條，列舉數例，特別是舉《漢書・武帝紀》引此條以證明古人行事之日，多用辛與丁日。

3. 爻辭解說

初六：幹父之蠱，有子考。无咎，厲，終吉。

幹：干預，匡正。考：孝。

全文是：匡正其父的淫邪行為，是子孝。有子如此，其父無禍。即便情況嚴重，最後還是吉祥的。

九二：幹母之蠱，不可貞。

匡正母親的淫邪行為，不可貞問。因為作為兒子，不能干預母親的房事。

九三：幹父之蠱，小有悔，无大咎。

匡正父親的淫邪行為，小有禍患，沒有大罪過。

六四：裕父之蠱，往見吝。

裕：寬容、包容。

全句是：包容父親的淫邪行為，往後會遇到艱難。

六五：幹父之蠱，用譽。

匡正父親的淫邪行為，因而得到讚譽。

上九：不事王侯，高尚其事。

不侍奉王侯，自視高尚。這裡指賢者隱居不仕。

三、傳文評說

此卦傳文多不得經旨，只有上九〈象〉傳有點意思。傳文如下。

〈象〉曰：「不事王侯」，志可則也。

可見，〈象〉傳作者讚譽隱居的賢者。這在太平盛世，是不多見的。孔子即主張：「天下有道則見，無道則隱。」（《論語‧泰伯》）故〈象〉傳時代，不是太平盛世。

「臨」（卦十九）

一、經傳全文

䷒ 臨：元亨，利貞。至于八月有凶。

〈彖〉曰：臨，剛浸而長。說而順，剛中而應，大亨以正，天之道也。「至于八月有凶」，消不久也。

〈象〉曰：澤上有地，臨。君子以教思无窮，容保民无疆。

初九：咸臨，貞吉。

〈象〉曰：「咸臨，貞吉」，志行正也。

九二：咸臨，吉，无不利。

〈象〉曰：「咸臨，吉无不利」，未順命也。

六三：甘臨，无攸利。既憂之，无咎。

〈象〉曰：「甘臨」，位不當也。「既憂之」，咎不長也。

六四：至臨，无咎。

〈象〉曰：「至臨，无咎」，位當也。

六五：知臨，大君之宜，吉。

〈象〉曰：「大君之宜」，行中之謂也。

上六：敦臨，吉，无咎。

〈象〉曰：敦臨之吉，志在內也。

二、經文解說

1. 卦名解說

卦名：臨。

解說：本卦爻辭有六個「臨」字。「臨」的本義是從高視下。《說文》：「臨，監臨也。從臥，品聲。隱幾視下之稱。」《爾雅》：「臨，視也。」《國語·周語》：「受職于王，以臨其民。」故「臨」有治義。卦中講臨民之術，據內容及多見字取名。

2. 卦辭解說

卦辭：元亨，利貞。至于八月有凶。

解說：大通，利兆。到了八月有災禍。

洪鈞按：李鏡池先生認為：「元亨，利貞」當屬另占之貞兆辭。「至于八月，有凶。」當是占旱。《禮記·玉藻》：「至于八月，不雨，君不舉。」《孟子》：「七八月之間旱」。作者引舊筮辭作比喻，以旱之望雲霓喻民之望治。

洪鈞又按：洪鈞的故鄉在華北平原東南部，常見旱災。旱災最多見於麥收之後。故鄉的麥收在芒種前後，這時離霜降（即無霜期）還有大約 130 天。絕大部分農作物從種到收不到 130 天，一般 100 天左右。故麥收之後 30 天下了大雨，不會影響秋收。假如到了農曆八月還是大旱，秋季作物就會絕收。這樣就是凶年。秋季大旱則不能種小麥，來年也是凶年。百姓們就會逃荒要飯，流離失所。近四十年來，故鄉普遍有了深井和機器灌溉，卻還是不如及時雨。

3. 爻辭解說

初九：咸臨，貞吉。

咸：借為感。

全句是：以感化政策治民，兆示吉祥。

九二：咸臨，吉，无不利。

洪鈞按：以上兩見「咸臨」，含義不同。高亨先生以為：一卦之辭，其文有相同者，其旨趣必異。

咸：同於誠。《說文》：「誠，和也。」

全句是：用溫和政策治民則吉，沒有不利。

六三：甘臨，无攸利。既憂之，无咎。

甘：借為拑。

全文是：以拑制政策治民，沒有好處。做到憂民之所憂，才能沒有災患。

六四：至臨，无咎。

至臨：指躬親政治。即統治者要親自過問、處理政事。《詩·節南山》：「弗躬弗親，庶民弗信。」「不自為政，卒（瘁）勞百姓。」

全句是：躬親政治，沒有災患。

六五：知臨，大君之宜，吉。

知：指聰明睿智。

全句是：聰明睿智地治民，是君主應該做到的。吉祥。

洪鈞按：李鏡池先生說：儒家理想的帝王叫聖人。聖人即耳聰目明者。《禮記·中庸》：「唯天下至聖為聰明睿智，足以有臨也。」統治者具備聰明睿智，用以治民則吉。與此爻觀點一脈相承。

上六：敦臨，吉，无咎。

敦：同惇（dūn），惇厚誠實。

全句是：惇厚誠實地治民，吉祥且沒有災禍。

三、傳文評說

本卦是討論政治的專卦，按說《易傳》作者應該比較熟悉，傳文卻完全不涉及。就連「八月有凶」也完全不得其旨。〈彖〉傳如下：

> 〈彖〉曰：臨，剛浸而長。說而順，剛中而應，大亨以正，天之道也。「至于八月有凶」，消不久也。

本卦卦辭也是「元亨利貞」開頭，〈彖〉傳卻不說「四德」了。「臨」乃臨民之義，傳文卻解作「剛浸而長」。所謂「剛浸而長」應指本

卦的初九和九二是陽爻為剛，由此上行就是剛長。「說而順」指下卦為兌，上卦為坤。所謂「剛中而應」指九二為剛居於下卦中間。把「大亨以正」說成「天之道」，大概是看見經文中有個「貞」字。其實，把「元亨，利貞」解作「大亨以正」應該是把亨字解作享字。把「至于八月有凶」解為「消不久」，則是根本與旱災無關。

「觀」（卦二十）

一、經傳全文

䷓ 觀：盥而不薦，有孚顒若。

〈彖〉曰：大觀在上，順而巽，中正以觀天下。「觀，盥而不薦，有孚顒若」，下觀而化也。觀天之神道，而四時不忒，聖人以神道設教，而天下服矣。

〈象〉曰：風行地上，觀。先王以省方，觀民設教。

初六：童觀，小人无咎，君子吝。

〈象〉曰：初六「童觀」，小人道也。

六二：窺觀，利女貞。

〈象〉曰：「窺觀」「女貞」，亦可醜也。

六三：觀我生，進退。

〈象〉曰：「觀我生，進退」，未失道也。

六四：觀國之光，利用賓于王。

〈象〉曰：「觀國之光」，尚賓也。

九五：觀我生，君子无咎。

〈象〉曰：「觀我生」，觀民也。

上九：觀其生，君子无咎。

〈象〉曰：「觀其生」，志未平也。

二、經文解說

1. 卦名解說

卦名：觀。

解說：此卦卦爻辭中有六個「觀」字，都是觀察之義。故此卦取名「觀」不僅因為「觀」字多見，還因為「觀」字與內容聯繫緊密。

2. 卦辭解說

卦辭：盥而不薦，有孚顒若。

解說：盥（guàn）：借為祼（guàn）。《說文》：「祼，灌祭也」。李鼎祚《集解》：「盥者，進爵灌地以降神也。」這一禮儀，至今還能在某些影片中見到。即生者把酒澆在地上，祭奠死者的英靈。薦：指獻牲。洪鈞以為，卦辭的獻牲，是獻上俘虜，應該是獻俘禮。孚：俘虜。顒（yóng）：《說文》：「顒，大頭也。」「顒若」指俘虜的頭部被打得很腫大。

全句是：灌酒於地卻不獻牲，因為獻牲用的俘虜被打得頭部腫大。

蓋獻牲祭奠用的俘虜，不能有傷損。

3. 爻辭解說

初六：童觀，小人无咎，君子吝。

童：愚昧，淺陋。

全句是：愚昧、淺陋的觀察，對奴隸無災禍，對奴隸主就是災難。

六二：窺觀，利女貞。

暗中觀察的一孔之見，有利於女子貞問。

六三：觀我生，進退。

我生：即我姓。「生」是「姓」的本字。

全句是：觀察好我的族人，再看如何決策。

六四：觀國之光，利用賓于王。

光：光耀。《書·立政》：「以覲文王之耿光。」賓：服從，歸服，可引申為擁戴。《史記·五帝本記》「諸侯咸來賓從。」

全句是：觀察大國的光耀，利於擁戴王室。

九五：觀我生，君子无咎。

觀察我的族人，奴隸主沒有過失。

上九：觀其生，君子无咎。

其生：他族。

全句是：觀察外族的情況，奴隸主沒有過失。

三、傳文評說

本卦內容主要與政治和禮儀有關，按說《易傳》作者應該比較熟悉。〈象〉傳卻把注意力放在貶低婦女上。試看六二經傳如下：

六二：窺觀，利女貞。

〈象〉曰：「窺觀」「女貞」，亦可醜也。

〈象〉傳有意漏掉「利」字，還把婦女觀察視作醜惡現象。總之，儒家思想無孔不入。

「噬嗑」（卦二十一）

一、經傳全文

噬嗑：亨。利用獄。

〈象〉曰：頤中有物，曰噬嗑。噬嗑而亨，剛柔分，動而明，雷電合而章。柔得中而上行，雖不當位，利用獄也。

〈象〉曰：雷電噬嗑。先王以明罰敕法。

初九：屨校滅趾，无咎。

〈象〉曰：「屨校滅趾」，不行也。

六二：噬膚滅鼻，无咎。

〈象〉曰：「噬膚滅鼻」，乘剛也。

六三：噬臘肉，遇毒。小吝，无咎。

〈象〉曰：「遇毒」，位不當也。

九四：噬乾胏，得金矢，利艱貞，吉。

〈象〉曰：「利艱貞，吉」，未光也。

六五：噬乾肉，得黃金，貞厲，无咎。

〈象〉曰：「貞厲，无咎」，得當也。

上九：何校滅耳，凶。

〈象〉曰：「何校滅耳」，聰不明也。

二、經文解說

1. 卦名解說

卦名：噬嗑（shì kē）。

解說：本卦取名「噬嗑」，是因為經文中有三個「噬」字。「噬」是咬或吞食之義。「嗑」的本義是用上下門牙咬有殼的或硬的東西：如「嗑瓜子兒」。即「嗑」也是吃。王弼注：「頤中有物，齧而合之，噬嗑之義也。」按照他的見解，噬嗑就是咀嚼。「雜卦」傳說：「噬者，食也」。總之，噬嗑就是吃的意思。稍作引伸，「噬嗑」就是吃飯的意思。吃飯很平常，卻也是大事，所謂民以食為天是也。故本卦內容大都和吃飯有關。李鏡池先生認為，「噬嗑」與現代漢語的「吃喝」音義均近。

2. 卦辭解說

卦辭：亨。利用獄。

解說：「亨」是通達之義。「利用獄」不是利於坐牢，而是利於打官司、斷案之義。可見，《易經》時代，打官司時也常常占筮。

全句是：亨通。利於訟獄。

3. 爻辭解說

初九：履校滅趾，无咎。

履（jù）：本義指鞋子。此處義為腳上戴著。校：古代刑具。枷械的統稱。《說文》：「校，木囚也。」

全句是：（奴隸的）腳上戴著枷械，看不見腳了。無可責遣。

洪鈞按：關於此爻，〈繫辭下〉有解謂：子曰：「小人不恥不仁，不畏不義，不見利而不勸，不威不懲。小懲而大誠，此小人之福也。《易》曰『履校滅趾，无咎』，此之謂也。」可見，枷械是專用于奴隸的，似乎還是奴隸主的恩賜。故說「此小人之福也。」由此可以看出，《易經》時代，奴隸主和奴隸的關係。

六二：噬膚滅鼻，无咎。

膚：肥肉。《釋文》引馬融注：「柔脆肥美曰膚。」

全句是：吃大塊肥肉，看不到鼻子了，無可責譴。

六三：噬臘肉遇毒，小吝，无咎。

吃臘肉中了毒，小艱難，沒有災患。

九四：噬乾肺，得金矢。利艱貞，吉。

乾肺（zǐ）：帶骨的乾肉。《釋文》：「肺，馬云『有骨謂之肺。』」

全句是：吃帶骨頭的乾肉，得到銅箭。利於占問旱災，吉祥。

六五：噬乾肉，得黃金，貞厲，无咎。

黃金：應指銅箭頭。有人解為黃金顆粒，竊以為不妥。蓋乾肉中很少可能會有黃金顆粒。

全句是：吃乾肉，得到銅箭頭，兆示情況嚴重，但無災患。

上九：何校滅耳，凶。

何：通荷。《釋文》：「何，本亦作荷。」《說文》：「荷，儋也。」儋：古作儋。

全句是：枷械戴在脖子上，看不到耳朵了，凶險。

洪鈞按：關於本爻〈繫辭下〉有解謂：「善不積不足以成名，惡不積不足以

滅身。小人以小善為無益而弗為也，以小惡為無傷而弗去也，故惡積而不可掩，罪大而不可解。《易》曰：『履校滅耳，凶。』」此解認為，小人（即奴隸）「惡積而不可掩，罪大而不可解。」暴露了〈繫辭〉作者的奴隸主立場。

三、傳文評說

本卦爻辭大都與吃肉有關，均無歧義。傳文的解說還不如不解。試看六二經傳如下：

六二：噬膚滅鼻，无咎。

〈象〉曰：「噬膚滅鼻」，乘剛也。

〈象〉傳以「乘剛」解釋「噬膚滅鼻」毫無道理。「乘剛」是指六二陰爻居於初九陽爻之上。這樣就該「噬膚滅鼻」嗎？內卦是震的還有七個，何以不見「噬膚滅鼻」呢？故爻位之說，實屬多餘。

「賁」（卦二十二）

一、經傳全文

䷕ 賁：亨。小利有攸往。

〈象〉曰：賁，亨。柔來而文剛，故亨。分剛上而文柔，故小利有攸往，天文也。文明以止，人文也。觀乎天文，以察時變。觀乎人文，以化成天下。

〈象〉曰：山下有火，賁。君子以明庶政，無敢折獄。

初九：賁其趾，舍車而徒。

〈象〉曰：「舍車而徒」，義弗乘也。

六二：賁其須。

〈象〉曰：「賁其須」，與上興也。

九三：賁如濡如，永貞吉。

〈象〉曰：永貞之吉，終莫之陵也。

六四：賁如皤如，白馬翰如，匪寇婚媾。

〈象〉曰：六四當位，疑也。「匪寇婚媾」，終无尤也。

六五：賁于丘園，束帛戔戔，吝，終吉。

〈象〉曰：六五之吉，有喜也。

上九：白賁，无咎。

〈象〉曰：「白賁，无咎」，上得志也。

二、經文解說

1. 卦名解說

卦名：賁（bēn、bì）。

解說：此卦取名「賁」是因為卦爻辭中有六個「賁」字，即據多見字取名。《說文》：「賁，飾也」。故「賁」的本義是裝飾，又借為奔或獖。

2. 卦辭解說

卦辭：亨，小利有攸往。

解說：亨通，稍微有利於遠行。

3. 爻辭解說

初九：賁其趾，舍車而徒。

賁：裝飾，文飾。《說文》：「賁，飾也。」趾：指腳。徒；《說文》：「徒，步行也。」

全句為：文飾了他的腳，他捨棄車子而赤足徒步行走。

洪鈞按：由「賁其趾」可知，當時可能有紋身之俗。

六二：賁其須。

修飾他的鬍鬚。《說文》：「須，面毛也。」

九三：賁如濡如。永貞吉。

賁：通奔。濡：沾濕。

全句是：奔跑呀奔跑，出了一身大汗，衣服都濕了。占問長期安否則

吉。

六四：賁如皤如，白馬翰如，匪寇婚媾。

賁：通奔。皤（pó）：借為燔（fán）。鄭玄本作燔，義為焚燒。翰：長而硬的羽毛。高飛。《詩·大雅·常武》：「王旅嘽（tān）嘽，如飛如翰。」

全文是：奔跑呀奔跑！熱得像火燒一樣。白馬昂首奔跑如飛，就像長了翅膀。不是強盜，而是娶親的。

洪鈞按：本爻也有詩歌的意味。

六五：賁于丘園，束帛戔戔，吝，終吉。

束帛：五匹帛困在一起之稱。戔戔（jiān jiān）：朱熹《周易本義》：「戔戔，淺小之意。」一說為堆積貌。見李鼎祚《周易集解》引馬融註。洪鈞以為馬融註為是。

全句是：奔跑到女方的家園，送上一堆束帛。開始嫌少不順利，終於吉祥。

上九：白賁，无咎。

賁：借為豶（fén），閹過的豬。

全句是：送上（宰好的）白色肥豬，無災禍。

三、傳文評說

李鏡池先生舉鄂溫克人的婚俗為例，認為此卦是敘述一種對偶婚制度下的娶親場景。傳文完全無此義。試看大〈象〉傳如下：

〈象〉曰：山下有火，賁。君子以明庶政，無无敢折獄。

〈象〉傳竟然聯想到打官司、斷案。真是風馬牛，不相及。

再看〈象〉傳解說最簡明的上九如下：

上九：白賁，无咎。

〈象〉曰：「白賁，无咎」，上得志也。

所謂「上得志」指上九達到了目的。對看以上拙解，〈象〉傳的解說，完全不著邊際。

「剝」（卦二十三）

一、經傳全文

☶☷ 剝：不利有攸往。

〈彖〉曰：剝，剝也，柔變剛也。「不利有攸往」，小人長也。順而止之，觀象也。君子尚消息盈虛，天行也。

〈象〉曰：山附地上，剝。上以厚下安宅。

初六：剝床以足，蔑。貞凶。

〈象〉曰：「剝床以足」，以滅下也。

六二：剝床以辨，蔑。貞凶。

〈象〉曰：「剝床以辨」，未有與也。

六三：剝之，无咎。

〈象〉曰：「剝之，无咎」，失上下也。

六四：剝床以膚，凶。

〈象〉曰：「剝床以膚」，切近災也。

六五：貫魚，以宮人寵，无不利。

〈象〉曰：「以宮人寵」，終无尤也。

上九：碩果不食，君子得輿，小人剝廬。

〈象〉曰：「君子得輿」，民所載也。「小人剝廬」，終不可用也。

二、經文解說

1. 卦名解說

卦名：剝。

解說：此卦卦爻辭中有五個「剝」字，據多見字取名。「剝」在此卦

中多為「敲擊」之義。《詩‧七月》：「八月剝（pū）棗。」傳：「剝棗，擊棗也。」

2. 卦辭解說

卦辭：不利有攸往。

解說：不利遠行。

3. 爻辭解說

洪鈞按：李鏡池和高亨先生對「剝」字的解說相同，但對各爻辭的解說則或大不同。洪鈞參以己見，斟酌採用。

初六：剝床以足，蔑。貞凶。

單就一般文言而論，「剝床以足」就是用腳擊床。然而，高、李兩先生均以為是夢占。夢見「用腳擊床」似乎不值得占筮。故洪鈞以為「剝床以足」應是「剝床及足」。床也不是睡的床而是車廂，因為正在造車子。這樣解「剝床以足」，就是用錘子或斧子敲擊車廂時，擊到腳上，是比較嚴重的情況，值得占筮。只是如此解說，就不是夢占了。《說文》：「蔑，勞目無精也。從苜。人勞則蔑然；從戍。」

全句為：敲擊車廂時誤擊到腳上。眼睛太勞累了，看不清了。兆示凶險。

六二：剝床以辨，蔑。貞凶。

辨：王引之《經義述聞》：「借為䠆，膝頭也。」

全文是：敲擊車廂，誤擊了膝蓋。眼睛太勞累了，看不清了。兆示凶險。

六三：剝之！无咎。

敲擊吧！沒有災患。

六四：剝床以膚，凶。

膚：借為臚（lú），指腹部。俞越《群經平議》：「腹前為臚。」

全句是：敲擊車廂，誤擊了腹部，凶險。

六五：貫魚，以宮人寵，无不利。

貫：射中。《詩・猗嗟》：「舞則選兮，射則貫兮。」意思是跳舞要整齊，射箭要射中。《禮記・射義》：「天子將祭，必先習射於澤，而後射於射宮。射中者得與祭，不中者不得與祭。」

全句是：射中了魚，得以宮人受寵，沒有不利。

上九：碩果不食，君子得輿，小人剝廬。

廬：本義特指田中看守莊稼的小屋。《漢書・食貨志》「餘二十畝，以為廬舍。」注：「田中屋也。」

全句是：碩果累累無人食用，奴隸主得到車子，奴隸被毀壞了草廬。

洪鈞按：這條爻辭可能來自民歌，極言奴隸主與奴隸遭際不同。

三、傳文評說

本卦傳文大都無可採信。僅舉上九〈象〉傳為例說明如下：

〈象〉曰：「君子得輿」，民所載也。「小人剝廬」，終不可用也。

〈象〉傳完全不得經旨。試與拙解對看，其間有天壤之別。

「復」（卦二十四）

一、經傳全文

䷗ 復：亨。出入无疾，朋來无咎。反覆其道，七日來復，利有攸往。

〈彖〉曰：復，亨。剛反動而以順行，是以「出入无疾，朋來无咎」。「反覆其道，七日來復」，天行也。「利有攸往」，剛長也。復其見天地之心乎？

〈象〉曰：雷在地中，復。先王以至日閉關，商旅不行，後不省方。

初九：不遠復，无悔，元吉。

〈象〉曰：不遠之復，以修身也。

六二：休復，吉。

〈象〉曰：休復之吉，以下仁也。

六三：頻復，厲，无咎。

〈象〉曰：頻復之厲，義无咎也。

六四：中行獨復。

〈象〉曰：「中行獨復」，以從道也。

六五：敦複，无悔。

〈象〉曰：「敦復，无悔」，中以自考也。

上六：迷複，凶，有災眚。用行師，終有大敗。以其國君凶，至于十年不克征。

〈象〉曰：迷復之凶，反君道也。

二、經文解說

1. 卦名解說

卦名：復。

解說：此卦取名「復」，是因為經文中有六個「復」字，即因多見字取名。

2. 卦辭解說

卦辭：亨。出入无疾，朋來无咎。反覆其道，七日來復。利有攸往。

解說：筮得「復」卦，諸事順利。出門回家，不得疾病。賺了錢財，沒有災患。往返路上，來回七天。利於遠行。

洪鈞按：多年前，洪鈞曾在舊作中，對本卦辭作出過較詳細的解說。現在看來，比較通順。為幫助讀者加深理解，把舊說略作修改附在下面：

這是「復」卦的卦辭，共二十一字，是卦辭中比較長的。洪鈞把它斷為四句。「亨」一個字就是一句。其餘三句，請看卦辭句讀。先把這條卦辭翻譯如下：

筮得「復」卦，諸事順利。出門回家，不得疾病。賺了錢財，沒有災患。往返路上，來回七天。利於遠行。

上文把「亨」解為「順利」。蓋亨作「通」講，換成白話，就是順利，很適合作為占筮斷語或貞兆辭。

今《易經》中，「亨」共出現47次。除單獨使用外，最常見和「元」連寫，即「元亨」。此外還有「小亨」「吉亨」「否亨」等。這都是加上了形容詞。「元亨」就是「大通」，是非常通達、順利的意思。「否亨」就是「不亨」，不順利的意思。總之「亨」字義為通達、順利。有人解「亨」為「享」，說指祭祀，此說可商，因為《易經》47個「亨」字中，只有「大有」九三：「公用亨于天子」和「隨」上六：「王用亨于西山」中的「亨」字宜解為「享」。

「出入无疾」解作「出門回家，不得疾病」。因為出門在外，很怕得病。故古人出遠門前，要選吉日，也有的去算卦。至於回家，雖然一般是高興的事，但直到今日，洪鈞的家鄉還有「三六九，往外走；要回家，二五八」的迷信說法。這雖然不是出自《易經》，卻說明無論出門回家，都有人講迷信。

把「朋來无咎」解作「賺了錢財，沒有災患」，沒有絲毫勉強。蓋這裡的「朋」字，指「朋貝」，是商代和西周早期使用的貨幣。五貝為一繫，兩繫為一朋。不少人把「朋來」解為「朋友來了」不很好。「无咎」是斷占語，也是貞兆辭，在《易經》中出現的頻率僅次於「吉」和「利」。「吉」共出現147次，「利」119次，「无咎」93次。「咎」作「過失」、「災禍」講。占筮是問吉凶禍福的，故「无咎」在這裡只能解作「沒有災患」而不宜解作「沒有過失」。

「往返路上，七日來復」，指出遠門來回用七天。但漢代和以後的人解《易》，卻用上了陰陽學說。七天這個週期，在不少民族中頗受重視。現今全世界通行的星期，就是上帝創世花的時間。國人死後，親屬要每七天燒紙紀念，直到盡七——即四十九天才斷七。故《易經》時代，七這個數可能有點特殊含義，大概和每卦六爻有關，而和陰陽無關。假如像王弼注說「陽氣始剝，盡至來復，時凡七日」是陰陽變化的總規律。那麼，一日十二時辰，一年三百六十五日，這兩個週期的陰陽剝復變化的規律就沒有道理，而這恰恰最宜於用陰陽來說理的，卻不是每七天一個週期。陰陽

學說最宜於解釋兩極現象，而不宜於解釋七這個數。

「利有攸往」就是「利有所往」。「攸」作「所」講。「有所往」就是遠行或出遠門兒。串個門兒、趕個集兒，是不需要占筮的。故「利有攸往」的意思是：利於遠行或出遠門兒。李鏡池先生認為本卦主要討論商旅，可從其說。今《易經》「利有攸往」共出現 14 次，說明那時出遠門兒商旅不僅是大事，也常常占筮算卦。反過來也證明把「有攸往」解作「遠行」或「出遠門兒」是準確的。

洪鈞相信，以上翻譯和解釋，是復卦卦辭的原意。讀者從中也能獲得有用的資訊。對看《易傳》、儒家後學、乃至某些當代注家，用陰陽學說或其他儒家思想解釋此卦辭，無不牽強附會。或自相矛盾，或眾說不一。實在是越講越糊塗。不但沒說清原意，也沒有有用的資訊，更沒有科學道理。不再一一指出。

3. 爻辭解說

初九：不遠復，无祗悔，元吉。

祗（zhī）：通「只」，在此是「大」義。

全句是：不走遠就回來，沒有大禍患，大吉。

洪鈞按：〈繫辭下〉對此爻有解謂：子曰：「顏氏之子，其殆庶幾乎？有不善未嘗不知，知之未嘗復行也。《易》曰：『不遠復，無祗悔，元吉。』」子曰之言不見於《論語》，故這裡的「子」不是孔子。把「不遠復，無祗悔」解為「有不善未嘗不知，知之未嘗復行」不合經文原意。

六二：休復，吉。

休：吉慶，美滿。《爾雅·釋言》：「休，慶也。」《廣雅·釋言》：「休，喜也。」

全句是：美滿地回來，吉祥。

六三：頻復，厲，无咎。

頻：借為顰，皺著眉頭。

全句是：皺著眉頭回來，情況嚴重，但無災禍。

六四：中行獨復。

走到半路，一個人回來了。

洪鈞按：結伴商旅，獨自回來。說不上吉凶，故沒有斷占語或貞兆辭。高亨先生以為此爻「亦吉利之象」，不知其說所本。

六五：敦復，无悔。

敦：迫促之義。《釋文》：「《韓詩》云『敦，迫也。』」

全句是：急迫地回來，沒有禍患。

上六：迷復，凶，有災眚。用行師，終有大敗。以其國君凶，至于十年不克征。

迷失道路，不得不返回，是凶險的，有災苦。如果發生於行軍打仗，最後必然大敗。因為他的國君有此凶兆，導致十年不能戰勝。

三、傳文評說

為說明傳文大悖經旨，且看〈彖〉傳如下。

> 〈彖〉曰：復，亨。剛反動而以順行，是以「出入无疾，朋來无咎」。「反覆其道，七日來復」，天行也。「利有攸往」，剛長也。復其見天地之心乎？

傳文解釋「復，亨」說是「剛反動而以順行」，因此「出入无疾，朋來无咎」。「剛反動而以順行」應該指初爻是陽爻，象剛。從此上行，所遇都是陰爻，陰爻象順。至於「反覆其道，七日來復」本來是說前往某地，來回七天。傳文卻解作「天行也」，即天道也。天道果然有七日來復的規律嗎？「利有攸往」本來是說利於遠行。傳文卻說「剛長也」。其義應該也是指初九的陽爻，象剛。它依次上行就是「剛長」。總之，〈彖〉傳完全不得經旨，卻說「復」卦體現了天地之心。天地有心，是唯心主義的見解。

再看本卦的大〈象〉。

> 〈象〉曰：雷在地中，復。先王以至日閉關，商旅不行，後不省

方。

〈象〉傳更是不得經旨。它沒有解釋「亨」字。解釋「復」字就是「雷在地中」，即地上震下。其實這不能算解釋，且不說與〈象〉傳矛盾。後面的文字幾乎是白話。「先王以至日閉關」也是來自卦形，因此卦是五陰在上，一陽在下，符合冬至一陽生。然而，先王果然冬至閉關，商旅不行嗎？此後果然不視察地方嗎？即便如此，與卦辭的原意也毫不相干。其餘〈象〉傳不再評說。

「无妄」（卦二十五）

一、經傳全文

☰ 无妄：元亨，利貞。其匪正有眚，不利有攸往。

〈象〉曰：无妄，剛自外來而為主于內。動而健，剛中而應，大亨以正，天之命也。「其匪正有眚，不利有攸往」，无妄之往，何之矣？天命不佑行矣哉？

〈象〉曰：天下雷行，物與无妄。先王以茂對時，育萬物。

初九：无妄往，吉。

〈象〉曰：无妄之往，得志也。

六二：不耕獲，不菑畬，則利有攸往。

〈象〉曰：「不耕獲」，未富也。

六三：無妄之災，或繫之牛，行人之得，邑人之災。

〈象〉曰：行人得牛，邑人災也。

九四：可貞，无咎。

〈象〉曰：「可貞，无咎」，固有之也。

九五：无妄之疾，勿藥有喜。

〈象〉曰：无妄之藥，不可試也。

上九：无妄行，有眚，无攸利。

〈象〉曰：无妄之行，災之窮也。

二、經文解說

1. 卦名解說

卦名：无妄。

解說：本卦取名「无妄」是因為卦爻辭中四見「无妄」，即據多見辭取名。至於「无妄」的含義，《說文》「妄，亂也。」故「无妄」的意思是：不亂說、不亂行。不過，卦爻辭中的「无妄」不都是此義。說見下文。

2. 卦辭解說

卦辭：元亨，利貞。其匪正有眚，不利有攸往。

解說：「元亨，利貞」即大通，利兆。多用幾個字就是：非常通達，吉利之兆。「其」語助詞。匪：即非。「匪正有眚」指行為不端則有災苦。「不利有攸往」即不利遠行。

全文是：非常通達，吉利之兆。行為不端則有災苦。不利遠行。

3. 爻辭解說

初九：无妄往，吉。

沒有胡亂遠行，吉祥。

六二：不耕獲，不菑畬，則利有攸往。

「不耕獲」就是不耕而獲。「不菑畬」即不開墾荒地卻有好田。「菑（zī）」作墾荒講。《書·大誥》：「厥父菑，厥子乃弗肯播。」「畬（shē）」是墾荒三年的田。《爾雅·釋地》：「二歲曰新田，三歲曰畬。」

全句是：（你想）不耕而獲，不墾荒而有好地，那最好遠行做生意。蓋《易經》時代，遠行者大多是商人。商人不種地，靠貿易為生。

六三：無妄之災，或繫之牛，行人之得，邑人之災。

「无妄」在此做意外講。「無妄之災」就是意外的災禍。高亨先生

解作火災，可通。蓋農村的意外之災，以火災最常見。「或繫之牛」是說有時牛栓在宅外。「行人之得，邑人之災」是說路人把牛牽走了，是邑人的災禍。只是洪鈞覺得，如上解說不太好。蓋本爻辭是舉例說明「無妄之災」的。「或繫之牛，行人之得」是說：比如牛拴在外面，被路人牽走了。這就是行人之得，邑人之災。

九四：可貞，無咎。

可以貞問，沒有災患。

九五：无妄之疾，勿藥有喜。

洪鈞按：本條涉及洪鈞的專業，多說幾句。

傳統上稱已婚婦女懷孕為「有喜」。至今洪鈞的鄉人還這樣說，而且不少人謹遵「有喜」不吃藥的傳統。這個傳統，很可能來自這句「无妄」九五爻辭。因為這顯然不合乎「有故無殞，亦無殞」（《素問・天元紀大論》）的醫理。不知道什麼時候、何人把「不藥有喜」解作「有喜不吃藥」而且普及民間。「無妄之災，不藥有喜」這句話，後四個字很好理解，就是不吃藥有好處或不藥而癒。「有喜」在這裡是占斷語。《易經》中「有喜」共出現三次，都是緊接「疾」字之後，而且指向好處發展，故最好把「有喜」解作「痊癒」。「无妄之疾」肯定指疾病，問題是指什麼疾病。如果把「无妄」解作不測或意外，則「无妄之疾」是沒有想到的病。然而，意外的病就不需吃藥嗎？似乎不通。洪鈞的鄉人把小毛病如感冒、鬧肚子等稱為「忽來的災兒」。忽然而來有意外、不測的意思，故「无妄之疾」最好解作「忽然來的小毛病」。感冒和鬧肚子，確實大都可以不藥而癒。這樣解，無論是《易》理還是醫理都很通。

上九：无妄行，有眚，无攸利。

不要亂來，否則會有災苦，沒有好處。

洪鈞按：高亨先生以為「无妄行」之「无」為衍字，可供參考。

三、傳文評說

本卦傳文基本上無可取。僅舉兩條說明。六二〈象〉傳如下：

〈象〉曰：「不耕穫」，未富也。

讀者試與該爻解說對看，即可知〈象〉傳完全不得經旨。即便不看經文，〈象〉傳也不通。試問：不耕穫，怎麼會是未富呢？

九五〈象〉傳如下：

〈象〉曰：无妄之藥，不可試也。

明明是「无妄之疾」，怎麼成了「无妄之藥」呢？故〈象〉傳不可取。

「大畜」（卦二十六）

一、經傳全文

☰☶ 大畜：利貞。不家食吉。利涉大川。

〈象〉曰：大畜，剛健篤實，輝光日新。其德剛上而尚賢，能止健，大正也。「不家食吉」，養賢也。「利涉大川」，應乎天也。

〈象〉曰：天在山中，大畜。君子以多識前言往行，以畜其德。

初九：有厲，利已。

〈象〉曰：「有厲，利已」，不犯災也。

九二：輿說輹。

〈象〉曰：「輿說輹」，中無尤也。

九三：良馬逐，利艱貞。曰閑輿衛。利有攸往。

〈象〉曰：「利有攸往」，上合志也。

六四：童豕之牿，元吉。

〈象〉曰：六四「元吉」，有喜也。

六五：豶豕之牙，吉。

〈象〉曰：六五之吉，有慶也。

上九：何天之衢，亨。

〈象〉曰：「何天之衢」，道大行也。

二、經文解說

1. 卦名解說

卦名：大畜。

解說：本卦取名「大畜」與內容有關，特別是其中提到繁殖良馬。馬即屬於大畜、大牲口。

2. 卦辭解說

卦辭：利貞。不家食吉。利涉大川。

解說：利兆。不回家吃飯吉祥。利於過大河。

洪鈞按：舊時，農忙季節，不少地方的農民，在田間勞動時，常常不回家吃飯。這就是「不家食」。這一風俗，可追溯到《詩經》時代。《詩·七月》：「同我婦子，饁（yè）彼南畝」可證。

3. 爻辭解說

初九：有厲，利已。

厲：情況嚴重，危險。已：巳之訛，借為祀。

全句是：有危險，利於祭祀。

九二：輿說輹。

輿：車子。說：通脫。輹（fù）：車廂和車軸之間的大木塊，古稱車伏兔。

全句是：車子脫落了輹。

九三：良馬逐。利艱貞。曰閑輿衛。利有攸往。

逐：交配。《集韻》：「逐，牝牡合也。」曰：日之訛。閑：在此義為練習。《釋文》：「閑，馬鄭云『習也。』」「日閑輿衛」指白天練習車戰防衛。

全文是：良馬追逐著交配。利於占問旱災。白天練習車戰防衛。利於遠行。

洪鈞按：本爻是選自四次占筮記錄。四者沒有關聯。

六四：童牛之牿，无咎。

童牛：公牛。童借為犝（tóng）。牿（gù）：拴在牛角的橫木，防止觸人。《說文》：「告，牛觸人，角箸橫木，所以告人也。從口，從牛。《易》曰：『僮牛之告。』」許慎所謂告，即牿也。

全句是：在公牛的角上栓橫木，沒有災患。

六五：豶豕之牙，吉。

豶（fén）豕：閹過的公豬。牙：同互，加木為㧔（hù），木架之類，也是防止公豬觸人或禍害莊稼。

全句是：在公豬頭上拴上㧔，吉祥。

上九：何天之衢，亨。

何：借為荷，蒙受之義。衢（qú）：休也，祥也。衢、休聲近義通。《說文》：「四達謂之衢。」《詩‧長髮》：「何天之休」。〈下武〉〈桑扈〉「受天之佑」。

全句是：荷蒙上天的福祥，通達順利。

三、傳文評說

此卦比較好解，大都字數不多且沒有歧義。傳文卻不得要領。試看〈彖〉傳如下：

> 〈彖〉曰：大畜，剛健篤實，輝光日新。其德剛上而尚賢，能止健，大正也。「不家食吉」，養賢也。「利涉大川」，應乎天也。

這裡只指出兩點。最明顯的是「『不家食吉』，養賢也」。明明是農民在田間勞動，為了省時間才讓家人送飯吃，卻說是「養賢」，真是大笑話。不很明顯的是「大正也。」這是前面沒有解釋「貞」，把「正」字放在這裡。不但「正」而且「大」就是要回避「貞」字，強調「正」字。「利涉大川」，應乎天也，也是莫名其妙的解法。果然「應乎天」則無不可行之事，何獨「利涉大川」哉！

「頤」（卦二十七）

一、經傳全文

 頤：貞吉。觀頤，自求口實。

〈彖〉曰：「頤，貞吉」，養正則吉也。「觀頤」，觀其所養也。「自求口實」，觀其自養也。天地養萬物，聖人養賢以及萬民。頤之時義大矣哉！

〈象〉曰：山下有雷，頤。君子以慎言語，節飲食。

初九：舍爾靈龜，觀我朵頤，凶。

〈象〉曰：「觀我朵頤」，亦不足貴也。

六二：顛頤，拂經于丘頤，征凶。

〈象〉曰：六二「征凶」，行失類也。

六三：拂頤，貞凶，十年勿用，无攸利。

〈象〉曰：「十年勿用」，道大悖也。

六四：顛頤吉，虎視眈眈，其欲逐逐，无咎。

〈象〉曰：顛頤之吉，上施光也。

六五：拂經，居貞吉，不可涉大川。

〈象〉曰：居貞之吉，順以從上也。

上九：由頤，厲，吉，利涉大川。

〈象〉曰：「由頤，厲，吉」，大有慶也。

二、經文解說

1. 卦名解說

卦名：頤。

解說：此卦既因多見字取名，也與「頤」的含義有關。「頤」的本義是面頰或口語所謂腮幫子，引伸為「養」。《釋文》：「頤，養也。」

2. 卦辭解說

卦辭：貞吉，觀頤，自求口實。

解說：觀頤：觀看他人吃飯。故鄉俗語，稱觀看他人吃東西、特別是好吃的食物，為「看嘴吃」。「觀頤」之義大概如此。口實：即口糧，食物。

兆示吉祥。觀看他人吃飯，不如自己尋求食物。

3. 爻辭解說

初九：舍爾靈龜，觀我朵頤，凶。

靈龜：占卜用的大龜，此處指大龜之肉。古人是吃龜肉的。朵頤：指鼓動腮頰嚼東西的樣子，如「大快朵頤」。

全句是：捨棄你的靈龜之肉，看我大快朵頤，凶險。

六二：顛頤，拂經于丘頤。征凶。

顛：借為填。填頤：把食物填進腮內，即吃飯。可引申為謀生，因為謀生首先要吃飯。拂：借為刜，擊也，斫也；經：借為徑，《廣雅釋言》：「經，徑也。」指阡陌。丘頤：丘陵的坡地。

全句是：為了謀生，要在丘陵的坡地上開阡陌墾荒。征伐則凶。

六三：拂頤，貞凶。十年勿用，无攸利。

拂（fú）：違背。《禮記·大學》：「是謂拂人之性。」

全文是：違背謀生之道，兆示凶險。十年不得有所舉措，沒有好處。

六四：顛頤，吉。虎視眈眈，其欲逐逐，无咎。

顛：借為慎。虎視眈眈，其欲逐逐：形容心懷惡意，伺機攫取。指盯得緊，反應快。

慎於謀生之道，吉祥。儘管（那些準備搶糧的）盯得緊，反應快。還是沒有災患。

六五：拂經，居貞吉，不可涉大川。

經：借為徑，指阡陌。

全句是：開阡陌墾荒，貞問定居吉祥。不可過大河。

上九：由頤，厲，吉，利涉大川。

由：遵從。《論語》：「民可使由之，不可使知之。」

全文是：遵從謀生的正道，開始情況嚴重，結果是吉祥的。利於過大河。

三、傳文評說

此卦的〈象〉傳無可取，且看解釋卦辭的〈彖〉傳如下：

〈彖〉曰：「頤，貞吉」，養正則吉也。「觀頤」，觀其所養也。「自求口實」，觀其自養也。天地養萬物，聖人養賢以及萬民。頤之時義大矣哉！

細看上文，〈彖〉傳作者是把「頤」字解為「養」的。但是，「『頤，貞吉』，養正則吉也」則是解貞為正。其句讀是：「頤貞，吉」。如此「頤貞」連讀，是大錯誤。至於「觀頤」以及「自求口實」的解說，都是錯誤理解。讀者可以對看上文的拙解。

「大過」（卦二十八）

一、經傳全文

大過：棟橈。利有攸往。亨。

〈彖〉曰：大過，大者過也。「棟橈」，本末弱也。剛過而中，巽而說行。「利有攸往」，乃亨。大過之時義大矣哉！

〈象〉曰：澤滅木，大過。君子以獨立不懼，遯世无悶。

初六：藉用白茅，无咎。

〈象〉曰：「藉用白茅」，柔在下也。

九二：枯楊生稊，老夫得其女妻，无不利。

〈象〉曰：老夫女妻，過以相與也。

九三：棟橈，凶。

〈象〉曰：棟橈之凶，不可以有輔也。

九四：棟隆，吉。有它，吝。

〈象〉曰：棟隆之吉，不橈乎下也。

九五：枯楊生華，老婦得其士夫，无咎无譽。

〈象〉曰：「枯楊生華」，何可久也。老婦士夫，亦可醜也。

上六：過涉滅頂，凶，无咎。

〈象〉曰：過涉之凶，不可咎也。

二、經文解說

1. 卦名解說

卦名：大過。

解說：「大過」就是太過，因為本卦涉及的大都是有些過頭兒的現象。

2. 卦辭解說

卦辭：棟橈。利有攸往。亨。

解說：「棟」指瓦房屋頂最高處的橫樑。《說文》：「棟，極也。從木，東聲。屋內至中至高之處，亦曰阿，俗謂之正樑。」

洪鈞按：《說文》所舉正是瓦房的棟。平房沒有棟，有梁，卻不是橫的。平房的梁上有檁，垂直于梁。檁之上是椽子，垂直於檁。宮殿、寺廟等都是瓦房。故平房不是中國的標準房屋。瓦房必然起脊，草房也要起脊，即屋頂中線要明顯高於兩旁，這樣才能保證下雨時雨水流向兩旁。

「橈」是彎曲。故「棟橈」就是屋頂最高處的橫樑彎曲了，而且是向下彎曲。攸：所。「利有攸往」就是利有所往，如白話利於遠行或利於出遠門兒。亨：通達、順利。高亨先生認為，此亨字當在初六之下。

這條卦辭，不是來自一次占筮記錄，不可能解為首尾連貫的一句話。

3. 爻辭解說

初六：藉用白茅，无咎。

藉（jiè）：《說文》：「藉，祭藉也。」古人陳列祭品時的鋪墊叫做藉。「藉用白茅」指祭藉用白茅。《詩·野有死麕》「白茅包之。」《毛傳》「白茅，取絜清也。」白茅柔軟、潔白，故无咎。

洪鈞按：關於此爻辭，〈繫辭上〉有解謂：「『初六：藉用白茅，无咎。』子曰：『苟錯諸地而可矣。藉之用茅，何咎之有？慎之至也。夫茅之為物薄，而用可重也。慎斯尤也以往，其无所失矣。』」此解大意可取。

九三：棟橈，凶。

發生了「棟橈」，屋頂有坍塌的危險，故「棟橈，凶」。

九四：棟隆，吉。有它，吝。

「棟隆」指棟向上彎曲。這樣最宜於受力，不必擔心屋頂會坍塌，故「棟隆，吉」。「有它」義為有意外，故有點艱難。

九二：枯楊生稊，老夫得其女妻，无不利。

九五：枯楊生華，老婦得其士夫，无咎无譽。

女：未嫁稱女，已嫁稱婦。士：未娶稱士。

這兩條爻辭應該來自民歌，翻譯為白話可以唱如下：

枯乾的楊樹冒嫩枝兒，老光棍兒娶了個小媳婦兒，不會不吉利兒。

枯乾的楊樹冒新穗兒，老婆子嫁了個小女婿兒，無災無禍，無不是兒。

上六：過涉滅頂，凶，无咎。

涉水過河，水滅了頭頂，雖然凶險，還是過去了，故無災患。

洪鈞按：高亨先生懷疑「无咎」是衍文，因為與「凶」矛盾。又解「過」為「誤」，未必正確。

三、傳文評說

　　由經文解說可知，經文所述都是日常生活、生產問題，並無深奧的道理。《易傳》卻說不清經文的含義。比如，遍讀本卦的《易傳》還是不知道「棟橈」和「棟隆」是何義。至於〈彖〉傳說：「大過，大者過也。」則大就是過，文理不通，不可能說清卦名的含義。再如「棟橈，本末弱也。」就是錯誤理解經文，因為兩頭（本末）強，中間弱，才容易彎曲。至於卦辭的〈象〉傳更加空洞、粗疏。其中「澤滅木，大過。」只是把兌上巽下或澤上木下說成「澤滅木」，完全不是對卦名和卦辭的解釋。其餘六爻辭的〈象〉傳不能說毫無道理，卻可以從中看出其作者對婦女有偏見。比如，九二〈象〉傳：「老夫女妻，過以相與也。」義為老夫少妻，就像相好一樣一起過日子（按：「相與」有相好之義）九三〈象〉傳卻說：「老婦士夫，亦可醜也。」顯然是認為老妻少夫是醜惡現象。其餘傳文，不再評說。

「坎」（卦二十九）

一、經傳全文

　　坎：習坎，有孚，維心，亨。行有尚。

　　　〈彖〉曰：「習坎」，重險也。水流而不盈，行險而不失其信。「維心亨」，乃以剛中也。「行有尚」，往有功也。天險不可升也，地險山川丘陵也。王公設險以守其國。坎之時用大矣哉！

　　　〈象〉曰：水洊至，習坎。君子以常德，行習教事。

　　初六：習坎，入于坎，窞，凶。

　　　〈象〉曰：習坎入坎，失道凶也。

　　九二：坎有險，求小得。

　　　〈象〉曰：「求小得」，未出中也。

　　六三：來之坎，坎險且枕，入于坎，窞，勿用。

　　　〈象〉曰：「來之坎坎」，終无功也。

六四：樽酒簋貳，用缶，納約自牖，終无咎。

〈象〉曰：「樽酒簋貳」，剛柔際也。

九五：坎不盈，祗既平，无咎。

〈象〉曰：「坎不盈」，中未大也。

上六：系用徽纆，置於叢棘，三歲不得，凶。

〈象〉曰：上六失道，凶三歲也。

二、經文解說

1. 卦名解說

卦名：坎。「坎」原是八經卦之一，卦形是 ☵。此卦形上下重疊即本卦卦形。高亨先生說：此卦古有兩名。一個是「習坎」證以本卦〈彖〉傳和〈象〉傳。另一個是「坎」，證以〈序卦〉傳和「雜卦」傳，但還是認為當名「坎」。洪鈞以為「習坎」的本義，即指本卦是坎上坎下，坎重複了。子曰：「學而時習之，不亦說乎。」《說文》：「習，數飛也。」故「習」字本有重複、反覆之義。

解說：本卦所述內容不一。卦名「坎」是以「習坎」為形式聯繫。又，「坎」在八經卦中象徵水。本卦中「坎」則大多不是指水，而是大都指陷坑或陷阱。又，本卦取名「坎」或「習坎」，是因為此卦為坎上坎下。凡是八經卦上下重疊之別卦，均取八經卦之原名。

2. 卦辭解說

卦辭：習坎。有孚維心，亨。行有尚。

解說：習：通襲，重複之義。心：之字之訛。

全文是：陷坑中還有陷坑。俘虜在裡面捆著，亨通。遠行會得到幫助。

3. 爻辭解說

初六：習坎。入於坎，窞，凶。

窞（dàn）：深坑。

全句是：兩重陷坑。進入陷坑，還有深坑，凶險。

九二：坎有險，求小得。

小得：指打到魚。

全句是：坑中有危險，冒險下去，只求有點小收穫。

六三：來之坎，坎險且枕，入于坎窞。勿用。

枕：借為深。

全句是：來到坑邊，水坑危險又深，進入淺坑又有深坑。不可施行。

洪鈞按：故鄉人稱水塘為坑。大水塘為大坑，小水塘為小坑兒。當然，凡是凹陷之處，均可稱坑，如坑坑窪窪，坑坑坎坎。不過，為了打魚，只能進入有水的坑。洪鈞年少時，經常進入水坑，或游泳，或摸魚。故確知坑中有坑，很危險。偶有兒童，不知深淺，墜入深坑溺亡。以上三條爻辭所述，應指下坑打魚。

六四：樽酒，簋貳，用缶，納約自牖，終无咎。

樽：古代盛酒的器具。簋：古代盛食物的器具，圓口，兩耳。納：放進去。約：取出來。聞一多《周易義證類纂》：「約猶取也」。其說謂：從勺之字如酌、釣、杓均有取義。

全句是：一樽酒，兩簋飯，用瓦缶盛著，放進和取出都通過窗戶，終於沒有災患。

洪鈞按：高亨先生的解說大異，見《周易古經今注》。此爻所述應是一種祭祀禮儀。高亨先生指為嫁女前的禮儀。

九五：坎不盈，衹既平，无咎。

衹：《釋文》引鄭玄注：「當為坻（dǐ），小丘也。」

全句是：陷阱還沒有填滿，小丘已經鏟平了，沒有災患。

上六：繫用徽纆（huī mò），寘（zhì）于叢棘，三歲不得，凶。

繫：捆住。徽纆：古代獄具，指縛綁俘虜或罪犯的繩索。獄具在古代分為繫縛與桎梏二類。繫縛，即用繩索為之。徽纆，即繫縛的一種。叢棘：指監獄。

全文是：用繩索捆住，置於監獄中，多年不得順從，凶險。

洪鈞按：高亨先生解「叢棘」為審問犯人之所，可供參考。

三、傳文評說

本卦傳文亦無可取，單說一下大〈象〉傳如下：

〈象〉曰：水洊至，習坎。君子以常德，行習教事。

洊（jiàn）：再的意思。因為本卦是水上水下，故說「水洊至，習坎」。至於「君子以常德，行習教事」，可以勉強解為：貴族常常教兒童游泳。

「離」（卦三十）

一、經傳全文

離：利貞。亨。畜牝牛吉。

〈彖〉曰：離，麗也。日月麗乎天，百穀草木麗乎土，重明以麗乎正，乃化成天下。柔麗乎中正，故亨。是以「畜牝牛吉」也。

〈象〉曰：明兩作，離。大人以繼明照于四方。

初九：履錯然，敬之无咎。

〈象〉曰：履錯之敬，以辟咎也。

六二：黃離，元吉。

〈象〉曰：「黃離，元吉」，得中道也。

九三：日昃之離，不鼓缶而歌，則大耋之嗟，凶。

〈象〉曰：「日昃之離」，何可久也。

九四：突如其來如，焚如，死如，棄如。

〈象〉曰：「突如其來如」，无所容也。

六五：出涕沱若，戚嗟若，吉。

〈象〉曰：六五之吉，離王公也。

上九：王用出征，有嘉折首，獲匪其醜，无咎。

〈象〉曰：「王用出征」，以正邦也。

二、經文解說

1. 卦名解說

卦名：離。

解說：「離」原是八經卦之一，卦形是 ☲。此卦形上下重疊，即此別卦「離」的卦形。總之，此卦卦形是離上離下，只能取名「離」。正如「乾」卦是乾上乾下，要取名「乾」一樣。

2. 卦辭解說

卦辭：利貞。亨。畜牝牛吉。

解說：利兆。亨通。養母牛吉祥。

洪鈞按：高亨先生解「畜牝牛吉」，說是：「古時祭祀之牲特畜之」證以《周禮》和《禮記》，可供參考。

3. 爻辭解說

初九：履錯然，敬之，无咎。

錯：塗飾。《說文》：「錯，金塗也。」

全句是：穿的鞋子有金色塗飾，要敬重他，這樣不會受到責罰。

洪鈞按：穿的鞋子有金色的塗飾，必然是地位較高的奴隸主。不敬重他會受到責罰。

六二：黃離，元吉。

離：傳說中的神獸。《說文》：「離，山神獸也。」

全句是：出現黃色神獸，大吉。

九三：日昃之離，不鼓缶而歌，則大耋之嗟，凶。

昃（zè）：太陽偏西。耊（dié）：泛指高齡人。鼓：敲擊。缶：一種陶器餐具，如後世瓦盆，可鼓之作樂器。藺相如即曾強迫秦王為趙王擊缶。

全句是：太陽偏西了，出現了神獸，如果眾人不敲擊瓦盆唱歌，則高年人會嗟歎，凶兆。

洪鈞按：「離」大概是天上的雲彩呈大獸狀。出現這種神獸對高齡人不利，兆示其可能死亡。眾人鼓缶而歌，是為了驅除神獸。又，李鏡池先生說：「凶：據《釋文》，古文和鄭玄本無。比王弼本有『凶』字好。」不過，帛書《周易》本爻是有「凶」字的。

九四：突如其來如，焚如，死如，棄如。

敵人突然來侵略，燒殺搶掠，還要摔死小孩子。

洪鈞按：高亨先生解此條為：不孝之子，有燒死、殺死、丟棄三種刑罰。其說廣征博引，可以對看。只是其說無處安置「突如其來如」。

關於「摔死小孩子」，李鏡池先生說，棄：甲骨文從子從手從箕，即捉住小孩扔到箕裡。金文略同。

六五：出涕沱若，戚嗟若，吉。

沱若：下大雨的樣子。這裡形容眼淚之多。《詩·澤陂》：「涕泗滂沱。」

全句是：哭得鼻涕一把淚一把，悲戚而又嗟歎，吉祥。

洪鈞按：明明是哭泣且悲戚，怎麼會吉祥呢？應該是父母亡故，于禮如此，於理也如此。在洪鈞的故鄉，父母亡故，葬禮中的圍觀者，常常議論兒女是否真的悲痛。標準就看是否「出涕沱若，戚嗟若」。真的悲痛，才是孝子。家有孝子，是吉祥的。

上九：王用出征，有嘉折首，獲匪其醜，无咎。

嘉：國名。古時提及國名常加「有」字。匪：通彼。醜：眾多，指敵人。《爾雅》：「醜，眾也。」《詩·小雅·出車》：「執訊獲醜，薄言還歸。」

全句是：國王帶兵出征，嘉國人折了首領，還俘獲了不少俘虜，沒有

災患。

三、傳文評說

本卦傳文大都不可採信。試看〈彖〉傳如下：

〈彖〉曰：離，麗也。日月麗乎天，百穀草木麗乎土，重明以麗乎
正，乃化成天下。柔麗乎中正，故亨。是以「畜牝牛吉」也。

〈彖〉傳是解釋卦辭的，卦辭的開頭是利貞。傳文丟掉了「利」字，
把「貞」字解作「正」，又進一步解作「中正」。這就是「麗乎正」和
「柔麗乎中正」的含義。總之，《易傳》作者一定要拐彎抹角地解「貞」
為「正」。

為了說明評說傳文很繁瑣，所花篇幅也太大。下面逐句解釋以上
〈彖〉傳。此後不再這樣評說。

離，麗也。是說離是附著的意思。日月麗乎天，百穀草木麗乎土，
是說日月附著在天上。各種穀物和草木附著在土地上。重明的意思是兩重
火──火上火下。麗乎中正是說兩個陰爻都在內外卦中間正位。乃化成天
下。是說於是就形成了天下。故亨是說所以順暢。是以「畜牝牛吉」也。
是說因此「養母牛是吉祥的」。

顯然，〈彖〉傳有不少牽強之處，不再詳細指出。

第十二節　經傳對看說《下經》

「咸」（卦三十一）

一、經傳全文

 咸：亨，利貞。取女吉。

〈彖〉曰：咸，感也。柔上而剛下，二氣感應以相與，止而說，男下女，是以「亨，利貞，取女吉」也。天地感而萬物化生，聖人感人心而天下和平。觀其所感，而天地萬物之情可見矣！

〈象〉曰：山上有澤，咸。君子以虛受人。

初六：咸其拇。

〈象〉曰：「咸其拇」，志在外也。

六二：咸其腓，凶，居吉。

〈象〉曰：雖凶，居吉，順不害也。

九三：咸其股，執其隨，往吝。

〈象〉曰：「咸其股」，亦不處也。志在隨人，所執下也。

九四：貞吉，悔亡，憧憧往來，朋從爾思。

〈象〉曰：「貞吉悔亡」，未感害也。「憧憧往來」，未光大也。

九五：咸其脢，无悔。

〈象〉曰：「咸其脢」，志末也。

上六：咸其輔、頰、舌。

〈象〉曰：「咸其輔、頰、舌」，滕口說也。

二、經文解說

1.卦名解說

卦名：咸。

解說：此卦取名「咸」，應該是因為卦爻辭中有六個「咸」字。至於「咸」的含義，拙見以為，本卦〈象〉傳解「咸」為「感」是對的。即「咸，感也。」「感」是使之感覺到的意思。使之感到，需要接觸、觸摸、撫摸。故「咸其拇」「咸其腓」的「咸」是觸摸。「咸其輔、頰、舌」應該是親吻。總之，拙見以為，本卦主要是關於男女調情活動的幾個步驟。

2.卦辭解說

卦辭：亨，利貞。取女吉。

解說：亨通，利兆。娶媳婦吉祥。

3.爻辭解說

初六：咸其拇。

拇：手足的大指均稱拇。《說文》：「拇，將指也。」

全句是：觸摸她的大踇趾。

六二：咸其腓。凶。居吉。

腓：猶言小腿肚。

全文是：撫摸她的小腿肚。如果她想翻臉，就是凶象，要立即收手，即居吉。

九三：咸其股，執其隨。往吝。

隨：借為隋。《說文》：「隋，裂肉也。」段注：謂屍所祭之餘也。

全文是：撫摸她的大腿，抓住她的肉。「往吝」應是另占。

九四：貞吉，悔亡，憧憧往來，朋從爾思。

本爻應與其它爻辭無關，而且不是一次的占筮記錄。李鏡池先生認為

「憧憧往來，朋從爾思」是指市場上人來人往，商人賺了錢，遂其所願。此說可從。

九五：咸其脢，无悔。

脢（méi）：背部肌肉。

全句是：撫摸她的背部肌肉，沒有禍患。此爻應指擁抱。

上六：咸其輔、頰、舌。

輔、頰並指面部，再加上舌，故全句應指親吻。

洪鈞按：如何理解本卦爻辭，從腳趾頭到面、舌，自下而上地刺激人體，是很重要的，因為「艮」卦爻辭的主要內容也幾乎相同如下：

「初六：艮其趾，无咎，利永貞。六二：艮其腓，不拯其隨，其心不快。九二：艮其限，列其夤，厲，熏心。六四：艮其身，无咎。六五：艮其輔，言有序，悔亡。上九：敦艮，吉。」

故無論古今學者如何解這兩卦，必須把它們的爻辭實指看作一回事才解得通。

洪鈞認為，關於本卦的爻辭，最好的解釋是：男女調情活動的幾個步驟。卦辭的「取女吉」，也提示應該這樣解。但是，正統儒家即便看出來，也不大會解得如此明白。他們會認為，六經之首的《易經》，怎麼能誨淫呢！

當然，還可以猜做買奴隸時，像買牲口那樣，看看身體好不好。不過，買賣奴隸似乎無必要檢查腳趾頭，更無必要看舌象。故不通。

洪鈞還猜測過，本卦爻辭是否指賣肉者，割下不同部位賣出。然而，無論豬牛馬羊都沒有腓肉可賣。也不通。

還猜測過，此卦可能與商周時期的「獻俘」有關。即那時打完仗、特別是打勝仗之後，要向宗廟貢獻俘虜。具體如何獻，洪鈞知道的文獻中沒有說明。假如「獻俘」時要把俘虜殺掉並肢解，就很可能是此卦所指。把這個猜測留在這裡供參考。

此外，還可以猜測為本卦是講按摩術，但按摩不應涉及舌頭。總之也不通。

李鏡池先生和高亨先生均解「咸」為傷。用傷義解此卦爻辭，很勉強。

讀者須知〈說卦〉有：「艮三索而得男，故謂之少男。兌三索而得女，故謂之少女。」「咸」卦的卦形是兌上艮下。故「咸」卦討論少男、少女的關係。他們一般沒有性經驗，故需要指導。

最後，拙解不是什麼大逆不道的事，蓋男女相感乃人生之大倫。凡有男女交接經驗者，都會理解「咸」卦所說大體不錯。《易經》時代，有人以男女交接不協調占筮也是意內之事。卦師經驗較多，給求占者以指導，就像今天普及性知識一樣。

其實，先秦儒家即有人看出「咸」卦之旨。《荀子‧大略篇》即云：「《易》之『咸』，見夫婦。夫婦之道，不可不正也，君臣父子之本也。咸，感也，以高下下，以男下女，柔上而剛下。」

可見，荀子不但看出「咸」卦「見夫婦」，還用儒家思想作了解釋。他的解釋和本卦的〈象〉傳很接近。

洪鈞又按：原以為關於本卦的淺見，是洪鈞的特識，近來卻發現早已有人先我而發了。最先如此解的是潘光旦先生。章秋農先生又據以做出了詳細的闡釋。以下是見於《周易占筮學》的有關闡述。

> 「咸」卦柔上而剛下，二氣得感應以相與。大凡男女之事，無論古今，一般總是男先向女方表示愛慕之情，也就是「男下女」可說是一般的規律，如《詩‧野有死麕》：「野有死麕，白茅包之，有女懷春，起士誘之。」朱熹注：「言美士以白茅包死麕，而誘懷春之女也。」也就是美男子以獵物向女子獻殷勤，以求獲得芳心之相許。古代雖重男輕女，男尊女卑，唯婚禮有男下女之儀式。男親至女家以迎女，女升車，男授綏（綏形如索，繫于車上，人登車時手挽之）御車，走幾步。男先趕回己家，待女於門外，女至，男揖女以入。此皆男下女之儀式。故曰「亨，利貞，取女吉」也。

初六：咸其拇。

拇，將指也。見《說文》。朱氏《說文通訓定聲》：「手足大指皆曰拇。」男女相感之事，一般總由男方率先發動「進攻」。初在艮

體，相感之事切忌輕舉妄動，冒失從事。初應在四，咸其拇，實為最初步的具有挑逗性的試探動作，即用手感觸對方之足。中國古典小說中以《水滸傳》描寫西門慶與潘金蓮對飲時，故意將筷子掉落地上，借拾筷為由捏了一下潘金蓮的金蓮的動作最為典型（此文亦為《金瓶梅》所襲用）。這也是易象還原為活生生的形象的例子。如將拇解為手指也是一樣的，均屬最初步的試探性動作。其妙在寓有意于無意，而又在有意無意之間，隨時給自己留有退路。而其目的是很明顯的，即是想與九四取得感應，故〈象〉傳曰：「咸其拇，志在外也。」這一試探性動作，可能有反應，也可能沒有反應，但都不會十分強烈，既不會立即成功，也不會霎時僵化，故其下無斷詞。

六二：咸其腓，凶，居吉。

腓，腓腸也。見《說文》。腓腸即今解剖學上所謂腓腸肌，亦即俗語所謂之小腿肚子。六二尚處艮體，上應九五。於咸其拇後，或反應良好，男方必有更進一步之動作——咸其腓，即感觸其小腿。此時若女方翻臉，即呈凶象，當立即剎車，制止自己不受歡迎的行為，尚可轉凶為吉，故曰「居吉」也。

六三：咸其股，執其隨，往吝。

九三為艮主，雖仍處艮體，而已於上兌相接，實為轉折關鍵。於咸其拇，咸其腓後，如對方仍無反應，或反應良好，不管屬於哪種情況，都將給男方帶來鼓舞的勇氣，而採取更為大膽的行為。惟「執其隨」一句，筆者遍覽多種《易》著，總未能得到理想的解釋。按〈象〉傳：「志在隨人，所執下也」，也與咸其股連接不上。今按隨借為隋。《說文》：「隋，裂肉也。」則隨可訓為肉。執其隨，指不僅感觸對方的大腿，更執其大腿之肉（魯迅《阿Q正傳》即有描寫阿Q在戲臺下捏一女子大腿的行為。阿Q或許感了，但這種突然襲擊的流氓行為當然只能引起對方的嫌惡或驚嚇）這一行為是帶有一定的冒險性的，惟其冒險，也就具有決定性的因素，或成或敗，即可分曉，故曰九三為轉折關鍵。

九四：貞吉，悔亡。憧憧往來，朋從爾思。

九四已入兌體。咸是少男少女相感成功的象徵。經初二、三連續的求愛行為後，少女之心終為打動，故云貞吉，悔亡。憧憧，動心貌。少女終於打破矜持而動情，其心緒隨同少男往來出入相互交融，心中默念著：我們永遠在一起！

九五：咸其脢，无悔。

九五雖處兌體，而為剛爻，動情的少女于此之際往往反客為主，表現出異乎尋常的勇氣，主動投入男子懷抱。馬融曰：「脢，背也。」鄭玄曰：「脢，脊肉也。」咸其脢即為男女雙方緊緊擁抱，相互撫摸背部之象。

上六：咸其輔頰舌，滕口說也。

則明顯地是咸道已成，男女互相親吻的場面。滕，何楷曰：「水超湧也。張口聘辭之貌。」即是男女一邊親昵地接吻，一般還滔滔不絕地說著情話，可能有音而無義。

有人認為筆者如此解《易》似乎過於顯得現代化，殊不知凡是符合自然的行為，古今並無多大區別。上文筆者曾提到的〈野有死麕〉末三句為：「舒而脫脫兮，無感我帨兮，無使尨也吠。」翻譯成白話文，和現代詩也不會有什麼大區別。

更有人以為作為儒家經典之《易》會如此誨淫嗎？《易經》為什麼竟成儒家經典，筆者也覺得好生奇怪。至於誨淫之說，是不能成立的，《易》只是描繪了合乎自然的感情。少男少女相感而生情，還不自然嗎？明代來知德亦說：「咸者，感也。不曰感者，咸有皆義，男女皆相感也。艮為少男，兌為少女，男女相感之深，莫如少者。蓋艮止則感之專，兌悅則應之至，此咸之義也。」（《周易集注》）「咸」卦在《易經》中的地位還高得很，只是古人吞吞吐吐說得不痛快，故筆者特為詳細闡釋。

三、傳文評說

為說明此卦〈彖〉傳可取，謹把傳文抄如下：

〈彖〉曰：咸，感也。柔上而剛下，二氣感應以相與，止而說，男下女，是以「亨，利貞，取女吉」也。天地感而萬物化生，聖人感人心而天下和平。觀其所感，而天地萬物之情可見矣！

洪鈞解「咸」為「感」就是取了上文「咸，感也。」「柔上而剛下」指兌上艮下，即澤上山下。其實，男女感應，柔上而剛下亦無不可。「二氣感應」就是陰陽感應。「相與」猶相好。「男下女」指男方主動求婚。婚娶之日，也要男方親迎。男女交接，一般也是男方主動。其餘均從「二氣感應」引伸而來。本卦其餘傳文，均不得其要，不再一一評說。

「恒」（卦三十二）

一、經傳全文

☶ 恒：亨，无咎，利貞，利有攸往。

〈彖〉曰：恒，久也。剛上而柔下，雷風相與，巽而動，剛柔皆應，恒。「恒，亨，无咎，利貞」，久于其道也，天地之道，恒久而不已也。「利有攸往」，終則有始也。日月得天而能久照，四時變化而能久成，聖人久于其道而天下化成。觀其所恒，而天地萬物之情可見矣！

〈象〉曰：雷風，恒。君子以立不易方。

初六：浚恒，貞凶，无攸利。

〈象〉曰：浚恒之凶，始求深也。

九二：悔亡。

〈象〉曰：九二「悔亡」，能久中也。

九三：不恒其德，或承之羞，貞吝。

〈象〉曰：「不恒其德」，无所容也。

九四：田无禽。

〈象〉曰：久非其位，安得禽也？

六五：恒其德，貞婦人吉，夫子凶。

〈象〉曰：婦人貞吉，從一而終也。夫子制義，從婦凶也。

上六：振恒，凶。

〈象〉曰：「振恒」在上，大无功也。

二、經文解說

1.卦名解說

卦名：恒。

解說：本卦取名「恒」，是因為卦爻辭中有四個「恒」字，即據多見字取名。「恒」義為常。《說文》：「恒，常也。」段注：「常當作長。古長久字只作長。淺人稍稍分別，乃或借下帬之常為之。」

2.卦辭解說

卦辭：亨。无咎。利貞。利有攸往。

解說：亨通。沒有災患。利兆。利於遠行。

3.爻辭解說

初六：浚恒，貞凶，无攸利。

浚（jùn）：疏通，挖深。《說文》段註：「浚之則深。」

全句是：經常挖陷阱，兆示凶險，沒有好處。

洪鈞按：挖陷阱怎麼會凶呢？這是因為陷阱相當深，否則陷入的野獸會跑掉。但是，在挖的過程中，很深的陷阱可以發生崩坍，埋住人。老陷阱更容易崩塌，挖土修整時更危險。總之，常常有危險，故兆示凶險。

九二：悔亡。

禍患消除了。

洪鈞按：此爻只有貞兆辭，沒有貞事辭，可能與初六有關。

九三：不恒其德，或承之羞，貞吝。

德：通得。羞：饈的本字，指美味。

全句是：不是總能打到獵物，有時卻能得到美味，兆示艱難。

洪鈞按：李鏡池先生解此條，舉鄂溫克人的風俗為例，說是體現了原始共產主義社會的分配原則，即獵物要平均分配。高亨先生解此條，即據《論語》解說。愚見以為，李先生的解說為好。至於孔子如何理解本爻辭，已見本書自序，不再重複。

九四：田无禽。

田：打獵。後作「畋（tián）」《書・無逸》：「不敢盤于游田。」禽：鳥獸的統稱。《說文解字注》：「《白虎通》曰：禽者何？鳥獸之總名。」

全句是：去打獵卻沒有獵物。

六五：恒其德。貞婦人吉，夫子凶。

夫子：此處指丈夫。《孟子・滕文公下》：「女子之嫁也，母命之，往送之門，戒之曰：『往之女家，必敬必戒，無違夫子！』」。

田獵常有所得。兆示婦人吉祥，丈夫凶險。男凶，女吉，表示男女對立。蓋奴隸社會中，婦女的地位較之封建社會更低下，形同丈夫的奴隸，故與丈夫的利害常相反。

洪鈞按：高亨先生據本爻〈象〉傳解說，可以參考。

上六：振恒，凶。

振：借為震，指雷雨。恒：《說文》：「恒，常也。」

全句是：常有雷雨，凶險。因為雷雨太多，會發生澇災，莊稼無收成，也不容易打到獵物。這就是凶年。故振恒，凶。

洪鈞按：高亨先生的解說大異且多有牽強處，見《周易古經今注》。

三、傳文評說

本卦傳文無助於理解經文。不必詳細評說。只舉一條經傳如下：

六五：恒其德，貞婦人吉，夫子凶。

〈象〉曰：婦人貞吉，從一而終也。夫子制義，從婦凶也。

六五爻辭解說，已見上文。〈象〉傳沒有解釋「恒其德」，卻說「婦人貞吉，從一而終」。要婦女「從一而終」最早就出自這裡，可見儒家思想無孔不入。至於「夫子制義，從婦凶也」是說男子裁斷適宜，不可聽從婦人的話，否則會有禍殃。至今還有「枕旁風」之說。

然而，高亨先生認為，〈象〉傳「其釋甚瑩。」並云六五爻辭即不貴恒之意。看來，「枕旁風」亦可聽，蓋因男女平等也。

「遯」（卦三十三）

一、經傳全文

☰☶ 遯：亨，小利貞。

〈象〉曰：「遯，亨」，遯而亨也。剛當位而應，與時行也。「小利貞」，浸而長也。遯之時義大矣哉！

〈象〉曰：天下有山，遯。君子以遠小人，不惡而嚴。

初六：遯尾，厲，勿用有攸往。

〈象〉曰：遯尾之厲，不往何災也？

六二：執之用黃牛之革，莫之勝說。

〈象〉曰：執用黃牛，固志也。

九三：系遯，有疾，厲，畜臣妾吉。

〈象〉曰：系遯之厲，有疾憊也。「畜臣妾吉」，不可大事也。

九四：好遯，君子吉，小人否。

〈象〉曰：君子好遯，小人否也。

九五：嘉遯，貞吉。

〈象〉曰：「嘉遯，貞吉」，以正志也。

上九：肥遯，无不利。

〈象〉曰：「肥遯，无不利」，无所疑也。

二、經文解說

1. 卦名解說

卦名：遯（dùn）。

解說：「遯」是「遁」的異體。此卦取名「遯」是因為卦爻辭中有五個「遯」字，據多見字取名，也與全卦內容有關。

2. 卦辭解說

卦辭：亨。小利貞。

解說：亨通。有小利的貞兆。

3. 爻辭解說

初六：遯尾，厲。勿用有攸往。

尾：盡也。（《方言》十二）

全文是：（賢人）都隱遁了，（國家的）情況嚴重。不利遠行。

六二：執之用黃牛之革，莫之勝說。

執：綁住。這裡應指籠頭籠住馬。說：通脫。

全句是：用黃牛的皮革做籠頭籠住馬，它就無法逃脫。

九三：系遯，有疾，厲，畜臣妾吉。

系：羈系。臣妾：奴隸。男奴隸為臣，女奴隸稱妾。

全句是：羈繫住隱遁者，他卻得了病，病情嚴重。養個奴隸伺候他是吉祥的。

九四：好遯，君子吉，小人否。

喜歡隱遁，對奴隸主來說是吉祥的，對奴隸來說則行不通。

九五：嘉遯，貞吉。

值得讚美的隱遁，兆示吉祥。

上九：肥遯，无不利。

肥：借為飛。《淮南子・師道篇》：「遯而能飛，吉孰大焉。」《後漢書・張衡傳》：「利飛遯而保名。」

全句是：遠走高飛，沒有不利。

洪鈞按：高亨先生對以上六爻辭的解說大不同而且大多勉強，主要是他解「遯」為「豚」。洪鈞以為，解「遯」為「遁」遠勝於解為「豚」。

三、傳文評說

本卦《易傳》很少可採，且看〈彖〉傳與大〈象〉傳。

〈彖〉曰：「遯，亨」，遯而亨也。剛當位而應，與時行也。「小利貞」，浸而長也。遯之時義大矣哉！

〈彖〉傳開頭就把經文讀錯了，即把遯：亨，連讀了。否則不會有「遯亨，遯而亨也」。「剛當位而應，與時行也。」指此卦是乾上艮下，乾為剛，乾當其位且有艮與其相應。至於：「小利貞，浸而長也」更是不懂經文。其義為，「小利貞」會慢慢地長大，變成大利貞。真是令人哭笑不得的解法。

〈象〉曰：天下有山，遯。君子以遠小人，不惡而嚴。

天下有山，遯。只是可能對記住本卦卦形有點好處，算不上對經文的解釋。至於君子如何，只是空洞的口號。其實，這種聯想也是典型的儒家思想。子曰：「唯女子與小人難養也，近之則不孫，遠之則怨。」（《論語・陽貨》）後來的儒家，更是主張君子遠小人。

「大壯」（卦三十四）

一、經傳全文

☲ 大壯：利貞。

〈彖〉曰：大壯，大者壯也。剛以動，故壯。「大壯，利貞」，大

者正也。正大而天地之情可見矣！

〈象〉曰：雷在天上，大壯。君子以非禮勿履。

初九：壯于趾，征凶，有孚。

〈象〉曰：「壯于趾」，其孚窮也。

九二：貞吉。

〈象〉曰：九二「貞吉」，以中也。

九三：小人用壯，君子用罔，貞厲。羝羊觸藩，羸其角。

〈象〉曰：「小人用壯」，君子罔也。

九四：貞吉，悔亡；藩決不羸，壯于大輿之輹。

〈象〉曰：「藩決不羸」，尚往也。

六五：喪羊于易，无悔。

〈象〉曰：「喪羊于易」，位不當也。

上六：羝羊觸藩，不能退，不能遂，无攸利，艱則吉。

〈象〉曰：「不能退，不能遂」，不祥也。「艱則吉」，咎不長也。

一、經文解說

1. 卦名解說

卦名：大壯。

解說：本卦取名「大壯」，是因為卦爻辭中有三個「壯」字，即據多見字取名。「壯」含義有二：一是強壯，二是損傷。

2. 卦辭解說

卦辭：利貞。

解說：有利的貞兆。換做文言就是：吉利之兆。亦可簡作利兆。

3. 爻辭解說

初九：壯于趾，征凶，有孚。

壯：戕（qiāng）害，損傷。趾：指腳。

全句是：傷了腳，征伐則凶，會受到懲罰。

洪鈞按：李鏡池先生以為本爻來自兩次占筮記錄。又認為「征」應解為出外打獵。「有孚」是出獵有所俘獲。

九二：貞吉。

兆示吉祥。

洪鈞按：此爻只有貞兆辭，沒有貞事辭，可能與初九「有孚」相關。

九三：小人用壯，君子用罔，貞厲。羝羊觸藩，羸其角。

罔：借為惘，憂也。羝（dī）羊：公羊。《說文》：「羝，牡羊也。」羸：困住、纏繞。藩：《說文》：「藩，屏也。從草，潘聲。」此處指籬笆。《廣雅·釋室》：「藩，籬也。」

全文是：奴隸因而受傷，奴隸主因而憂愁，兆示情況嚴重。公羊抵觸籬笆，困住了它的角。

洪鈞按：高亨先生以為，本爻的「羝羊觸藩，羸其角」當為九四首句。此說頗有見地。

九四：貞吉。悔亡。藩決不羸，壯於大輿之輹。

輹（fù）：墊在車箱和車軸之間的大木塊。

全文是：兆示吉祥，禍患消除。籬笆被撞破，不再困住羊角了，卻又撞傷在大車的輹上。

六五：喪羊于易，无悔。

喪失羊群于有易國，無禍患。

洪鈞按：據近現代學者顧頡剛先生研究，「喪羊于易」是殷商早期的一件大事。故事的主人公是殷代先王名亥。王亥多次見於殷墟卜辭，世次在成湯之前。文獻中記述最詳的，當屬古本《竹書紀年》：「殷王子亥，賓于有易而淫焉。有易之君綿臣，殺而放之。是故殷主甲微，假師于河伯，以伐有易，遂殺其君綿臣也。」王亥擅長放牧牛羊，是馴牛的創始人。他被有易之君殺死，自然喪羊于易。

上六：羝羊觸藩，不能退，不能遂，无攸利。艱則吉。

羝（dī）：公羊，見九三。遂：《說文》段注：遂，進也。

全文是：公羊抵觸籬笆，不能後退，不能前進，沒有好處。占問艱難之事則吉。

洪鈞按：李鏡池先生解「艱則吉」為：占旱情得吉兆。可供參考。

三、傳文評說

傳文無可採。請看〈彖〉傳和大〈象〉傳如下：

〈彖〉曰：大壯，大者壯也。剛以動，故壯。「大壯，利貞」，大者正也。正大而天地之情可見矣！

〈彖〉傳不但不得經旨，文字也鄙陋不堪。試看「大壯，大者壯也。」則「大」即「壯」，實在可笑。又「大壯，利貞，大者正也。」不但前後矛盾，解「大」為「正」尤其毫無道理。大概是沒有解釋「利貞」又要向「正」字靠近。

〈象〉曰：雷在天上，大壯。君子以非禮勿履。

由大壯聯想到「君子以非禮勿履」，是典型的儒家思想在作怪。此句應本自《論語・顏淵》。子曰：「非禮勿視，非禮勿聽，非禮勿言，非禮勿動」，就是「非禮勿履」的源頭。

「晉」（卦三十五）

一、經傳全文

☷ 晉：康侯用錫馬蕃庶，晝日三接。

〈彖〉曰：晉，進也。明出地上，順而麗乎大明，柔進而上行，是以「康侯用錫馬蕃庶，晝日三接」也。

〈象〉曰：明出地上，晉。君子以自昭明德。

初六：晉如，摧如，貞吉。罔孚裕，无咎。

〈象〉曰：「晉如，摧如」，獨行正也。「裕，无咎」，未受命也。

六二：晉如，愁如，貞吉。受茲介福于其王母。

〈象〉曰：「受茲介福」，以中正也。

六三：眾允，悔亡。

〈象〉曰：眾允之，志上行也。

九四：晉如鼫鼠，貞厲。

〈象〉曰：「鼫鼠，貞厲」，位不當也。

六五：悔亡，失得勿恤，往吉，无不利。

〈象〉曰：「失得勿恤」，往有慶也。

上九：晉其角，維用伐邑，厲，吉，无咎，貞吝。

〈象〉曰：「維用伐邑」，道未光也。

二、經文解說

1. 卦名解說

卦名：晉。

解說：此卦取名「晉」是因為卦爻辭中有四個「晉」字。李鏡池先生說：這是軍事專卦，從內容及多見辭標題。「晉」的含義是進，大多指進攻。《說文》：「晉，進也。……《易》曰：『明出地上，晉。』」

2. 卦辭解說

卦辭：康侯用錫馬蕃庶，晝日三接。

解說：錫：同賜。蕃庶：繁衍。接：交接，交配。《說文》：「接，交也。」《廣雅》：「接，合也。」

全句是：康侯用賞賜的良馬繁殖馬群，一個白天交配了三次。

洪鈞按：卦辭所說是一個故事。主人公是康侯封，又稱康叔。他是周武王的弟弟，初封于康，徙封于衛。成王賞賜給他良馬。為了擴大馬群，他積極從事良馬的繁殖。古代《易》學家——包括《易傳》作者，從未發現這一故事。他們解此卦辭無不牽強附會。直到上個世紀二十年代，著名學者顧頡剛先生，才發現這個故事。這一發現，對判斷《易經》成書年代，至關重要。因為據此故事，《易經》不可能成書於西周初年之前。其實，關於康叔的文獻不算很少。古代的

《易》學家無人知道，其原因除了知識淺薄、治學懶惰之外，主要是受前人的舊說束縛。

3. 爻辭解說

初六：晉如摧如，貞吉，罔孚裕，无咎。

罔：沒有。孚：俘獲。裕：《說文》：「衣物饒也。」

全句是：（大軍）進攻，無堅不摧，兆示吉祥。沒有俘獲財物，沒有災患。

六二：晉如愁如，貞吉。受茲介福于其王母。

愁：借為遒，有迫降之義。《廣雅·釋詁》：「遒，迫也。」《詩·破斧》：「周公東征，四國是遒。」介福；大福佑。

全文是：幾番進攻，幾番逼迫，（敵人投降了），兆示吉祥。這是受到他的王母的大福佑。

六三：眾允，悔亡。

允：信。《說文》：「允，信也。」

全句是：眾人信服，禍患消除。

九四：晉如鼫鼠，貞厲。

鼫（shí）鼠：一種田鼠。

全句是：進攻時膽小如鼠，兆示情況嚴重。

六五：悔亡。失得勿恤，往吉，无不利。

恤：《說文》：「恤，憂也。」

全文是：禍患消除。勝負乃兵家常事，不要憂慮。再進攻是吉祥的，沒有不利。

上九：晉其角，維用伐邑，厲，吉，无咎，貞吝。

角：較量。《孫子·虛實篇》：「角之而知有餘不足之處。」維：通惟，考慮。

全文是：進攻則較量虛實，考慮到是征伐邑國，雖然情況嚴重，還是吉祥的。沒有災患。兆示艱難。

三、傳文評說

此卦比較難解，傳文無可供參考之處。且看〈彖〉傳如下：

〈彖〉曰：晉，進也。明出地上，順而麗乎大明，柔進而上行，是以「康侯用錫馬蕃庶，晝日三接」也。

〈彖〉傳開頭解釋了卦名，可以接受。其餘解釋卦辭，卻無一字有助於理解經文。「明出地上」是說此卦是離上地下。「順而麗乎大明」是說火順就像太陽。「柔進而上行」是說地上行。以上傳文，根本與康侯的故事不相干。

「明夷」（卦三十六）

一、經傳全文

 明夷：利艱貞。

〈彖〉曰：明入地中，明夷。內文明而外柔順，以蒙大難，文王以之。「利艱貞」，晦其明也。內難而能正其志，箕子以之。

〈象〉曰：明入地中，明夷。君子以蒞眾，用晦而明。

初九：明夷于飛，垂其翼。君子于行，三日不食。有攸往，主人有言。

〈象〉曰：「君子于行」，義不食也。

六二：明夷，夷于左股，用拯馬壯，吉。

〈象〉曰：六二之吉，順以則也。

九三：明夷于南狩，得其大首。不可疾貞。

〈象〉曰：南狩之志，乃大得也。

六四：入于左腹，獲明夷之心于出門庭。

〈象〉曰：「入于左腹」，獲心意也。

六五：箕子之明夷，利貞。

〈象〉曰：箕子之貞，明不可息也。

上六：不明，晦。初登于天，後入于地。

〈象〉曰：「初登于天」，照四國也。「後入于地」，失則也。

二、經文解說

1. 卦名解說

卦名：明夷。

解說：此卦取名「明夷」是因為卦爻辭中有五處「明夷」，即據多見辭取名。至於「明夷」的含義，李鏡池先生認為是多義詞。高亨先生認為指「鳴雉」，但不很自信。兩家的解說完全不相容。另有學院派著作解為「光明受損」不可信，亦不可通。以下兼採李、高兩家之見解說。

2. 卦辭解說

卦辭：利艱貞。

解說：白文《易經》中「利艱貞」凡三見。另見於「噬嗑」六四以及「大畜」九三。李鏡池先生都解為：利於占問旱災。高亨先生則解為：利於占問艱難的事。愚見以為，李說為是，說見第三節。

3. 爻辭解說

初九：明夷于飛，垂其翼。君子于行，三日不食。有攸往，主人有言。

鳴叫的野雉，垂著翅膀飛翔。奴隸主在路途上，三天未進食。出遠門，被房東訶譴。

六二：明夷，夷于左股。用拯馬壯，吉。

拯：借為騬（chéng），騸過的馬。《說文》：「騬，犗（jiè）馬也。」

全文是：鳴叫的野雉，傷了左腿。筮得此爻，騸馬則壯且吉。

九三：明夷于南狩，得其大首。不可疾貞。

高亨先生懷疑經文「于」字後脫「飛」字。可從。於是經文句讀應改為：明夷于飛，南狩得其大首。不可疾貞。

全文為：鳴叫的野雉在飛翔，在南方打仗俘獲了他們的大首領。不可貞問疾病。

洪鈞按：高亨先生解「大首」為「大道」，雖多所引據，亦不可從。因為其解說語義不諧且迂曲。既然是南狩，不管是狩獵還是打仗，總要獲得什麼。獲得「大道」很難理解。加之有「其」字，更難理解。故拙解「大首」為「大首領」如此則「南狩」是軍事行動而非狩獵。

六四：入于左腹，獲明夷之心于出門庭。

「腹」借為「寝」。「寝」為半地下的房屋。「明夷」指大弓。「心」指做大弓的心木。

全句是：進入左室，在門口獲得製大弓的心木。

洪鈞按：聞一多《周易義證類纂》關於此爻的解說大不同，卻也不是無可辯駁。

六五：箕子之明夷，利貞。

箕（jī）子：紂王的叔父，殷末三仁之一。

全句是：箕子去了明夷國，利兆。

上六：不明，晦。初登于天，後入于地。

不明：指看不到太陽了。晦：即天黑了。

全句是：太陽下山了，天黑了。太陽先是由地下上升於天，最後入於地下。

洪鈞按：此爻簡明而通俗，不用白話解說亦可。高亨先生的解說卻把簡單問題弄得很費解。其說不惜筆墨，大費周章。先是「明借為鳴」，接著是「晦疑當作悔」，再接著是：「雉不鳴而悔者，謂雉入水化為蜃也。」又接著連舉五家文獻，以證「雉化為蜃」。最後還要改「地」為「淵」。試看經文，何處有「雉」義呢？須知，所謂「雉」，乃野雞，非司晨之家雞也。可見，引用文獻益多，適可解淺為深，解簡為繁。其實，即便據其說改「地」為「淵」，也無礙照用拙解。蓋古人認為，太陽入於地，即入於淵也。說見「乾」九四。

三、傳文評說

先看〈彖〉傳。

〈彖〉傳是說：本卦是上土下火，象徵太陽入於地下，這就是明夷。內心明亮而外表柔順，因此遭受大難，周文王就是這樣做的。「利艱貞」就是黑暗遮住了光明。內心痛苦卻能志向正大，箕子就是這麼做的。

讀者試看，以上〈彖〉傳與經文有什麼關係嗎？能幫助你理解經文嗎？故〈彖〉傳完全不得經旨。

再看六五爻辭及其〈象〉傳。

六五：箕子之明夷，利貞。

〈象〉曰：箕子之貞，明不可息也。

六五爻辭是本卦最好解說且沒有歧義的。即：箕子去了明夷國，利兆。〈象〉傳卻解為：箕子之貞，明不可息也。可見〈象〉傳作者不懂經文，尤其不懂「利貞」的含義。

「家人」（卦三十七）

一、經傳全文

☲☴ 家人：利女貞。

〈彖〉曰：家人，女正位乎內，男正位乎外，男女正，天地之大義也。家人有嚴君焉，父母之謂也。父父，子子，兄兄，弟弟，夫夫，婦婦而家道正。正家而天下定矣。

〈象〉曰：風自火出，家人。君子以言有物，而行有恆。

初九：閑有家，悔亡。

〈象〉曰：「閑有家」，志未變也。

六二：无攸遂，在中饋，貞吉。

〈象〉曰：六二之吉，順以巽也。

九三：家人嗃嗃，悔，厲，吉。婦子嘻嘻，終吝。

〈象〉曰：「家人嗃嗃」，未失也。「婦子嘻嘻」，失家節也。

六四：富家，大吉。

〈象〉曰：「富家，大吉」，順在位也。

九五：王假有家，勿恤，吉。

〈象〉曰：「王假有家」，交相愛也。

上九：有孚威如，終吉。

〈象〉曰：威如之吉，反身之謂也。

二、經文解說

1. 卦名解說

卦名：家人。

解說：本卦取名「家人」，無疑是因為六爻辭中有四個「家」字且九三開頭是「家人」。總之，「家人」就是字面上的含義，即家、家庭、人家等。

2. 卦辭解說

卦辭：利女貞。

解說：利於女子貞問或利於女子的貞兆。

3. 爻辭解說

初九：閑有家，悔亡。

《說文》：「閑，闌也。從門中有木。」段注：「引申為防閑。」

全句是：用大木頭頂住大門。這樣可以防止盜賊闖入，故禍患消除。

洪鈞按：李鏡池先生解此爻說：在家裡閑著是很不好的，悔亡，凶兆，是貞兆辭，也是說明語，判斷是非。

六二：无攸遂，在中饋。貞吉。

遂：行，往。《廣雅・釋詁》：「遂，往也。」中饋：家中供膳諸事，也指妻子，可引申為廚房。

全句是：沒有什麼地方可去，待在廚房裡，兆示吉祥。

洪鈞按：為什麼待在廚房裡就吉呢？這是因為，古人認為婦女的主要職責是做飯。至今還有四川人稱妻子為「燒飯的」。古人稱沒有妻子為「中饋乏人」或「虛中饋」。

洪鈞又按：本爻亦可作出略異的解說。即：遂：通墜。全句是：沒有什麼落（là）下的事，待在廚房裡，兆示吉祥。

又，洪鈞把「中饋」引申為廚房，大概前無古人。故把短文「中饋探析」附於下：

附：中饋探析

「中饋」一語見於《易·家人》六二，而且僅此一見，而且應是最早的出處。經文如下：

六二：无攸遂，在中饋。貞吉。

按說，此爻是不難解說的，但洪鈞以為，前人的解說均不能令人滿意。按照淺見，解說此爻的關鍵是「在中饋」三個字。

孔穎達疏：「婦人之道……其所職，主在於家中饋食供祭而已。」

愚見以為，孔疏沒有說清「在中饋」的含義，因為上文已經有了「无攸遂」，即主婦已經做完了一切家務，盡了職，不必再「饋食供祭」了。

至於近現代《易》學家的解法，據洪鈞所知，解說《易經》最不惜筆墨的是高亨先生。他對「在中饋」解說是：「野饋言，中饋即內饋，家中之饋也。中饋婦人之職，知此爻就婦人言，無所隕失矣！在何事乎？在中饋也。」

此解雖有「內饋」之說，卻還是沒有說清「在中饋」的含義。故接著說「在何事乎？在中饋也。」這是把「中饋」二字看作一種事務，竊以為未得經旨，而且此解不足以解通全句。試看其前文已經有了「無所隕失」，怎麼還要「在中饋」呢？

淺見以為「中饋」二字的本義應指一個地方或處所，這樣才能解通「在中饋」。

「中饋」二字有很現成的解釋。大體有三義。即 1. 家中供膳諸事；

2. 酒食；3. 妻室。

然而，用此三義還是解不通「在中饋」的含義，因為聯繫上文，「在」字在此只能是處在之「在」。

其實，欲知「在中饋」的本義，不一定走這麼遠。

試看後人有「虛中饋」「中饋乏人」「中饋猶虛」等說法。其中的「中饋」固然可以解為妻子，但淺見以為，解為做飯之處更準確。比如「中饋乏人」解為「妻子乏人」就很彆扭，遠遠不如解為「做飯之處無人」更通順。

那麼，何以把「做飯之處」說成「中饋」呢？

洪鈞以為，「中饋」的起源應該很早。大概在商代甚至更早。那時，一般人家都沒有專用的廚房，即便是小貴族也是這樣。即那時做飯就在居室中央的火塘上。不久前還有的南方少數民族習慣如此。饋有傳遞之義，飯做好後，就從中央火塘處傳遞給其他家人或客人，故稱「中饋」。後來多數漢族人家有了專用於做飯的房屋，卻還是沿用了「中饋」一語。

總之，「中饋」的最初所指就是居室中央做飯之處，相當於後來的廚房。故洪鈞把「在中饋」解作「待在廚房裡」。

為了證明南方少數民族習慣用火塘，把網上一段文字附在下面：

火塘，又叫「火坑」，也有的地方稱「火鋪」。是在房內用土鋪成的 1 米見方的土地。以前，火塘裡立有三塊石頭，以備燒火煮飯之用。後來，都改用鐵三腳架。主火塘裡終年煙火繚繞，白天煮飯，晚上烤火取暖。燃料為木柴。在許多少數民族中，如傣族、侗族等。火塘是生活中非常重要的一部分，每年都要進行火塘祭祀，祈求家人安泰。

九三：家人嗃嗃，悔，厲，吉。婦子嘻嘻，終吝。

嗃嗃和嘻嘻都是擬聲詞，指發出的聲音如高和喜。「家人」在此應指小孩子。小孩子嗷嗷待哺或餓得嗷嗷叫，自然是很鬧心的事，故悔，厲。但總算有家人，也可吉。「婦子」與「家人」相對，所指應是主婦。這時「婦子嘻嘻」（不嚴肅的樣子）表明她不很在乎，因為她有辦法讓孩子吃飽。只是終究還是有點艱難。

六四：富家，大吉。

本爻辭望文生義即可滿意地解說。「富家」就是發家致富，自然大吉。不過，博學的專家們會說，富：借為福，福佑之義。家庭得到福佑，自然大吉。

九五：王假有家。勿恤。吉。

「王」只能是周王或商王。「假」有授予之義。故「王假有家」就是「王授予了家室」。《說文》「恤，憂也。」故「勿恤」就是不要憂愁。有了家室且不憂愁，自然吉祥。

全文是：國王授予你家室，不要發愁了。吉祥。

洪鈞按：高亨先生的解說大不同，讀者可以對看《周易古經今注》。

上九：有孚威如，終吉。

「孚」在此作懲罰講，「威如」是嚴厲的樣子。

全句是：責罰很嚴厲，最終還是吉祥的。

這種情況在家庭內很常見。父母責罰孩子，表面上很嚴厲，最終還是要愛護他們，故終吉。

洪鈞按：李鏡池先生的解說是：抓到了俘虜，開始還是反抗，最終還是歸服了。故終吉

三、傳文評說

本卦卦辭只有「利女貞」三個字，〈彖〉傳卻硬塞進了儒家思想如下：

> 彖曰：家人，女正位乎內，男正位乎外。男女正，天地之大義也。家人有嚴君焉，父母之謂也。父父、子子、兄兄、弟弟、夫夫、婦婦而家道正。正家而天下定矣。

這四句〈彖〉辭簡直是「三綱」說的另一種表達，又是對《大學》：「家齊而後國治，國治而後天下平」的闡釋。為達此目的，〈彖〉傳作者有意把「貞」解作正。其實，即便把「利女貞」解作「利女正」也不足以

引出這一大套儒家說教。

大〈象〉傳也是很空洞且莫名其妙地喊口號如下：

〈象〉曰：風自火出，家人。君子以言有物，而行有恆。

「風自火出」是指卦形為巽上離下，這不能算是對「家人」的解釋。接著說的君子如何更是與卦辭無關，只是空洞的口號。

其餘六爻辭的〈象〉傳都很淺薄，只是沒有忘掉儒家思想。如九三〈象〉傳：

〈象〉曰：「家人嗃嗃」，未失也。「婦子嘻嘻」，失家節也。

看來，其他家人吵鬧不要緊（未失也），婦女笑嘻嘻，就是「沒管教」（失家節）。於是，只好終日板著臉。

「睽」（卦三十八）

一、經傳全文

睽：小事吉。

〈彖〉曰：睽，火動而上，澤動而下。二女同居，其志不同行。說而麗乎明，柔進而上行，得中而應乎剛，是以「小事吉」。天地睽而其事同也，男女睽而其志通也，萬物睽而其事類也。睽之時用大矣哉！

〈象〉曰：上火下澤，睽。君子以同而異。

初九：悔亡。喪馬勿逐，自復。見惡人无咎。

〈象〉曰：「見惡人」，以辟咎也。

九二：遇主于巷，无咎。

〈象〉曰：「遇主於巷」，未失道也。

六三：見輿曳，其牛掣，其人天且劓，无初有終。

〈象〉曰：「見輿曳」，位不當也。「无初有終」，遇剛也。

九四：睽孤，遇元夫，交孚，厲，无咎。

〈象〉曰：「交孚」「无咎」，志行也。

六五：悔亡，厥宗噬膚，往何咎？

〈象〉曰：「厥宗噬膚」，往有慶也。

上九：睽孤，見豕負塗，載鬼一車，先張之弧，後說之弧。匪寇婚媾。往遇雨則吉。

〈象〉曰：遇雨之吉，群疑亡也。

二、經文解說

1. 卦名解說

卦名：睽（kuí）。

解說：此卦卦爻辭中有兩個「睽」字。「睽」作何講呢？李鏡池先生說：〈序卦〉傳：「睽者，乖也。」「雜卦」傳：「睽者，外也。」《說文》：「睽，目不相視也。」其實，卦中「睽」作名詞，指旅人。因為旅人與家人乖離，旅行在外，不能與家人相見。從內容標題。高亨先生也認為「睽」指旅人。

2. 卦辭解說

卦辭：小事吉。

解說：占問小事是吉祥的。

3. 爻辭解說

初九：悔亡。喪馬勿逐，自復。見惡人，无咎。

惡人：聞一多《周易義證類纂》謂係「形殘貌醜之人」。

全文為：禍患消除。丟了馬不必追逐尋找，自然會回來。遇見形殘貌醜之人，無災禍。

九二：遇主于巷，无咎。

主：接待旅客的主人。《易經》時代早期，還沒有旅社。旅行者要投宿於人家。這樣的人家即稱主。孔子周遊列國，也是住在人家裡。《孟

子‧萬章篇》：「孔子于衛主顏讎由，微服而過宋，主司馬貞。」

全句是：在巷子裡遇見投宿的主人，沒有災患。

六三：見輿曳，其牛掣，其人天且劓。无初有終。

曳（yè）：拽（zhuài）。掣（chè）：牽拉。天：指烙額。《釋文》：「天，剠（qíng）也。馬云：『黥鑿其額曰天』」劓（yì）：割去鼻子的刑罰。《說文》：「劓，刑鼻也。從刀，臬聲。」

全文是：看到有人往後拽車，他的牛則向前拉。趕車的被烙額又受了劓刑。開始不順利，最後會有好結果。

洪鈞按：讀者可能不解，何以趕車的要向後曳車。此事常見於兩種情況。一種是車正在下坡，為了防止下坡太快而發生事故，趕車的要拽住車。另一種情況是途中遇到坑坎，牛拉不過去了。這時要把車子倒退一點再加速往前拉。這樣可以利用慣性過坎。這只是很簡單的勞動經驗，不過，若沒有這一經驗知識，就不可能真正理解本爻辭。

九四：睽孤，遇元夫，交孚，厲，无咎。

元夫：即「兀夫」。天生的瘸子稱兀夫。此取聞一多《周易義證類纂》說。

全句是：旅人孤單地走路，遇到一個瘸子，一起被抓住。危險，但無災禍。

洪鈞按：高亨先生認為，《易經》中的「元」字均訓「大」。於是「元夫」即「大夫」。如此解說，則「大夫」在《易經》中僅此一見，不太好。至於解「元」為「原」也不很好，故取聞一多說。

六五：悔亡，厥宗噬膚，往何咎？

宗：宗廟。《說文》：「宗，尊祖廟也。」膚：指肉。《廣雅釋器》：「膚，肉也。」噬膚：吃肉。此處特指宴饗。古人宴饗之禮在宗廟舉行。

全句是：禍患消除。他們的宗人在宗廟裡宴饗，前往有什麼罪過呢！

上九：睽孤，見豕負塗，載鬼一車。先張之弧，後說之弧。匪寇婚媾。往遇雨則吉。

負塗：通伏途，即伏在路旁。《論語・陽貨》：「遇諸塗。」《集解》引孔注：「塗，道也。」弧：弓。《說文》：「弧，木弓也。」說：通脫，放下。

全文是：旅人孤單地走路，碰見一隻豬伏在路旁，還見到一車鬼怪模樣的人。（旅人）先是張弓欲射，後來把弓放下了。原來他們不是強盜，是娶親的。前往遇雨則吉。

洪鈞按：所謂鬼怪模樣的人，是指《易經》時代的古人有時把本族的圖騰畫在臉上。高亨先生懷疑本卦之「睽孤」似即少康，見《周易古經今注》。

三、傳文評說

評說此卦的傳文會很繁瑣，且不能獲得關於經文真相的資訊。這裡只說〈象〉傳的「睽」字。

〈象〉曰：睽，火動而上，澤動而下。二女同居，其志不同行。說而麗乎明，柔進而上行，得中而應乎剛，是以「小事吉」。天地睽而其事同也，男女睽而其志通也，萬物睽而其事類也。睽之時用大矣哉！

第一個「睽」字，解釋卦形，即離上兌下為「睽」。第二個「睽」字是「天地睽而其事同」。〈序卦〉傳：「睽，乖也。」乖是乖離之義。天地能乖離嗎？不通。第三個「睽」字是「男女睽而其志通」。男女乖離就要離婚了，怎麼會志同道合呢？又不通。總之，沒有解出「旅人」之義，卻弄得文理不通。

「蹇」（卦三十九）

一、經傳全文

䷦ 蹇：利西南，不利東北。利見大人。貞吉。

〈象〉曰：蹇，難也，險在前也。見險而能止，知矣哉！「蹇，利

西南」，往得中也。「不利東北」，其道窮也。「利見大人」，往
有功也。當位「貞吉」，以正邦也。蹇之時用大矣哉！

〈象〉曰：山上有水，蹇。君子以反身修德。

初六：往蹇，來譽。

〈象〉曰：「往蹇，來譽」，宜待也。

六二：王臣蹇蹇，匪躬之故。

〈象〉曰：「王臣蹇蹇」，終无尤也。

九三：往蹇來反。

〈象〉曰：「往蹇來反」，內喜之也。

六四：往蹇來連。

〈象〉曰：「往蹇來連」，當位實也。

九五：大蹇，朋來。

〈象〉曰：「大蹇朋來」，以中節也。

上六：往蹇來碩，吉。利見大人。

〈象〉曰：「往蹇來碩」，志在內也。「利見大人」，以從貴也。

二、經文解說

1. 卦名解說

卦名：蹇（jiǎn）。

解說：本卦卦爻辭中有七個「蹇」字，故本卦據多見字和內容取名。
至於「蹇」字的含義，《易傳》多解為「難」。此說可從。高亨先生把
此卦的「蹇」字均解為「諫」，未見其可。由卦辭可知，本卦主要討論商
旅，與諫諍無關。

2. 卦辭解說

卦辭：利西南，不利東北。利見大人，貞吉。

解說：利於向西南（商旅），不利於向東北。利於晉見權貴，兆示吉
祥。

3. 爻辭解說

初六：往蹇，來譽。

出遠門（商旅）困難，回家得到讚譽。

六二：王臣蹇蹇，匪躬之故。

國王的臣子諸事困難，不是本身的緣故。

九三：往蹇，來反。

反：反反。《詩‧周頌‧執競》：「降福簡簡，威儀反反。」鄭玄箋：「反反，順習之貌。」

全句是：出遠門困難，回來時卻很順利。

六四：往蹇，來連。

連：從車，通輦。《說文》：「連，負車也。」「輦，挽車也。」

全句是：前往步行困難，回來時卻坐著車子。

九五：大蹇，朋來。

（遠行）非常困難，卻賺了錢。

上六：往蹇，來碩，吉。利見大人。

出遠門很困難，回來時大包小包，賺了很多，吉祥。利於晉見權貴。

三、傳文評說

解「蹇」為難，可見於〈序卦〉傳和「雜卦」傳，再就是本卦〈象〉傳。傳文如下：

> 〈象〉曰：蹇，難也，險在前也。見險而能止，知矣哉！「蹇，利西南」，往得中也。「不利東北」，其道窮也。「利見大人」，往有功也。當位「貞吉」，以正邦也。蹇之時用大矣哉！

可見傳文不但有：「蹇，難也。」還接著說：「險在前也。」險在前指此卦為水上山下，水為險。不過，說「見險而能止，知矣哉！」就遠

離經文的原意了。至於傳文解說「利西南，不利東北」就更不是經文的原意。原意是，西南方都是周國的友邦，去做生意容易賺錢。東北則相反，那裡多是敵國，去做買賣，不被搶劫就不錯了。

「當位『貞吉』，以正邦也。」則是離題萬里。這是因為〈象〉傳一定要把「貞」字解為「正」。其實本卦卦形，只有三、五兩爻是陽爻居陽位。初爻是陰爻，是不當位的。

順便說明，經文中的「有攸往」大都指商人出遠門做生意。

最後再說一下「商人」的來歷。這是因為殷商貴族很喜歡遠行做生意。武王克商之後，把大部分貴族商人遷到洛邑附近，直接統治。而後周都周圍的商業活動開始發達。故把做買賣者稱作「商人」。這種現象到漢代還是如此。《漢書·地理志》載，洛邑地區的人情「喜為商賈，不好仕宦」。

「解」（卦四十）

一、經傳全文

䷧ 解：利西南，无所往，其來復，吉。有攸往，夙吉。

〈象〉曰：解，險以動，動而免乎險，解。「解，利西南」，往得眾也。「其來復吉」，乃得中也。「有攸往，夙吉」，往有功也。天地解而雷雨作，雷雨作而百果草木皆甲坼，解之時義大矣哉！

〈象〉曰：雷雨作，解。君子以赦過宥罪。

初六：无咎。

〈象〉曰：剛柔之際，義无咎也。

九二：田獲三狐，得黃矢，貞吉。

〈象〉曰：九二「貞吉」，得中道也。

六三：負且乘，致寇至，貞吝。

〈象〉曰：「負且乘」，亦可醜也。自我致戎，又誰咎也。

九四：解而拇，朋至斯孚。

〈象〉曰：「解而拇」，未當位也。

六五：君子維有解，吉。有孚于小人。

〈象〉曰：君子有解，小人退也。

上六：公用射隼于高墉之上，獲之，无不利。

〈象〉曰：「公用射隼」，以解悖也。

二、經文解說

1. 卦名解說

卦名：解。

解說：本卦卦爻辭中有兩個「解」字，即據此取名。

2. 卦辭解說

卦辭：利西南，無所往，其來復！吉。有攸往，夙吉。

解說：夙：起早。成語「夙興夜寐」就是起早睡晚。《說文》：「夙，早敬也。」

全文是：利於向西南，沒有地方可去，那就回來吧！吉祥。出門遠行，起早吉祥。

3. 爻辭解說

初六：无咎。

筮遇此爻，沒有災患。

九二：田獲三狐，得黃矢，貞吉。

打獵獲得三隻狐狸，還得到一支黃銅箭，兆示吉祥。

六三：負且乘，致寇至，貞吝。

背負而又車載（貨物），招致強盜來，兆示艱難。

〈繫辭下〉：「慢藏誨盜，冶容誨淫。《易》曰：『負且乘，致寇至』盜之招也。」尚得經旨。

九四：解而拇，朋至斯孚。

解（xiè）：通懈，懈怠之義。拇：指足。斯：於是，就。

全句是：懶得走路，賺了錢就被人抓住了。

六五：君子維有解，吉。有孚于小人。

維：捆綁。有孚：得到信任。《說文》：「孚，卵孚也。從爪從子。一曰信也。」《爾雅》：「孚，信也。」《左傳·莊公十年》：「小信未孚，神弗福也。」

全文是：奴隸主被綁住又被解開，吉祥。得到奴隸的信任。

上六：公用射隼于高墉之上，獲之。无不利。

（周？）公為了射隼站在高城牆上，射下來了。沒有不利。

洪鈞按：關於此爻辭〈繫辭上〉有解謂：「《易》曰：『公用射隼于高墉之上，獲之，无不利。』子曰：『隼者，禽也。弓矢者，器也。射之者，人也。君子藏器于身，待時而動，何不利之有？動而不括，是以出而不獲。語成器而動者也。』」這一解法顯然不如以上拙解簡潔、明白。又，洪鈞疑文中的「公」乃周公。因為周公多才多藝且功高蓋世，故《易經》會提到他。

三、傳文評說

傳文有可採之處，也有的沒有道理。舉例說明。

九二：田獲三狐，得黃矢，貞吉。

〈象〉曰：九二「貞吉」，得中道也。

經文很淺顯，爻辭不解亦可。但是，把「貞吉」解為「得中道」除非向中庸或中正靠近，沒有道理。或以為九二為陽爻，上下均為陰爻，是得中道。則凡「坎」在下者，均可如此解。顯然不是這樣。

上六：公用射隼于高墉之上，獲之。无不利。

〈象〉曰：「公用射隼」，以解悖也。

經文淺顯且無歧義，〈象〉傳卻說「公用射隼，以解悖也。」試問：「悖」從何來？

「損」（卦四十一）

一、經傳全文

損：有孚，元吉，无咎，可貞，利有攸往。曷之用？二簋可用享。

〈彖〉曰：損，損下益上，其道上行。損而「有孚，元吉，无咎，可貞，利有攸往。曷之用？二簋可用享」。二簋應有時。損剛益柔有時，損益盈虛，與時偕行。

〈象〉曰：山下有澤，損。君子以懲忿窒欲。

初九：已事遄往，无咎，酌損之。

〈象〉曰：「已事遄往」，尚合志也。

九二：利貞，征凶，弗損益之。

〈象〉曰：九二「利貞」，中以為志也。

六三：三人行，則損一人。一人行，則得其友。

〈象〉曰：「一人行」，三則疑也。

六四：損其疾，使遄有喜，无咎。

〈象〉曰：「損其疾」，亦可喜也。

六五：或益之十朋之龜，弗克違，元吉。

〈象〉曰：六五「元吉」，自上佑也。

上九：弗損益之，无咎，貞吉，利有攸往。得臣无家。

〈象〉曰：「弗損益之」，大得志也。

二、經文解說

1. 卦名解說

卦名：損。

解說：卦爻辭中有三個「損」字，據多見字取名。「損」與「益」相對，義為減損。

2. 卦辭解說

卦辭：有孚，元吉，无咎。可貞。利有攸往。曷之用？二簋可用享。

解說：有所俘獲，大吉，沒有災患，可以貞問，利於遠行。用什麼獻祭呢？兩簋（guǐ）飯即可用於享祭。

洪鈞按：以上卦辭的標點，照用了吳樹平等點校的《周易》。解說也算通順。只是有的注家理解不同。主要是如何看「曷之用二簋可用享」這八個字。洪鈞以為，如果不改「曷」字，其中必然要用問號。拙解把問號放在「用」後，自然是認為最好如此。「曷之用？」就是「用曷？」，略同白話「用什麼呢？」加「之」字是為了把曷字提前並強調。如「何懼之有？」即「有何懼？」然而，李鏡池和高亨先生均斷為：「曷之用二簋，可用享。」即都沒有用問號。高先生且疑「曷」借為「餲」，不詳說。總之，即便斷句在「可」之前，也應該用問號。如此簡單的問題，花了如許篇幅。很可能是淺見有誤。還請讀者賜教。

3. 爻辭解說

初九：已事遄往，无咎；酌損之。

已：「巳」之誤，指祭祀。遄（chuán）：快速。《說文》段注：「速也。」

全句是：祭祀之事，快速前往，不會受到責遣。至於祭品，可以酌減。

九二：利貞，征凶。弗損益之。

利兆，征伐則凶。不要減損，也不要增益。

六三：三人行則損一人，一人行則得其友。

三人走路則常常失去一人，獨自走路則常常得到朋友。

洪鈞按：《易》學家多認為此爻辭，是古人的經驗之談。實則非然。蓋一人行，不可再損也。高亨先生之解說大異，竊以為其解非是，見《周易古經今注》。

洪鈞又按：〈繫辭下〉解此爻謂：「天地絪縕，萬物化醇。男女構精，萬物化生。《易》曰：「三人行則損一人，一人行則得其友。」言致一也。」此解全

是穿鑿附會，因為「天地絪縕，萬物化醇。男女構精，萬物化生」與爻辭根本無
關。

六四：損其疾，使遄有喜，无咎。

減損他的疾病，讓他快速痊癒，無可責遣。

洪鈞按：今《易經》「有喜」三見，均應解作「痊癒」。

六五：或益之十朋之龜，弗克違，元吉。

有人以價值十朋之龜相贈，盛情難卻，大吉。

上九：弗損益之，无咎，貞吉。利有攸往。得臣无家。

凡事一仍其舊，無可責遣，兆示吉祥。利於遠行。得到一個沒有家室
的奴隸。

三、傳文評說

本卦〈象〉傳很長，也沒有可採信的。以下舉初九、九二的〈象〉傳
為例評說。

初九：已事遄往，无咎，酌損之。

〈象〉曰：「已事遄往」，尚合志也。

爻辭之原意已見上文解說。可見，〈象〉傳作者，沒有讀懂經文。特
別是不知道「已」是祭祀之義。

九二：利貞，征凶，弗損益之。

〈象〉曰：九二「利貞」，中以為志也。

〈象〉傳只解了「利貞」二字，卻完全是歪解。「中以為志」就是追
求「中」。這是其作者不懂「貞」乃卜問、貞兆之義，只是一味向「中」
靠近。

「益」（卦四十二）

一、經傳全文

䷩ 益：利有攸往，利涉大川。

〈彖〉曰：益，損上益下，民說无疆，自上下下，其道大光。「利有攸往」，中正有慶。「利涉大川」，木道乃行。益動而巽，日進无疆。天施地生，其益无方。凡益之道，與時偕行。

〈象〉曰：風雷，益。君子以見善則遷，有過則改。

初九：利用為大作，元吉，无咎。

〈象〉曰：「元吉，无咎」，下不厚事也。

六二：或益之十朋之龜，弗克違，永貞吉。王用享于帝，吉。

〈象〉曰：「或益之」，自外來也。

六三：益之用凶事，无咎。有孚，中行告公用圭。

〈象〉曰：益用凶事，固有之也。

六四：中行告公從，利用為依遷國。

〈象〉曰：「告公從」，以益志也。

九五：有孚惠心，勿問元吉。有孚惠我德。

〈象〉曰：「有孚惠心」，勿問之矣。「惠我德」，大得志也。

上九：莫益之，或擊之，立心勿恒，凶。

〈象〉曰：「莫益之」，偏辭也。「或擊之」，自外來也。

二、經文解說

1.卦名解說

卦名：益。

解說：本卦卦爻辭中「益」字三見，據多見字取名。「益」的含義是增益，與損相對。

2.卦辭解說

卦辭：利有攸往，利涉大川。

解說：利於遠行，利於過大河。

3. 爻辭解說

初九：利用為大作，元吉，无咎。

利於大興土木，大吉，無災禍。

洪鈞按：李鏡池先生認為：「聯繫下文以及周人的歷史看，這個『大作』似指太王遷岐後作廟築城、文王作豐、周公營建洛邑等。這些『大作』，必然要占卜。（詳見《書·雒誥》）《周易》即根據占卜材料編選入書。元吉、无咎，是占筮的結果。這些建築事業，是周人的大益事。可惜文字過簡，難於考證。」

六二：或益之十朋之龜，弗克違。永貞吉。王用享于帝，吉。

有時賞賜價值十朋的大龜，上命難違。長久地兆示吉祥。國王因此享祀於天帝，吉祥。

洪鈞按：李鏡池先生說：「或益之十朋之龜，弗克違。」與「損」六五辭同，但意義有別。「損」卦重在「弗克違」，這裡重在益。這件事是有歷史背景的。《書·大誥》：「予不敢閉於天降威，用寧王遺我大寶龜，紹天明。」〈大誥〉是周公奉命東征所作，誥是命龜之辭，是說文王遺給我們大寶龜，叫我們繼承天命。「十朋之龜」即大寶龜。「弗克違」是指武庚作亂，違背龜卜天命，是決不能成事的。「王用享於帝」是指武王克商，享祭上帝，接受天命，代殷有天下。

洪鈞又按：上引李先生之說，有助於理解周初的歷史背景。只是對「弗克違」解說不夠圓通。淺見還是認為，拙解更接近經文的原意。

六三：益之用凶事，无咎。有孚，中行告公，用圭。

益之：指祭祀有所增益，用人牲。

凶事：喪事，指武王逝世。

中行：中途。

用圭：祭祀。圭，即珪。祭祀要執珪，故以「用圭」代指祭祀。

洪鈞按：以上四行，照用了李鏡池先生的注釋。

全文是：增加了喪事的祭祀物品，沒有災患。抓到了俘虜，中途告知

周公，用人牲祭祀。

六四：中行告公從，利用為依遷國。

依：即殷，古音同，可通用。

全句是：半路上成王告知周公服從誥命，利於著手殷商遷國。

洪鈞按：李鏡池先生說：東征勝利後，在班師回來的路上報告周公成王有命，說把殷民處理好是有利的。周公把殷宗室微子啟封於商丘，國號宋；把一些部落分給同姓國做奴隸。如分給魯殷民六族，分給衛殷民七族；把殷貴族集中洛邑，直接統治。這就是「為依遷國」。

然而，高亨先生的解說大不同。其說本《竹書記年》：「武乙三年，自殷遷于河北，命古公亶父，賜以歧邑。十五年，自河北遷於沬。二十一年，古公亶父薨。」武乙與古公亶父年代亦相值，則《易》所記蓋武乙、亶父故事，所謂公即古公亶父歟？洪鈞以為，李說為是。

九五：有孚惠心，勿問元吉。有孚惠我德。

惠：安撫，可引申為感激。心：當作之。賈誼《新書·道篇》：「心省恤人謂之惠。」勿問：不用占問。

全句為：俘虜要安撫，不必占問即知大吉。俘虜會感激我們的德行。

上九：莫益之，或擊之。立心勿恒，凶。

不要援助他，可以打擊他。假如立志不能持久，則凶險。

洪鈞按：〈繫辭下〉解此爻謂：子曰：「君子安其身而後動，易其心而後語，定其交而後求。君子修此三者，故全也。危以動，則民不與也；懼以語，則民不應也；無交而求，則民不與也。莫之與，則傷之者至矣。《易》曰：『莫益之，或擊之，立心勿恒，凶。』」此解多說君子的行為準則，不合經文原意。

三、傳文評說

本卦涉及周初的一些大事，傳文均未提及。如果說，傳文還有可取之處，那就是〈象〉傳結尾的「與時偕行」。這四個字，相當於「與時俱進」。《易傳》中「與時偕行」共三處，還有很相近的四處。可見儘管《易傳》解《易》解得不好，《周易》還是影響深遠。

「夬」（卦四十三）

一、經傳全文

 夬：揚于王庭，孚號有厲。告自邑，不利即戎。利有攸往。

〈彖〉曰：夬，決也，剛決柔也。健而說，決而和，揚于王庭，柔乘五剛也。「孚號有厲」，其危乃光也。「告自邑，不利即戎」，所尚乃窮也。「利有攸往」，剛長乃終也。

〈象〉曰：澤上于天，夬。君子以施祿及下，居德則忌。

初九：壯于前趾，往不勝，為咎。

〈象〉曰：不勝而往，咎也。

九二：惕號，莫夜有戎，勿恤。

〈象〉曰：「莫夜有戎」，得中道也。

九三：壯于頄，有凶。君子夬夬獨行，遇雨若濡，有慍，无咎。

〈象〉曰：「君子夬夬」，終无咎也。

九四：臀无膚，其行次且。牽羊悔亡，聞言不信。

〈象〉曰：「其行次且」，位不當也。「聞言不信」，聰不明也。

九五：莧陸夬夬中行，无咎。

〈象〉曰：「中行，无咎」，中未光也。

上六：无號，終有凶。

〈象〉曰：无號之凶，終不可長也。

二、經文解說

1. 卦名解說

卦名：夬。

解說：夬（guài）：快的本字，有快樂，快速兩義。本卦據「夬」的兩義取名。

2. 卦辭解說

卦辭：揚于王庭。孚號：「有厲」！告自邑：「不利即戎。」利有攸往。

解說：揚：武舞。《禮記・樂記》：「樂者非謂黃鐘、大呂、弦歌、干揚也。」干揚是拿著兵器的武舞。孚號：呼號。有厲：有敵人來侵犯。

全句是：正在周王的庭中拿著武器跳舞，有人呼號：有敵人來侵犯！誥命來自邑：不利於立即開戰。利於遠行。

3. 爻辭解說

初九：壯于前趾，往不勝，為咎。

壯：借為戕，傷義。

全句是：戰馬的前腿受了傷，前往打仗，沒有勝利，受到責罰。

九二：惕號莫夜，有戎勿恤。

莫：暮本字，從日在草中，即太陽就要下山了。

全句是：夜間警惕地呼號，有敵人侵犯也不必擔心。

洪鈞按：此爻文意甚明。高亨先生斷為：惕號，莫夜有戎，勿恤。如此斷句亦可。但不能把「惕號」解為「哭號」。所謂「惕號」就是警惕地呼號，即呼號使人警惕，這樣就不怕夜間有敵人侵犯。惕號一般是在夜間，故最好斷為：惕號莫夜，有戎勿恤。如果把詞序調整一下，文意就更清楚。即：莫夜惕號，勿恤有戎。

九三：壯于頄，有凶。君子夬夬獨行，遇雨若濡，有慍无咎。

頄（qiú）：顴骨。《玉篇》：「頄，面顴也。」夬夬：果決貌。從夬之字，多有決義。如訣（訣別）、決（決裂）、玦（可通決）。高亨先生以為：「夬夬皆借為趹趹」恐非是，因「夬夬」連寫應系一種形貌，不會是動詞。高先生引用的文獻均非「趹趹」連寫。故其說勉強。況且，夬夬並非關鍵之處，前人解為果決貌可通，無必要更作新解。其實，趹亦有決義。今白話「尥蹶子」，其「蹶」字即如「趹」。蓋「趹」的本義即：驘馬類動物用後腳踢。換做白話即「尥蹶子」。

全文是：傷於顴骨，有凶險。奴隸主果決地獨自去了，途中適逢下雨，衣裳濕透了。有點生氣，沒有災患。

九四：臀无膚，其行次且；牽羊悔亡，聞言不信。

次且：即趑趄。《說文》：「趑趄，行不進也。」牽羊悔亡：這是古代表示臣服、認罪以求免除更大災禍的禮儀。有關文獻較多，只舉一例。《史記‧宋微子世家》：「周武王伐紂克殷，微子乃持其祭器，造於軍門，肉袒而縛，左牽羊，右把茅，膝行而前以告，於是武王乃釋微子。」後來，周公把殷宗室微子啟封於商丘，國號宋，與此有關。

全句是：屁股上沒有皮肉了，走路跌跌撞撞。牽羊前去，以求免禍，對方不信他的話。

九五：莧陸夬夬，中行无咎。

莧（xiàn）：角細的山羊。《說文》：「莧，山羊細角者也。」陸：《莊子‧馬蹄篇》「翹尾而陸」，司馬注曰：「陸，跳也。」夬夬：強健貌。蓋「夬夬」可有三義，即：1. 果決貌。2. 斷絕貌。3. 強健貌。

全句是：山羊蹦蹦跳跳很健壯，途中沒有災患。

洪鈞按：高亨先生解「中行」為人名，未見其可。

上六：无號，終有凶。

沒有警惕呼號，終於有了凶險。

洪鈞按：高亨先生解「无號」為「犬號」，說服力不足。蓋本爻應與九二「惕號」對看。前者指夜間有人大聲提醒眾人注意。略如後世有更夫一邊敲梆子報更，一邊大聲提醒：「天乾物燥，小心火燭」。故「无號」即沒有「惕號」。

三、傳文評說

傳文大多不可採，試舉初九、九二經傳評說。

初九：壯于前趾，往不勝，為咎。

〈象〉曰：不勝而往，咎也。

爻辭的解說已見上文。〈象〉傳沒有解釋「壯于前趾」。把「往不勝」解作「不勝而往」也是錯誤理解。

九二：惕號莫夜，有戎勿恤。

〈象〉曰：「莫夜有戎」，得中道也。

「莫夜有戎」指夜間有敵人侵犯，怎麼會是「得中道」呢？只能是一心向「中」字靠攏。又，〈象〉傳所謂「得中道」指九二陽爻位於下卦的中間。按照爻位之說，是很好的。即〈繫辭〉所謂「二多譽」。本卦此爻確實有點稱讚的意思。

「姤」（卦四十四）

一、經傳全文

☰☴ 姤：女壯，勿用取女。

〈彖〉曰：姤，遇也，柔遇剛也。「勿用取女」，不可與長也。天地相遇，品物咸章也。剛遇中正，天下大行也。姤之時義大矣哉！

〈象〉曰：天下有風，姤。后以施命誥四方。

初六：繫于金柅，貞吉。有攸往，見凶。羸豕孚蹢躅。

〈象〉曰：「繫于金柅」，柔道牽也。

九二：包有魚，无咎，不利賓。

〈象〉曰：「包有魚」，義不及賓也。

九三：臀无膚，其行次且，厲，无大咎。

〈象〉曰：「其行次且」，行未牽也。

九四：包无魚，起凶。

〈象〉曰：无魚之凶，遠民也。

九五：以杞包瓜，含章，有隕自天。

〈象〉曰：九五「含章」，中正也。「有隕自天」，志不捨命也。

上九：姤其角；吝，无咎。

〈象〉曰：「姤其角」，上窮吝也。

二、經文解說

1. 卦名解說

卦名：姤。

解說：姤（gòu）：借為逅（hòu），即遘，與占問外出有關。又借為婚媾之媾，與婚姻有關。卦名即取此二義。

2. 卦辭解說

卦辭：女壯，勿用取女。

解說：李鏡池先生認為，卦辭所述「女壯」是夢占，「壯」是傷義。夢見女子受傷，不要娶妻。洪鈞以為，解作「女子受傷」是對的，卻不是夢見的，而是搶奪婚中女子受了傷。因為帶回來一個受傷的女子，無法安排結婚事宜，也不吉利，故說「女壯，勿用取女」。高亨先生解「女壯」為女子健壯，竊以為不妥。最好解為女子受了傷。這樣無論是否搶奪婚，都不宜娶之。

3. 爻辭解說

初六：繫于金柅。貞吉。有攸往，見凶。羸豕孚蹢躅。

金柅（chì）：銅制的絡絲工具。《說文》：「欙；絡絲柎也。從木，爾聲，讀若柅。」孚：乳也。（俞樾《群經平議》）

全句是：把蠶絲絡在金柅上，兆示吉祥。出遠門，顯示凶象。羸瘦的母豬哺乳，跼躅不前。

洪鈞按：聞一多《周易義證類纂》謂經文的順序和句讀應如下：

初六：繫于金柅。貞吉。有攸往，凶。見羸豕孚蹢躅。

洪鈞又按：此爻的「孚」字頗難解。拙解採用了李鏡池先生之說。僅就洪鈞的經驗而言，採用此說無誤。蓋哺乳中的母豬十九羸瘦，其行也無不蹢躅。因為它要隨時照看跟隨的小豬，還要不時躺臥哺乳。當然現代化的養豬就不一樣了。

按照高亨先生之說，「孚」借為「捊」。《說文》：「捊，引取也。」則「羸豕孚蹢躅」義為：瘦豬被牽著蹢躅不前。

九二：包有魚，无咎，不利賓。

包：借為「庖」，即廚房。賓：借為嬪（pín）。女嫁或男子入贅都稱作嬪。此取李鏡池先生說。

全句是：廚房裡有魚，沒有災患。不利於嫁女也不利於男子入贅。

九三：臀无膚，其行次且，厲，无大咎。

次且：即趑趄。《說文》：「趑趄，行不進也。」

全句是：屁股上沒有皮肉了，走路跌跌撞撞，情況嚴重，卻沒有大災禍。

洪鈞按：略同的爻辭，已見「夬」九四。這是指受到杖刑之後，臀部被打得皮開肉綻。不過，受刑者還可以勉強走路，說明刑罰不很厲害，因為常見「杖下立斃」。所以，雖然情況嚴重，卻沒有大災禍。

九四：包无魚，起凶。

起：動。李鏡池先生認為，此爻也可能與婚姻有關，而且認為來自夢占。

全句是：夢見廚房裡沒有魚，動輒凶險。

洪鈞按：高亨先生解「起」為「杞」，說服力不足。

九五：以杞包瓜，含章，有隕自天。

杞（sì）：同「耜」（耝）。《集韻・止韻》：「耜，田器。《說文》：『臿也。一曰徙土輂。齊人語。』或作杞」。

以上注釋主要指農具，應與經文無關，但找不到更好的資料。即便把「杞」看作「杞」，此爻也很難解。故洪鈞猜測，「杞」乃一種葉大而美的喬木。

包瓜：包即字面含義，即包住。瓜即今所謂甜瓜或香瓜。

含章：經文中兩見「含章」。首見於「坤」六三，已按拙見解作「內藏錦繡」或「內藏材美」。此說能否解通本爻呢？以下是拙解。

用杞樹的葉子包住香瓜，內藏材美，簡直是天上掉下來的。

洪鈞按：以上解說不大令人滿意。下面是另一種解說。

此爻所述，可能是個古代結婚的故事。意思是：瓠瓜纏繞著杞樹往上長，瓠瓜累累很好看。沒有料到，一個瓠瓜墜落了，砸在新人的頭上。

洪鈞按：高亨先生《周易古經今注》的解說大異。其所據經文也略有不同。主要是「杞」為「杞」。其解「含章，有隕自天」為「言武王克商，乃是天隕滅商祚也。」對看以上拙解，讀者必然忍俊不禁。然而，三說可能都不是經文的原意。最多只能一說為是。解說經典，固然要有足夠的古代文化知識，卻也需要想像力。輾轉引伸典籍過多，固然可能誤入歧途；想像力過於活躍，也可能成為笑柄。此爻即屬此類。

上九：姤其角，吝，无咎。

高亨先生解「姤」為「牿（gù）」，義為捆在角上的橫木。

全句是：用橫木綁在它的角上，雖然行難卻無災禍。

三、傳文評說

此卦難解之處比較多，經文解說兼采李鏡池和高亨先生兩家之說，仍多不盡人意之處。傳文無助於理解經文。試看九三經傳如下：

九三：臀无膚，其行次且，厲，无大咎。

〈象〉曰：「其行次且」，行未牽也。

九三爻辭是本卦比較淺顯的，拙解比較圓滿。然而，〈象〉傳很令人失望。不但沒有解釋「臀无膚」，更沒有說明何以「厲，无大咎」。

「萃」（卦四十五）

一、經傳全文

萃：亨，王假有廟。利見大人，亨，利貞。用大牲吉。利有攸往。

〈彖〉曰：萃，聚也。順以說，剛中而應，故聚也。「王假有廟」，

致孝享也。「利見大人，亨」，聚以正也。「用大牲吉，利有攸往」，順天命也。觀其所聚，而天地萬物之情可見矣。

〈象〉曰：澤上于地，萃。君子以除戎器，戒不虞。

初六：有孚不終，乃亂乃萃，若號，一握為笑，勿恤，往无咎。

〈象〉曰：「乃亂乃萃」，其志亂也。

六二：引吉，无咎，孚乃利用禴。

〈象〉曰：「引吉，无咎」，中未變也。

六三：萃如，嗟如，无攸利，往无咎，小吝。

〈象〉曰：「往无咎」，上巽也。

九四：大吉，无咎。

〈象〉曰：「大吉，无咎」，位不當也。

九五：萃有位，无咎。匪孚，元永貞，悔亡。

〈象〉曰：「萃有位」，志未光也。

上六：齎咨涕洟，无咎。

〈象〉曰：「齎咨涕洟」，未安上也。

二、經文解說

1. 卦名解說

卦名：萃。

解說：本卦卦爻辭中有四個「萃」字，即據此取名。至於「萃」的含義，借為悴或瘁。《說文》：「悴，憂也。」

2. 卦辭解說

卦辭：亨，王假有廟。利見大人。亨。利貞。用大牲吉。利有攸往。

解說：為了享祀，國王來到宗廟。利於晉見權貴。通達。利兆。用牛犧牲吉祥。利於遠行。

洪鈞按：卦辭所述應是三件事。經文有點亂。應該把「用大牲吉」提前於「有廟」之後。可見《易經》編纂者水準不高。類似情況還有多處，沒有一一指出。

3. 爻辭解說

初六：有孚不終，乃亂乃萃。若號，一握為笑。勿恤，往无咎。

萃：借為悴，《說文》「悴，憂也。從心卒聲。讀與《易》萃卦同。」一握：聞一多謂同於咿喔，笑聲。《韓詩外傳》九：「喔咿而笑之。」

全文為：俘虜終於逃跑了，於是引起混亂、憂慮而呼號，（不久就抓住了），大家哈哈大笑。不要再擔心了，往後沒有災患了。

六二：引吉。无咎。孚乃利用禴。

引：在此是長久之義。《爾雅釋詁》：「引，長也。」《詩·小雅·楚茨》：「子子孫孫，勿替引之。」禴：祭祀名。孚：信也。《說文》：「孚，一曰信也。」《爾雅》：「孚，信也。」

全文是：長時期吉祥。沒有災患。誠信才利於舉行禴祭。

六三：萃如，嗟如，无攸利。往无咎，小吝。

「萃」借為悴（cuì），憂愁之義。

全句為：憂愁嗟歎，沒有好處。前往沒有災患，小有艱難。

九四：大吉，无咎。

大吉，沒有災患。此爻只有貞兆辭，沒有貞事辭等。

九五：萃有位，无咎，匪孚。元永貞，悔亡。

此爻非一人一時之占。萃：借為瘁。匪孚：李鏡池先生解為沒有俘虜。竊以為解為沒有得到信任更好。有：於。位：職位。《左傳·成公十七年》：「寡人有討於郤氏。郤氏既伏其辜矣，大夫無辱，其復職位。」元：通原。

全文是：勞瘁於職位，沒有過錯，還是沒有得到信任。原有長時期貞問，禍患消除。

洪鈞按：高亨先生懷疑，經文「元」後脫一「吉」字。如此則經文如下：

萃有位，无咎，匪孚。元吉，永貞，悔亡。

上六：齎咨涕洟，无咎。

齎咨（jī zī）：王弼注：「齎咨，嗟歎之辭也。」涕洟（tì yì）：眼淚和鼻涕。

全句是：嗟歎流涕流淚，无可責遣。

三、傳文評說

本卦的〈象〉傳略有可採，也有明顯不足。傳文如下：

〈彖〉曰：萃，聚也。順以說，剛中而應，故聚也。「王假有廟」，致孝享也。「利見大人，亨」，聚以正也。「用大牲吉，利有攸往」，順天命也。觀其所聚，而天地萬物之情可見矣。

解萃為聚，可取。說「王假有廟」，致孝享也。也不錯。說「利見大人，亨，」聚以正也，就不對了。說「用大牲吉，利有攸往」，順天命也，更加錯誤。蓋其作者不知道「用大牲吉」和「利有攸往」不是一回事。

「升」（卦四十六）

一、經傳全文

䷭ 升：元亨。用見大人。勿恤。南征吉。

〈彖〉曰：柔以時升，巽而順，剛中而應，是以大亨。「用見大人，勿恤」，有慶也。「南征吉」，志行也。

〈象〉曰：地中生木，升。君子以順德，積小以高大。

初六：允升，大吉。

〈象〉曰：「允升，大吉」，上合志也。

九二：孚乃利用禴，无咎。

〈象〉曰：九二之孚，有喜也。

九三：升虛邑。

〈象〉曰：「升虛邑」，无所疑也。

六四：王用亨于岐山，吉，无咎。

〈象〉曰：「王用亨于岐山」，順事也。

六五：貞吉，升階。

〈象〉曰：「貞吉，升階」，大得志也。

上六：冥升，利于不息之貞。

〈象〉曰：「冥升」在上，消不富也。

二、經文解說

1. 卦名解說

卦名：升。

解說：本卦卦爻辭中有四個「升」字，據多見字取名。「升」的含義是上升、發展。

2. 卦辭解說

卦辭：元亨，用見大人。勿恤，南征吉。

解說：非常順利，利於晉見權貴。不要憂慮，征伐南方是吉祥的。

洪鈞按：高亨先生以為，本爻辭的「用」字是「利」字之誤，可採。李鏡池先生認為，「南征」以穆王大興九師征楚最為可能。

3. 爻辭解說

初六：允升，大吉。

允：《說文》：「進也。」允升：前進登高。

全句為：前進登高，大吉。

九二：孚乃利用禴（yuè），无咎。

孚：信也。禴同礿（yuè）：祭名。

全句是：誠信才利於舉行禴祭，沒有災患。

九三：升虛邑。

虛邑：建於虛丘的城邑。《說文》：「虛，大丘也。」

全句是：進軍于建於大丘的城邑。

六四：王用亨于岐山，吉，无咎。

周王舉行享祀於岐山，吉祥，沒有災患。

李鏡池先生說：這可能指太王遷於岐山之事，也可能指文王遷豐之前的事。中間還有王季伐西落鬼戎等，都有可能享祀於岐山。

六五：貞吉，升階。

升階：猶升級。如官階，軍階。

全句是：兆示吉祥，晉升了官級。

上六：冥升，利于不息之貞。

冥：夜間。

全句是：夜間登高，利於晝夜不停前進的貞兆。

三、傳文評說

傳文無可採，不再舉例評說。

「困」（卦四十七）

一、經傳全文

☱☵ 困：亨。貞大人吉，无咎。有言不信。

〈彖〉曰：困，剛掩也。險以說，困而不失其所，亨，其唯君子乎？「貞大人吉」，以剛中也。「有言不信」，尚口乃窮也。

〈象〉曰：澤无水，困。君子以致命遂志。

初六：臀困于株木，入于幽谷，三歲不覿。

〈象〉曰：「入于幽谷」，幽不明也。

九二：困于酒食，朱紱方來，利用享祀，征凶，无咎。

〈象〉曰：「困于酒食」，中有慶也。

六三：困于石，據於蒺藜。入于其宮，不見其妻，凶。

〈象〉曰：「據于蒺藜」，乘剛也。「入于其宮，不見其妻」，不祥也。

九四：來徐徐，困于金車，吝，有終。

〈象〉曰：「來徐徐」，志在下也。雖不當位，有與也。

九五：劓刖，困于赤紱，乃徐有說，利用祭祀。

〈象〉曰：「劓刖」，志未得也。「乃徐有說」，以中直也。「利用祭祀」，受福也。

上六：困于葛藟，于臲卼；曰動，悔有悔，征吉。

〈象〉曰：「困于葛藟」，未當也。「動悔，有悔」，吉行也。

二、經文解說

1. 卦名解說

卦名：困。

解說：本卦卦爻辭中有六個「困」字，據多見字取名。「困」字的含義有二。一為困厄，不幸；二為關起來。此卦內容多與刑獄有關。

2. 卦辭解說

卦辭：亨。貞大人吉。无咎。有言不信。

解說：言：借為愆，罪過。信：申，說清楚。

全文是：亨通。貞問權貴之事則吉。沒有災患。有罪過不能申述清楚。

3. 爻辭解說

初六：臀困于株木，入于幽谷，三歲不覿。

株木：即橭（zhū）木。其木堅硬、細膩、沉重，有「橭如鐵」的俗

稱，很適於做刑杖。湖南株洲就是因盛產株木而得名。幽谷：指監獄。覿（dí）：見。

全句是：屁股挨了刑杖，進入監獄，三年不見天日。

九二：困于酒食，朱紱方來，利用亨祀。征凶，無咎。

朱紱（fú）：高亨先生解為一種官服。李鏡池先生連「方」讀，把「赤紱方」解為穿紅色衣服的方國。暫取李說，因為高說不便解說本卦九五的「赤紱」。

全句是：飲酒喝醉了，朱紱國來朝。利於舉行亨祀。征伐則凶。沒有災患。

六三：困于石，據于蒺藜。入于其宮，不見其妻，凶。

石：嘉石。《周禮》大司寇之職「以嘉石平罷民。凡萬民之有罪過而未麗（列）於法而害於州里者，桎梏而坐諸嘉石，役諸司空。」蒺藜：指監獄。

全文是：困在嘉石上示眾，後來又被關在監獄裡。刑滿釋放回家，不見了妻子。凶險。

洪鈞按：關於本爻辭〈繫辭下〉有解謂：《易》曰：「困于石，據于蒺藜，入于其宮，不見其妻，凶。」子曰：「非所困而困焉，名必辱。非所據而據焉，身必危。既辱且危，死期將至，妻其可得見邪？」此解不合經文原意，但文筆不錯。

洪鈞又按：高亨先生解「困于石，據于蒺藜」為：「足躓于石……手據于刺木。……譬人之遭乎坎坷之境」，亦通。

九四：來徐徐，困于金車，吝，有終。

徐：《說文》：「徐，安行也」。金車：即囚車。《釋名·釋天》：「金，禁也。」。

全句是：困在囚車裡，慢慢走，處境艱難，終於會好的。

九五：劓刖，困于赤紱，乃徐有說，利用祭祀。

劓刖（yì yuè）：都是《易經》時代的刑罰。「劓」是割去鼻子；

「刖」是砍掉雙腳。說：借為脫。

全句是：被割去了鼻子，砍掉了雙腳，困在赤紱國。慢慢逃脫了。利於舉行祭祀。

上六：困于葛藟，于臲卼；曰動，悔有悔。征吉。

葛藟（lěi）：蔓生植物，有刺，叫葛針。《詩·樛木》：「南有樛木，葛藟縈之。」臲卼（niè wù）：木椿，圍在獄外，上面纏繞著葛針，防止犯人逃跑。「征吉」是附載。

洪鈞按：解臲卼為木椿，取李鏡池《周易通義》說。未知其說所本。網上和《古代漢語詞典》對此均解為「不安貌」，且引後人詩句為證。然而，單就今本《易經》而論，臲卼應系名詞，解為木椿於義為順。高亨先生亦謂：「槷兀（即臲卼）者，木橛也。」木橛即小木椿。由於該二字最早見於《易經》，故最好以解通經文為是。高亨先生於本卦九五，解劓刖為臲卼，頗感捨近求遠，捨明求晦。

全文是：困在葛針纏繞著木椿的監獄裡。想動，就會悔恨而又悔恨。征伐則吉。

洪鈞按：故鄉人把有刺的棗樹枝子稱作「ge 針」。又有一種刺多的桑樹枝子，叫「桑 ge 針」。Ge 指發音如此，可能就是「葛針」。Ge 針一般沒有用處，偶爾用於圍圇，防止豬羊進入。《易經》時代，常把荊棘或葛針栽種于監獄周圍，防止犯人逃跑。木椿上纏繞葛針，就像如今的鐵絲網一樣。葛針又稱圪針，乃鼠李科植物馬甲子，其刺最多。

三、傳文評說

傳文無助於理解經文，資訊很少。試舉初六和上六的經傳評說。

初六：臀困于株木，入于幽谷，三歲不覿。

〈象〉曰：「入于幽谷」，幽不明也。

初六爻辭解說已見上文。〈象〉傳只解了「入于幽谷」，卻完全不是經文的真相。〈象〉傳作者，顯然不知道「幽谷」指監獄。

上六：困于葛藟，于臲卼，曰動，悔有悔，征吉。

〈象〉曰：「困于葛藟」，未當也。「動悔，有悔」，吉行也。

上六爻辭相當難解，洪鈞只能借助先賢的注釋解說，自覺解出了經文的真相。讀者試看〈象〉傳，與經文真相有什麼關係嗎？特別是「動悔，有悔」成了「吉行」，真是南轅北轍。

「井」（卦四十八）

一、經傳全文

井：改邑不改井，无喪无得。往來井井，汔至亦未繘井。羸其瓶，凶。

〈象〉曰：巽乎水而上水，井。井養而不窮也。「改邑不改井」，乃以剛中也。「汔至亦未繘井」，未有功也。「羸其瓶」，是以凶也。

〈象〉曰：木上有水，井。君子以勞民勸相。

初六：井泥不食，舊井无禽。

〈象〉曰：「井泥不食」，下也。「舊井无禽」，時舍也。

九二：井谷射鮒，甕敝漏。

〈象〉曰：「井谷射鮒」，无與也。

九三：井渫不食，為我心惻，可用汲。王明，並受其福。

〈象〉曰：「井渫不食」，行惻也。求王明，受福也。

六四：井甃，无咎。

〈象〉曰：「井甃，无咎」，修井也。

九五：井冽，寒泉食。

〈象〉曰：寒泉之食，中正也。

上六：井收勿幕，有孚，元吉。

〈象〉曰：「元吉」在上，大成也。

二、經文解說

1.卦名解說

卦名：井。

解說：此卦取名「井」是因為經文中有十二個「井」字。這些「井」字不是都指水井，而是還有的指「陷阱」等。

2.卦辭解說

卦辭：改邑不改井，无喪无得。往來井井，汔至亦未繘井。羸其瓶，凶。

解說：解說卦辭之前先說明，空氣之外，飲水是人類生存的第一需要，故與水井有關的問題，都是大問題。人類歷史的早期，只能在靠近水源如江河、湖泊處生活。只有在水井發明之後，人類才能在遠離江河、湖泊處生活。《世本》載「伯益作井」。傳說伯益是大禹時代的人。拙見以為，水井的發明不會早於新石器時代後期。據考古發現，我國早在 5000 多年前，已經有了水井。不過，水井如何發明及其完善過程，我們不大可能說清了。即便《易經》時代，如何打井，那時的水井是什麼樣子，以及如何從井裡打水，我們也不可能很清楚。以下解說卦辭，看看是否能從中瞭解《易經》時代的水井是怎麼回事兒。

這條卦辭比較長。內容都與水井有關。只是，最難解的還是第一句，即為什麼「改邑不改井」。

為了先讓讀者對卦辭全文，有個比較完整印象，這裡先逐句略為解說。

「改邑不改井，无喪无得」是說：改邑不改井，不會失去什麼，也不會得到什麼。

「往來井井」「井井」，聞一多《周易義證類纂》解作「營營」，謂系往來貌。故「往來井井」是說打水的人來來往往。

「汔至亦未繘（jú）井」說的是：最後也沒有「繘井」或水井乾涸、淤塞了也沒有「繘井」。汔（qì）：《說文》：「水涸也」至：借為窒，淤塞也。愚見以為，「汔至」最好還是解為「最後」。

「羸其瓶。凶。」說的是：打水的瓶子困在井裡，凶險。

洪鈞按：《易經》時代早期，一般用陶瓶打水。瓶子是尖底的，有雙耳，系以繩。放到水面上會自動躺倒而水進入，但不容易打滿瓶子。隨身帶的做水壺用的瓶子也是這樣，只是較小。

打水的瓶子困在井裡，恰如後世用水桶在深井裡打水，偶爾會把水桶掉到井裡。洪鈞年少時，就曾經打水把水桶（按：故鄉用柏木做的木筲）掉在井裡，也常見別人辦這個岔子。

最後說一下「繘井」。「繘（jú）井」即穿井。高亨先生以為「繘」應是「矞（yù）」之誤。《說文》：「矞，以錐穿也。從矛，冏聲。」《廣雅》：「矞，穿也。」

現在較為詳細地說一下，「改邑不改井」的意思以及為什麼「改邑不改井」。

「邑」和「井」大約是商周時期的行政單位。據《周禮》所載：「九夫為井；四井為邑；四邑為丘；四丘為甸；四甸為縣；四縣為都；以任地事而令貢賦。凡稅斂之事，乃分地域而辨其守，施其職而平其政。」如此整齊的行政制度，可能不全是史實，但「井」和「邑」應該如此。即「井」是最小的行政單位，「井」之上是「邑」。據此解說「改邑不改井」，就是改變行政區劃時，「邑」是可以改變的。「井」則不能改變，因為「井」是共用一口水井的自然村落，不能隨意改。關於此事，《國語》和《管子》有不同的說法，不再引用。

洪鈞按：以上解說，比較圓滿，但是，洪鈞還想從「井」的角度略為發揮。以下發揮應該不是「改邑不改井」原意，卻可以提供關於「井」的其它資訊。

「改邑不改井」的本義，完全是個常識問題。井不能輕易改建是因為古時──切莫說筮辭形成的周初或更早，打井是很困難的事。加之，即便打出水來，也不一定適於飲用。故改井是一件大事、疑難事，所以會去占筮問問改不改。卦師知道，有可飲用的老水井，不能輕易毀掉或棄置而另外打新井。即那時在改建城鎮或村落的圍牆時，會去占筮問問是否同時把井改建。占筮的結果一般是：不要改井。這是占筮專家來自經驗的認識。由於受過培訓，加之職業關係，卦師見多識廣，一般也比較精明，即不是神靈告訴他的。換言之，巫師和卦師常常不是真的迷信。越是到了晚近，卦師越靠經驗知識得出「算卦」結論而指導求占者。

至於改邑——商代和周初的邑，不過是土圍子，常常坍塌，必須每年修補或改建且比較容易修改。古今字書大都把「邑」解為村落或城鎮。淺見認為，本義或是城牆或村落的土圍子，至少有此義。「邑」的上部為口，即表示城牆或土圍子。故「改」字不宜做遷移講，而是改建、修改的意思。古今字書從來沒有說「改」有遷移之義。假如改邑是整個城鎮或村落遷到了遠處，哪怕是二三里之外，老井就太遠了，不能不改了。

鑒於王弼說井不宜改，是因為「井以不變為德」，提示君子要有「常德」。順便說點現代人、特別是城市人不知道的井的常識。即有些井中的水是會變的。經過很長時期會變且不說，在洪鈞的家鄉，有的井的水質會經常變。隨著季節甚至風向變化，井水的顏色、澄明度和味道都會變。所以，水質甘甜且不變的井，才是好井。一定要好好維護，儘量長期使用，不要輕易改建。古人解這句卦辭，以君子有「常德」來比喻，不算很附會。用君子之政教養人無窮來解釋井，也不算很附會，因為井水差不多是無窮的。

3. 爻辭解說

初六：井泥不食。舊井无禽。

禽：泛指獵物。《說文》：「禽，走獸總名。」《白虎通》：「禽者何？鳥獸之總名。」

全句是：井水中泥沙多，不能飲用。老陷阱裡沒有獵物。

九二：井谷射鮒，甕敝漏。

谷：井中容水之處。鮒：即鯽魚，如涸轍之鮒。前人大多解為小魚，亦可。

全句是：在井裡射鯽魚，把井壁射漏了。

洪鈞按：需要略為說明的是，此處對九二爻辭的解說與某些注家不同。主要是如何解「甕敝漏」。「敝漏」就是壞了因而漏了，很好解。關鍵是如何解這裡的「甕」字。甕在這裡必然是名詞，而且是陶器（周代還沒有瓷器）。洪鈞鄉人把大瓷缸叫做甕。如此說來，怎麼能把甕解作井壁呢？大概有的人覺得難解，說甕是盛水的瓶子。射魚把瓶子射漏了。然而，只有打水時瓶子才會墜入井裡，做水壺用的瓶子是帶在身上的，怎麼會射漏呢？故更不通。而井壁是要用磚頭砌的

（少數地方可以不用砌）。能夠射透必然是井壁不很厚，故很可能那時用沒有底的陶甕做井壁。拙見可用另一成語證實，即「甕牖繩樞」。故甕的本義應是粗大的陶器管子。這樣的甕既可以做窗框，也可以做井壁。射毀了井壁是一件大事，故要占筮看看吉凶。

以上解說有些猜測，但不是毫無根據。洪鈞親身經歷過土法打水井，深知預先在地面上用磚頭做好井壁的辦法難度很大。故《易經》時代有的地方，很可能用陶甕做井壁。於是在井口射魚會射破井壁。至於井裡有魚而能射，可以參看《呂氏春秋・諭大篇》：「井中之無大魚也，新林之無長木也。」《莊子・秋水篇》：「井魚不可語海者，拘於虛也。」能射到魚的井必然井口較大。所謂射，應是用弋（連著繩子的箭）射。這樣才能把射到的魚拉回來。

再次說明，古時有類似現在大水泥管道的陶器，被稱作甕。成語「甕牖繩樞」是很有力的證明。即那時很多窮人家，住房的窗戶沒有木頭框架和窗戶扇而代以甕。這樣的窗戶自然不可能很大。用作窗框的甕和用作井壁的甕應該都有預製的。東漢之前不但沒有窗戶紙，更沒有玻璃。很難想像那時的窮人家冬天如何通過窗戶採光。淺見以為，甕牖繩樞之家，冬天是把窗戶堵住的。賈誼〈過秦論〉說：「陳涉甕牖繩樞之子」，足見秦末還有很多甕牖繩樞之家。

洪鈞又按：此條爻辭還可以有另一種解說。即把「井谷射鮒」與「甕敝漏」看作兩回事。「井谷射鮒」是井坍塌成了水坑，可以射魚。「甕敝漏」是家裡盛水的甕毀壞了，不能盛水了。說明情況嚴重。這樣解說可能更接近經文的原意。不過，上文的按語，也可供參考。

九三：井渫不食，為我心惻，可用汲。王明，並受其福。

渫（xiè）：淘去污泥。《說文》：「渫，除去也。從水，枼聲。」汲（jí）：從井裡打水。

全文是：水井淘過了，卻不能飲用，我的心裡很難過。可以把井水汲乾（再淘一下）。君王聖明，大家都受到福佑。

洪鈞按：聞一多《周易義證類纂》解「渫」為「汙」，解「心」為「沁」，探測之義，故解「惻」為測。如此則全文為：井水污濁不能飲用。給我探測再淘一下，即可汲水飲用。君王聖明，大家都受到福佑。聞氏的見解應該更符合經文

的原意。

　　洪鈞又按：《史記·屈原列傳》曾引此爻曰：「人君無愚智賢不肖，莫不欲求忠以自為，舉賢以自佐，然亡國破家相隨屬，而聖君治國累世不見者，其所謂忠者不忠，而所謂賢者不賢也。懷王以不知忠臣之分，故內惑於鄭袖，外欺于張儀，疏屈原而任上官大夫、令尹子蘭，兵挫地削，亡其六郡，客死于秦，為天下笑，此不知人之禍也！《易》曰：『井渫不食，為我心惻，可以汲，王明並受其福。』王之不明豈足福哉！」可見司馬遷很熟悉《易經》，其引文只有一個「以」字與今本不同。

六四：井甃，无咎。

　　前人對此爻的解說均無大誤，即都知道「井甃」是用磚砌井壁。這樣處理井壁，不但能保證井水更清潔，也利於井的長期使用。故井甃，无咎。

　　按：洪鈞還想就此多說幾句。

　　由此爻可知，《易經》時代的打井，不是預先在地面上做好井壁，而是挖好井後，自下而上砌井壁。這樣打的井不可能很深，否則危險很大。再就是經文的「甃」字如何理解。「甃」是磚瓦工用的一個術語，是指如何砌磚。「井甃」指磚的最小面向內而且豎起。這樣的「井甃」才能更堅固而持久。至於何時開始在地面上做好井壁而後在裡面挖井，還有待考證。讀者須知，西北黃土高原的水脈很深，可以深達四五十米，很難想像那裡的古人如何打井，因為其難度和危險性都很大。於是，水脈更深的地方只能吃窖水了。《孟子·盡心篇》「有為者辟若掘井，掘井九軔而不及泉，猶為棄井也。」「九軔」大約三十米。可見，孟子時代，打井最深可達三十米。

九五：井洌，寒泉，食。

　　洌（liè）：澄清。《說文》：「洌，水清也。」
　　全句是：井水澄清，來自寒泉，宜於飲用。

上六：井收，勿幕，有孚，元吉。

　　井收：《集解》引虞翻曰：「收謂以轆轤收繘也。」

全句是：用完水井，不要覆蓋。這樣會有獵物俘獲，大吉。

洪鈞按：高亨先生解「孚」為罰。於是本爻應解為：用完水井，不覆蓋，會受到懲罰。大吉。請讀者判斷何者為是。

又，李鏡池先生解「井收」為：把井口縮小。竊以為不妥，因為這幾乎不能做到。

三、傳文評說

以上拙解，沒有牽強附會。不但符合常識，也可以看出《易經》時代很重視井。古人的做法也合乎衛生。對看本卦的〈彖〉傳和〈象〉傳的解釋，高下立判。為此，先看〈彖〉傳如下：

> 〈彖〉曰：巽乎水而上水，井。井養而不窮也。「改邑不改井」，乃以剛中也。「汔至亦未繘井」，未有功也。「羸其瓶」，是以凶也。

「巽乎水而上水，井」是說本卦的卦形是水上風下。這不能算是對「井」的解釋。其餘傳文，也都是莫名其妙。比如：「『改邑不改井』，乃以剛中也」。所謂「剛中」是指卦形中的二、四兩爻都是陽爻。這樣的解釋與「改邑不改井」有什麼關係嗎？

〈象〉傳有「木上有水，井。」只是可能有助於後人記住井卦卦形是水上木下。至於君子如何，與井毫無關係，只是莫名其妙地喊口號。

六爻辭的〈象〉傳可取者也很少。比如，九五〈象〉傳如下：

> 〈象〉曰：寒泉之食，中正也。

飲用寒泉之水，怎麼會是中正呢？可見《易傳》到處用中正。其實，〈象〉傳的「中正」指本爻是九五，居於上卦之中。只是這樣據爻位解說，完全無助於理解經文。只有九四〈象〉傳略得經旨，因為其作者知道「井甃」是在修水井。

「革」（卦四十九）

一、經傳全文

革：巳日乃孚，元亨，利貞。悔亡。

〈彖〉曰：革，水火相息，二女同居，其志不相得，曰革。「己日
乃孚」，革而信也。文明以說，大亨以正，革而當，其悔乃亡。天
地革而四時成。湯武革命，順乎天而應乎人。革之時義大矣哉！

〈象〉曰：澤中有火，革。君子以治曆明時。

初九：鞏用黃牛之革。

〈象〉曰：「鞏用黃牛」，不可以有為也。

六二：巳日乃革之，征吉，无咎。

〈象〉曰：「巳日革之」，行有嘉也。

九三：征凶，貞厲，革言三就，有孚。

〈象〉曰：「革言三就」，又何之矣。

九四：悔亡，有孚改命，吉。

〈象〉曰：改命之吉，信志也。

九五：大人虎變，未占有孚。

〈象〉曰：「大人虎變」，其文炳也。

上六：君子豹變，小人革面，征凶，居貞吉。

〈象〉曰：「君子豹變」，其文蔚也。「小人革面」，順以從君也。

二、經文解說

1. 卦名解說

卦名：革。

解說：本卦卦爻辭中有四個「革」字。「革」的本義是皮革或革韋，
引申義有變革、改革等。卦名即取多見字以及「革」的含義。

2. 卦辭解說

卦辭：巳日乃孚。元亨，利貞。悔亡。

解說：巳：借為祀。

全文是：到祭祀那天才去捉俘虜來做人牲。非常順暢，吉利之兆。禍患消除。

洪鈞按：高亨先生解「孚」為「罰」，其說甚辨，建議讀者對看。

3. 爻辭解說

初九：鞏用黃牛之革。

鞏：《說文》：「鞏，以韋束也。《易》曰：『鞏用黃牛之革。』從革鞏聲。」

全句是：束緊要用黃牛的皮革。

洪鈞按：李鏡池先生說：古代車戰，戰馬的胸帶要束得牢固，必須用黃牛的皮革做。本爻可與九三爻辭聯看。其實，凡是馭具大都用皮革做，而且最好用牛皮製作。這是因為牛皮厚而堅韌。至於是否用黃牛的皮革，則不一定。只是黃牛最多見而已。

六二：巳日乃革之，征吉。无咎。

祭祀的日期改變了，征伐則吉。沒有災患。

洪鈞按：李鏡池先生說，古人戰前要祭祀。祭祀又要選擇日期。《儀禮·少牢饋食禮》：「日用丁巳，筮旬有（又）一日。筮于廟門之外，吉則史韇筮，若不吉則及遠日，又筮日如初。」筮日不吉又要再筮。所以，祭祀的日期得改變。祭祀日期改變，意味著出征的日期要改變。筮得征伐吉日，於是征伐則吉。无咎是另占。

九三：征凶。貞厲。革言三就，有孚。

征戰凶險，兆示情況嚴重。這時把馬的胸帶捆緊三匝，結果捉到俘虜。

洪鈞按：李鏡池先生說：「言」借為靳。聞一多謂「言讀為靳。古音言聲與斤近，故言聲與斤聲字每通用。」《說文》：「靳，當膺也。」

洪鈞又按：膺即胸也。指馬的胸帶。又，「三就」即三重。〈士喪禮〉：「馬

縷三就」禮家說曰：「縷，當胸，以削革為之。三就，三匝、三重也。」

九四：悔亡，有孚，改命吉。

悔亡：指筮日不吉而不戰。後來捉得俘虜，有了舌頭，瞭解了敵情，改變了命令，決定出戰，結果戰勝。吉祥。

洪鈞按：本爻解說大體採用李鏡池先生之說。

九五：大人虎變，未占有孚。

大人：指君主或權貴。

虎變：聞一多《周易義證類纂》謂：「大人虎變」即「《玉藻》之君車以虎皮為飾」。如此才容易理解〈象〉曰：「大人虎變」，其文炳也。

全文是：君主乘坐著有虎皮裝飾的車子。不必占問即知有所俘獲。

上六：君子豹變，小人革面。征凶。居貞吉。

豹變：聞一多《周易義證類纂》謂：「君子豹變」指「大夫齊車以豹皮為飾」。如此才容易理解〈象〉曰：「君子豹變」，其文蔚也。

革面：指沒有裝飾的革車。

全文是：貴族乘坐有豹皮裝飾的車子。奴隸乘坐沒有裝飾的革車。征伐則凶。占問居住則吉。

三、傳文評說

本卦是軍事專卦，略及祭祀。傳文不見此義。不過，〈象〉傳有一句很重要的話，即「湯武革命，順乎天而應乎人。」本書第一節說及此事。謹摘數語如下：

革命一語不是直接來自經文，而是來自「革」卦的〈象〉傳如下：

〈象〉曰：革，水火相息，二女同居，其志不相得，曰革。「巳日乃孚」，革而信也。文明以說，大亨以正，革而當，其悔乃亡。天地革而四時成，湯武革命，順乎天而應乎人，革之時義大矣哉！

試看，〈象〉辭開始就解革字說：「革，水火相息，二女同居，其

志不相得，曰革。」這樣據卦形把革解作「水火相息，二女同居，其志不相得」，與革命不相干，與改換也不相干。我們總不能說，這是反對同性戀。其實「水火相息」是指此卦的卦形是上兌下離。兌為澤，離為火，故水火相息。「二女同居」是指兌為少女，離為中女（見〈說卦〉）。二女同居，當然就「其志不相得」。

中間兩句「『巳日乃孚』，革而信也。文明以說，大亨以正，革而當，其悔乃亡。」解得也毫無道理。其實『巳日乃孚』不過是說：到祭祀那天才去捉俘虜作為人牲。

總之，雖然〈彖〉傳解出──實則是看到革字聯想出──革命來，它的具體解釋卻很牽強。

「鼎」（卦五十）

一、經傳全文

鼎：元吉，亨。

〈彖〉曰：鼎，象也。以木巽火，亨飪也。聖人亨以享上帝，而大亨以養聖賢。巽而耳目聰明，柔進而上行，得中而應乎剛，是以元亨。

〈象〉曰：木上有火，鼎。君子以正位凝命。

初六：鼎顛趾，利出否。得妾以其子，无咎。

〈象〉曰：「鼎顛趾」，未悖也。「利出否」，以從貴也。

九二：鼎有實，我仇有疾，不我能即，吉。

〈象〉曰：「鼎有實」，慎所之也。「我仇有疾」，終无尤也。

九三：鼎耳革，其行塞，雉膏不食，方雨，虧悔，終吉。

〈象〉曰：「鼎耳革」，失其義也。

九四：鼎折足，覆公餗，其形渥，凶。

〈象〉曰：「覆公餗」，信如何也。

六五：鼎黃耳金鉉，利貞。

〈象〉曰：「鼎黃耳」，中以為實也。

上九：鼎玉鉉，大吉，无不利。

〈象〉曰：玉鉉在上，剛柔節也。

二、經文解說

1. 卦名解說

卦名：鼎。

解說：本卦卦爻辭中有六個「鼎」字，都在卦爻辭之首。其含義相同，故據多見字及其字義取名。「鼎」本來是一種烹調用具，後來成為權力和地位的象徵。

2. 卦辭解說

卦辭：元吉，亨。

解說：大吉，亨通。

3. 爻辭解說

初六：鼎顛趾，利出否。得妾以其子，无咎。

否：指陪鼎。此取聞一多《周易義證類纂》說。

全文是：鼎的一條腿壞了，鼎倒翻了，利於拿出陪鼎來。得到一個妾和她的兒子做奴隸，沒有災患。

洪鈞按：李鏡池先生認為，本爻來自象占。竊以為勉強。因為鼎在本卦中，都是實在的器物。又，高亨先生解「鼎顛趾，利出否」與拙解不同。讀者最好對看。

九二：鼎有實。我仇有疾，不我能即，吉。

仇：妻子。《爾雅·釋詁》：「仇，匹也。」即：《說文》「即，就食也。」

全文是：鼎裡有食物。我的妻子有病了，不能和我一起吃飯。占筮的結果是吉祥。

九三：鼎耳革，其行塞。雉膏不食。方雨，虧悔，終吉。

聞一多《周易義證類纂》謂：「鼎耳革」之「革」為「澀」義，此說勉強。又謂：「其行塞」之「行」字是舉鼎的橫木。此說可取。

全文是：鼎的雙耳壞了且換了，舉起它的橫木被阻塞。先不要吃保存的雞的肥肉。正在下雨，不能去打獵，損失不小。終於天晴了，最後還算吉祥。

洪鈞按：《易經》時代常常把肥肉保存起來，這不僅因為肥肉容易保存，還因為沒有獵物時，可以有吃的。又，李鏡池先生認為，本爻來自象占。

九四：鼎折足，覆公餗，其形渥，凶。

覆：倒翻。餗（sù）：孔穎達疏：「餗，糝也。」糝是一種高檔的粥，在網上能查到其烹飪方法。形：通刑。渥（wò）：重。

全句是：鼎折了一條腿，主人的粥倒翻在地，會受到重刑。凶險。

洪鈞按：李鏡池先生說：鬻字從鬲。鬲為鼎屬。鬲身連足；鼎先制身，後安足。足高，便於烹飪，但容易壞。奴隸偶不小心，把貴族的鼎足弄折了，倒翻了鼎裡的粥。因此受到大刑，死去活來，反映了貴族對奴隸壓迫的殘暴。

洪鈞又按：〈繫辭下〉解此爻謂：子曰：「德薄而位尊，知小而謀大，力少而任重，鮮不及矣。《易》曰：『鼎折足，覆公餗，其形渥，凶。』言不勝其任也。」對看以上拙解和李鏡池先生之說，此解完全不合經旨。

六五：鼎黃耳，金鉉，利貞。

鉉（xuàn）：古代舉鼎器具，狀如鉤，銅制，用以提鼎的兩耳。《說文》：「鍵，鉉也。鉉，所以舉鼎也。」

全句是：鼎的雙耳是黃銅做的，又有黃銅做的鉉，利兆。

上九：鼎玉鉉，大吉，无不利。

鼎的鉉是玉石做的，大吉，沒有不利。

洪鈞按：鼎鉉使用玉石，必然是供地位很高的奴隸主使用的，也很可能專門用於祭祀，因為玉石做的鉉只管好看而不實用。

三、傳文評說

　　《紅樓夢》裡有一句不很常用的成語，叫做「鐘鳴鼎食之家」。說的是，封建社會裡爵位很高的人家。奴隸社會更是這樣，那時使用多少鼎是當時的禮制有規定的。一般是士用一鼎或三鼎，大夫用五鼎，諸侯七鼎，天子才能用九鼎。祭祀天地祖先時，行九鼎大禮。因此，「鼎」很自然地成為擁有國家政權的象徵，進而成為傳國寶器。《墨子·耕注》載：「夏後氏失之，殷人受之；殷人失之，周人受之。夏後、殷、周之相受也。」

　　另需說明，由於我國煉鐵技術成熟很早，生鐵鑄造技術不晚於戰國，於是至遲到北宋，鐵鍋就普及了。鐵鍋便於烹調又很便宜，結果淘汰了銅鼎和陶鼎。此後的銅鼎只是作為禮器。日常生活中是不用銅鼎的，只有朝鮮人長時期使用銅鍋。

　　中國傳統的生鐵鍋有益於衛生，主要是有助於預防缺鐵性貧血。近年來，隨著生活水準提高，國人使用鐵鍋的很少了。

　　本卦傳文沒有透漏關於鼎的常識，更沒有解出經文的真相。不過，〈彖〉傳比較平實如下：

> 〈彖〉曰：鼎，象也。以木巽火，亨飪也。聖人亨以享上帝，而大亨以養聖賢。巽而耳目聰明，柔進而上行，得中而應乎剛，是以元亨。

　　「鼎，象也。以木巽火，亨飪也」。這是說本卦象徵烹飪。以下兩個「亨」字也都是烹飪的意思。不過「聖人亨以享上帝，而大亨以養聖賢」，也有儒家思想的傾向。

　　又，〈彖〉傳也有牽強之處。比如，巽本來象徵風，於是本卦就是火上風下，怎麼會是「以木巽火」呢？這是因為〈說卦〉又有「巽為木」。即便如此「以木巽火」也不像烹飪。烹飪時都是火在下，鼎等在上。至於「柔進而上行，得中而應乎剛」，是指初六陰爻上行至六五，處於上卦的中間。這時上下兩爻都是陽爻屬剛。如此解說很繁瑣又牽強。故本書解經很少採用象數、爻位等說。

「震」（卦五十一）

一、經傳全文

䷲ 震：亨。震來虩虩，笑言啞啞。震驚百里，不喪匕鬯。

〈彖〉曰：「震，亨。震來虩虩」，恐致福也。「笑言啞啞」，後
有則也。「震驚百里」，驚遠而懼邇也，出可以守宗廟社稷，以為
祭主也。

〈象〉曰：洊雷，震。君子以恐懼修身。

初九：震來虩虩，後笑言啞啞，吉。

〈象〉曰：「震來虩虩」，恐致福也。笑言啞啞，後有則也。

六二：震來厲，億喪貝，躋于九陵，勿逐，七日得。

〈象〉曰：「震來厲」，乘剛也。

六三：震蘇蘇，震行无眚。

〈象〉曰：「震蘇蘇」，位不當也。

九四：震遂泥。

〈象〉曰：「震遂泥」，未光也。

六五：震往來，厲，意无喪，有事。

〈象〉曰：「震往來厲」，危行也。其事在中，大无喪也。

上六：震索索，視矍矍，征凶。震不于其躬，于其鄰，无咎。婚媾有
言。

〈象〉曰：「震索索」，未得中也。雖凶无咎，畏鄰戒也。

二、經文解說

1. 卦名解說

卦名：震。

解說：「震」原是八經卦之一。卦形是 ☳。此卦形上下重疊即本卦卦
形。總之，本卦卦形是震上震下，只能取名「震」。又，卦爻辭中「震」

字七見，都在卦爻辭之首。其含義相同，均指打雷或雷聲。故本卦還據多見字及其含義取名。

2. 卦辭解說

卦辭：亨。震來虩虩，笑言啞啞。震驚百里，不喪匕鬯。

解說：虩虩：（xì xì）通愬愬，恐懼貌。啞啞：笑聲。匕：古人取食的器具，後代的羹匙由它演變而來。鬯（chàng）：一種酒。

全文是：亨通。雷聲來了，有人嚇得發抖，也有人談笑自若。雷聲震驚百里，（他）卻沒有灑掉匕匙中的一滴酒。

洪鈞按：高亨先生以為「震來虩虩，笑言啞啞」八字，乃初九爻辭誤入卦辭。此說可供參考。

3. 爻辭解說

初九：震來虩虩，後笑言啞啞，吉。

雷聲來了，嚇得發抖，而後談笑自若，吉祥。

六二：震來厲。億喪貝，躋于九陵。勿逐，七日得。

厲：危險。億：借為意，測度。躋（jī）：登。

全文是：雷聲來了，有危險。考慮朋貝可能喪失於攀登九陵時。不必尋找，七日之內會得到。

六三：震蘇蘇，震行无眚。

蘇蘇：孔疏：「畏懼不安之貌。」眚：災苦。張衡〈東京賦〉：「勤恤民隱，而除其眚。」

全句是：雷聲使人疑懼不安。雷聲不斷，但沒有造成災患。

九四：震遂泥。

遂：通墜。

全句是：雷聲閃電墜入泥土中。

六五：震往來，厲。意无喪有事。

雷聲去了又來，很危險。考慮不礙事。

上六：震索索，視矍矍，征凶。震不于其躬，于其鄰，无咎。婚媾有言。

索索：恐懼、顫抖貌。猶白話哆哆嗦嗦。矍矍：驚懼四顧貌。婚媾：指親戚。有言：訶譴。

全文是：雷聲使人恐懼、顫抖，嚇得四面環顧，兆示凶險。雷電沒有擊到他的本身，卻擊到他的鄰人。遭到親戚們的訶譴。

三、傳文評說

本卦傳文無可採。試看〈象〉傳如下：

> 〈象〉曰：「震，亨。震來虩虩」，恐致福也。「笑言啞啞」，後有則也。「震驚百里」，驚遠而懼邇也。出可以守宗廟社稷，以為祭主也。

〈象〉是解釋卦辭的，對看上文對卦辭的解說，無一相符。

「震來虩虩」是形容恐懼雷聲，怎麼會「恐致福」呢？「笑言啞啞」是說談笑自若。怎麼會是「後有則」呢？「震驚百里」是不需解說的。總之，〈象〉傳無一字可通。

「艮」（卦五十二）

洪鈞按：解說「咸」卦時，已經提及，「艮」卦的核心內容與「咸」卦非常接近。只有把兩卦的核心內容，看作一回事，才能解得通。否則，就會造成一大矛盾。且看兩卦的核心內容如下：

「咸」卦有：咸其拇，咸其腓，咸其股，執其隨，咸其脢，咸其輔、頰、舌。

「艮」卦有：艮其背，艮其趾，艮其腓，拯其隨，艮其限，列其夤，艮其身，艮其輔。

總之，兩卦中都有其腓，其隨，其輔，再加上其拇和其趾大體相同，

就是涉及了四處相同的人體部位。只是「咸」卦自下而上更有順序。

洪鈞把「咸」卦的核心內容，解作男女調情的幾個步驟，解得比較通順。再拿這一看法解本卦，能否解得通呢？以下是拙解。

一、經傳全文

 艮：艮其背，不獲其身，行其庭，不見其人，无咎。

〈彖〉曰：艮，止也。時止則止，時行則行，動靜不失其時，其道光明。艮其止，止其所也。上下敵應，不相與也。是以「不獲其身，行其庭不見其人，无咎」也。

〈象〉曰：兼山，艮。君子以思不出其位。

初六：艮其趾，无咎，利永貞。

〈象〉曰：艮其趾，未失正也。

六二：艮其腓，不拯其隨，其心不快。

〈象〉曰：「不拯其隨」，未退聽也。

九三：艮其限，列其夤，厲熏心。

〈象〉曰：「艮其限」，危熏心也。

六四：艮其身，无咎。

〈象〉曰：「艮其身」，止諸躬也。

六五：艮其輔，言有序，悔亡。

〈象〉曰：「艮其輔」，以中正也。

上九：敦艮，吉。

〈象〉曰：敦艮之吉，以厚終也。

二、經文解說

1. 卦名解說

卦名：艮（gèn）。

解說：「艮」是八經卦之一，其卦形是 ☶。此卦形上下重疊，即本

卦卦形。又，傳本《易經》本卦原無卦名，為了經文體例一致且便於稱謂，加上「艮」為卦名。只是，這樣開頭的「艮」就重複了。本卦卦形是艮上艮下，只能取名「艮」。加之，卦爻辭中，有七個「艮」字，取名「艮」更是理所當然。至於「艮」含義，《易傳》解為「止」。如〈說卦〉傳：「艮者，止也。」「雜卦」傳：「艮，止也。」本卦〈象〉傳亦同此說。然而，用「止」義解說本卦，很難解通。李鏡池先生解作「集中視力，有所注意」。其說勉強。高亨先生廣徵博引，輾轉引伸，最後所得與李先生略同。謂「本卦艮字皆當訓顧」「余謂艮者顧也，從反見。顧為還視之義，引申為注視之義。」詳觀李、高兩家解「艮」卦，竊以為，未得經旨。是故，必得新說，方得經旨。洪鈞解「咸」卦，解「咸」為感，引申為觸摸，撫摸。謹試以此說解說本卦。

2. 卦辭解說

卦辭：**艮其背，不獲其身；行其庭，不見其人。无咎。**

身：胸腹部。古文身字象胸腹突出形。妊娠叫有身，指腹部鼓起來。

解說：撫摸她的背部，沒有撫摸她的胸腹部。行走在她的庭院裡，不見她的人影。無可責遣。

3. 爻辭解說

初六：艮其趾，无咎。利永貞。

撫摸她的腳趾頭，無可責遣。利於長時期的貞兆。

六二：艮其腓，不拯其隨，其心不快。

拯：舉。隨：借為隋。《說文》：「隋，裂肉也。」

全句是：撫摸她的小腿肚，沒有舉起她的裂肉，她的心裡不愉快。

九三：艮其限，列其夤，厲，熏心。

限：腰部。列：《說文》「分解也。」夤（yín）：脅部肌肉或夾脊肉。

全句是：撫摸她的腰部。扒拉她的背部肌肉，情況嚴重，心裡像火燒一樣。

洪鈞按；此爻所述當是擁抱。

六四：艮其身，无咎。

撫摸她的胸腹部，沒有過錯。

六五：艮其輔，言有序，悔亡。

言：語助詞，無義。

全句是：撫摸她的面部，有順序，禍患消除。

上九：敦艮，吉。

敦：訓多。全句是：多處撫摸，吉祥。

洪鈞按：這是洪鈞首次用撫摸之義，解說「艮」卦，自覺說得過去。其中略採李鏡池和高亨先生的見解，但全卦解說與李、高之說大不同。男女交感，朝夕磋磨，乃人生之大倫。《易經》有「咸」卦和本卦兩卦涉及，也是意內之事。

按〈說卦〉：「艮三索而得男，故謂之少男。」故本卦象少男。少男一般沒有性經驗，故需要指導。經文即此義。

三、傳文評說

〈象〉傳用「止」義解說經文，必然不能解出真相。大象所說與拙見無關，卻有一句眾人很熟悉的話如下：

〈象〉曰：兼山，艮。君子以思不出其位。

「兼山」之義，是說本卦是山上山下，可能對記住卦形有點好處。至於「君子以思不出其位」至今仍然是多數人的處世準則。這與「天下興亡，匹夫有責」有點矛盾，無妨兩說並存。蓋眾人稟賦、性格、能力不同，處世準則可以存異。只要無損於民族大義，不必苛責。只是，需說明「君子以思不出其位」出自《論語·憲問》。原話是：曾子曰：「君子思不出其位。」故也是儒家思想。

「漸」（卦五十三）

一、經傳全文

≡≡ 漸：女歸吉。利貞。

〈彖〉曰：漸之進也，女歸吉也。進得位，往有功也。進以正，可
以正邦也。其位剛，得中也。止而巽，動不窮也。

〈象〉曰：山上有木，漸。君子以居賢德善俗。

初六：鴻漸于干，小子厲。有言，无咎。

〈象〉曰：小子之厲，義无咎也。

六二：鴻漸于磐，飲食衎衎，吉。

〈象〉曰：「飲食衎衎」，不素飽也。

九三：鴻漸于陸，夫征不復，婦孕不育，凶。利御寇。

〈象〉曰：「夫征不復」，離群醜也。「婦孕不育」，失其道也。「利
用御寇」，順相保也。

六四：鴻漸于木，或得其桷，无咎。

〈象〉曰：「或得其桷」，順以巽也。

九五：鴻漸于陵，婦三歲不孕，終莫之勝，吉。

〈象〉曰：「終莫之勝，吉」，得所願也。

上九：鴻漸于陸，其羽可用為儀，吉。

〈象〉曰：「其羽可用為儀，吉」，不可亂也。

二、經文解說

1. 卦名解說

卦名：漸。

解說：此卦取名「漸」是因為卦爻辭中有六個「漸」字，即據多見
字取名。至於「漸」的含義，李鏡池和高亨先生都解為「進」。〈序卦〉
傳：「漸者，進也。」

2. 卦辭解說

卦辭：女歸吉。利貞。

解說：「女歸」即嫁女。全文是：嫁女吉祥。利兆。

3. 爻辭解說

初六：鴻漸于干，小子厲，有言，无咎。

「鴻」指鴻鳥，是一種水禽，即今所謂大雁。古人、特別是秦漢之前，經常射獵它們。《孟子·告子》：「一心以為有鴻鵠將至，思援弓繳而射之。」「干」即水邊，可讀為「岸」。如《詩·伐檀》：「置之河之干兮。」有言：訶譴。

全句是：鴻鳥進到水邊，有小孩子出現，危險。有人訶譴，沒有造成災難。

六二：鴻漸于磐，飲食衎衎，吉。

磐：借為畔。《史記·屈原賈生列傳》：「被發行吟澤畔。」《詩·衛風·氓》：「隰則有泮。」衎（kàn）：義為快樂。《說文》：「衎，喜貌。」

全句為：鴻鳥進到岸邊，飲食快樂。吉祥。

九三：鴻漸于陸，夫征不復，婦孕不育，凶。利御寇。

鴻鳥走到陸地上。丈夫出征沒有回來。婦女懷孕不得產育，凶險。利於防禦侵略。

六四：鴻漸于木，或得其桷，无咎。

桷（jué）：方形的椽子。《說文》：「椽方曰桷。從木角聲。」

全句是：鴻鳥棲息于樹木上，有人因此得到椽子，無災患。

九五：鴻漸于陵，婦三歲不孕，終莫之勝，吉。

陵：《說文》：「陵，大阜也。」勝：虞翻注：「陵也。」欺凌之義。

全句是：鴻鳥飛到高陵上，婦女三年不懷孕，終於沒有被欺凌。吉祥。

上九：鴻漸于陸，其羽可用為儀。吉。

陸：阿之偽。《說文》：「阿，大陵也。」儀：舞具。古時文舞執羽，武舞執干戚。

全句是：鴻鳥飛到大陵上，它的羽毛可以用作文舞的道具。吉祥。

洪鈞按：此卦六爻辭開頭都是「鴻漸於 X」，這是使用了詩歌的起興手法。起興與作者要表達思想，一般沒有內容方面的聯繫，只不過便於引起下文而已。比如，《詩·周南·桃夭》的開頭兩句是：「桃之夭夭，灼灼其華。之子于歸，宜其室家。」其中的「桃之夭夭，灼灼其華」就是起興。起興要和下文的詩句押韻。

三、傳文評說

本卦傳文，大多不好。比如六二〈象〉傳把「飲食衎衎」，解作「不素飽」，就是與經意相反。

「歸妹」（卦五十四）

一、經傳全文

☳☱ 歸妹：征凶，无攸利。

〈象〉曰：歸妹，天地之大義也。天地不交而萬物不興。歸妹，人之終始也。說以動，所歸妹也。「征凶」，位不當也。「无攸利」，柔乘剛也。

〈象〉曰：澤上有雷，歸妹。君子以永終知敝。

初九：歸妹以娣，跛能履，征吉。

〈象〉曰：「歸妹以娣」，以恒也。「跛能履」，吉相承也。

九二：眇能視，利幽人之貞。

〈象〉曰：「利幽人之貞」，未變常也。

六三：歸妹以須，反歸以娣。

〈象〉曰：「歸妹以須」，未當也。

九四：歸妹愆期，遲歸有時。

〈象〉曰：愆期之志，有待而行也。

六五：帝乙歸妹，其君之袂不如其娣之袂良，月幾望，吉。

〈象〉曰：「帝乙歸妹」，「不如其娣之袂良」也。其位在中，以
　　貴行也。

上六：女承筐无實，士刲羊无血，无攸利。

〈象〉曰：上六无實，承虛筐也。

二、經文解說

1. 卦名解說

卦名：歸妹。

解說：「歸妹」就是嫁女。本卦爻辭，都是述說女子婚嫁且有四個
「歸妹」，故本卦據內容和多見辭取名。

2. 卦辭解說

卦辭：征凶，无攸利。

解說：征伐則凶，沒有什麼利好。

洪鈞按：讀者可能疑惑：嫁女是喜慶的事，怎麼卦辭涉及征伐且凶呢？怎麼
會沒有利好呢？大概是商末國力衰微，征伐周國必然失敗，故沒有好處。最好採
取和親之舉，於是有了帝乙歸妹。

3. 爻辭解說

初九：歸妹以娣，跛能履，征吉。

歸妹：嫁女。妹：王注：「少女之稱。」娣：即今白話妹妹。《說
文》：「娣，女弟也。」跛能履：此三字在此出現頗突兀。李鏡池先生以
為是夢境，高亨先生以為是足疾愈。暫從李說。

全句是：妹妹跟著姐姐一起出嫁。夢見瘸子能走路。兆示吉祥。

九二：眇能視，利幽人之貞。

眇（miǎo）：指眼睛瞎了。幽人：指囚犯。

全句是：瞎子能看著了，利於囚犯的貞兆。

洪鈞按：李鏡池先生謂「幽人」在此指婦女，可備一說。

六三：歸妹以須，反歸以娣。

須：借為媭（xū），即姐姐。古代楚國人稱姐姐為媭。《說文》：「媭，女字也。」《史記·高後紀》：「太后女弟呂媭。」反歸：指女子出嫁後被男方休妻而歸。娣：即妹妹。

洪鈞按：以上關於「媭」字的解說有矛盾。鑒於《說文》解「媭」字沒有姐姐之義，故可能是各地對「媭」字的理解不同。不過，經文中的「須」字還是要解為姐姐，因為「娣」只能解作妹妹。

全句是：姐姐出嫁後，和妹妹一起被休妻而歸。

九四：歸妹愆期，遲歸有時。

愆期：過了約定的婚期。《說文》：「愆，過也。」遲歸有時：指推遲了婚期，訂了新日子。

全句是：嫁女過了原定的婚期，於是推遲了婚期，重新定了日子。

六五：帝乙歸妹，其君之袂不如其娣之袂良。月幾望，吉。

「帝乙」是殷商倒數第二個君王。「君」指君夫人，即正妻。《論語·季氏》：「邦君之妻，邦人稱之曰君夫人。」「袂（mèi）」本義指衣袖，此處指嫁妝。「月幾望」指農曆每月的十四日。

全句是：帝乙嫁女，姐姐的嫁妝不如妹妹的嫁妝好。月幾望是吉日。

洪鈞按：高亨先生以為「袂」指相貌。「月幾望」即「月既望」。如此則全文是：帝乙嫁女，姐姐不如妹妹貌美。月既望是吉日。

上六：女承筐无實；士刲羊无血，无攸利。

刲（kuī）：刺殺、宰割之義。

全句是：（祭祀時）婦女端著空筐子，男子宰羊卻不見血，沒有什麼好處。

洪鈞按：李鏡池先生說：《儀禮》：「婦入三月，然後祭行。」「婦入三月，

乃奠菜。」說明婚後三個月，祭祀時主婦要助祭，奉筐裝著祭品如溁米等進行祭奠；士宰羊獻牲。但現在說女所奉的筐裡沒有東西，士宰羊而沒有血，表明不是真的，是夢境。這是夢占辭。「无攸利」，筮占兆辭，與惡夢相應。又說：

　　這個婚姻專卦說的是姊妹共夫婚俗，這是群婚的遺跡。恩格斯說：「在北美的至少四十個部落中，同長姊結婚的男子有權把她的達到一定年齡姊妹也娶為妻子——這是一整群姊妹共夫的遺風。」（《馬克思恩格斯選集》第四卷第 45 頁）《書·堯典》：「釐降二女，嬪于虞。」堯的二女娥皇、女英共嫁於舜的故事，自是姊妹共夫。到了春秋時代，仍盛行這種婚俗，史家叫「媵」（téng）制，但與古代略有不同。《周易》有關的專卦，對研究古代的婚俗是很有參考價值的。

三、傳文評說

　　先看〈彖〉傳和大〈象〉傳。

　　　〈彖〉曰：歸妹，天地之大義也。天地不交而萬物不興。歸妹，人之終始也。說以動，所歸妹也。「征凶」，位不當也。「无攸利」，柔乘剛也。

　　把「歸妹」說成「天地之大義」，可通。因為「天地不交而萬物不興」，男女不交，則不能生育。「歸妹，人之終始」是說結婚是一輩子的事，生育下一代即從結婚開始。「說以動，所歸妹也」是說此卦是兌下震上。兌為說義，震為動義。此說不足以解釋「所歸妹」。疑「所」後脫「以」字。「位不當」高亨先生用爻位說解說，很繁瑣。「柔乘剛」是說本卦是雷上澤下，震剛而兌柔，於是柔乘剛，無所利。

　　　〈象〉曰：澤上有雷，歸妹。君子以永終知敝。

　　〈象〉傳很淺薄。澤上有雷，指此卦卦形是雷上澤下，不能算是對歸妹的解釋，只是可能幫助記憶而已。下文君子如何很勉強。比如，何以不能說「君子以亂離知敝」呢？

　　洪鈞按：帝乙歸妹是商末的一件大事。那時商朝國力衰退，西周變得強大。為了改善兩國關係，帝乙採取了和親政策，把其女兒嫁給了周文王。漢代就多次與匈奴和親。這是古代常見的政治婚姻。

「豐」（卦五十五）

一、經傳全文

☷☳ 豐：亨。王假之，勿憂。宜日中。

〈彖〉曰：豐，大也。明以動，故豐。「王假之」，尚大也。「勿憂，宜日中」，宜照天下也。日中則昃，月盈則食，天地盈虛，與時消息，而況于人乎？況于鬼神乎？

〈象〉曰：雷電皆至，豐。君子以折獄致刑。

初九：遇其配主，雖旬无咎，往有尚。

〈象〉曰：「雖旬无咎」，過旬災也。

六二：豐其蔀，日中見斗，往得疑疾，有孚發若，吉。

〈象〉曰：「有孚發若」，信以發志也。

九三：豐其沛，日中見沬；折其右肱，无咎。

〈象〉曰：「豐其沛」，不可大事也。「折其右肱」，終不可用也。

九四：豐其蔀，日中見斗，遇其夷主，吉。

〈象〉曰：「豐其蔀」，位不當也。「日中見斗」，幽不明也。「遇其夷主」，吉行也。

六五：來章，有慶譽，吉。

〈象〉曰：六五之吉，有慶也。

上六：豐其屋，蔀其家，窺其戶，闃其无人，三歲不覿，凶。

〈象〉曰：「豐其屋」，天際翔也。「窺其戶，闃其无人」，自藏也。

二、經文解說

1. 卦名解說

卦名：豐。

解說：本卦卦爻辭中有四個「豐」字，據多見字取名。「豐」在本

卦中的含義是加厚、擴大。李鏡池先生解「豐」為「大屋子」，竊以為不妥。試看經文有「豐其蔀」、「豐其沛」、「豐其屋」，可知「豐」乃動詞。《說文》：「豐，豆之豐滿者也。」段注：「凡物之大貌曰豐。」故卦中的「豐」字乃使動用法。

2. 卦辭解說

卦辭：亨，王假之。勿憂，宜日中。

解說：假：《說文》：「假，至也。」

全文是：為了享祀，國王來到宗廟中。不必憂慮，宜於中午享祀。

3. 爻辭解說

初九：遇其配主，雖旬无咎。往有尚。

配主：女主人。旬：借為姰。《說文》：「姰，男女併也。」指男女併居結合。

全文是：遇到女主人，即便和她併居也無可責遣。出遠門得到賢內助。

洪鈞按：女主人應該是個寡婦。

六二：豐其蔀，日中見斗，往得疑疾，有孚發若，吉。

蔀：本義為覆蓋於棚架上以遮蔽陽光的草席，引申為遮蔽。此處特指草席遮蓋的草屋屋頂。有孚：此處指買到奴隸。發：借為癈。《說文》：「癈，固病也。」段注：「癈猶廢。」

全文是：加厚他的草屋屋頂，中午能見到北斗。出遠門得了怪病。買了個奴隸，是個殘廢，吉祥。

洪鈞按：本爻的「日中見斗」和九三的「日中見沫」，均應指草屋屋頂太薄了，可以透光，而不是真的「日中見斗」和「日中見沫」。因為只有日全食時，才能中午看到星星。高亨先生解「斗」為「燭」，解「沫」為「魅」，可備一說。

九三：豐其沛，日中見沫。折其右肱，无咎。

沛：即蔀。沫：《子夏易傳》作「昧」，謂「昧，星之小者。」

全文是：加厚他的草舍屋頂，中午能見到小星星。折了他的右上臂，無可責遣。

九四：豐其蔀，日中見斗。遇其夷主，吉。

夷：經常。《說文》：「夷，平也。」經常義近平常。

全文是：加厚他的草屋屋頂，中午看到北斗。遇到他的老房東，吉祥。

六五：來章，有慶譽，吉。

章：借為璋，一種玉石。今陝西有藍田玉。

全句是：得到璋玉，慶賀並受到讚譽，吉祥。

上六：豐其屋，蔀其家，窺其戶，闃其无人，三歲不覿，凶。

闃（qù）：寂靜。《釋文》「闃，《字林》云：『靜也。』」覿（dí）：見。

全文是：擴大他的屋子，用席子覆蓋他的家。窺探他的大門，靜靜地沒有人。三年沒有見到人，凶險。

三、傳文評說

本卦比較難解，傳文對解說經文也沒有幫助。僅舉初九經傳評說如下：

初九：遇其配主，雖旬无咎，往有尚。

〈象〉曰：「雖旬无咎」，過旬災也。

解說此爻的關鍵，是個「旬」字。拙解見上文。〈象〉傳把「旬」理解為十日之旬，不是經文的原意。

「旅」（卦五十六）

一、經傳全文

旅：小亨，旅貞吉。

〈彖〉曰：「旅，小亨」，柔得中乎外，而順乎剛，止而麗乎明，是以「小亨，旅貞吉」也。旅之時義大矣哉！

〈象〉曰：山上有火，旅。君子以明慎用刑而不留獄。

初六：旅瑣瑣，斯其所取災。

〈象〉曰：「旅瑣瑣」，志窮災也。

六二：旅即次，懷其資，得童僕貞。

〈象〉曰：「得童僕貞」，終无尤也。

九三：旅焚其次，喪其童僕，貞厲。

〈象〉曰：「旅焚其次」，亦以傷矣。以旅與下，其義喪也。

九四：旅于處，得其資斧，我心不快。

〈象〉曰：「旅于處」，未得位也。「得其資斧」，心未快也。

六五：射雉一矢亡，終以譽命。

〈象〉曰：「終以譽命」，上逮也。

上九：鳥焚其巢，旅人先笑後號咷。喪牛于易，凶。

〈象〉曰：以旅在上，其義焚也。「喪牛于易」，終莫之聞也。

二、經文解說

1. 卦名解說

卦名：旅。

解說：本卦卦爻辭中有六個「旅」字，據多見字取名。「旅」的含義就是行旅或商旅。

2. 卦辭解說

卦辭：小亨，旅貞吉。

解說：稍微順暢，貞問行旅或商旅則吉。

3. 爻辭解說

初六：旅瑣瑣，斯其所取災。

瑣瑣：借為惢惢。《說文》：「惢，心疑也。從三心。……讀若《易》『旅瑣瑣』。」

全句是：旅行中三心二意，這是他所以取災。

六二：旅即次，懷其資，得童僕貞。

即：到了。次：借為肆，指市場。《大戴記・曾子疾病篇》：「如入鮑魚之次。」懷：懷藏。王注：在衣為懷。童僕：家童和僕人，泛指奴僕。

全句是：商人來到市場，帶著資本，得到奴僕的貞兆。

九三：旅焚其次，喪其童僕，貞厲。

旅人所到的市場失火了，喪失了他的奴僕，兆示情況嚴重。

九四：旅于處，得其資斧，我心不快。

處：處所，地方。《廣韻》「處，所也。」指商人住宿的旅館或市場所在地。斧：形似斧的貨幣。

全句是：到了市場，得到他的本錢，我的心中還是不愉快。

六五：射雉一矢亡，終以譽命。

射野雞，失去了一支箭，最後因此得到讚譽和爵命。

上九：鳥焚其巢，旅人先笑，後號咷，喪牛于易，凶。

就像鳥巢被火燒掉一樣，旅人先是笑呵呵的，而後號啕大哭。牛被易人搶走了，凶險。

洪鈞按：本卦、特別是上九所述，應指商代的一個大故事。是說商代的王亥，趕著牛羊到有易國去放牧。開始過得很好，最後王亥被有易國君綿臣殺掉，王亥的牛羊自然喪失於有易。

洪鈞又按：李鏡池先生解說此條謂：「這是寫周人歷史上的一件大事。說大王被狄人侵迫，從汾遷於岐山周原。⋯⋯不但家園被毀壞，連牛羊等家畜也給狄人搶了去。這真是一次大災難。」

三、傳文評說

傳文實在無可取，不再評說。

「巽」（卦五十七）

一、經傳全文

 巽：小亨。利有攸往。利見大人。

〈彖〉曰：重巽以申命，剛巽乎中正而志行，柔皆順乎剛，是以「小亨，利有攸往，利見大人」。

〈象〉曰：隨風，巽。君子以申命行事。

初六：進退，利武人之貞。

〈象〉曰：「進退」，志疑也。「利武人之貞」，志治也。

九二：巽在床下，用史巫紛若，吉，无咎。

〈象〉曰：紛若之吉，得中也。

九三：頻巽，吝。

〈象〉曰：頻巽之吝，志窮也。

六四：悔亡，田獲三品。

〈象〉曰：「田獲三品」，有功也。

九五：貞吉。悔亡。无不利。无初有終。先庚三日，後庚三日，吉。

〈象〉曰：九五之吉，位正中也。

上九：巽在床下，喪其資斧，貞凶。

〈象〉曰：「巽在床下」，上窮也。「喪其資斧」，正乎凶也。

二、經文解說

1. 卦名解說

卦名：巽（xùn）。

解說：「巽」原是八經卦之一，卦形是 ☴。此卦形上下重疊即本卦卦形。總之，本卦是巽上巽下，只能取名「巽」。又，卦爻辭中有三個「巽」字，又據多見字取名。「巽」的含義是馴服、潛伏、卑順、順從等。

2. 卦辭解說

卦辭：小亨。利有攸往。利見大人。

解說：稍微順暢。利於遠行。利於晉見權貴。

3. 爻辭解說

初六：進退，利武人之貞。

武人：地位高的軍人，即將帥。

進攻還是退卻，利於將帥的貞兆。

九二：巽在床下，用史巫紛若，吉，无咎。

（因為怕鬼），伏在床底下，史和巫因而亂紛紛地出入，吉祥，沒有災患。

洪鈞按：高亨先生訓「紛」為「釁」，竊以為非是。蓋句中「紛」與「若」應連讀。「紛若」猶言亂紛紛地。

九三：頻巽，吝。

頻：借為顰（pín），皺著眉頭。

全句是：皺眉蹙額地馴服，艱難。

六四：悔亡。田獲三品。

禍患消除。打獵獲得三種獵物。

九五：貞吉。悔亡。无不利。无初有終。先庚三日，後庚三日，吉。

兆示吉祥。禍患消除。沒有不利。沒有初始卻有最後。

先庚三日：庚前的第三日，即丁日。

後庚三日：庚後的第三日，即癸日。

吉：指丁日和癸日是吉日。

由丁至癸共七日。周人多占七日。商人多占十日，即貞旬。可與「復」卦「七日來復」對看。

洪鈞按：李鏡池先生認為，此爻是數次占筮記錄的彙編。

上九：巽在床下，喪其資斧。貞凶。

（因為強盜搶劫），伏在床底下，喪失了他的本錢。兆示凶險。

三、傳文評說

傳文沒有可供參考的，只說一下九五的〈象〉傳如下：

〈象〉曰：九五之吉，位正中也。

〈象〉傳採取爻位說，也算是對經文的一點解釋。意思是「九五」是最尊貴、吉利的爻位。至於「正中」，是說上卦的中間是陽爻，更加尊貴、吉祥。這種解釋與經文的原意沒有關係。

「兌」（卦五十八）

一、經傳全文

兌：亨。利貞。

〈象〉曰：兌，說也。剛中而柔外，說以利貞，是以順乎天而應乎人。說以先民，民忘其勞。說以犯難，民忘其死。說之大，民勸矣哉！

〈象〉曰：麗澤，兌。君子以朋友講習。

初九：和兌，吉。

〈象〉曰：和兌之吉，行未疑也。

九二：孚兌，吉，悔亡。

〈象〉曰：孚兌之吉，信志也。

六三：來兌，凶。

〈象〉曰：來兌之凶，位不當也。

九四：商兌未寧，介疾有喜。

〈象〉曰：九四之喜，有慶也。

九五：孚于剝，有厲。

〈象〉曰：「孚于剝」，位正當也。

上六：引兌。

〈象〉曰：上六「引兌」，未光也。

二、經文解說

1. 卦名解說

卦名：兌。

解說：「兌」是八經卦之一，卦形是 ☱。此卦形上下重複，即本卦卦形。總之，本卦取名「兌」，是因為本卦是兌上兌下，只能取名「兌」。又，卦爻辭中有五個「兌」字，又據多見字取名。至於「兌」的含義，《說文》：「兌，說也。」〈象〉傳：「兌，說也。」〈說卦〉傳：「兌，說也。」〈序卦〉傳：「兌，說也。」足見「兌」在本卦即「說」義。像本卦這樣，〈象〉傳、〈說卦〉傳和〈序卦〉傳對卦名解釋如此一致，在《周易》中僅此一例。

高亨先生的見解同上。李鏡池先生解「兌」為悅，說本卦主要是討論邦交問題。好在兩說不是完全互不相容。以下兼採兩家解說。

2. 卦辭解說

卦辭：亨。利貞。

解說：亨通。利兆。

3. 爻辭解說

初九：和兌，吉。

和和氣氣地談說，吉祥。

九二：孚兌，吉，悔亡。

孚：在此作信用講。《左傳‧莊公十年》：「小信未孚，神弗福也。」

全句是：互相信任的談說，吉祥，禍患消除。

六三：來兌，凶。

主動來談說，凶險。

九四：商兌未寧，介疾有喜。

介：通芥，微小。

商談還沒有結束，小毛病就痊癒了。

九五：孚于剝，有厲。

剝：國名。

全句是：被剝國俘虜了，有危險。

上六：引兌。

李鏡池先生說是：引導大家和悅。高亨先生說是：當言即言，不可隱。也可以解作長時期談說。

三、傳文評說

本卦比較好解，〈象〉傳也比較平實如下：

〈象〉曰：兌，說也。剛中而柔外，說以利貞，是以順乎天而應乎人。說以先民，民忘其勞。說以犯難，民忘其死。說之大，民勸矣哉！

粗讀〈象〉傳即可看出，傳文很重視「說」字。「說」字在此可以理

解為說服或思想動員。只是還是沒有正面解「利貞」。儘管如此，總算把「利貞」提高到很高的地位。如「說以利貞，是以順乎天而應乎人」。至於思想動員的作用更是很大。如「說以先民，民忘其勞」即說以先民如何不容易，民眾就會忘記勞累。「說以犯難，民忘其死」，即動員民眾克服艱難，民眾就會不怕丟掉性命。這些說法雖然不全是經文的原意，還是有助於認識說服、動員乃至宣傳工作的重要性。

「渙」（卦五十九）

一、經傳全文

䷻ 渙：亨。王假有廟，利涉大川，利貞。

〈彖〉曰：「渙，亨」，剛來而不窮，柔得位乎外而上同。「王假有廟」，王乃在中也。「利涉大川」，乘木有功也。

〈象〉曰：風行水上，渙。先王以享于帝立廟。

初六：用拯馬壯，吉。

〈象〉曰：初六之吉，順也。

九二：渙奔其机，悔亡。

〈象〉曰：「渙奔其機」，得願也。

六三：渙其躬，无悔。

〈象〉曰：「渙其躬」，志在外也。

六四：渙其群，元吉。渙有丘，匪夷所思。

〈象〉曰：「渙其群，元吉」，光大也。

九五：渙汗其大號，渙王居，无咎。

〈象〉曰：「王居，无咎」，正位也。

上九：渙其血去逖出，无咎。

〈象〉曰：「渙其血」，遠害也。

二、經文解說

1. 卦名解說

卦名：渙。

解說：本卦卦爻辭中有五個「渙」字，據多見字取名。「渙」的含義是「水流盛大」略同「洪水」。《說文》：「渙，水流散也。」即指江河橫流，水流盛大，氾濫成災。

2. 卦辭解說

卦辭：亨，王假有廟。利涉大川。利貞。

解說：「亨」在此同「享」，享祀之義。

全句是：為了享祀，國王來到宗廟裡。利於過大河。利兆。

3. 爻辭解說

初六：用拯馬，壯，吉。

拯：借為騬（chéng），即騸（shàn）馬。《說文》：「騬，犗（jiè）馬也。」

全句是：筮遇此爻，用以騸馬則壯且吉。

九二：渙奔其机，悔亡。

奔：通賁，讀為僨（fèn），覆敗之義。机：惠士奇《易說》謂當作丌，丌猶居也。《說文》：「丌，下基也。」故「机」即房基也。

全句是：洪水沖毀了房屋的基礎，禍患消除。

洪鈞按：高亨先生《周易古經今注》解「機」為「廄」，可備一說。

六三：渙其躬，无悔。

洪水淹沒了他的身體，沒有災患。

洪鈞按：高亨先生解「渙其躬」為洗澡。

六四：渙其群，元吉。渙有丘，匪夷所思。

洪水蕩滌人群，大吉。洪水淹沒山丘，真是難以想像。

九五：渙汗其大號，渙王居，无咎。

汗：浩汗。曹丕〈濟川賦〉：「漫浩汗而難測，眇不覩其垠際。」《魏書‧穆亮傳》：「夫一渡小水，猶尚若斯，況洪河浩汗，有不測之慮。」

全句是：洪水浩汗，人們大聲呼號。淹到國王居住的地方，幸而沒造成災難。

洪鈞按：高亨先生以為：「渙汗其」應為「渙其汗」，且「汗」就是出汗之汗。可備一說。

上九：渙其血去逖出。无咎。

高亨先生改經文的句讀如下：

渙其血去，逖出。无咎。

其說謂：血流去，當遠出，如此則无咎。

李鏡池先生謂：血去逖出，同於「小畜」六四：血去惕出。血借為恤。逖通惕。狄、易聲通。這是說洪水的憂患過去了，但還要警惕這種災難重演。做好防洪工作，當然就「无咎」了。

洪鈞按：高、李的解說完全不同。洪鈞以為，李說為好。因為本卦的「渙」字，還是解為洪水最得當，否則《易經》就沒有一卦主要述說洪水，而洪水是上古時期很常見的災害。大禹治水是國人的常識，不是偶然的。

三、傳文評說

本卦比較難解，傳文毫無幫助。且看九二經傳如下：

九二：渙奔其機，悔亡。

〈象〉曰：「渙奔其機」，得願也。

傳文顯然是曲解了經文。「渙奔其機」的原意是：洪水沖毀了房屋的基礎。〈象〉傳卻說「得願也」。實在是令人無可奈何地解法。

「節」（卦六十）

一、經傳全文

 節：亨。苦節不可貞。

〈彖〉曰：「節，亨」，剛柔分而剛得中。「苦節，不可貞」，其道窮也。說以行險，當位以節，中正以通。天地節而四時成，節以制度，不傷財，不害民。

〈象〉曰：澤上有水，節。君子以制數度、議德行。

初九：不出戶庭，无咎。

〈象〉曰：「不出戶庭」，知通塞也。

九二：不出門庭，凶。

〈象〉曰：「不出門庭」，失時極也。

六三：不節若，則嗟若，无咎。

〈象〉曰：不節之嗟，又誰咎也？

六四：安節，亨。

〈象〉曰：安節之亨，承上道也。

九五：甘節，吉。往有尚。

〈象〉曰：甘節之吉，居位中也。

上六：苦節，貞凶，悔亡。

〈象〉曰：「苦節，貞凶」，其道窮也。

二、經文解說

1. 卦名解說

卦名：節。

解說：此卦取名「節」是因為卦爻辭中五見「節」字，即據多見字取名。至於「節」的含義，李鏡池和高亨先生均解為「節儉」或「禮節」之節。洪鈞以為，解作「節操」之節可能更好。下文即遵循節操之義解說經

文。

2. 卦辭解說

卦辭：亨。苦節不可貞。

解說：「亨」即亨通或通達順利。此「亨」字與下文無關。「苦節不可貞。」是說：艱難困苦的堅守節操，不可貞問。至於何以不可貞問，見下文上六爻辭的解說。

3. 爻辭解說

初九：不出戶庭，无咎。

戶庭：家室之內。《一切經音義》：「在於堂室曰戶」。

經文是說：守節者，不為利祿所動，常見待在家裡。至於婦女守節，更是不出戶庭。即所謂大門不出，二門不邁。

洪鈞按：關於本爻辭〈繫辭上〉有解謂：「『不出戶庭，无咎。』子曰：『亂之所生也，則言語以為階。君不密則失臣，臣不密則失身，幾事不密，則害成，是以君子慎密而不出也。』」此解要求君子少說話，把話藏在心裡。應該不是經文的原意。

九二：不出門庭，凶。

門庭：住宅區域內。《一切經音義》：「在於宅區曰門。」

以上兩條爻辭，都是待在家裡，卻吉凶相反。初九正如後世卜書有云：「不宜出門」，本爻則是「不宜在家。」

六三：不節若，則嗟若，无咎。

「若」如「焉」。嗟：嗟歎。

全句是：不守節，則嗟歎。沒有災患。

洪鈞按：高亨先生以為「无咎」為衍文。

六四：安節，亨。

安於守節，亨通。

九五：甘節，吉，往有尚。

甘於守節則吉，外出會有人讚賞或幫助。

上六：苦節，貞凶，悔亡。

艱難困苦地守節，兆示凶險，禍患消除。

順便說一下，為什麼「苦節不可貞。」這是因為，艱難困苦地守節，必然有很大的付出或犧牲。一般不會得到善果。可以斷言，苦節者貞問必凶。卦師不想給他們再添痛苦，故苦節不可貞。苦節者本人，也不會去占筮，因為他們對自己的觀念堅信不疑，不必貞問。

三、傳文評說

先說〈彖〉傳，傳文如下：

> 〈彖〉曰：「節，亨」，剛柔分而剛得中。「苦節，不可貞」，其道窮也。說以行險，當位以節，中正以通。天地節而四時成，節以制度，不傷財，不害民。

傳文開頭也是把經文讀錯了，即節、亨連讀了。標點是今人加的。「剛柔分而剛得中」指九二、九五是陽爻為剛。它們分別在內外卦的中位。「苦節，不可貞，其道窮也」，是說苦節者沒有選擇了。「說以行險，當位以節，中正以通」，是說如果選擇危險的行為，會受到處於正位的節制，最後落實到中正上。以下傳文容易理解。最後是「不傷財，不害民」。看來，〈彖〉傳作者，是解「節」為「節儉」的。

再看大〈象〉傳如下：

> 〈象〉曰：澤上有水，節。君子以制數度、議德行。

「澤上有水，節」指此卦是水上澤下，即坎上兌下，無深意。至於君子如何，看不出崇尚節儉，倒是重視德行。其餘〈象〉傳不再評說。

「中孚」（卦六十一）

一、經傳全文

☲ 中孚：豚魚吉。利涉大川。利貞。

〈彖〉曰：中孚，柔在內而剛得中。說而巽，孚乃化邦也。「豚魚吉」，信及豚魚也。「利涉大川」，乘木舟虛也。中孚以利貞，乃應乎天也。

〈象〉曰：澤上有風，中孚。君子以議獄緩死。

初九：虞吉，有它不燕。

〈象〉曰：初九「虞吉」，志未變也。

九二：鳴鶴在陰，其子和之，我有好爵，吾與爾靡之。

〈象〉曰：「其子和之」，中心願也。

六三：得敵，或鼓，或罷，或泣，或歌。

〈象〉曰：「或鼓或罷」，位不當也。

六四：月幾望，馬匹亡，无咎。

〈象〉曰：「馬匹亡」，絕類上也。

九五：有孚攣如，无咎。

〈象〉曰：「有孚攣如」，位正當也。

上九：翰音登于天，貞凶。

〈象〉曰：「翰音登于天」，何可長也！

二、經文解說

1. 卦名解說

卦名：中孚。

解說：本卦卦爻辭中只有一個「孚」，故不是據多見字取名。卦中多講禮儀之事，故是從內容取名。「中孚」的含義是「心懷誠信」，行禮首先要心懷誠信。高亨先生認為，「中孚」二字當重。前「中孚」二字乃卦

名，後「中孚」二字乃卦辭。

2. 卦辭解說

卦辭：（中孚），豚魚吉。利涉大川。利貞。

解說：「豚魚」即豬和魚。這是祭祀常用的祭品。「豚」特指小豬。

全文是：心懷誠信，用小豬和魚獻祭也是吉祥的。利於過大河。利兆。

洪鈞按：李鏡池先生據《經義述聞》解說，頗得經旨。以下照用其原文。

王引之說：「豚魚者，士庶之禮也。〈士昏禮〉：『特豚合升去蹄，魚有十四。』〈士喪禮〉：『豚和升，鱄鮒九，朔月莫用特豚魚臘。』〈楚語〉：『士有豚犬之獻，庶人有魚炙之薦。』〈王制〉『庶人夏薦麥，秋薦黍。麥以（與）魚，黍以豚。』豚魚乃禮之薄者，然苟有中信之德，則人感其誠，而神降其福。故曰『豚魚吉』，言雖豚魚之薦亦吉也。」

3. 爻辭解說

初九：虞，吉，有它不燕。

虞：古代一種祭祀名。既葬而祭叫虞，有安神之意。《左傳》「有司以幾筵舍奠于墓左，反，日中而虞。」《公羊傳》文公二年何休注：「虞猶安神也。」有它：有意外。燕：讌飲之禮。

全句是：舉行喪禮要選擇吉日。有了意外，就不舉行讌飲了。

洪鈞按：高亨先生解「虞」為安，解「燕」也為安，見《周易古經今注》。

九二：鳴鶴在陰，其子和之。我有好爵，吾與爾靡之！

陰：借為蔭。爵：指酒。《說文》：「爵，禮器也。象爵之形，中有鬯酒，又持之也。」靡：本義為倒下，如「望風披靡」，引伸為無。《爾雅》：「靡，無也。」

全文是：白鶴在樹蔭下鳴叫，它的配偶也隨之鳴叫。我有好酒，咱倆乾了它吧！

洪鈞按：此爻也頗有詩歌的意味。高亨先生疑「吾」字為衍文，可供參考。

洪鈞又按：關於本爻辭〈繫辭上〉有解謂：「鳴鶴在陰，其子和之，我有好

爵，吾與爾靡之。」子曰：「君子居其室，出其言善，則千里之外應之，況其邇者乎？居其室，出其言不善，則千里之外違之，況其邇者乎？言出乎身，加乎民。行發乎邇，見乎遠。言行，君子之樞機。樞機之發，榮辱之主也。言行，君子之所以動天地也，可不慎乎？」這是從君子的言行角度解說，主要是認為君子要慎言慎行。這顯然不是經文的原意。

六三：**得敵，或鼓，或罷，或泣，或歌。**

得敵：克敵。《說文》：「得，取也。」罷：班師。《禮記‧少儀》：「朝廷曰退，燕遊曰歸，師役曰罷。」

全句是：戰勝了敵人，有的擊鼓追擊；有的準備班師；有的喜極而泣；有的唱歌。

六四：**月幾望，馬匹亡，无咎。**

月亮快圓的那天晚上，馬匹亡失，沒有災患。

洪鈞按：《易經》中，「月幾望」共三見。高亨先生認為均應是「月既望」，可備一說。

九五：**有孚攣如，无咎。**

有孚：指俘虜。攣：《說文》：「攣，繫也。」攣如：捆得緊緊的。

全句是：俘虜被捆得緊緊的，無可責遣。

洪鈞按：高亨先生解孚為罰，可備一說。

上九：**翰音登于天，貞凶。**

翰音：即雞。《禮記‧曲禮》：「雞曰翰音。」

全句是：雞飛到天上，兆示凶險。

洪鈞按：此爻應是鳥占的一種。蓋雞一般不會飛很高，如果飛得很高就是怪現象，故主凶。

洪鈞又按：李鏡池先生認為此爻是用雞祭天，且引《說文》為據。可備一說。

三、傳文評說

本卦傳文不得經旨，且大多淺薄。試看九五經傳如下：

九五：有孚攣如，无咎。

〈象〉曰：「有孚攣如」，位正當也。

按照爻位之說，九五是最尊貴的，即所謂「位正當」。然而，有孚攣如，是俘虜被捆得緊緊的。怎麼會「位正當」呢？看來〈象〉傳作者根本不知道「有孚攣如」是怎麼回事。九五之尊，也不適用於全部六十四卦。

「小過」（卦六十二）

一、經傳全文

 小過：亨，利貞。可小事，不可大事。飛鳥遺之音，不宜上宜下，大吉。

〈象〉曰：小過，小者過而亨也。過以利貞，與時行也。柔得中，是以小事吉也。剛失位而不中，是以不可大事也。有飛鳥之象焉。「飛鳥遺之音，不宜上宜下，大吉」，上逆而下順也。

〈象〉曰：山上有雷，小過。君子以行過乎恭，喪過乎哀，用過乎儉。

初六：飛鳥以凶。

〈象〉曰：「飛鳥以凶」，不可如何也。

六二：過其祖，遇其妣；不及其君，遇其臣。无咎。

〈象〉曰：「不及其君」，臣不可過也。

九三：弗過，防之，從或戕之，凶。

〈象〉曰：「從或戕之」，凶如何也。

九四：无咎，弗過，遇之。往厲，必戒，勿用永貞。

〈象〉曰：「弗過遇之」，位不當也。「往厲必戒」，終不可長也。

六五：密雲不雨，自我西郊。公弋取，彼在穴。

〈象〉曰：「密雲不雨」，已上也。

上六：弗遇，過之，飛鳥離之，凶。是謂災眚。

〈象〉曰：「弗遇過之」，已亢也。

二、經文解說

1. 卦名解說

卦名：小過。

解說：卦爻辭中有四個「過」字，據多見字取名。已有「大過」故用「小過」相區別。「過」有過訪、責備兩義。

2. 卦辭解說

卦辭：亨。利貞。可小事，不可大事。飛鳥遺之音，不宜上宜下。大吉。

解說：小事：民間日常生活、生產之事。大事：軍國大事，即祭祀和戰爭。

全文是：亨通。利兆。可以占問小事，不可占問大事。就像飛鳥鳴叫的聲音，不宜於飛得過高，利於飛得低一些。過高則難聞。大吉。

3. 爻辭解說

初六：飛鳥以凶。

以：與，帶來。

全句是：飛鳥帶來了凶兆。

洪鈞按：李鏡池先生指出，這是鳥占。洪鈞的鄉人，以遇到烏鴉和鴞鳥（俗稱夜貓子）為凶兆。高亨先生以為「以凶」之間當有「矢」字，且引《國語》解說，可以參看。

六二：過其祖，遇其妣；不及其君，遇其臣。无咎。

批評他的祖父，表揚他的祖母；批評他的君主，表揚他的臣子。沒有災患。

洪鈞按：高亨先生的解說大不同，卻也不是很自信，故存疑。

九三：弗過，防之，從或戕之。凶。

從：讀如縱，即放縱。

全文是：不要批評他，但要防備他。如果放縱，就可能傷害他。凶險。

九四：无咎，弗過，遇之。往厲，必戒。勿用永貞。

沒有過錯，不要責備，要表揚。往後有犯錯誤的危險，一定要警惕。不利於長時期的貞問。

六五：密雲不雨，自我西郊。公弋取，彼在穴。

在我的西郊上空，烏雲密布卻沒有下雨。王公射鳥，鳥卻在洞穴裡。

上六：弗遇，過之，飛鳥離之，凶。是謂災眚。

離：通羅，網也。《說文》：「羅，以絲罟鳥也。從網從維。古者芒氏初作羅。」

全文是：不表揚，總是責備，就像網羅飛鳥一樣，誰也不能逃脫，凶兆。這就叫災眚。

洪鈞按：此爻是說不要責人過嚴，否則就會產生惡果。

三、傳文評說

傳文無可採，僅評說〈彖〉傳。

〈彖〉曰：小過，小者過而亨也。過以利貞，與時行也。柔得中，是以小事吉也。剛失位而不中，是以不可大事也。有飛鳥之象焉。「飛鳥遺之音，不宜上宜下，大吉」，上逆而下順也。

「小過，小者過而亨也。」這第一句不但沒有道理，也讀錯了經文。試問：小怎麼會是「過而亨」呢？亨是亨通之義，不能與過連讀。「過以利貞，與時行也。」這第二句沒有解釋利貞，也與「與時行」沒有關係，因為作者不知道「利貞」是何義。「柔得中，是以小事吉也。」「柔得

中」是說卦形的六二、六五兩爻是陰爻，分別居於內外卦的中間。這樣就能小事吉嗎？「剛失位而不中，是以不可大事也。」是說兩陽爻沒有居於六二、六五之位，這樣就不能從事大事。有道理嗎？下文等於沒有解，不再評說。

「既濟」（卦六十三）

一、經傳全文

䷾ 既濟：亨。小利貞。初吉終亂。

〈彖〉曰：「既濟，亨」，小者亨也。「利貞」，剛柔正而位當也。「初吉」，柔得中也。終止則亂，其道窮也。

〈象〉曰：水在火上，既濟。君子以思患而預防之。

初九：曳其輪，濡其尾，无咎。

〈象〉曰：「曳其輪」，義无咎也。

六二：婦喪其茀，勿逐，七日得。

〈象〉曰：「七日得」，以中道也。

九三：高宗伐鬼方，三年克之，小人勿用。

〈象〉曰：「三年克之」，憊也。

六四：繻有衣袽，終日戒。

〈象〉曰：「終日戒」，有所疑也。

九五：東鄰殺牛，不如西鄰之禴祭，實受其福。

〈象〉曰：「東鄰殺牛」，不如西鄰之時也。「實受其福」，吉大來也。

上六：濡其首，厲。

〈象〉曰：「濡其首，厲」，何可久也！

二、經文解說

1. 卦名解說

卦名：既濟。

解說：「既濟」義為過了河。卦爻辭中不見「既濟」二字。既即已。「濟」的本義為渡水，引申為成功。本卦與「未濟」相對，二者是對立的組卦，含有互相轉化的思想。

2. 卦辭解說

卦辭：亨。小利貞。初吉，終亂。

解說：亨通。有小利的貞兆。起初吉祥，最終亂套。

3. 爻辭解說

初九：曳其輪，濡其尾，无咎。

曳：拉。濡：濕。輪：指車。

全句是：拉著車子過河，濕了車尾，沒有災禍。

洪鈞按：高亨先生解「輪」為「綸」，雖多方輾轉引伸亦未得確詁且文義不諧。竊以為，莫如直指「輪」為車簡捷。蓋《易經》時代，有「輪」者唯車也。今人亦常以輪代車。如「三輪車」即稱「三輪」。此外尚有「四輪」「五輪」「六輪」等，均省去「車」，聽者均不會誤會。

六二：婦喪其茀，勿逐，七日得。

茀（fú）：通綍，意思是頭巾。《說文》「茀，草多也。從艸，弗聲。字亦作芾。」

全句是：婦女丟了她的頭巾，不必找，七日之內會得到。

九三：高宗伐鬼方，三年克之。小人勿用。

高宗征伐鬼國，三年戰勝了。奴隸不利。

洪鈞按：關於此爻，李鏡池先生說：《詩·殷武》：「昔有成湯，自彼氐羌，莫敢不來享，莫敢不來王。」成湯時國力強盛。到了武丁（盤庚後第三代）時，北方一個強族鬼方威脅了殷商，也威脅了周人。故殷周聯軍攻打鬼方。《竹書記

年》載，武丁三十二年伐鬼方，三十四年王師克鬼方。即此「三年克之」。「未濟」「震用伐鬼方，三年，有賞於大國。」指的是同一件事。長期的戰爭，一定損失了很多人力物力。「小人勿用」即不利於小人，指士卒傷亡不少。這說明濟中有不濟。

六四：繻有衣袽，終日戒。

繻（xū）：《經義述聞》謂當作襦，指短襖。袽（rú）：爛衣服或舊綿絮。《說文》：「絮，敝綿也。」戒：借為駭。

全句是：穿的短襖只是破爛的舊綿絮，因而整天驚駭不安。

這是指窮人冬天如何不濟。

九五：東鄰殺牛，不如西鄰之禴祭，實受其福。

禴（yuè）：古代祭祀名。

全句是：東鄰殺牛祭祀，還不如西鄰的禴祭，實實在在地受到上天的福佑。

洪鈞按：此爻的背景是：位於東邊的殷商已經衰落，位於西邊的周國已經強大。東鄰指殷商，西鄰指周國。此爻的王弼注如下：

> 牛，祭之盛者也。禴，祭之薄者也。祭祀之盛，莫勝修德。故沼沚之毛，蘋蘩之菜，可羞於鬼神。故黍稷非馨，明德惟馨，是以東鄰殺牛，不如西鄰之禴祭，實受其福也。

洪鈞按：王氏提倡統治者修德，但不要以為他不重視祭祀。統治者對祭祀這一大事都是很重視的。周國祭祀常用人牲，這比殺牛更盛大，經文中即多次提及。特別是周朝常用人殉葬，可以多達數百人。故奴隸社會的統治者很殘暴。甚至到了墨子時代，還是如此。故《墨子·節葬》說：「天子殺殉，眾者數百，寡者數十；將軍、大夫殺殉，眾者數十，寡者數人。」《論語》中不見孔子反對人殉，故儒家思想不值得推崇。孟子也主張人殉，故《孟子·梁惠王上》有：「仲尼曰：『始作俑者，其無後乎。為其象人而用之也。』」可見孔孟很痛恨「始作俑者」。總之，封建社會的主導思想，與奴隸社會的主導思想，沒有多大區別。

前人多認為王弼用老莊思想注《易》，由此爻看，他還是接受了儒家思想。儒家主張德治，因而提倡修德。老莊主張無為而治，與修德無關。

上六：濡其首，厲。

（過河時）水濕了他的頭部，危險。

三、傳文評說

本卦卦爻辭中涉及商周時期兩件大事，傳文完全沒有提及。其餘的解釋也完全不得經旨。試看〈象〉傳如下：

〈象〉曰：「既濟，亨」，小者亨也。「利貞」，剛柔正而位當也。「初吉」，柔得中也。終止則亂，其道窮也。

這四句〈象〉傳很可笑。第一句不但把經文讀錯了，具體解釋也莫名其妙。「既濟，亨」是把既濟和亨連讀。「小者，亨也」更可笑。無論亨是亨通之亨，還是享祭之享，都和小不相干。至於把「利貞」解作「剛柔正而位當」則是風馬牛不相及。所謂「剛柔正而位當」指卦形的初、三、五位均為陽爻；二、四、上位均為陰爻。陽爻居陽位，陰爻居陰位，就是剛柔正而位當。如此繁瑣且淺薄的說法實在無用。試看這樣就能理解「利貞」嗎？把「利貞」解作「利兆」何等明白、簡約，實在沒有必要採用爻位之說。

「未濟」（卦六十四）

一、經傳全文

未濟：亨。小狐汔濟，濡其尾，无攸利。

〈象〉曰：「未濟，亨」，柔得中也。「小狐汔濟」，未出中也。「濡其尾，无攸利」，不續終也。雖不當位，剛柔應也。

〈象〉曰：火在水上，未濟。君子以慎辨物居方。

初六：濡其尾，吝。

〈象〉曰：「濡其尾」，亦不知極也。

九二：曳其輪，貞吉。

〈象〉曰：九二「貞吉」，中以行正也。

六三：未濟。征凶。利涉大川。

〈象〉曰：「未濟，征凶」，位不當也。

九四：貞吉。悔亡。震用伐鬼方，三年有賞于大國。

〈象〉曰：「貞吉，悔亡」，志行也。

六五：貞吉，无悔，君子之光，有孚，吉。

〈象〉曰：「君子之光」，其暉吉也。

上九：有孚于飲酒，无咎，濡其首，有孚失是。

〈象〉曰：飲酒濡首，亦不知節也。

二、經文解說

1. 卦名解說

卦名：未濟。

解說：「未濟」指尚未過河，與「既濟」相對。二者的卦形既是互相對立，也是互相顛倒。即既是覆也是變。六十四卦以「既濟」和「未濟」結尾，用以說明事物是互相對立，互相轉化的。

2. 卦辭解說

卦辭：亨。小狐汔濟，濡其尾。无攸利。

解說：汔：幾乎，差不多。《說文解字注》：「汔，幾也。」《詩·大雅·民勞》「民亦勞止，汔可小康。」

全文是：亨通。小狐狸過河，差一點兒就要過去了，卻弄濕了尾巴，沒有好處。

3. 爻辭解說

初六：濡其尾，吝。

此爻應是承卦辭而言。「濡其尾」即「小狐汔濟，濡其尾」，艱難。

九二：曳其輪。貞吉。

輪：指車。說見「既濟」初九。

全句是：拉著車子（過河）。兆示吉祥。

六三：未濟，征凶。利涉大川。

還沒有過河，征戰則凶。利於過大河。

洪鈞按：高亨先生認為，經文「利」之前應有「不」字。

九四：貞吉。悔亡。震用伐鬼方，三年，有賞于大國。

震：高亨先生認為，應是人名，周之主帥。李鏡池先生解「震」為「動」。暫取高說。大國：指殷商。

全文是：兆示吉祥。禍患消除。震帥軍征伐鬼方，打了三年，得到殷商的賞賜。

洪鈞按：本爻所述「伐鬼方」與「既濟」九三所說，是同一件事。只是，本卦是站在周國方面說。「既濟」是站在殷商方面說。

六五：貞吉。无悔。君子之光。有孚。吉。

兆示吉祥。沒有禍患。有所俘獲，奴隸主的光榮。吉祥。

上九：有孚于飲酒，无咎。濡其首，有孚失是。

全句是：處罰飲酒，無可責遣。（把酒澆在頭上）弄濕腦袋，是處罰失當。

洪鈞按：西周初年，曾經禁止臣民飲酒。周公作《酒誥》曰：「文王誥教小子、有正、有事（司），無彝酒。越庶國，飲惟祀，德將無罪。」又曰：「厥或誥曰群飲，汝勿佚，盡執拘以歸於周，予其殺。又惟殷之迪諸臣，惟工乃湎於酒，勿庸殺之，姑惟教之。」可見，當時群飲是要殺頭的。

三、傳文評說

仔細閱讀傳文，看不到互相對立，互相轉化的思想，也沒有涉及經文所述的歷史事件。故《易傳》對理解經文幫助很小，大多有礙於對經文的把握。不過，為了證明〈象〉傳無助於理解經文，還是就其做點評說。

〈象〉曰：「未濟，亨」，柔得中也。「小狐汔濟」，未出中也。「濡其尾，无攸利」，不續終也。雖不當位，剛柔應也。

「柔得中」指上卦中爻為陰爻。「未出中」指下卦中位為陽爻。「不當位」指本卦與「既濟」相反：六爻都不當位。即陽位初、三、五都是陰爻；陰位二、四、上都是陽爻。「剛柔應」指此卦是一陰一陽相迭而應。如此繁瑣的說法，對把握經文毫無幫助。但願讀者，對有關解說，不會厭煩。

第十三節 說《周易》遺留的主要問題

本書已經交代了說《周易》必備的基礎，也通解了六十四卦經文，但還是有幾個相當重要且難以說清的問題沒有交代。

本節主要講五個問題。

一是卦爻辭為什麼各繫在相應的卦形、爻題之後呢？或者說卦爻辭與對應的卦形和爻題有內在聯繫嗎？

二是作為筮書的《周易》，為何以及怎樣成了哲學書？

三是《周易》的卦形是如何演變的？

四是《周易》與自然科學有關嗎？

五是洪鈞相信占筮之術嗎？

先說第一個問題。

一、卦爻辭為什麼各繫在相應的卦形、爻題之後呢？

我們相信，《易經》不可能一下子就成了現在的樣子。此前必然經過長期的積累和整理。等到出現了一個或幾個相當高明的卦師（即太史或太卜），把積累的占筮記錄以及初步整理好的資料再仔細編纂，才有了大體和我們今天見到的基本相同的《易經》。總之，如何編排《易經》的卦爻辭，經歷了很長的時期，也耗費了多人的心血。這一過程不可能完全說清楚了。下面謹把幾個比較容易說明白的卦簡單交代一下。

洪鈞以為，最容易說明白的卦是「咸」和「艮」。

「咸」卦的卦形是 。其上卦是兌 ☱，下卦是艮 ☶。按〈說卦〉

所云：「艮三索而得男，故謂之少男。兌三索而得女，故謂之少女。」即「咸」卦討論少男、少女的關係。故洪鈞把「咸」卦的內容解說為「男女調情的幾個步驟」。

此卦的卦辭是「亨，利貞。取女吉」，即娶媳婦吉利。娶了媳婦，自然要發生男女關係。但新婚的少男和少女沒有性經驗，需要指導。故其爻辭依次說：初六：咸其拇；六二：咸其腓，凶，居吉；九三：咸其股，執其隨，往吝；九四：貞吉，悔亡。憧憧往來，朋從爾思。九五：咸其脢，无悔；上六：咸其輔、頰、舌。具體解說已見下編第十二節。其中附上了章秋農先生的解說，更足以證明拙見無誤。

「艮」卦的卦形是 ䷳，即艮 ☶ 上艮 ☶ 下——都是艮 ☶。按〈說卦〉所云，都是少男。

在發生男女關係時，一般都是男方主動。故少男更需要有關性知識。

「艮」卦的卦辭是：艮其背，不獲其身；行其庭，不見其人。无咎。其爻辭依次是：初六：艮其趾，无咎。利永貞。六二：艮其腓，不拯其隨，其心不快。九三：艮其限，列其夤，厲薰心。六四：艮其身，无咎。六五：艮其輔，言有序，悔亡。上九：敦艮，吉。

以上卦爻辭可能不是都在說男女關係，但大多還是有關內容。具體解說也請看第十二節。

總之，假如拙見無誤，「艮」就不能按〈說卦〉「雜卦」和〈彖〉傳解作「止」。

還有個容易理解的卦是「震」 ䷲ 卦。此卦的卦形是震 ☳ 上震 ☳ 下。按八卦取象之說，震 ☳ 為雷。故關於雷的經文都應該系於此卦。於是此卦的經文是：

䷲ 震：亨。震來虩虩，笑言啞啞。震驚百里，不喪匕鬯。

初九：震來虩虩，後笑言啞啞，吉。

六二：震來厲，億喪貝，躋于九陵，勿逐，七日得。

六三：震蘇蘇，震行无眚。

九四：震遂泥。

六五：震往來厲，億无喪，有事。

上六：震索索，視矍矍，征凶。震不于其躬，於其鄰，无咎。婚媾有言。

顯然，此卦的卦爻辭中都有「震」字，而且都居於卦爻辭之首。此字只能按八卦取象之說解為「雷」（〈說卦〉也有「震為雷」），而不能接受〈說卦〉「震，動也。」〈序卦〉「震者，動也」。

總之，震象徵雷，《易經》作者把關於雷的文字都編入本卦是合乎邏輯的。關於此卦的具體解說，也請回頭參看第十二節。

類似情況還有「需」卦、「蒙」卦、「履」卦、「謙」卦、「漸」卦、「蠱」卦、「臨」卦、「觀」卦、「賁」卦、「剝」卦、「井」卦、「兌」卦、「師」卦等。它們不是卦爻辭內容密切相關，就是卦爻辭中出現卦名的次數較多。當然也有二者兼備的。比如「謙」卦、「臨」卦、「井」卦等就是如此。

以上涉及了十六卦，儘管還有不少卦可以做出比較滿意的解說，限於篇幅就從略了。讀者由此知道，某卦何以繫以某卦辭，某爻何以繫以某爻辭或《易經》不是任意編排的就可以了。

當然，不是每一卦都像上舉十六卦、特別是「咸」卦、「艮」卦和「震」卦如此嚴密。

比如，本書序言中所舉的「大過」就是如此。該卦主要涉及兩方面內容，即屋樑的彎曲和老夫少妻、老妻少夫的問題。其卦辭開頭是「棟橈」卻也有「利有攸往，亨」與「棟橈」無關。至於老夫少妻和老妻少夫的內容，乾脆不見於卦辭。《易經》作者把它們編入一卦，應該主要出於兩者都是不很正常的考慮。

還有的卦中，其卦爻辭非常散亂。《易經》作者當初出於何種考慮，就很難說清了。

以下說第二個問題。

二、作為筮書的《周易》，為何以及怎樣成了哲學書？

在洪鈞看來，《易經》就是占筮、即算卦的書。她因卜筮而成，為卜筮所用，屬於迷信術數。洪鈞所推崇的李鏡池先生和高亨先生，也都是如

此認識的。這兩位先生的有關看法已見本書自序等處，不再重複。

　　然而，有一本《易》學著作，不同意《易經》是占筮的書。大概是為了標新立異，該書提出了石破天驚的總結論：「《周易》是為周厲王出謀劃策而作的書。」於是其作者斷言：「據我多年研究《周易》的心得，《周易》當作于周厲王末年。」（宋祚胤著《周易譯注與考辨‧自序》）這兩個結論實在有點驚世駭俗，因而不可能為學界接受。試問，為周厲王出謀劃策，竟然需要下這麼大的功夫，寫 64 篇文章嗎？此前近兩千年積累的占筮資料就是為了周厲王復辟嗎？《易傳》也是為周厲王出謀劃策嗎？周厲王的德行值得為他出謀劃策嗎？更有甚者，此書把「元亨，利貞」解作：「中興事業將十分順利，憑著天道的正確而得到好處。」這雖然不是四德說，卻更是離題萬里。莫非「元」字的含義是「中興事業」嗎？「利貞」就是：「憑著天道的正確而得到好處」嗎？此書還常常批駁李鏡池和高亨先生的看法。可惜，在洪鈞看來，宋氏的《易》學水準與李、高兩先生的水準有天壤之別。

　　那麼，《易經》中有無哲學思想呢？答案是有的。如「大有」上九：「自天佑之，吉，无不利」（〈繫辭〉傳也有此說），就是認為天是有意志的，會護佑好人。這是典型的唯心主義天道觀。再如經文有「无平不陂，无往不復」（「泰」九三），就是一種辯證觀點。又，《易經》卦形的排列規律是：二二相耦，非覆即變，就是貫穿了對立統一和變的思想。其中「既濟」與「未濟」，「否」與「泰」等組卦中表現得尤其典型。不過，洪鈞還是不認為《易經》是哲學書，而是算卦的書中帶有一些哲學思想。正如高亨先生所說「我認為，研究《周易》古經，首先應該認識到，《周易》古經本是上古的筮書，與近代的牙牌神數性質相類，並不含有什麼深奧的哲理。」（《周易古經今注‧舊序》）

　　然而，到了《易傳》就不同了。《易傳》中雖然有不少混亂的文字而且很可笑，卻也有典型的哲學思想。貫穿於其中的儒家思想就是典型的中國傳統政治哲學。比如，《易傳》有以下論述：

　　〈象〉曰：家人，女正位乎內，男正位乎外。男女正，天地之大義也。家人有嚴君焉，父母之謂也。父父，子子，兄兄，弟弟，夫夫，婦婦，而家道正。正家而天下定矣。（《家人‧象辭》）

有天地然後有萬物，有萬物然後有男女，有男女然後有夫婦，有夫婦然後有父子，有父子然後有君臣，有君臣然後有上下，有上下然後禮義有所錯。（〈序卦〉）

臣弒其君，子弒其父，非一朝一夕之故，其所由來者漸矣，由辯之不早辯也。」又有：「陰雖有美，含之以從王事，弗敢成也，地道也，妻道也，臣道也。地道無成而代有終也。（《文言·坤》）

關於以上儒家思想，已經在本書上文反覆討論過，不再重複。

那麼《易傳》中還有無其它哲學思想呢？答案是肯定的。試看下文。

是故《易》有太極，是生兩儀，兩儀生四象，四象生八卦，八卦定吉凶，吉凶生大業。（〈繫辭上〉）

這句話講的是《易傳》的宇宙觀。

乾坤其《易》之縕邪？乾坤成列，而《易》立乎其中矣。乾坤毀，則無以見《易》。《易》不可見，則乾坤或幾乎息矣。（〈繫辭上〉）

以上論述《易》與乾坤（按：即宇宙）的關係：《易》即在宇宙中。此處也是《易傳》作者宇宙觀。

一陰一陽之謂道，繼之者善也，成之者性也。仁者見之謂之仁，知者見之謂之知。百姓日用不知，故君子之道鮮矣！（〈繫辭上〉）

以上三句是國人陰陽思想和君子之道的核心觀點。

是故闔戶謂之坤，辟戶謂之乾，一闔一辟謂之變，往來不窮謂之通。見乃謂之象，形乃謂之器，制而用之謂之法，利用出入，民咸用之，謂之神。（〈繫辭上〉）

以上是關於變、通、象、器、法、神的哲學論述。

是故形而上者謂之道；形而下者謂之器；化而裁之謂之變；推而行之謂之通；舉而錯之，天下之民謂之事業。（〈繫辭上〉）

以上關於「道」和「器」的觀念達到了高度抽象。

顯諸仁，藏諸用，鼓萬物而不與聖人同憂，盛德大業至矣哉！富有

之謂大業，日新之謂盛德。生生之謂易，成象之謂乾，效法之謂坤，極數知來之謂占，通變之謂事，陰陽不測之謂神。（〈繫辭上〉）

上文道出了《易》的基本精神：「生生之謂易」。意思是《易》是生命的本源。

夫大人者，與天地合其德，與日月合其明，與四時合其序，與鬼神合其吉凶。先天而天弗違，後天而奉天時。天且弗違，而況於人乎？況於鬼神乎？（見於《文言·乾》之後）

以上是帶有神學色彩的關於大人的哲學論述。

亢之為言也，知進而不知退，知存而不知亡，知得而不知喪。其唯聖人乎！知進退存亡，而不失其正者，其唯聖人乎！（見於《文言·乾》之後）

以上是說，只有聖人才能全面掌握辯證法。

總之，《易傳》、特別是〈繫辭上〉討論了重要的、帶有中國傳統文化色彩哲學問題。

正是有了上述論述，才賦予《周易》哲學價值，不少人把她看做哲學書。

下面說第三個問題。

三、《易經》的卦形是如何演變的？

司馬遷說：「三王不同龜，四夷各異卜，然各以決吉凶」。又說：「蠻夷氐羌雖無君臣之序，亦有決疑之卜。或以金石，或以草木，國不同俗。然皆可以戰伐攻擊，推兵求勝，各信神。」

可見，不僅中國有卜筮之術，中國周圍的少數民族也有卜筮。即便在中國之內，所用卜筮也有不同。屈原詠其事云：「索瓊茅以筵篿兮，命靈氛為余占之。」可見，楚國人占筮不是用蓍草，而是用瓊茅和竹筵。其實，看看「筮」就知道，占筮最早用的就是竹筵。

總之，古代各民族都有自己的卜筮之術。這些卜筮之術，各有不同的

起源，也各有不同的演變過程。據《周禮》所載，漢民族的核心地區（黃河流域）也有不同的《易》，即《連山易》、《歸藏易》和《周易》。於是，《周易》卦形的演變過程，是個很難說清的問題。

司馬遷說：「文王拘而演《周易》」（報任安書）。這句話沒有明說文王把八卦推演為六十四卦，後人還是由此得出六十四卦是周文王囚于羑里時由八卦推演出來的。

總之，古人認為，六十四卦由八經卦推演而成，或六畫卦來自三畫卦，或三畫卦早於六畫卦。

《周易》本身對此也有不同的說法。如〈繫辭〉有：

> 是故《易》有太極，是生兩儀，兩儀生四象，四象生八卦，八卦定吉凶，吉凶生大業。（〈繫辭上〉）
>
> 是故天生神物，聖人則之。天地變化，聖人效之。天垂象，見吉凶，聖人象之。河出圖，洛出書，聖人則之。《易》有四象，所以示也。繫辭焉，所以告也。定之以吉凶，所以斷也。（〈繫辭上〉）
>
> 古者包羲氏之王天下也，仰則觀象于天，俯則觀法于地，觀鳥獸之文，與地之宜，近取諸身，遠取諸物，于是始作八卦，以通神明之德，以類萬物之情。（〈繫辭下〉）

根據上引〈繫辭〉，我們仍不能判斷卦形是如何演變的，只能看出最早作八卦的是伏羲。由於伏羲是傳說人物，此說不足為據。至於自太極到八卦，其中沒有涉及六十四卦，還是不能回答本題目的問題。

近幾十年來，由於數字卦的出現，導致這個問題更加複雜。

關於數位卦已經見於第九節，讀者可以回頭參看。

總之，《周易》卦形的演變過程，是個說不清的問題。只好等待新的有關出土文獻解決這個問題了。

現在大體可以斷定的是：傳本《周易》的卦形源於數字卦。帛書《周易》中的卦形還明顯帶有數位卦的影子。

四、《周易》與自然科學有關嗎？

這個問題最好換一種提法，即：《周易》促進了自然科學發展還是阻

礙了自然科學發展？

關於《易經》、即占筮與科學的關係，舊作《內經時代》所附《醫易答問》中，已經做出了全面的論述，而且其主要內容已經在聶廣同志為本書寫的序言中摘要引用。總結論是：《易經》與自然科學無關。至於《易傳》是否與自然科學有關，洪鈞的總看法也是二者之間沒有關係。

其實，這個問題已有科學史專家做出了全面的論述，讀者可參看董光壁著《易圖的數學結構》、《易學科學史綱》與《易學與科技》等。本題目的主要內容，就是董先生所著「關於科學與易學研究的回顧與展望」的片段。全文見於華夏出版社 2008 年版《周易二十講》。

在引用董先生大作片段之前，洪鈞先就自己的常識與邏輯推理略述拙見。

洪鈞認為，《周易》及其易學，阻礙了中國自然科學的形成和發展。因為假如《周易》及其易學能促進自然科學形成與發展，自然科學早就在中國出現且發達了。我國的中學和大學，早就該設立《周易》課了。

以下是董先生大作的片段。

中國有不少人迷戀于易科學，但由於在思想意識、研究方法和表述方式等方面存在諸多問題，而陷入種種困境。具有典型意義而又頗有影響的事例為劉子華的八卦天文學和易卦遺傳密碼圖。
20 世紀 40 年代和 80 年代，大眾傳媒兩次涉及劉子華（1900–1992）的八卦宇宙論。作為一個歷史事件，它可以成為探討當代易科學困境的案例。1989 年，四川科技出版社，出版了劉子華 1940 年用法文寫成的，博士論文的中文譯本，題為《八卦宇宙論與現代天文學──一顆新星球的預測》。作者自序說，1939 年他把八卦宇宙論作為博士論文提交給巴黎大學。作為論文審查者的漢學家馬伯樂先是建議不通過，後來又表示願意重新審查，於是 1940 年 11 月 18 日巴黎大學博士論文審查委員會通過了劉子華的論文，並授予他法國國家博士學位，論文以法文出版。劉子華的這篇論文將八卦的邏輯結構用於分析太陽系，以八卦配星球，推論出存在一顆尚未被認證的行星。這個推論是數量的，它的軌道速度是每秒 2 千米，密度是每立方釐米 0.424 克。其軌道至太陽的平均距離為 74 億千米，並命名為「木王星」。他之所以能推算出一顆新行星的存在，並給出其平

均軌道、軌道速度和密度，是因為他對八卦系統作了某種改造。這種改造包括兩部分內容，一是將八卦分為前期和後期；二是將卦的男女性賦予數字價值。卦分前後期，為卦配星球提供了邏輯基礎。劉子華八卦宇宙論的科學性一直沒有得到天文學界的認可。其中的種種爭論內幕自有知情人。見諸報端者，最早要算 1945 年夏初季節《大公報》上一篇歐洲通訊，報導了有關劉子華發現新行星。半年之後，1945 年 11 月 26 日《新華日報》發表署名朴英的文章《荒謬的「木王星」》，提出公開批評。接著 12 月 16 日《大公報》上發表的天文學家張鈺哲的文章《你知道行星是如何發現的嗎？》代表了中國天文學界的否定態度。80 年代劉佳壽著文呼籲重視劉子華工作的科學意義，儘管先後有《科學時代》（1983 年）、《科學報》（1987 年）、《人民日報》（海外版 1987 年）、《科學博覽》（1988 年）等報刊披露，並有出版社出版了劉子華博士論文的中譯本，但至今未見中國天文學界的任何見諸書面的肯定意見。也就是說，天文學界未把劉子華的這一工作作為科學工作接受下來。沒有科學共同體的認可，所有那些報刊報導之訟詞都不能算數。八卦宇宙論已經給出平均軌道距離，按現代天文儀器的技術水準，檢驗「第十顆行星」存在是不成問題的。儘管劉子華的努力是真誠的，但八卦宇宙論畢竟還不能算科學。

生物遺傳物質基礎是生物細胞核內染色體上的去氧核糖核酸（DNA）。DNA 是由兩條由許多核苷酸鏈構成的雙螺旋結構。每個核苷酸又是由去氧核糖、磷酸和碱基構成的。碱基有四種，每個核苷酸只包含其中的一種碱基，因此核苷酸也就有四種。生物體的遺傳特徵，就是由 DNA 分子中特定的核苷酸排列順序決定的，並通過 DNA 分子的復製把遺傳信息一代代地傳下去。在子代的發育過程中，記載在 DNA 分子中的核苷酸順序上的遺傳信息，通過轉錄和轉譯過程傳給子代，使子代表現出與親代相似的生活特徵。所謂轉錄是根據 DNA 的核苷酸順序決定信使核苷酸（mRNA）分子中的順序，mRNA 分子中的核苷酸順序又決定蛋白質分子中的氨基酸排列順序。在 mRNA 分子中，以一定順序相連的三個核苷酸來決定一種氨基酸。這種核苷酸三聯體稱為三聯體遺傳密碼。四種碱基決定四種核苷酸，因此核苷酸三聯體密碼可由四種碱基的三排列表示。按

排列組合，其排列方式為 4 的 3 次方，也就是 64 種。在遺傳學中，四種鹼基分別由四個字母代表。以 U 代表鹼基尿嘧啶，以 C 代表鹼基胞嘧啶，以 A 代表鹼基腺嘌呤，以 G 代表鹼基鳥嘌呤。因此，氨基酸可由 U、C、A、G 四個字母的三三組合表示為六十四組。這種遺傳密碼表恰與《易經》六十四卦相合。最早注意到生物遺傳密碼與六十四卦對應關係的是德國學者 M. 申伯格。1937 年，他出版了一本名為《生命的秘密鑰匙》的小冊子，首次闡明了六十四個生物遺傳密碼「詞」與《易經》卦畫之間的對應。自那時至今，一些中國人和外國人都還在研究這種對應關係，以圖發展出一種更適當的遺傳密碼表示系統。其基本做法是將四種鹼基 U、C、A、G 分別與易卦的四象太陰（☷）、少陰（☳）、少陽（☵）、太陽（☰）對應，在三聯體密碼表和六十四卦系統建立起對應關係。四鹼基與四象的對應關係，純數學地考慮有十六種可能。如果這種對應真有科學根源，那麼它必然是唯一確定的。不同的研究者提出了不同的對應規則，有人根據鍵數的奇偶，有人則依據鹼基環的單雙等。對應規則不同，其結果也不同。而且，即使確定了唯一的對應關係，遺傳碼的六十四卦排列依然是不確定的。不同密碼卦的實質差別表現在各自所確定的一個起始碼（AUG）卦和三個終止碼（UUA、UAG、UGA）卦的不同，因此這類研究也尚未達到確定的科學結果。

在這場易學科學熱中，各種非科學意識氾濫更令人憂心。何謂「非科學意識」呢？難於給出一個明確的定義，但是它是可以理解的。在科學研究中，科學家完全不自覺的自我欺騙的病態、沽名釣譽的投機心理、違背求真的弄虛作假、訴諸偏見和權威的辯護、牽連政治和性格的辯論、無知的狂論和競選式的遊說，所有這些違反科學規範的行為，都可以看作是科學中的非科學意識。科學中的非科學意識是歷史的，也是國際的現象。……在科學不發達的中國，科學中的非科學意識一直未得到認真清洗，甚至受到非科學界的庇護。

洪鈞按：到目前為止，還沒有一項利用《周易》解釋已有的自然科學成果獲得成功，更沒有一項借助《周易》發現了新的科學現象或規律。其實，不用進行那麼多研究也可斷言，不可能借助《周易》促進科學進步，因為《周易》本來不是採用科學方法形成的。

如果說《周易》中暗含了一種數學道理，也只有八卦和六十四卦的卦形暗含了很簡單的二進位。只是要知道，今《周易》六十四卦順序不是按二進位依次排列的。古人的《易》學著作中，只有朱熹《周易本義》中「伏羲六十四卦次序」是按二進位依次排列的。由於這個次序不便畫出，下面按洪鈞的方式予以說明。

　　為了便於說明且一目了然，先要把陽爻換做 1，把陰爻換做 0。於是乾卦卦形就是 111111，坤卦卦形就是 000000。乾卦的十進位數字值是 63，坤卦的十進位數字值是 0。二者都是從右往左數。如果按其數值從 0 到 63 排列。六十四卦的二進位數字值依次如下：

000000（坤）000001（ ）000010（ ）000011（ ）000100（ ）000101（ ）
000110（ ）000111（ ）001000（ ）001001（ ）001010（ ）001011（ ）
001100（ ）001101（ ）001110（ ）001111（ ）010000（ ）010001（ ）
010010（ ）010011（ ）010100（ ）010101（ ）010110（ ）010111（ ）
011000（ ）011001（ ）011010（ ）011011（ ）011100（ ）011101（ ）
011110（ ）011111（ ）100000（ ）100001（ ）100010（ ）100011（ ）
100100（ ）100101（ ）100110（ ）100111（ ）101000（ ）101001（ ）
101010（ ）101011（ ）101100（ ）101101（ ）101110（ ）101111（ ）
110000（ ）110001（ ）110010（ ）110011（ ）110100（ ）110101（ ）
110110（ ）110111（ ）111000（ ）111001（ ）111010（ ）111011（ ）
111100（ ）111101（ ）111110（ ）111111（乾）

　　以上是六十四卦從坤到乾，二進位數字值從小到大依次排列的結果。洪鈞只是在括弧裡標明 000000 是「坤」卦形，111111 是「乾」卦形。其餘的 62 卦請讀者自己試試看，能否標出。

五、洪鈞相信占筮之術嗎？

　　其實，這是不必回答的問題。讀過本書上文之後，讀者都不會認為洪鈞相信占筮之術。特別是讀過聶廣同志為本書寫的序言，更不會認為洪鈞相信占筮之術。洪鈞也從來沒有求助於術數。不過，洪鈞還是想就這個問題再說幾句。

　　拙見以為，一切術數都是理性不能接受的。因為所有求助者的疑問，其結果都是必然的。而一切術數操作，無論如何複雜，只要沒有作弊，其結果都是隨機的。必然和隨機之間符合的概率，是很低很低的。即以二選一的問題而言，其理論符合率是 50%。但是，術數所得的結果還是不可靠的，因為術數操作與結果之間，沒有任何因果關係。比如占問孕婦生男或生女，是個典型的二選一的問題。其實，婦女懷孕之初，胎兒的性別已經確定了。即她生男或生女已經有了必然結果。再去問卜、占筮，其結果的符合率最高只能是 50%。不過，假如再有其他因素參入，結果就不一樣了。實際上，面對卦師，求占者大多總會透露一些可供卦師參考的因素。為了證明這一點，舉一個卦師告訴我的例子。

　　卦師是個尊信洪鈞的病人，故他願意告訴洪鈞算卦的訣竅。

　　某日，卦師住的胡同裡一家丟了豬，於是主人去尋找。主人先是出胡同北口去尋找，沒有找到。這時主人去算卦。算卦的結果是：豬跑到村南去了。果然，主人最後在村南找到了丟失的豬。這一卦何以這麼靈呢？因為胡同南口正在修房子，那裡人很多。主人根據常識判斷豬不會從胡同南口跑掉。然而，豬不是絕對不會往南跑，只是機會小一點而已。既然村北找不到，在村南找到的概率就很大了。卦師正是參考了這一因素，得出豬在村南的結果。其實，即便在村南找不到豬，也不能推翻算卦的結果，因為那樣豬不可能找到了，無法判斷算卦結論是否正確了。

　　章秋農先生在《周易占筮學》中，列舉了他本人為人占筮的生動案例。讀者可以參看。從中不難看出，靈驗不是只靠占筮。

　　最後附上近現代《周易》專家高亨先生的有關看法。

　　　要而言之，筮法有六端：一曰成卦，即得「本卦」也；二曰變卦，
　　即得「之卦」也；三曰觀筮辭，即觀其卦辭爻辭也；四曰觀卦象，
　　即觀其貞悔之象，如《左傳》所云「『蠱』之貞風也，其悔山也」
　　是也；五曰觀卦名，如《國語》所云「『屯』厚也，『豫』樂也」
　　是也；六曰觀人事，如《左傳》所記南蒯遇「坤」之「黃裳元吉」
　　而不吉，穆姜遇「隨」之「元亨，利貞，无咎」而有咎是也。其後
　　四端，參錯複雜，不可格以一軌。蓋卜筮之道，事托鬼神，理涉虛
　　幻，或休或咎，往往隨筮人等之引伸附會而無成軌。……吾人居今
　　之世，不復迷信鬼神，亦不欲以上古之巫術惑世欺人，然則考究古

代筮法有何益哉？曰：因其有助於吾人研讀古書耳。（《周易古經
今注‧第七篇》）

總之，早在春秋時代，古人就不是完全靠占筮斷吉凶休咎。〈文言〉
傳採用的穆姜的話，就是典型的例子。

其實，古人處理軍國大事也不相信術數。試看，秦滅六國、楚漢相爭
中的大事件，可有一次是採取占筮決策的嗎？就是卜辭所載，似乎也不見
用龜卜進行軍國大事的決策。

附：無標點白文《易經》

說明：以下所附即無標點白文《易經》，為了方便按卦序查找，依次在各卦卦辭後加括弧，用阿拉伯數字編了號。

☰ 乾元亨利貞 (1)
初九潛龍勿用
九二見龍在田利見大人
九三君子終日乾乾夕惕若厲无咎
九四或躍在淵无咎
九五飛龍在天利見大人
上九亢龍有悔
用九見群龍无首吉

☷ 坤元亨利牝馬之貞君子有攸往先迷後得主利西南得朋東北喪朋安貞吉 (2)
初六履霜堅冰至
六二直方大不習无不利
六三含章可貞或從王事无成有終
六四括囊无咎无譽
六五黃裳元吉
上六龍戰于野其血玄黃
用六利永貞

☳ 屯元亨利貞勿用有攸往利建侯 (3)
初九磐桓利居貞利建侯
六二屯如邅如乘馬班如匪寇婚媾女子貞不字十年乃字
六三即鹿无虞惟入于林中君子幾不如舍往吝
六四乘馬班如求婚媾往吉无不利
九五屯其膏小貞吉大貞凶
上六乘馬班如泣血漣如

☶ 蒙亨匪我求童蒙童蒙求我初筮告再

三瀆瀆則不告利貞 (4)
初六發蒙利用刑人用說桎梏以往吝
九二包蒙吉納婦吉子克家
六三勿用取女見金夫不有躬无攸利
六四困蒙吝
六五童蒙吉
上九擊蒙不利為寇利御寇

☵ 需有孚光亨貞吉利涉大川 (5)
初九需于郊利用恒无咎
九二需于沙小有言終吉
九三需于泥致寇至
六四需于血出自穴
九五需于酒食貞吉
上六入于穴有不速之客三人來敬之終吉

☰ 訟有孚窒惕中吉終凶利見大人不利涉大川 (6)
初六不永所事小有言終吉
九二不克訟歸而逋其邑人三百戶无眚
六三食舊德貞厲終吉或從王事无成
九四不克訟復即命渝安貞吉
九五訟元吉
上九或錫之鞶帶終朝三褫之

☷ 師貞丈人吉无咎 (7)
初六師出以律否臧凶
九二在師中吉无咎王三錫命
六三師或輿屍凶

六四師左次无咎
六五田有禽利執言无咎長子帥師弟
子輿屍貞凶
上六大君有命開國承家小人勿用

䷇ 比吉原筮元永貞无咎不寧方來後夫
凶 (8)
初六有孚比之无咎有孚盈缶終來有
它吉
六二比之自內貞吉
六三比之匪人
六四外比之貞吉
九五顯比王用三驅失前禽邑人不誡
吉
上六比之无首凶

䷈ 小畜亨密雲不雨自我西郊 (9)
初九復自道何其咎吉
九二牽復吉
九三輿說輻夫妻反目
六四有孚血去惕出无咎
九五有孚攣如富以其鄰
上九既雨既處尚德載婦貞厲月幾望
君子征凶

䷉ 履履虎尾不咥人亨 (10)
初九素履往无咎
九二履道坦坦幽人貞吉
六三眇能視跛能履履虎尾咥人凶武
人為于大君
九四履虎尾愬愬終吉
九五夬履貞厲
上九視履考祥其旋元吉

䷊ 泰小往大來吉亨 (11)
初九拔茅茹以其彙征吉
九二包荒用馮河不遐遺朋亡得尚於

中行
九三无平不陂无往不復艱貞无咎勿
恤其孚于食有福
六四翩翩不富以其鄰不戒以孚
六五帝乙歸妹以祉元吉
上六城復于隍勿用師自邑告命貞吝

䷋ 否否之匪人不利君子貞大往小來
(12)
初六拔茅茹以其彙貞吉亨
六二包承小人吉大人否亨
六三包羞
九四有命无咎疇離祉
九五休否大人吉其亡其亡繫于苞桑
上九傾否先否後喜

䷌ 同人同人于野亨利涉大川利君子貞
(13)
初九同人于門无咎
六二同人于宗吝
九三伏戎于莽升其高陵三歲不興
九四乘其墉弗克攻吉
九五同人先號咷而後笑大師克相遇
上九同人于郊无悔

䷍ 大有元亨 (14)
初九无交害匪咎艱則无咎
九二大車以載有攸往无咎
九三公用亨于天子小人弗克
九四匪其彭无咎
六五厥孚交如威如吉
上九自天佑之吉无不利

䷎ 謙亨君子有終 (15)
初六謙謙君子用涉大川吉
六二鳴謙貞吉
九三勞謙君子有終吉

六四无不利撝謙
六五不富以其鄰利用侵伐无不利
上六鳴謙利用行師征邑國

䷏ 豫利建侯行師 (16)
初六鳴豫凶
六二介于石不終日貞吉
六三盱豫悔遲有悔
九四由豫大有得勿疑朋盍簪
六五貞疾恒不死
上六冥豫成有渝无咎

䷐ 隨元亨利貞无咎 (17)
初九官有渝貞吉出門交有功
六二繫小子失丈夫
六三繫丈夫失小子隨有求得利居貞
九四隨有獲貞凶有孚在道以明何咎
九五孚于嘉吉
上六拘系之乃從維之王用亨于西山

䷑ 蠱元亨利涉大川先甲三日後甲三日 (18)
初六幹父之蠱有子考无咎厲終吉
九二幹母之蠱不可貞
九三幹父之蠱小有悔无大咎
六四裕父之蠱往見吝
六五幹父之蠱用譽
上九不事王侯高尚其事

䷒ 臨元亨利貞至于八月有凶 (19)
初九咸臨貞吉
九二咸臨吉无不利
六三甘臨无攸利既憂之无咎
六四至臨无咎
六五知臨大君之宜吉
上六敦臨吉无咎

䷓ 觀盥而不薦有孚顒若 (20)
初六童觀小人无咎君子吝
六二窺觀利女貞
六三觀我生進退
六四觀國之光利用賓于王
九五觀我生君子无咎
上九觀其生君子无咎

䷔ 噬嗑亨利用獄 (21)
初九屨校滅趾无咎
六二噬膚滅鼻无咎
六三噬臘肉遇毒小吝无咎
九四噬乾胏得金矢利艱貞吉
六五噬乾肉得黃金貞厲无咎
上九何校滅耳凶

䷕ 賁亨小利有攸往 (22)
初九賁其趾舍車而徒
六二賁其須
九三賁如濡如永貞吉
六四賁如皤如白馬翰如匪寇婚媾
六五賁于丘園束帛戔戔吝終吉
上九白賁无咎

䷖ 剝不利有攸往 (23)
初六剝床以足蔑貞凶
六二剝床以辨蔑貞凶
六三剝之无咎
六四剝床以膚凶
六五貫魚以宮人寵无不利
上九碩果不食君子得輿小人剝廬

䷗ 復出入无疾朋來无咎反覆其道七日
來復利有攸往 (24)
初九不遠復无祗悔元吉
六二休復吉
六三頻復厲无咎

六四中行獨復

六五敦復无悔

上六迷復凶有災眚用行師終有大敗
以其國君凶至於十年不克征

☳ 无妄元亨利貞其匪正有眚不利有攸
往 (25)

初九无妄往吉

六二不耕獲不菑畬則利有攸往

六三無妄之災或繫之牛行人之得邑
人之災

九四可貞无咎

九五无妄之疾勿藥有喜

上九无妄行有眚无攸利

☶ 大畜利貞不家食吉利涉大川 (26)

初九有厲利已

九二輿說輹

九三良馬逐利艱貞曰閑輿衛利有攸
往

六四童牛之牿元吉

六五豶豕之牙吉

上九何天之衢亨

☶ 頤貞吉觀頤自求口實 (27)

初九舍爾靈龜觀我朵頤凶

六二顛頤拂經于丘頤征凶

六三拂頤貞凶十年勿用无攸利

六四顛頤吉虎視眈眈其欲逐逐无咎

六五拂經居貞吉不可涉大川

上九由頤厲吉利涉大川

☱ 大過棟橈利有攸往亨 (28)

初六藉用白茅无咎

九二枯楊生稊老夫得其女妻无不利

九三棟橈凶

九四棟隆吉有它吝

九五枯楊生華老婦得其士夫无咎无
譽

上六過涉滅頂凶无咎

☵ 坎習坎有孚維心亨行有尚 (29)

初六習坎入于坎窞凶

九二坎有險求小得

六三來之坎坎險且枕入于坎窞勿用

六四樽酒簋貳用缶納約自牖終无咎

九五坎不盈祇既平无咎

上六系用徽纆寘于叢棘三歲不得凶

☲ 離利貞亨畜牝牛吉 (30)

初九履錯然敬之无咎

六二黃離元吉

九三日昃之離不鼓缶而歌則大耋之
嗟凶

九四突如其來如焚如死如棄如

六五出涕沱若戚嗟若吉

上九王用出征有嘉折首獲匪其醜无
咎

☱ 咸亨利貞取女吉 (31)

初六咸其拇

六二咸其腓凶居吉

九三咸其股執其隨往吝

九四貞吉悔亡憧憧往來朋從爾思

九五咸其脢无悔

上六咸其輔頰舌

☳ 恒亨无咎利貞利有攸往 (32)

初六浚恒貞凶无攸利

九二悔亡

九三不恒其德或承之羞貞吝

九四田无禽

六五恒其德貞婦人吉夫子凶

上六振恒凶

☲ 損有孚元吉无咎可貞利有攸往曷之
用二簋可用享 (41)
初九已事遄往无咎酌損之
九二利貞征凶弗損益之
六三三人行則損一人一人行則得其
友
六四損其疾使遄有喜无咎
六五或益之十朋之龜弗克違元吉
上九弗損益之无咎貞吉利有攸往得
臣无家

☲ 益利有攸往利涉大川 (42)
初九利用為大作元吉无咎
六二或益之十朋之龜弗克違永貞吉
王用享于帝吉
六三益之用凶事无咎有孚中行告公
用圭
六四中行告公從利用為依遷國
九五有孚惠心勿問元吉有孚惠我德
上九莫益之或擊之立心勿恒凶

☰ 夬揚于王庭孚號有厲告自邑不利即
戎利有攸往 (43)
初九壯于前趾往不勝為咎
九二惕號莫夜有戎勿恤
九三壯於頄有凶君子夬夬獨行遇雨
若濡有慍无咎
九四臀无膚其行次且牽羊悔亡聞言
不信
九五莧陸夬夬中行无咎
上六无號終有凶

☴ 姤女壯勿用取女 (44)
初六繫于金柅貞吉有攸往見凶羸豕
孚蹢躅
九二包有魚无咎不利賓
九三臀无膚其行次且厲无大咎

九四包无魚起凶
九五以杞包瓜含章有隕自天
上九姤其角吝无咎

☱ 萃亨王假有廟利見大人亨利貞用大
牲吉利有攸往 (45)
初六有孚不終乃亂乃萃若號一握為
笑勿恤往无咎
六二引吉无咎孚乃利用禴
六三萃如嗟如无攸利往无咎小吝
九四大吉无咎
九五萃有位无咎匪孚元永貞悔亡
上六齎咨涕洟无咎

☷ 升元亨用見大人勿恤南征吉 (46)
初六允升大吉
九二孚乃利用禴无咎
九三升虛邑
六四王用亨于岐山吉无咎
六五貞吉升階
上六冥升利于不息之貞

☱ 困亨貞大人吉无咎有言不信 (47)
初六臀困于株木入于幽谷三歲不覿
九二困于酒食朱紱方來利用享祀征
凶无咎
六三困于石據于蒺藜入于其宮不見
其妻凶
九四來徐徐困于金車吝有終
九五劓刖困于赤紱乃徐有說利用祭
祀
上六困于葛藟于臲卼曰動悔有悔征
吉

☵ 井改邑不改井无喪无得往來井井汔
至亦未繘井羸其瓶凶 (48)
初六井泥不食舊井无禽

九二井谷射鮒甕敝漏
九三井渫不食為我心惻可用汲王明
並受其福
六四井甃无咎
九五井洌寒泉食
上六井收勿幕有孚元吉

☲ 革巳日乃孚元亨利貞悔亡（49）
初九鞏用黃牛之革
六二巳日乃革之征吉无咎
九三征凶貞厲革言三就有孚
九四悔亡有孚改命吉
九五大人虎變未占有孚
上六君子豹變小人革面征凶居貞吉

☲ 鼎元吉亨（50）
初六鼎顛趾利出否得妾以其子无咎
九二鼎有實我仇有疾不我能即吉
九三鼎耳革其行塞雉膏不食方雨虧
悔終吉
九四鼎折足覆公餗其形渥凶
六五鼎黃耳金鉉利貞
上九鼎玉鉉大吉无不利

☳ 震亨震來虩虩笑言啞啞震驚百里不
喪匕鬯（51）
初九震來虩虩後笑言啞啞吉
六二震來厲億喪貝躋于九陵勿逐七
日得
六三震蘇蘇震行无眚
九四震遂泥
六五震往來厲億無喪有事
上六震索索視矍矍征凶震不于其躬
于其鄰无咎婚媾有言

☶ 艮艮其背不獲其身行其庭不見其人
无咎（52）

初六艮其趾无咎利永貞
六二艮其腓不拯其隨其心不快
九三艮其限列其夤厲薰心
六四艮其身无咎
六五艮其輔言有序悔亡
上九敦艮吉

☴ 漸女歸吉利貞（53）
初六鴻漸于干小子厲有言无咎
六二鴻漸于磐飲食衎衎吉
九三鴻漸于陸夫征不復婦孕不育凶
利御寇
六四鴻漸于木或得其桷无咎
九五鴻漸于陵婦三歲不孕終莫之勝
吉
上九鴻漸于陸其羽可用為儀吉

☳ 歸妹征凶无攸利（54）
初九歸妹以娣跛能履征吉
九二眇能視利幽人之貞
六三歸妹以須反歸以娣
九四歸妹愆期遲歸有時
六五帝乙歸妹其君之袂不如其娣之
袂良月幾望吉
上六女承筐無實士刲羊无血无攸利

☳ 豐亨王假之勿憂宜日中（55）
初九遇其配主雖旬无咎往有尚
六二豐其蔀日中見斗往得疑疾有孚
發若吉
九三豐其沛日中見沬折其右肱无咎
九四豐其蔀日中見斗遇其夷主吉
六五來章有慶譽吉
上六豐其屋蔀其家窺其戶闃其无人
三歲不覿凶

☲ 旅小亨旅貞吉（56）

初六旅瑣瑣斯其所取災
六二旅即次懷其資得童僕貞
九三旅焚其次喪其童僕貞厲
九四旅于處得其資斧我心不快
六五射雉一矢亡終以譽命
上九鳥焚其巢旅人先笑後號咷喪牛
于易凶

☴ 巽小亨利有攸往利見大人 (57)
初六進退利武人之貞
九二巽在床下用史巫紛若吉无咎
九三頻巽吝
六四悔亡田獲三品
九五貞吉悔亡无不利无初有終先庚
三日後庚三日吉
上九巽在床下喪其資斧貞凶

☱ 兌亨利貞 (58)
初九和兌吉
九二孚兌吉悔亡
六三來兌凶
九四商兌未寧介疾有喜
九五孚于剝有厲
上六引兌

☵ 渙亨王假有廟利涉大川利貞 (59)
初六用拯馬壯吉
九二渙奔其机悔亡
六三渙其躬无悔
六四渙其群元吉渙有丘匪夷所思
九五渙汗其大號渙王居无咎
上九渙其血去逖出无咎

☵ 節亨苦節不可貞 (60)
初九不出戶庭无咎
九二不出門庭凶
六三不節若則嗟若无咎

六四安節亨
九五甘節吉往有尚
上六苦節貞凶悔亡

☴ 中孚豚魚吉利涉大川利貞 (61)
初九虞吉有它不燕
九二鳴鶴在陰其子和之我有好爵吾
與爾靡之
六三得敵或鼓或罷或泣或歌
六四月幾望馬匹亡无咎
九五有孚攣如无咎
上九翰音登于天貞凶

☳ 小過亨利貞可小事不可大事飛鳥遺
之音不宜上宜下大吉 (62)
初六飛鳥以凶
六二過其祖遇其妣不及其君遇其臣
无咎
九三弗過防之從或戕之凶
九四无咎弗過遇之往厲必戒勿用永
貞
六五密雲不雨自我西郊公弋取彼在
穴
上六弗遇過之飛鳥離之凶是謂災眚

☵ 既濟亨小利貞初吉終亂 (63)
初九曳其輪濡其尾无咎
六二婦喪其茀勿逐七日得
九三高宗伐鬼方三年克之小人勿用
六四繻有衣袽終日戒
九五東鄰殺牛不如西鄰之禴祭實受
其福
上六濡其首厲

☲ 未濟亨小狐汔濟濡其尾无攸利 (64)
初六濡其尾吝
九二曳其輪貞吉

六三未濟征凶利涉大川
九四貞吉悔亡震用伐鬼方三年有賞
于大國
六五貞吉无悔君子之光有孚吉
上九有孚于飲酒无咎濡其首有孚失
是

國家圖書館出版品預行編目資料

趙洪鈞說周易 / 趙洪鈞著. -- 初版. -- 臺北市：蘭
臺出版社, 2023.07
　　面；　公分. -- (易經研究；8)
　　ISBN 978-626-96643-8-2(平裝)

1.CST: 易經 2.CST: 研究考訂

121.17　　　　　　　　　　112007889

易經研究8

趙 洪 鈞 說 周 易

作　　者：趙洪鈞
主　　編：盧瑞容
校　　對：楊容容
美　　編：凌玉琳
封面設計：凌玉琳
出　　版：蘭臺出版社
地　　址：臺北市中正區重慶南路1段121號8樓之14
電　　話：(02) 2331-1675 或 (02) 2331-1691
傳　　真：(02) 2382-6225
E - MAIL：books5w@gmail.com或books5w@yahoo.com.tw
網路書店：http://5w.com.tw/
　　　　　https://www.pcstore.com.tw/yesbooks/
　　　　　https://shopee.tw/books5w
　　　　　博客來網路書店、博客思網路書店
　　　　　三民書局、金石堂書店
經　　銷：聯合發行股份有限公司
電　　話：(02) 2917-8022　　傳真：(02) 2915-7212
劃撥戶名：蘭臺出版社　　　　帳號：18995335
香港代理：香港聯合零售有限公司
電　　話：(852) 2150-2100　　傳真：(852) 2356-0735
出版日期：2023年7月 初版
定　　價：新臺幣880元整（平裝）
ISBN：978-626-96643-8-2